AF544052

»Aber jeder Schritt raus aus deiner Hütte
ist gefährlich, ist es nicht so? – Fast so gefährlich,
wie immer drinnen zu bleiben.«

Finsal, der Fischer

Fantasy

Belas & Euryn
Die Warnung des Allbios

Michael Beer

Cover: Peter Petto

Armbrustverlag

ISBN: 978-3-946966-21-0

Widmung

Danke, meine Lieben, für die Ermunterung wie die Skepsis. Beides hat geholfen, Belas und Euryn auch über viele Jahre nicht aus den Augen zu verlieren.

Ein Dank für ganz konkrete Hilfe geht an Marco, Anselm, Peter, Eike, Hans, Merle, Paula und Rahel.

Belas' Skizze des Homiden-Landes an der Sarou

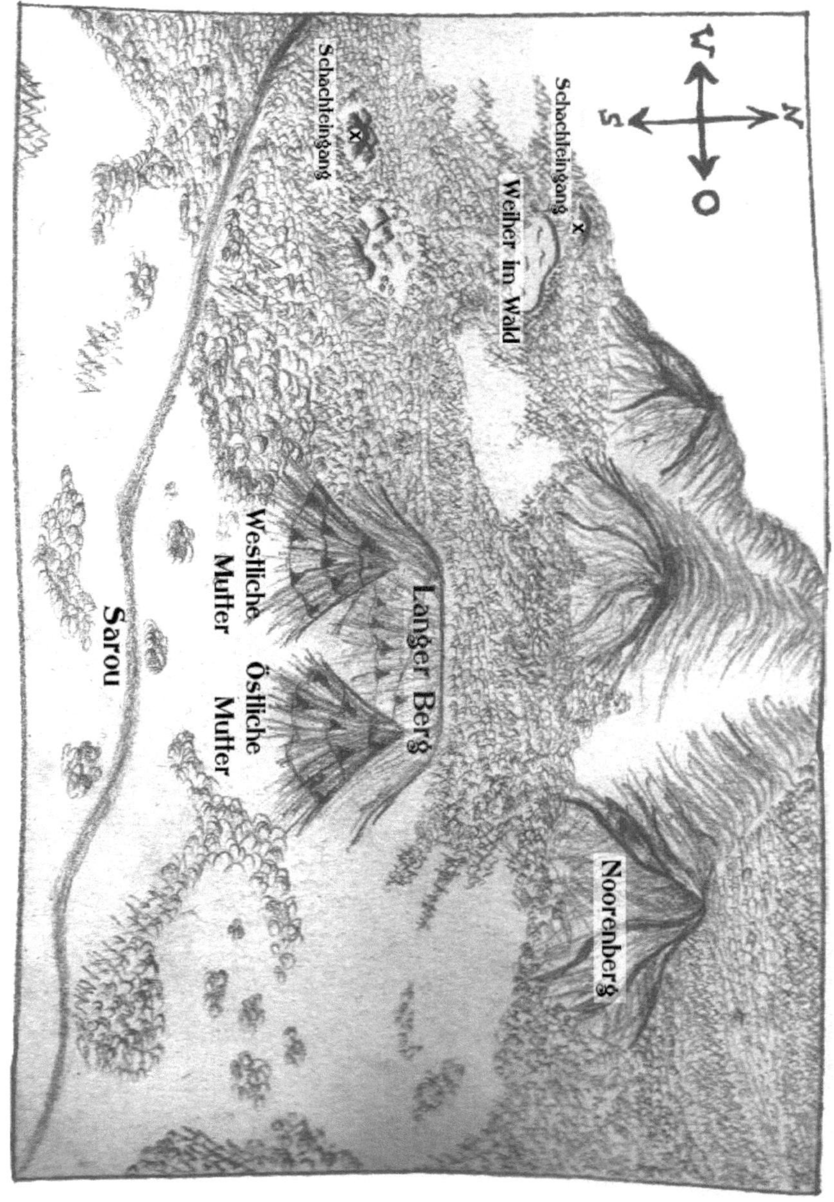

(Karte in Farbe: www.armbrustverlag.de)

Inhaltsverzeichnis

1. In den Schieferbergen

Euryn erschrak. Ein flüchtiges Rascheln riss sie aus wirren Träumen. Es roch schwach nach ranzigem Öl in ihrer Schlafecke. Das Licht war erloschen. Finsternis beherrschte den Raum, und Finsternis war der ärgste Feind. Er hatte seinen schwarzen Atem in jede Ecke, in jeden Winkel gehaucht.

Euryn war, als kehre sie von weit weg, von einem ganz anderen Ort einer fernen, fremden Welt zurück. Sie hatte noch nicht lange geschlafen, aber ihr Rücken schmerzte dennoch. Ihr Bett war hart. Lediglich ein abgewetztes Fell trennte sie vom Steinboden, dessen feuchte Kälte zu ihr durchdrang. Die Matten aus Wolle, Laub und dünnen Zweigen, die ihr die Nächte angenehm gemacht hatten, waren gestohlen worden.

Euryn rieb sich die Schulter. Da war es wieder. Ein schwaches Geräusch, irgendwo im Raum. Sie richtete sich auf, so lautlos es irgend ging. Mit angstgeweiteten Augen saß sie da und starrte in die Dunkelheit. Auf alles gefasst. Neben ihr lag Belas, dessen ruhige Atemzüge sie erzürnten. Euryn stieß ihn hart in die Seite. Zugleich suchten die Finger der anderen Hand nach dem Messer. Es musste nahe beim Kopfende ihrer Schlafstätte liegen.

Belas stieß einen undefinierbaren Laut aus. Dabei zog er die dünnen Beine näher an den Leib. Sie schlug ihm an den Kopf. Einen trägeren Kerl kannte sie wahrlich nicht. Er brummte missmutig. Dann öffnete er die Augen. Sie schimmerten blass in der Dunkelheit. Immerhin, ihr schwaches Leuchten beruhigte Euryn etwas. Sie lauschte angestrengt, während sich ihre dünnen, langen Finger um den Griff des Messers legten. Die Berührung des Holzschafts beruhigte sie um einiges mehr.

»Was ist denn?«, fragte Belas schlaftrunken und kratzte sich am kahlen Hinterkopf, »willst du eine Mondkuh jagen?«

»Sei still, Sohn eines Digdo. Da ist etwas. Ich höre Pfoten über den Boden schleichen. Vielleicht Raschoar.«

Belas verstummte.

Raschoar, schon das Wort klang übel. Der Gedanke an die pelzigen Biester ließ ihn ihre Beleidigung verzeihen.

Eine Weile waren beide Homiden ruhig und konzentriert. Euryns Augen waren zu wachsamen Schlitzen verengt. Belas sah zu ihr auf. Die Raschoar waren schlimm, aber wenn Euryn in Rage geriet, konnte ebenfalls alles Mögliche geschehen.

Sie nahmen den leisesten Luftzug in der Höhle wahr.

Von draußen, wo im Mondlicht die Rinde der kleinen Birken silbern glänzte, drangen nur die Nachtstimmen der Luft zu ihnen herein. Über dem Boden und dem Schiefer, der vom Tag noch warm sein musste, hing Stille.

Doch es dauerte nicht lang und Belas Aufmerksamkeit wich wieder dem Bedürfnis nach Schlaf. Er stöhnte und drehte sich zur Seite. »Wenn du mir nochmal an den Kopf schlägst diese Nacht, dann bade ich dich morgen Früh in saurer Milch.«

Er zog die Knie zum Körper und schloss die Augen.

Euryn starrte in die Dunkelheit.

Homiden sahen hervorragend bei Nacht, aber die Finsternis ihrer Höhle war selbst für Euryns scharfe Augen nur schwer zu durchdringen. Sie seufzte. Die Behäbigkeit ihres Bruders gab ihr so manches Rätsel auf. Das größte unter allen war, dass er noch lebte.

Wer sich so wenig um die Geräusche der Nacht scherte wie dieser junge Kerl, hatte für gewöhnlich kein hohes Alter zu erwarten. Und Homiden konnten eine stattliche Zahl an Jahren erleben, wenn die Nahrung nicht zu mager war über die Jahre. An die dreißig Sommersonnenwenden begrüßten diejenigen, die auf sich Acht gaben und nicht leichtfertig mit den Dingen um sie herum umgingen.

Vielleicht war Belas ja tatsächlich der Sohn eines Digdo. Die dummen unter den Göttern hielten gewiss eine Hand über die ihren. Euryn horchte weiter in die Dunkelheit.

Da! Ein dünnes Piepen! Ihre Anspannung verflog mit einem Schlag. Sie lächelte in die Schwärze hinein. Nichts weiter als eine kleine Maus, die nach einer Mahlzeit suchte.

Nach Nahrung suchen – nichts anderes taten die Raschoar letztlich auch. Nur dass bei ihnen Belas und Euryn zum Futter geworden wären. Die junge Homidin ließ das Messer langsam aus ihrer Hand auf die Erde gleiten. Die Raschoar blieben in ihren Gedanken.

Es gab schlimme Geschichten in der Gegend über jene großen Nager, die nachts in Höhlen eindrangen. Wenn sie diese wieder verließen, gab es dort kein Leben mehr. Und alles Fleisch war sauber abgenagt vom Gebein.

Niemand in ihrer Siedlung redete gerne darüber. Niemand wollte sich Gedanken machen. Was auch bedeutete, dass es keinen wirklichen Schutz gab, weil die Homiden nicht versuchten, den Kampf gegen die pelzigen Wesen aufzunehmen. Euryn konnte das nicht verstehen.

Überhaupt: Sie taten nicht viel in ihrem Stamm, was über die Befriedigung von Hunger und Durst hinausging. Die Männer jagten, die Frauen suchten nach wild wachsendem Getreide. Beeren oder Pilze gab es zwar reichlich in den Schieferbergen und den benachbarten Gebieten, doch sie mieden sie – weil die Alten es so wollten. Überzeugt war Euryn nicht, dass man alles tun musste, was die Dickhäutigen meinten, aber sie mochte sich auch nicht ernsthaft darüber hinwegsetzten. Wenigstens nicht, wenn es um Fragen der Ernährung ging. Wobei – war das alles? Wenn sie aufrichtig zu sich selbst war, hielt sie viel mehr von den heiligen Geboten des Allbios und den Erzählungen der Alten, als sie zugeben mochte. Die Riten hatten gewiss zu Recht einen Platz in ihrem Leben.

Belas, der mit seinen Freunden gern loszog in den Wald, um sich dort die Zeit zu vertreiben, setzte sich zu leichtfertig über die Regeln hinweg. Sicher, er wollte die engen Grenzen ihres Lebens sprengen. Und das war verständlich. Doch wie weit durfte man dabei gehen?

Es war verboten, in den Wäldern herumzuschnüffeln, unter der Erde zu graben. Genau das aber taten die jungen Kerle. Schätze heben wollten sie, töricht wie sie waren.

Euryn wollte anderes bewegen. Etwa einen wirksamen Schutz gegen die Raschoar. Oder den Kindern in den Hügeln Wissen vermitteln. Aber solche Dinge interessierten niemanden. Weder Belas, noch seine tumpen Freunde oder den Rest der Homiden-Kolonie.

Man hatte ihr deutlich gemacht, dass sie sich als junge Frau nicht einzumischen hatte in Dinge, die die Alten nicht zu besprechen bereit waren. In Gedanken bewahrte sie sich ihre Freiheit.

Während Belas längst wieder friedlich schlief, stürmten Euryn viele flüchtige Gedanken durch den Kopf. Was hatte sie im Schlaf gesehen, ehe die Maus sie hochschrecken ließ? Gesehen, nicht geträumt. In manchen Nächten fiel sie in abgrundtiefen Schlaf. Dann träumte sie. Die Bilder, die ihr dann begegneten, waren bunt, übertrieben, oft zusammenhanglos. Es gab aber auch solche Nächte, in denen es ihr war, als falle ihr Geist in eine Welt zwischen Wachen und Ruhen. Dann begegneten ihr Dinge, die sie nicht als Traumgespinst abtun konnte und wollte. Euryn hatte ein deutliches Gefühl dafür, wann sie sich in dieser Zwischenwelt befand und wann nicht. Wenn sie im Schlaf Botschaften empfing, woher auch immer, hinterließ dies eine merkwürdige Art von Aufgeregtheit. Was sah sie? Die Zukunft? Die Vergangenheit? Oder eine ganz andere Welt?

Ein paar Mal hatte sie versucht, Belas ins Vertrauen zu ziehen. Aber das war zwecklos. Dieser Brocken von einem Homiden war zwar nett, aber er hatte keinerlei Verständnis für Worte und Ideen, die jenseits dessen lagen, was ihm gerade vor Augen war. »Belas«, murmelte Euryn und drehte sich zur Seite. Ein leises Schnaufen schien so etwas wie eine ferne Antwort. Er schlief tief und fest. Wahrscheinlich würde er morgen in der Früh nicht einmal entfernt daran denken, dass sie ihn in der Nacht recht unsanft geweckt hatte. Vielleicht war das besser. Er hätte sie verspottet wegen ihrer Ängste.

Als Belas am nächsten Morgen aus der Höhle kroch, stand die Sonne schon über dem Berg. Er kratzte sich ausgiebig am Kopf. Nach dem Aufstehen brauchte er immer eine ganze Weile, bis er ansprechbar war. Er mochte es, dem etwas tauben Gefühl nachzuspüren, das über seine Haut hin und her huschte und ihn an die Stunden des tiefen Schlafes erinnerte.

Euryn saß ein Stück unterhalb des Höhleneingangs. Sie hatte ein kleines Feuer in Gang gebracht und rührte in einem Topf. Der Inhalt war zäh und roch süßlich. Sie saß auf den Fersen, versunken in ihre Arbeit. Der Brei bestand aus einer Mischung von Getreide und Melasse. Während die Körner überall zu finden waren, war Zucker eine kleine Kostbarkeit. Längst nicht jeder Homide war in seinem Besitz, wenn er den traditionellen Laafs bereitete. Auf dem Markt musste man etwas Vernünftiges zum Tauschen haben, wollte man Zucker bekommen. Die verschlagenen Händler aus dem Norden, groß, dunkel und stark, hatten ihren Spaß daran, die Kundschaft in dieser Gegend über den Tisch zu ziehen. Euryn mied den Markt, der meist am Tag nach Neumond gehalten wurde. Sie mochte das dichte Gedränge nicht, die vielen Arme, Beine, Bäuche, die ihr nahe kamen. Kahlköpfige Homiden mit grauer Haut. Sie mochte nicht den Geruch, und sie mochte nicht die vielen Stimmen, die dann kreuz und quer redeten. Sie mochte es lieber, in ihrer Einsamkeit zu sitzen und den Laafs zu bereiten.

Belas und Euryn wohnten weit oben im Schieferberg. Die anderen Homiden hatten sich tiefer angesiedelt, wo die rauen Herbstwinde weniger Halt fanden, und dort ihre Behausungen in den Berg hineingegraben. Es war seit Jahrhunderten Brauch, flache Höhlen in die Schiefer- und Schlackeberge zu hauen, die sie ihre Heimat nannten. Der steinige Boden war nicht besonders hart. Die auf den ersten Blick feste Masse zerstob unter festen Hammerschlägen schnell in kleine Täfelchen, die in der Sonne dunkel glänzten. Es war eine große

Kunst, Holzstämme, die zur Decke der Behausung werden sollten, in die Flanken der steilen Hügel zu treiben und darunter das Erdreich so wegzugraben, dass es nicht gleich wieder von allen Seiten nachbrach. Diese Fertigkeit ging allerdings nicht so weit, große, geräumige Zimmer zu schaffen. Die Holzdecken der Höhlen waren meist kaum höher als ein ausgewachsener Homide. Und das war nicht allzu hoch, bestenfalls sechs Fußlängen. Die Front der Höhlen bestand aus Holzstämmen, roh behauen und aufeinander gelegt.

Außer durch die Türen und kleine Luken fiel kein Tageslicht ins Innere. Das störte auch weiter niemanden, da sich die Homiden fast bei jedem Wetter im Freien aufhielten. Die drei Berge der Kolonie – eigentlich mehr hohe Hügel denn Berge – waren wie eine Insel inmitten eines weiten, größtenteils schier undurchdringlichen Waldes. Sie hatten eigenartige Formen. Zwei waren spitz wie Kegel, »Die Mütter« genannt, der dritte, nördliche, lag lang gestreckt dahinter. Besonders auffällig am Langen Berg war die große Ebene obenauf. Steil wie an den Müttern erhoben sich auch am Langen Berg die Flanken aus dem Tal, um dann wie von einem Messer abgeschnitten auf dem Plateau zu enden. Zwischen den Hügeln im Tal lag ein kleiner Platz, den die Bewohner als Treffpunkt nutzten.

Es gab unterschiedliche Meinungen unter den Homiden, wie die Schieferberge entstanden waren. Die meisten waren der Überzeugung, dass die Götter sie mit ganz eigenem Sinnen geschaffen hatten, weil sie sich so eigentümlich gegen das Umland absetzten. Andere sahen in ihnen einen Haufen Abfall, den ihre Vorfahren aufgehäuft hatten. Jedenfalls waren sich fast alle einig, in einer Umgebung zu leben, die nicht ohne Weiteres als natürlich bezeichnet werden durfte. Nördlich zum Beispiel befand sich ein von dunklen hohen Bäumen bestandener deutlich höherer Berg, der sich in seinem südlichen Verlauf in drei Teile aufgliederte. Seine Rücken und Täler waren viel natürlicher, sie fügten sich in das Land wie ein Laafs in ein ordentliches Frühstück und standen damit in krassem Gegensatz zur Erscheinung der Schieferberge.

Belas genoss es, weit oben auf der westlichen Mutter vor die Tür zu treten, einen Blick zum Fluss im Süden, der Sarou, einen weiteren Blick auf die benachbarte Mutter und einen in Richtung des Langen Berges zu werfen. Er setzte sich still neben Euryn und schaute ihr bei der Zubereitung der Speise zu. Das wohlig-stumpfe Gefühl auf seiner Haut ließ langsam nach. Euryn hatte, wie Belas, am Morgen kein großes Verlangen nach Unterhaltung. Sie verzichtete darauf, ihn anzusprechen und rührte bedächtig im Brei. Nur kurz sah sie auf.

Belas betrachtete ihr Profil. Euryn hatte einen ebenmäßig geformten Kopf, der über eine hohe Stirn zu einer zarten, spitzen Nase, flachen Wangen und einem vollen Mund führte. Die Unterlippe war viel kräftiger als die Oberlippe. Oft sah sie aus, als schmolle sie. Ihre Augen waren von einem klaren kräftigen Blau. In diesen Anblick konnte er sich verlieren. Auch wenn sie etwas schmächtig wirkte – das Gegenteil von ihm selbst – waren ihre Züge doch von einer Erhabenheit, um die sie viele weibliche Wesen beneideten. Diese Ebenheit faszinierte ihn. Zugleich weckte sie aber auch Missgunst in der Siedlung. Euryn war nicht gerade beliebt am Berg. Belas wusste nicht, ob dies nur daran lag, dass ihr Gesicht aus der Menge herausstach, oder aber daran, dass sie ein von anderen Homiden abgewandtes Leben führte und etwas eigen war.

»Die Wolken ziehen hoch«, sagte er schließlich unvermittelt. Sein Atem tanzte vor seinem Gesicht.

Euryn führte den Holzlöffel zum Mund und kostete. »Willst du uns etwas Wasser einschenken? Das Laafs ist fertig«, entgegnete sie, ohne auf seine Worte einzugehen. Sie schaute ihm ins Gesicht. Belas nickte kurz und ging zum Wasserkrug, der ein paar Schritte abseits stand.

»Was machst du heute?«, fragte er. Wortlos hielt sie ihm sein Frühstück hin. Er nahm die Speise und ließ die Nase vorschmecken. »Wir haben Essen genug, oder?«

»Also willst du dich ein bisschen in der Gegend rumtreiben?«, konterte Euryn. Sie zog die Mundwinkel hoch. »In der Tat. Wir haben genug Nahrung, mein Lieber. Und weißt du, warum? Weil ich mich darum kümmere. Weil ich mich darum bemühe, dass immer genügend in unsere Kammer kommt.«

Belas grinste. »Ich ehre dich dafür, Ernährerin. Aber ich muss dich auch daran erinnern, dass den Weg zum Markt nur meine Füße finden.«

Euryn pfiff durch die Zähne: »Das ist ja wohl das Mindeste.«

Beide löffelten schweigend ihre Morgenmahlzeit. Sie saßen auf der schmalen ebenen Fläche vor ihrer Höhle. Zwischen den dürren Birken hindurch sahen sie, was die anderen trieben. Bis zur Spitze des Berges war es von Belas und Euryns Höhle nur ein Steinwurf. Hinab zur Talsohle waren es mindestens zehn Mal so viele. Die freche Horde Rasinus-Nachwuchs lärmte etwas tiefer um ihren Eingang herum. Euryn beobachtete sie interessiert.

»Dir gefallen diese kleinen Racker, was?«, fragte Belas.

Euryn nickte versonnen und schob hinterher: »Sie wären gewiss noch freundlicher, wenn sie nicht den alten Rasinus zum Vater und eine verblödete Mutter hätten.«

Die Kinder der Nachbarn kletterten eine Birke hinauf, die sich unter dem Gewicht beugte. Die Kleinen schnatterten wie Enten auf einem Weiher. Das Kleinste der Bande fiel vom untersten Ast und kullerte einige Schritte bergab. Schieferstücke lösten sich. Die Eltern kamen vor die Tür und schimpften. Kein Homide mochte es, wenn von weiter oben ein Steinregen auf ihn herabprasselte. Belas grinste. Er wollte zwar nicht mit einer Bande kleiner Homiden unter einer Decke wohnen. Aber beim Spielen sah er ihnen genauso gerne zu wie Euryn. Das erinnerte ihn an seine eigene Kindheit.

Er war ein wilder Junge gewesen, vor dem kein Berg, kein Baum und kein Tümpel sicher gewesen waren. Manchmal sehnte er sich nach dieser unbeschwerten Zeit zurück. Seine Geschwister und er hatten nie verstanden, warum die Eltern mit sorgenvollen Gesichtern durch die Welt liefen. Das war lange her. Heute wusste Belas, dass ihr Leben beschwerlich gewesen war. So wie das seine jetzt. Die Gegend gab nicht viel Nahrung her. Das war schon lange so. So lange zumindest, wie die Erzählungen der Alten reichten. Sie wussten von anderen Zeiten. Jene, die lange vor den Homiden dieses Land besiedelt hatten, so hieß es, hätten Nahrung gehabt, so viel sie nur wollten. Sie brauchten dafür nichts zu tun und führten ein freies, ungezwungenes, ja faules Leben. Göttern gleich. Belas hatte diesen Worten immer gespannt gelauscht. Geglaubt hatte er dennoch nicht alles, was ihm wortreich erzählt wurde. Was war aus ihnen geworden, diesen Weltenlenkern? Darauf gab es keine Antwort. Und besonders als er aus den Kinderschuhen herauswuchs, fiel ihm zunehmend auf, dass die Alten all das, was alt war, lobten, und alles Neue schnell in Zweifel zogen.

Die Rasinus hatten ihre Kinder wieder beisammen und setzten sich zum Frühstück. Sie waren auch spät dran an diesem Morgen. Der typische Laafsgeruch zog die Bergflanke hinauf. Belas sah Euryn an. »Du bist so still. Was ist los? Ist es so schlimm, wenn ich eine Weile weggehen will?«

Euryn schien ein zweites Mal an diesem Morgen aufzuwachen. »Nein«, entgegnete sie, »das ist es nicht. Du bist dein eigener Herr. Wenn du mit diesen Kerlen durch den Wald streifen willst, dann tust du das eben. Mir gefällt es nicht. Und das weißt du. Die stecken ihre Nase in Dinge, aus denen sie sie besser heraushalten würden.«

Belas verzog den Mund: »Du bist so ängstlich, Euryn. Zu ängstlich. Und du vertraust zu viel auf alte Geschichten, die greise Frauen vor sich hin plappern. Es ist nicht alles gefährlich dort drüben«, er deutete nach Westen, wo sich in der Senke ein weiter Wald ausstreckte, »es ist nicht alles gefährlich, was über, unter und neben uns ist, nur, weil wir es nicht kennen.« Er wusste sehr wohl, wie massiv er gegen die Regeln seines Volkes verstieß. Jedes Kind musste sich die Ermahnungen des Allbios anhören, bis es sie auswendig kannte. »Grabe in die Flanken der Berge, aber nie in die Tiefe der Erde«, lautete einer der zehn Grundsätze.

»Wonach sucht ihr denn so versessen im Rinden-Wald?«, holte ihn Euryns Stimme zurück. »Ihr schlagt euch Stunden durchs Dickicht und schnüffelt in morastigen Löchern herum. Was ist da so wichtiges zu finden? Willst du mir das verraten? Glaubst du, dort einen Schatz deiner Vorfahren oder eine riesige Speisekammer zu entdecken?«

Belas grinste sie breit an. »Beides natürlich«, sagte er und löffelte seine Schüssel leer. Doch so unbeschwert, wie er tat, war ihm längst nicht zu Mute. Wenn Euryn wüsste – er sah sie aus den Augenwinkeln an. Sie kümmerte sich zum Glück um ihr Essen.

Euryn dachte an die Bilder der vergangenen Nächte. Sie ergaben keinen Sinn, aber sie versprachen nichts Gutes. Blinkende Lichter hatte sie gesehen, die grell-gelb leuchteten. Sie verhießen jedem, der sich ihnen näherte, den Tod. Das hatte sie intuitiv verstanden. Um zu diesen Lichtern zu gelangen, musste man unter die Erde. Da war eine Warnung. Irgendetwas oder irgendwer wollte Belas mit ihrer Hilfe zur Vorsicht mahnen. Abgesehen davon, dass sie diese Streifzüge in die umliegenden Wälder für reine Zeitverschwendung hielt, war da die Ahnung von etwas Bedrohlichem, das aus den Erzählungen der Alten in ihr keimte.

»Lass den Boden ruhen«, sagte sie mit brüchiger Stimme mehr zu sich als zu Belas. Er sah irritiert zu ihr hinüber. Ihre Blicke begegneten sich für einen kurzen Moment.

»Ich werde auf die anderen aufpassen. Wir werden keine bösen Geister wecken, das verspreche ich dir«, sagte er.

Euryn wusste, dass er dies aufrichtig meinte. Aber ob er sich gegen seine Freunde durchsetzen würde? Sie lächelte schwach, stand auf und packte Trinkbecher und Schalen zusammen. Dann wandte sie sich zur Höhle.

»Ich werde mich nach Stroh umsehen. Du könntest vielleicht ein paar Stunden abzwacken an einem der kommenden Tage und mir beim Einbringen helfen, wenn ich was finde, ja?«

Belas reckte sich ausgiebig. »Das mache ich. Wir sehen uns heute Abend. Pass auf dich auf.«

*

»Da kommt er also«, sagte Siras. Ein Grinsen umspielte seinen Mund. »Wir dachten schon, deine Schwester hätte dich verdonnert, euer Lager auszumisten.«

Belas schnaufte. Er war unsicher. Die drei jungen Homiden standen am Waldrand, dicht beisammen. Sie hatten über ihn gelästert, das stand fest. Manchmal fragte sich Belas, warum sie ihn überhaupt mitnahmen auf ihre Streifzüge durch die Wälder diesseits und jenseits des Flusses. Siras, Halou und Genar waren eine verschworene Gemeinschaft. Belas war ihr Gast oder ein lästiges Anhängsel, ganz genau wusste er das selbst nicht. Wäre da nicht dieser eine Ort gewesen, Belas hätte ihnen wohl längst den Rücken gekehrt.

Lange Zeit waren die weiten Wege durch Gestrüpp und Dornen, die den Wald an vielen Stellen beinahe undurchdringlich machten, sinnlos und mitunter langweilig gewesen. Doch dann hatten sie eine Stelle weit von ihren Behausungen gefunden, die ihnen etwas bot, was sie nie zuvor gesehen hatten. Und dort war mehr. In der Erde musste es verborgen sein, so viel hatten sie herausgefunden. Sie wollten das Geheimnis lüften.

»Heute kommen wir hinein, oder?«, sagte Belas möglichst ungezwungen. Er wollte nicht auf Siras Worte eingehen. »Wir finden was, das fühle ich.«

Er schaute von einem zum anderen. Genar nickte. Er hatte ein schlichtes Gemüt und war immer schnell besänftigt. Siras war der Wortführer der Gruppe, wobei Halou nur so lange auf ihn hörte, wie es ihm Spaß bereitete. Er war ein richtiger Homide, der sich eigentlich von nichts und niemandem etwas sagen ließ. Das verband ihn mit Belas. Aber einen engeren Kontakt brachte diese Wesensverwandtschaft nicht. Das verhinderte Siras, ein grober Kerl, der ganz genau darauf achtete, die Fäden der Freundschaft in Händen zu halten.

»Dann gehen wir, wenn du Luft dazu hast«, sagte Siras.

Seine eng stehenden Augen funkelten. Er musterte Belas. Der hielt dem kalten Blick stand. Unter einer Freundschaft verstand er etwas anderes. Aber er war es gewohnt, außen vor zu sein.

Euryn und er lebten ein Einsiedlerleben innerhalb der Homiden-Gemeinschaft. Die beiden hatten keine großen Bindungen. Obwohl sie noch jung waren, hatten sie keine Verwandtschaft mehr. Sie standen alleine in einer Welt, die für Schwäche keinen Platz kannte.

Die vier Homiden machten sich auf den Weg. Genar hatte ein Bündel mit etwas Proviant auf dem Rücken. Belas trug nur eine kleine

Wasserflasche bei sich. Nicht notwendig eigentlich, denn der Wald war durchzogen von unzähligen kleinen Bächen und Rinnsalen. Aber er mochte nicht am Wasser kauern wie ein wildes Tier, um seinen Durst zu stillen.

Die Fichten standen am Waldrand weit auseinander. Die Homiden hatten sich hier über die Jahre viel Holz geschlagen, ebenso auf der östlichen Seite der Schieferberge, wo der Wald bis hinab zur Sarou ohnehin immer um einiges lichter gewesen war. Die meisten wagten sich aber nicht weit ins Innere des Waldes. Die dunklen Erzählungen hielten sie davon ab.

Das Gelände, in das sich die vier Homiden aufmachten, erstreckte sich in eine weite Ebene mit wenigen flachen Hügeln hinein. Südlich begrenzte sie die Sarou. Auf ihr fuhren ab und an Boote der Händler, die Waren aus anderen Ländern brachten.

Die Homiden waren ein sesshaftes Volk. Nur wenige zog es in die Fremde. Was aus denen wurde, die doch gegangen waren, wusste niemand. Und es schien auch niemanden wirklich zu interessieren.

In früheren Zeiten musste der Austausch zwischen den Völkern wesentlich stärker gewesen sein, glaubte Belas. Große Verbindungsstraßen machten in jener Zeit selbst weite Entfernungen schnell überbrückbar. Er selbst hatte eine solche Straße, oder besser die Reste von ihr, gesehen. Es war nicht üblich bei den Homiden, allzu viel über die Vergangenheit zu sprechen. Die Jungen fragten, aber es gab keine Antworten.

Der Wald wurde dichter. Auf ihren Erkundungen hatten die Vier einige schmale Schneisen durchs Gestrüpp geschlagen. Das ließ sie gut vorwärtskommen und half, die Orientierung nicht zu verlieren. Die eher schmächtigen Fichten und Kiefern verloren sich bald zwischen hochstämmigen Bäumen: Buchen, Eichen und in kleinen Gebieten auch Tannen, die alles Licht wegschluckten, wuchsen in dieser Gegend. Es gab wilde Tiere, die sich über Tag nicht blicken ließen. Die jungen Homiden hatten einige Fallen aufgestellt. Aber es gelang ihnen nur selten, etwas Essbares zu jagen. Diese Stellen gingen sie zudem nur noch aus Pflichtbewusstsein ab, seit sie ihre Entdeckung gemacht hatten. Zielstrebig waren sie seither unterwegs, tief in den Wald hinein. Der wurde nach einer Wegstunde undurchdringlich. In mehreren Wellen machte Geröll am Boden, das von dichten Hecken überwuchert war, ein Durchkommen äußerst beschwerlich.

Fast schien es so, als wollte ihnen etwas den Weg versperren. Aber das hatte ihren Ehrgeiz nur angestachelt. Sie hatten sich mit Zähigkeit und scharfen langen Messern durch das Gelände gequält. Anfangs war Übermut die Triebfeder. Siras sprach gerne davon, dass der Wald unzählige Schätze beherberge. Das hatte ihm sein Vater erzählt, als er noch lebte. Es war wie ein Vermächtnis, dass Siras in sich bewahrte. Er wollte in dem großen Wald eine besondere Entdeckung machen. Daran hatte er schon einige Sommer seines jungen Lebens verschwendet.

Gut möglich, dass er sein ganzes Leben an ein Trugbild verschleudert hätte. Doch sie waren auf etwas gestoßen, das ihre Gemüter erhitzte. Der Ort, der sein Geheimnis noch nicht preisgegeben hatte, hielt das Gespräch in Gang, nachdem sie sich auf den Weg gemacht hatten. Halou glaubte, sie seien auf ein Göttergrab gestoßen. Er wollte nichts hören von alten Schätzen oder donnernden Waffen, die die anderen unter der Erde vermuteten.

»Ich denke, wir sollten die Finger davon lassen, wenn dieser Geruch noch stärker wird«, sagte er unvermittelt, während sie an einem Bachlauf entlang gingen.

»Marschiere ich stundenlang, um dann gleich wieder umzukehren, weil die Luft nicht gut riecht?«, fragte Siras gereizt.

Er lief voran. Genar folgte dicht hinter ihm. Belas trottete schweigend neben Halou. Euryn kam ihm wieder in den Sinn und ihre besorgten Worte. Sie war eigentlich immer in Sorge. Aber wenn selbst Halou zur Vorsicht mahnte?

»Was sagt denn deine Freundin?«, fragte Siras und wandte sich zu Belas um. »Würde sie uns abraten, weiter vorzudringen?« Seine Augen waren wachsam. Wachsam und kalt. Die scharfen Gesichtszüge traten deutlich hervor. Genar und Halou hatten typische Homindengesichter. Rundlich und etwas plump. Siras Nase hingegen stand wie ein Haken in seinem Gesicht. Die Augen waren längst nicht so freundlich und mandelförmig wie bei seinen Gefährten, sondern katzenhaft und von unstetem Leuchten.

Belas sah ihn offen an. »Wir haben uns gegenseitig geschworen, niemandem zu erzählen, was wir gefunden haben. Was fragst du da nach Euryn?«

»Nun ja, es heißt doch, sie weiß mehr als alle anderen. Wenn du jede Nacht neben ihr liegst, müsste sie doch schon längst wissen, wo wir jetzt sind und was wir machen. Flüstert sie nicht nachts dicht an dich gedrängt, du solltest ihr alles verraten?«

Siras Mund kräuselte sich zu einem schrägen Grinsen. Er hatte seine Schultern hochgezogen und hatte einen lauernden Blick.

Belas fühlte, wie ihm das Blut in den Kopf stieg. Der Morgen hatte schlecht begonnen. Auch wenn sich Siras immer etwas kratzbürstig zeigte – zu Belas ganz besonders – war er an diesem Tag offensichtlich erpicht darauf, ihn zu reizen. Nun war der Punkt gekommen, an dem Belas einfach nicht mehr weghören wollte.

»Digdo«, rief er laut, »kann es sein, dass aus deinem ungewaschenen Maul heute nur Raschoarmist herausfällt?«

Halou trat einen Schritt von Belas weg. Auch Genar, der neben Siras ging, trat zur Seite. Siras Hände zuckten. Die Linke war nahe an dem langen Buschmesser, das an seiner Hüfte baumelte. Belas war unbewaffnet. Er richtete sich auf.

Fast um Kopfeslänge überragte er Siras. Und er war ein kräftig gebauter Homide. Sein Gegenüber taxierte ihn.

»Deine Schwester – wenn sie denn deine Schwester ist – liegt sie eigentlich nur neben dir in der Nacht?« Im gleichen Moment griff er nach dem Messer.

Belas war schneller. Mit zwei langen Schritten stand er vor Siras und schlug ihm beide Hände vor die Brust. Der schmächtige Homide flog in hohem Bogen nach hinten und landete am Stamm einer breiten Buche. Er stöhnte, kam aber sofort wieder auf die Beine und zog seine Waffe. Die grob behauene Schneide des Buschmessers funkelte im Sonnenlicht, das durch die Baumkronen fiel. Belas stand auf Armeslänge entfernt. Er hätte sich über seinen Kontrahenten hermachen können, während der am Boden lag. Aber er konnte nicht. Belas hasste Prügeleien. Jetzt war er in einer denkbar ungünstigen Situation. Er war Siras körperlich überlegen, aber er war ohne Waffe. Halou starrte beide mit offenen Augen an. Genar war unruhig.

»Lass das, Siras«, stieß er hervor.

Aber Siras war nicht leicht zu besänftigen. »Ich könnte dich mittendurch schlagen. Du ... – Du gehörst einfach nicht zu uns. Und deine Freundin erst recht nicht. Ich traue euch nicht.«

Siras Augen leuchteten, die Mundwinkel zuckten. Belas trat vorsichtig einen Schritt zurück. »Du willst mich nicht dabei haben, wenn ihr hineingeht. Das hättest du gleich sagen können. Dann wäre ich deinem Geplapper entgangen.«

Siras ließ das Messer langsam sinken. »Frag doch deine Euryn, was uns erwartet. Sie wird es wissen.«

Belas nickte: »Vielleicht weiß Euryn wirklich mehr als ein einfältiger Grauschädel, wie du einer bist. Aber ich habe ihr kein Wort gesagt.«

Er spuckte aus und sah die beiden anderen an. »Fällt euch nichts besseres ein als zu gaffen?«

Belas wunderte sich über sein sicheres Auftreten. Er hatte sich immer zurückgehalten, wenn er mit den Jungen zusammen war. Aber das war wohl falsch gewesen. Jetzt fühlte er sich überlegen. Vielleicht hatte Euryn ja recht, wenn sie sich wenig freundlich über seine Mitstreiter äußerte. Und darüber, dass sie nichts mit ihrem Tag anzufangen wussten, als durch die Gegend zu streifen. Sie hätten aus dem Alter längst heraus sein sollen.

»Passt auf euch auf«, sagte Belas zu Halou und Genar. »Und geht nicht weiter, wenn der Gestank wächst oder sonst etwas passiert. Ihr wisst nicht, was euch erwartet.«

»Und du, Sonderling, sag kein Wort zu ihr, sonst wirst du mit meinem Messer Bekanntschaft machen«, zischte Siras.

Er bedeutete den beiden anderen wortlos, mitzukommen. Auch er machte ein paar Schritte rückwärts und behielt Belas dabei im Auge. Dann drehte er sich abrupt um und marschierte mit großen Schritten los. Genar sah Belas traurig an und zuckte die Schultern. Halou hatte sich schon abgewandt. Er würde Siras folgen, wohin er auch ging. Die Erkenntnis löste ein starkes Unbehagen in Belas aus. Er sah ihnen einen Moment nach, dann wandte er sich ab. Die Sonne stand hoch am Himmel, es war ein warmer Tag geworden. Die Blätter der hohen Bäume rauschten leicht, von einer Windböe bewegt. Belas fühlte sich vollkommen leer. Was sollte er jetzt tun? Wo wollte er hin?

Ziellos streifte er eine Weile durch den Wald. Seine Gedanken kreisten um die drei anderen, die er doch auf eine gewisse Weise als seine Freunde betrachtet hatte. Dieses Gefühl verflüchtigte sich nun wie Rauch über einem erlöschenden Feuer. Schließlich hatten ihn seine Füße zu einem Weiher getragen. Die Bäume reichten bis dicht ans Ufer heran. Eine kleine, grasbewachsene Landzunge ragte in den Weiher hinein. Dort war es sonnig. Belas ließ sich im hohen Gras nieder. Er wollte nachdenken, wenn er auch nicht so recht wusste, worüber.

Er musste eingeschlafen sein, denn als er die Augen wieder öffnete, stand die Sonne tief. Ein Greifvogel kreiste über dem Wasser. Belas rappelte sich träge auf. Gerne hätte er mit dem Tier, das so erhaben seine Kreise am Himmel zog, getauscht. Er fühlte sich zu nichts nütze. Euryn hatte recht, wenn sie sich manchmal über sein träges Wesen beklagte. Er benahm sich wie ein Kind.

Belas war dreizehn Sonnenwenden alt. Viele Homiden in seinem Alter lebten anders. Zwar war niemand in seinem Volk, der wesentlich mehr von ihm erwartet hätte, als seine Höhle vor dem Einsturz zu bewahren und für Essen zu sorgen. Aber die jungen Kerle hatten mehr Pflichten in ihrer Familie zu erfüllen.

Homiden liebten es nicht, etwas über das Notwendige hinaus zu tun. Natürlich gab es hie und da auch welche, die sich mit anderen Dingen beschäftigten. Allein die Händler aus dem Süden regten mit ihren fremden Waren immer wieder die Fantasie an. Schmuck, kunstvoll gefertigte Messer, Spielzeug – gewiss gab es manches zwischen Himmel und Erde, das über einen Brotfladen in der Hand hinausging. Aber wer immer sich um solche Dinge bemühte, hatte schnell ein schlechtes Ansehen. So gesehen war Belas mit seinem geringen Interesse an Fremdem wieder ein ganz gewöhnlicher junger Mann in der Gemeinschaft seines Volkes. Und das war auch sicher besser so. Schließlich hatten er und Euryn schon genug Sorgen, weil ihre Lebensgeschichte nicht so war wie die all der anderen im Berg.

Der Vogel kreischte laut auf. Er blieb für einen Augenblick fast in der Luft stehen und flatterte hektisch mit den großen Schwingen. Dann gab er seine Position auf und glitt wieder in weiten Bahnen durch die ruhige und warme Luft. Was mochten Siras und seine Gefährten jetzt wohl machen? Belas wurde schwer ums Herz. Aber in die Trauer darüber, dass er ausgebootet worden war, mischte sich ein anderes Gefühl. Er fühlte sich beinahe erleichtert. Er hatte die Metalltür vor Augen. Den leeren Raum. Dann dieser Geruch.

Die ganze Geschichte zog nochmal vor seinem Inneren vorbei. Beinahe wäre jener Ort vor ihnen verborgen geblieben. Es war Halou, der an einer Brombeerhecke mit reifen Früchten nicht vorbeigehen konnte. Seine Lust auf die Beeren – die von den Homiden normalerweise nicht in den Mund genommen wurden – trieb ihn Fuß um Fuß ins dornige Gestrüpp. Er hatte sich mit seinem Messer einen kleinen Standplatz in die Hecke geschlagen. So saftige Brombeeren habe er noch nie gegessen, hatte er gerufen und sich den Bauch vollgeschlagen. Die anderen waren ungeduldig.

Da kam Halou auf eine vollkommen verrückte Idee. Er wollte ein Stück des Gestrüpps ausgraben und mit nach Hause nehmen. »Naja, wer weiß, ob wir jemals wieder an dieser Stelle vorbeikommen. Ich nehme mir etwas Wurzelwerk mit. Vielleicht wächst es vor meiner Tür an. Dann brauche ich mein Leben lang nichts anderes zu tun, als auf den Sommer zu warten und die reifen Früchte vorm Eingang meines Heims.«

Sollten doch alle murren, die Beeren schadeten der Gesundheit. Er würde sie mit Genuss verzehren und davon hundert Sommer alt werden. Er lachte verzückt von seiner Idee und begann zu graben.

Siras schalt ihn einen hirnlosen Eber. Doch Halou blieb unbeeindruckt. Auf den Knien sitzend grub er sich in den trockenen, sonnenwarmen Boden hinein. Er hatte das Wurzelwerk schon freigelegt und griff mit beiden Händen darunter, um den Ballen möglichst unbeschadet aus der Erde zu heben. Da stieß er auf etwas Hartes. Halou machte einen verblüfften Ausruf. Siras kam neugierig dazu. Etwas Glattes und fein Gearbeitetes war da in der Erde, wie sich schnell herausstellte. Zu zweit schaufelten sie die Erde zur Seite und stießen auf eine ebene Platte. Siras machte sich sofort daran, sie genau zu untersuchen. Er grub mit seinem Buschmesser in der Erde. Sie war recht locker und gut zu entfernen. Die Platte war anscheinend viele Spannen breit – schon, um eine Spanne zu durchmessen, musste ein Homide einen ziemlich großen Schritt machen.

Die Platte führte offenbar unter den Büschen hinein ins Gestrüpp, das sich weiter hinten zu einem kleinen Hügel mit ungewöhnlich steilen Flanken auftürmte. Die Homiden wechselten sich beim Graben ab. Sie rissen die Wurzeln des Gesträuchs vor sich aus der Erde und schufen eine freie Fläche. Siras war der Eifrigste. Doch schließlich waren sie müde und die Sonne zeigte, dass der Tag seinem Ende entgegenging. Siras war kaum von der Stelle wegzubekommen, aber irgendwann, als Halou sagte, er bleibe nicht mehr länger, ließ er sich auf die Rückkehr ein. Von diesem Tag an waren die vier Homiden häufiger in den Wald aufgebrochen, um bei der Brombeerhecke weiterzugraben. Sie hatten kein gutes Werkzeug, und der Weg war weit. Andererseits, betonte Siras, mussten sie so nicht fürchten, dass ein anderer Homide an ihrem Fundort aufkreuzte.

Nach einigen mühseligen Wochen war es so weit. Sie hatten inzwischen einen Platz von der Größe einer Homiden-Behausung freigeschlagen. Unter ihren Füßen war eine graue Fläche. Sie fühlte sich an wie aus Stein, war aber so vollkommen glatt und eben, wie es ein natürliches Stück Fels niemals sein konnte. Inmitten dieser Fläche verliefen, in den Boden eingelassen, zwei nebeneinander liegende, an rostige Eisenträger erinnernde Stränge schnurgerade auf den kleinen Hügel zu, bis an den heran sich die Homiden mittlerweile gegraben hatten. »Das müssen Schienen sein!«, hatte Halou gerufen, nachdem sie ein Stückchen neben dem ersten auf den zweiten Eisenstrang gestoßen waren. Die anderen hatten ihn fragend angesehen. »Ich habe sowas schon mal gesehen. Ich war mit meinem Onkel zum Angeln an der Sarou, und wir waren weiter als sonst am Fluss entlang gegangen. – Da war auch so was im Boden, und Onkel Bruna hat gemeint, dass das *Schienen* sind, und dass da vor vielen, vielen Jahren noch Schiffe angelegt haben sollen, die irgendwelche schweren Sachen brachten. Die sind dann auf … auf so eine Art Karren gehoben worden, und die sind auf den Schienen gerollt.« Siras Augen hatten aufgeblitzt: »*Schwere Sachen?* – Dann hat diese Schienen hier vielleicht auch jemand in diesen merkwürdigen Boden hineingelegt, um schwere Dinge zu transportieren?« Und schnell war auch klar gewesen, dass die Schienen genau auf die kleine, von Brombeergestrüpp umwucherte Erhebung zielten.

Das Gelände um sie herum sah inzwischen aus, als habe sich eine Rotte Wildschweine immer weiter in Richtung des Hügels gewühlt auf der Suche nach besonders schmackhaftem Trüffel.

Und dann wurden die jungen Kerle belohnt. Denn nachdem sie den Hügel endlich erreicht und in dessen Front gegraben hatten, waren sie schnell auf ein stählernes Tor gestoßen, dass nun freigelegt war.

Siras pfiff durch die Zähne. Halou grinste. Die Homiden ließen ihre schmalen Finger über die kalte Fläche gleiten. Fast andächtig standen sie Seite an Seite vor dem Tor. Die glatte Oberfläche schimmerte leicht im Tageslicht. Freigelegte Brombeerwurzeln hingen über die obere Kante herab.

Auf dem Tor war ein Muster eingraviert. Sie konnten es erst nicht genau erkennen. Es war groß und hatte eine langgezogene Form. Das Oval wurde durch längliche Stäbe gekreuzt.

»Sieht fast aus wie abgenagte Knochen.« Genar fuhr die Form verträumt nach. Gelbe Farbreste waren in den Vertiefungen auszumachen. Mehr konnten die Homiden nicht erkennen.

Ein schwerer Griff befand sich auf Augenhöhe der Homiden. Er ließ sich nicht bewegen.

»Nun stehen wir hier, haben die Erde beackert wie die Wildschweine, aber zu fressen haben wir nichts«, meckerte Halou mit hängenden Armen. Dennoch glitt sein Blick wie der seiner Freunde immer wieder über die große Metalltür.

»Das Ding bekommen wir auf. Und wenn ich dagegenrennen muss und mir daran alle Rippen breche«, sagte Siras verbissen.

Er hatte sich kampfeslustig umgesehen, als wolle er mit einem der Gruppe darum ringen, wer das Rätsel lösen durfte. Aber niemand suchte ihm diese Ehre streitig zu machen. Halou schaute in der Umgebung nach Früchten, Genar legte sich auf den Boden und starrte in den Himmel. Er hielt die Hände hinter dem Kopf verschränkt. Es war ein sonniger Tag gewesen, so wie dieser Sommer fast nur angenehm warme Tage hervorbrachte.

Belas hatte unschlüssig ein paar Schritte hinter Siras gestanden, sowohl das Tor als auch den Anführer beobachtend. Als er nahe herantreten wollte, zischte ihn Siras unbeherrscht an, er müsse sich noch etwas gedulden. Halou und Genar hatten sich klüger verhalten.

Siras rüttelte und zerrte an dem Griff, der von Rost fast zerfressen war. Er gab einen leisen Ton von sich. Tatsächlich ließ sich der Griff eine Kleinigkeit drehen. Das spornte Siras an, aber so sehr er sich auch mühte, er kam kein bisschen weiter. Schließlich trat er zur Seite und herrschte die anderen an, sie sollten auch einmal ihre Kraft erproben. Seine rechte Hand blutete von einer schartigen Stelle auf dem Metall. Die jungen Homiden standen in der tiefen Schneise, die sie in die Sträucher geschlagen hatten. Ihr Elan hatte deutlich nachgelassen. Es war mehr ein merkwürdiges Gefühl, das sie beschlich, denn ein klarer Gedanke. Sie fühlten alle tief in sich, dass der Spaß, den ihnen ihre Streifzüge durch den Wald bereitet hatten, von etwas anderem abgelöst wurde. Und da war ein Verbot, das ihnen eingebläut, eine Warnung, die tief in ihren Gehirnen eingegraben war und nun an die Oberfläche drängte. Fast erleichtert hatte Halou den Kopf geschüttelt: »Wir müssten mit schweren Hämmern kommen, um diese Tür zu öffnen.«

Siras Mundwinkel zuckten, Gier in seinen Augen. Auch er wusste keinen Rat. Verächtlich spuckte er aus und stapfte davon. Die anderen sahen sich schweigend an, dann folgten sie ihm zurück in die Schieferberge. Kaum waren sie wieder in ihren Hügeln, wich die Beklommenheit erneut der Neugierde. Wild spekulierten sie, was sich wohl an jenem Ort verbergen mochte. Es waren Geschichten vom Reichtum, die manche Homiden gerne erzählten, die sie nicht losließen. Geschichten von Schätzen, die unter der Erde ruhten. Von wertvollem Metall und Gerätschaften, denen die erstaunlichsten Kräfte zugesprochen wurden, konnten die alten Männer ohne Unterlass reden, wenn sie erst einmal damit begonnen hatten. Die Frauen unterbanden solche Reden, wenn sie sie hörten. Sie impften ihren Kindern die Angst ein vor dem, was die Vergangenheit hervorgebracht hatte. Lasst die Finger davon, sagten sie dann mit ernsten Gesichtern.

Doch der Glaube an die Überlieferungen und Riten, an die heiligen Grundsätze des Allbios war geringer geworden. Und Siras gehörte zu denjenigen, die nur an ihre eigene Stärke glaubten und alles, was sie nicht verstanden, als unnützes Gewäsch abtaten. Also machten sich die vier Jungen wieder auf den Weg. Bewaffnet mit Hämmern und

Brechstangen. Doch das Tor hielt ihren Angriffen in den kommenden Wochen stand, so sehr sie sich auch mühten. Bis Genar in einem Anfall verträumter Gedankenlosigkeit genau das Richtige tat.

Seine schmalen Finger glitten über die Vertiefungen auf der Oberfläche des Tors. Neben dem kaum noch kenntlichen Oval mit den gekreuzten Stöcken hatten sie andere Zeichen ausgemacht und kleine Wölbungen, die von einem ihnen fremden Material waren. Genar fuhr mit den Fingern versonnen über diese Punkte. Vor und zurück, als wolle er ein Bild malen. Ein feines Geräusch drang aus dem Metall. Genar starrte Siras an. Der war sofort neben ihm. Er befühlte das Tor, nahm den Griff. Der ließ sich plötzlich bewegen.

Siras entfuhr ein Fluch, eine Mischung auf Freude und Ärger, dass nicht er selbst der Türöffner war. Er drehte an dem rostigen Material. Quietschend öffnete sich das Schloss. Das Tor ließ sich langsam aufziehen. Kalte modrige Luft drang den Homiden entgegen. Und Dunkelheit, nachdem Siras die Tür vollends aufgedrückt hatte. Sie traten in einen Raum, dessen Ausmaße sie nicht erkennen konnten. Selbst die glimmenden Homidenaugen konnten nicht entdecken, was sich im Inneren befand.

Siras war vorgestürmt, die anderen folgten ihm mit etwas Abstand. Sie tasteten sich vorsichtig vor, die Arme ausgestreckt. Die Füße fühlten kalten feuchten Boden. Die Angst, plötzlich vor einem Abgrund zu stehen, ließ sie immer langsamer werden.

Siras rief ein paar Mal, voller Ungeduld. Er bewegte sich schneller, als klug war, aber er wollte keine weitere Verzögerung. Er stieß auf eine Wand. Und auch die anderen fühlten auf ihren Fingerkuppen bald die schleimig-feuchte Kälte einer Steinmauer. Belas ekelte es, sich an dieser feuchten und unebenen Fläche entlangzutasten und nicht zu wissen, worauf seine Finger im nächsten Moment stoßen würden. Was in aller Welt wollten sie finden, wenn sie die Hände nicht vorm Gesicht sahen? Aber Siras rief und drohte. Die Wand führte sie weiter vom Eingang weg. Und der war schließlich nicht mehr zu sehen.

Offensichtlich waren sie einen breiten Gang entlanggegangen, der sich leicht wand. Ein Fluchen ließ sie zusammenzucken. Siras war wieder auf eine Tür oder etwas ähnliches gestoßen. Mit den Fäusten schlug er dagegen. Ein tiefer Ton war die Antwort, der durch den finsteren Raum waberte und von allen Seiten zurückgeworfen wurde. Und dann war da plötzlich ein merkwürdiger Geruch. Wo auch immer er hergekommen sein mochte, er brachte die Homiden dazu, sich so rasch wie möglich zurückzuziehen. Es war ein Geruch gewesen, der Übelkeit verursachte. Ganz und gar ekelhaft.

Der Vogel drehte noch einige weitere Runden über dem Wasser. Belas fragte sich, ob das Tier ihn beobachtete. Ihn, den Eindringling, der ausgestoßen worden war. War jener Gestank wirklich verflogen seit dem Tag, da sie sich Zugang zu jenem Ort verschafft hatten? Oder waren die anderen einfach weitergegangen? Die erste Tür war geöffnet, die folgenden würden früher oder später auch nachgeben. Siras würde den zähen Willen aufbringen, diesen Ort auszukundschaften. Einen Ort, den Wesen angelegt hatten, über die die Homiden so gut wie nichts wussten. Groß und schön, hieß es, seien sie gewesen. Stolze Wesen, weit vor ihrer Zeit. Viel mehr wusste Belas nicht.

Die Sonne stand tief über den Wipfeln der Bäume und entzündete deren Spitzen. Sie glühten wie feurige Dornen. Durch das Wasser vor ihm glitt eine Schlange. Lautlos. Belas war steif geworden vom Liegen und von den vielen Bildern, die sich vor seinem Inneren entwickelt hatten. Er musste zurück. Denn den Einbruch der Nacht wollte er nicht im Wald erleben. Er wäre eine zu leichte Beute gewesen für die Geschöpfe, die sich in dieser Gegend von Fleisch ernährten.

Belas kam spät zurück in die Hügel. Er kletterte fast lautlos den schmalen Pfad hinauf, der sich bis zu seinem Zuhause auf der westlichen Mutter hinaufwand. Vor den Höhlen war es still. Eine laue Luft wehte über den Schiefer, umschmeichelte ihn, der seinerseits die Wärme des Tages zurückgab. Belas war bedrückt. Er wusste nicht, ob Siras, Halou und Genar wieder in ihren Höhlen waren, wusste nicht, ob sie etwas gefunden hatten. Aber ihm war klar, dass er nicht mehr dazu gehörte.

»Belas, bist du das?« Euryn rief aus der Höhle. Ihre Stimme war sanft und hell.

»Ja, ich bin es. Ich bin wieder da«, erwiderte er und schob die Tür einen Spalt weit auf. Euryn kauerte bei der Öllampe. Sie sah auf. Er versuchte, möglichst ungezwungen zu lächeln. Aber es gelang nicht.

»Sie haben dich ausgeschlossen.« Euryns Worte waren weniger eine Frage denn eine Feststellung. Der simple Satz schnitt ihm wie ein scharfes Messer ins Herz. Woher wusste sie das? Wenn seine Schwester so bestimmt von Dingen sprach, die sie eigentlich nicht wissen konnte, ängstigte das Belas. Gut, er musste nichts Schlechtes von ihr befürchten, das wusste er. Aber dieses bestimmte Auftreten verwirrte seine Gedanken.

Er nickte schwerfällig.

Die Höhle war vom Schein zweier Öllampen nur schwach ausgeleuchtet. Das Nachtquartier lag weiter hinten fast ganz im Dunkel. Er wäre besser mit Euryn aufgebrochen an diesem Tag, um Stroh für eine weiche Unterlage zu suchen. So hatte er sich im Wald herumgetrieben und sich blamiert. Euryn summte vor sich hin, während sie in einem Topf rührte. Lebensmittel und Geschirr standen im vorderen Teil der Höhle, links neben dem Eingang. Darüber hinaus gab es nicht viel. An einem dicken Balken unter der Decke hingen Schinken. Ein Regal trug Geschirr und Besteck sowie Tonkrüge mit verschiedenen Vorräten. Die Mitte des Raumes war eine freie Fläche. Neben dem Eingang stand ein großer Stuhl, die Sitzfläche gefertigt aus gewundenem Stroh.

Euryn drängte öfter darauf, sie sollten sich ihre Höhle wohnlicher gestalten, aber Belas hatte daran bislang kein Interesse gezeigt. Und beide hatten auch nie gelernt, Stuhl und Tisch zu zimmern oder aus Stroh weiche Teppiche zu flechten, wie sie in anderen Höhlen häufig anzutreffen waren.

»Wir können gleich essen«, sagte Euryn unvermittelt. Erst da fiel Belas auf, dass er wie ein geprügelter Knabe am Eingang ausharrte. Er atmete schwer aus. Seine großen Augen irrten haltlos umher.

»Ich weiß nicht, ob ich Hunger habe«, sagte er mit dünner Stimme. Euryn lächelte.

»Nun setz dich und lass dir den Duft der Suppe um die Nase streichen. Vielleicht ändert das deine Meinung.«

Euryn kochte herrliche Suppen. Die waren fast so gut wie ein süßes Laafs. Deshalb leistete er keinen Widerstand und kauerte sich neben ihr nieder. Sie schob ihm ein Fell zu, damit er warme Füße behielt. Die Homiden saßen meist in der Hocke auf den Fersen. In dieser Haltung konnten sie stundenlang ausharren.

Tatsächlich fühlte er sich gleich ein gutes Stück besser, nachdem er ein paar Löffel gekostet hatte. Und das Essen machte ihn gesprächig. Belas erzählte Euryn an diesem Abend die ganze Geschichte. Dass die Jungs nach etwas gruben, hatte sie längst bemerkt, auch wenn Belas ihr kein Wort von der Sache verraten hatte. Sie war während seiner Erzählung ziemlich still und fragte nur ab und an etwas. Meist aber nickte sie, als bestätigten Belas Worte lediglich ihre Gedanken. Als er seinen Bericht beendet hatte, sah sie ihn lange an. Schließlich sagte sie: »Verzeih, wenn ich mich nicht um deine Trauer kümmere. Aber ich bin sehr froh, dass du aus der Sache raus bist. Und ich wäre noch viel erfreuter, wenn deine Freunde nichts finden außer ein paar hässlicher Raschoar-Knochen.«

In dieser Nacht schliefen beide nicht gut. Schlechte Träume begleiteten sie. Euryn hatte eine merkwürdige Vision. Sie war über eine weite Ebene geführt worden. Plötzlich bildete sich ein Einlass, umgeben von Licht und lauten Tönen. Und dann war da eine Person, in feinen Stoff gehüllt. Sie drehte sich langsam zu ihr um. Es war kein Homide. Die Haut viel heller und feiner, erinnerte das Gesicht entfernt an einen Nordländer und war doch anders. Blaue Augen strahlten sie an. Dieses Wesen wirkte so ungewöhnlich und rein. Es hob die Hand, als wolle es grüßen. Aber Euryn vertraute ihm nicht.

Belas und Euryn waren müde und zerschlagen, als ein blasser Lichtschein durch die Ritzen der Tür drang und einen neuen Tag ankündigte.

Euryn verlor den ganzen Tag über nicht das fremde Gesicht aus ihren Gedanken, das sie in der Nacht aufgesucht hatte.

Siras, Genar und Halou waren in diesen Tagen sehr geschäftig. Sie besprachen sich mit einigen wenigen der älteren Homiden. Rasinus war unter ihnen. Belas sah, wie sie sich ganz in seiner Nähe unterhielten. Kam er in ihre Nähe, verstummten sie. Sie wollten nichts mit ihm zu tun haben. Belas und Euryn hatten einige Tage damit zugebracht, neues Stroh für eine vernünftige Schlafstatt zu besorgen. Euryn hatte sich zudem von einer Homidin aus dem Nachbarhügel zeigen lassen, wie Teppiche geflochten wurden. Es war sehr ungewöhnlich, dass sie sich auf das Abenteuer einließ, Stunden in einer fremden Höhle zu verbringen. Aber sie war offensichtlich fest entschlossen, Belas häusliche Phase zu unterstützen und so gut es ging zu nutzen.

Der Sommer zeigte sich in diesen Tagen von seiner besten Seite. Es war angenehm warm, und die Homiden waren untereinander recht gesprächig. Der alte Rasinus kam eines Mittags zu Belas hinaufgeklettert, als der eine Pause machte vom Heranschleppen von Bast und Stroh. Er nickte Belas zu und setzte sich in eine Schiefermulde.

»Ihr macht es euch ein bisschen gemütlicher, was?«, fragte er und streckte den Kopf mit geschlossenen Augen der Sonne entgegen.

Belas bejahte. Er hatte keine Lust auf eine Unterhaltung. Aber Rasinus, was ausgesprochen ungewöhnlich war, offensichtlich in hohem Maße. Er fragte dies und das, gab einige Allgemeinplätze von sich und lobte die warme Sonne als schönstes Unterhaltungsmittel an langen Nachmittagen.

Dann wurde er ernst: »Jemand hat euch neulich bestohlen, nicht wahr?«

Belas brummte bestätigend.

»Habt ihr denn eine Idee, wer es gewesen sein könnte?« Der Alte schielte zu Belas hinüber. Die Haut seines Kopfes war faltig wie die eines Elefanten. Viele ältere Homiden bekamen ledrige Haut, die Augen, Nase und Mund kleiner aussehen ließen und den Gesichtsausdruck veränderten. Belas hatte Rasinus noch nie gemocht. In gewisser Weise hatte er etwas hinterhältiges. Euryn ging es nicht anders, was das nachbarschaftliche Verhältnis nicht gerade stärkte.

Die Homiden hatten untereinander keinen besonders großen Zusammenhalt. Man half sich gegenseitig, wenn es unumgänglich war. Ansonsten achtete jeder darauf, dass er sich nicht mit der unmittelbaren Nachbarschaft überwarf und kümmerte sich darüber hinaus nicht um die anderen.

»Weißt du«, hob Rasinus wieder an, weil er keine Antwort bekam, »in früheren Zeiten hätte die Gemeinschaft das nicht einfach so übersehen.«

Er riss sich einen Grashalm vor seinen Füßen ab und steckte ihn in den Mund. »Es ist schon ungewöhnlich, dass alle von dem Diebstahl wissen, aber niemand etwas dazu sagt. Ich meine: laut und deutlich dazu sagt. Denn getuschelt wird schon einiges.«

Belas sah zu Rasinus hinüber. Er wusste nicht, wo der Alte mit seiner Rede hin wollte. Er wusste nur, dass die Sonne zu angenehm auf seine junge Haut schien, um sich das Gemunkel der Alten anzuhören. Belas spreizte die langen Finger und hielt sie sich vors Gesicht. Die Lichtstrahlen stachen durch die Freiräume und ließen ihn blinzeln. Den kleinen Homiden wurde eingebläut, sich der Mittagssonne nicht auszusetzen. Aber alle erwachsenen Homiden genossen es, wenn sie sich in eine warme Mulde legen konnten und die sengenden Strahlen auf der Haut spürten.

»Du hast nicht viel Interesse daran, was ich dir zu sagen habe, stimmt's?« Rasinus beugte sich vor. Seine Gesichtszüge konnten den Ärger nicht verbergen.

»Weißt du, ihr beiden seit schon ein komisches Paar. Es ist nicht recht, sich außerhalb der Gemeinschaft zu stellen. Sicher, es hat sich viel geändert. Als ich klein war, haben meine Eltern und die anderen hier noch richtig zusammengehalten.«

Er schwieg einen Moment, als müsse er der guten alten Zeit gedenken. »Vielleicht haben die Homiden keine Zukunft. Du wirst es nicht wissen, aber wir sind weniger geworden. Früher lebten wir weit über das Tal und diese Hügel hinaus. Ja, manche von uns fuhren sogar auf

Flößen den Fluss hinauf und hinab. Heute gibt es nur noch ein paar Homiden-Stämme in den Hügeln.«

Er unterbrach seine Rede erneut und sog die laue Sommerluft ein, die stark nach dem Gestein roch, auf dem sie saßen. An besonders heißen Tagen legte sich dieser Geruch bleiern auf die Zunge. Rasinus fuhr fort: »Ihr seid nicht an der Entwicklung schuld. Aber – wie soll ich es ausdrücken? Die Leute reden viel. Und auch wenn ihr nicht schuld seid, so sind doch manche der Meinung, ihr wärt so etwas wie die Verkörperung einer schlechten Zukunft. Und – um genau zu sein – das liegt eigentlich nicht an dir.«

Rasinus erhob sich und nickte Belas zu,

»Ich dachte, das solltest du wissen. Weißt du, ich habe deinen Vater gekannt. Er hat es nicht verdient, so früh zu sterben. Wie dem auch sei, sieh dich vor. Sofern du das überhaupt kannst.«

Der Alte machte sich schon daran, zu seinem Zuhause hinabzusteigen, da drehte er sich noch einmal um. »Vielleicht ändert sich ja auch bald einiges hier, was?« Sein Blick war forschend auf Belas Gesicht gerichtet. Der erwiderte den Blick und zuckte die Schultern. »Woher sollte ich das wissen, Rasinus?«

Belas beugte sich leicht vor und nickte dem alten Homiden flüchtig zu. Rasinus setzte ein schiefes Lächeln auf und stieg zu den Seinen hinab. Nun hatte der es doch geschafft, ihn aus dem sorglosen Sommergefühl herauszuholen. Belas stand auf und sah hinab ins Tal. Euryn musste eigentlich bald zurück sein. Sie wollte noch nach Wurzeln suchen, um ein Mittagsmahl zu bereiten. Danach wollten sie endlich eine neue weiche Strohmatte herrichten. Sein Magen knurrte. Er hatte große Lust darauf, etwas zu essen und die ganze Sippschaft um sich herum dabei zu vergessen.

Schließlich sah er Euryn über die Flanke des Hügels zu ihm heraufsteigen. Sie hatte einen Beutel geschultert und ging mit leichten Schritten und hoch erhobenen Hauptes. So verschlossen sie war, so selbstbewusst war sie doch auch. Zu intelligent gewiss für die meisten, die in den drei Schieferbergen lebten. Belas bedrückte der Gedanke, dass Euryn und auch zum Teil er selbst nur geduldet waren. Was war denn so verwerflich daran, aufrecht durchs Leben zu gehen? Seine eigenen Gedanken zu denken? Seine Art zu haben, mit dem Leben umzugehen? Euryns Lebensgeschichte war anders, das war richtig. Aber war sie damit nicht genug belastet? Musste sie sich dafür rechtfertigen, dass sie noch lebte?

Er ging ihr ein Stück entgegen. Ihre Haut glänzte leicht in der Sonne. Sie war verschwitzt und sah von der Anstrengung gerötet sehr jugendlich aus. Euryn trug lediglich einen groben Stoffüberwurf, den sie mit einem Strick um die Taille gebunden hatte.

»Du kommst mir entgegen«, rief sie. »Ist etwas besonderes an diesem heißen Tag, das mir entgangen ist?«

Euryn lächelte. Auch wenn sie es nie zugegeben hätte, sie freute sich über die kleine Aufmerksamkeit. Belas reagierte verlegen. Sie sah schön aus, wenn sie so geschäftig war. Ihre großen hellen Augen leuchteten. Er wusste ihr nichts zu sagen und nahm stattdessen den Beutel von ihrer Schulter. Gemeinsam gingen sie zur Höhle. Am Himmel mischten sich einige Schleierwolken ins Blau.

»Das schöne Wetter wird nicht halten«, sagte Euryn und deutete hoch. »Aber das passt auch. Wir bekommen ungebetenen Besuch.« Belas verzog das Gesicht: »Was für einen Besuch?«

»Die Tschirnaa sind unterwegs in unser Tal, habe ich gehört.«

»Von wem?«

»Alenar.« Wenn Alenar dies sagte, so war es sicher richtig. Sie war nicht nur flink im Teppichknüpfen, sie hatte auch ihre Ohren überall. Belas mochte sie. Als er klein war, hatte sie ihm manchmal Figuren aus Holz zugesteckt. Die sollten ihn beschützen, hatte sie geraunt.

Wenn die Tschirnaa kamen, bedeutete dies viel Aufregung. Wenigstens, dachte Belas still bei sich, waren dann für ein paar Tage diese traurigen Geschöpfe dafür zuständig, Vorboten einer bösen Zukunft zu sein. Die Homiden mochten das fahrende Volk nicht. Sie verbanden mit ihm viel Schlechtes. Es war alter Brauch, ihnen ein paar Nahrungsmittel vor die Tür zu stellen, wenn sie kamen. Allerdings war dies weniger ein mildtätiger Akt denn Aufforderung, ohne viel Aufhebens weiterzuziehen.

»Du bist erstaunlich gelassen für eine solche Nachricht«, sagte Belas. Euryn hatte jedes Mal panische Angst, wenn die Verhüllten die Gegend streiften.

Euryn zuckte die Achseln: »Ich habe sie oft genug gesehen. Du darfst mich loben dafür, dass ich ihren Namen gelassen ausspreche.«

Belas lachte. Dann sagte er mit tiefer Stimme: »Euryn, die unerschrockene Weise, sie möge vierzig Winter erleben, einer milder als der andere.«

Sie gab ihm einen Stoß in die Rippen: »Im Ernst, du brauchst dich nicht lustig machen. Sagst du mir nicht oft, ich nähme alles viel zu, zu –«, sie suchte nach den passenden Worten, »wie sagst du immer?«

»Ich sage«, entgegnete er, »Euryn ist nicht Euryn, wenn sie nicht beim Essen der Suppe einen Sprung im Ton findet.«

Jetzt holte Euryn mit beiden Händen aus und gab ihrem Gefährten einen kräftigen Stoß, dass er das Gleichgewicht verlor.

»Das sagst du nie, und du weißt genau, was ich meine. Aber wenn ich versuche, weniger Angst zu haben, ist es dir auch nicht recht.«

Belas schüttelte den Kopf. »Schon in Ordnung. Wenn die Tschirnaa auftauchen, ist das eine Sache von ein paar Stunden. Dann sind sie wieder weg, und die Sonne wird wieder scheinen. Versprochen. Auch wenn ein paar Wölkchen zwischendrin die Hitze mindern.«

Sie standen wieder vor ihrer Höhle. Die kleinen Rasinus stürmten den Weg hinauf, der sich in Schlangenlinien vom Tal heraufzog. Sie waren aufgeregt und schrien wild durcheinander. Die kleine Schira sah Euryn, lächelte und winkte ihr zu. Ihr größerer Bruder Onys griff nach der erhobenen Hand. Er drückte sie nach unten. Dann verschwanden die Kleinen in der Höhle. »Eigentlich haben wir es hier oben ganz gut erwischt. Wir sehen weit. Was kann man mehr haben im Leben?«, sagte Euryn.

»Einen dampfenden Teller Suppe«, erwiderte Belas.

Es war spät am Abend, als der ganze Hang in Bewegung zu geraten schien. Spitze Schreie drangen über die Westflanke des Hügels hinauf zur Höhle von Belas und Euryn. Sie hatten sich eben erst auf ihrem neuen weichen Lager niedergelassen, und Euryn redete von den Homiden-Kindern, die am Fluss gespielt hatten und deren Ausgelassenheit sie bewunderte. Doch dann hörten sie die ersten Rufe.

Belas erkannte Henars Stimme, ein Homide vom benachbarten Hügel. Henar stieß ein paar kurze Schreie aus. Jeder in den Schieferbergen wusste, was er ankündigte. Euryn fuhr zusammen.

»Belas«, entfuhr es ihr. Das Herz schlug ihr im Hals. Die Hände zitterten. Belas legte ihr einen Arm auf die Schulter: »Sie tun uns nichts. Sie haben uns noch nie etwas getan.«

»Aber es heißt, dass mit ihnen das Unheil kommt. Und dass sie einst ganze Gegenden verwüstet haben.«

»Es heißt so viel. Du weißt doch selbst, wie viel ungereimtes Zeug verbreitet wird. Wir werden ihnen den kleinen Sack Getreide vor die Tür stellen und fertig. Sie werden es mitnehmen und verschwunden sein, noch ehe die Angst in deinen Augen verflogen ist«, beruhigte Belas. »Komm mit raus und sieh sie dir an. Dann ist es weniger schlimm.«

Euryns rührte sich nicht.

»Nun komm schon. Hast du nicht gesagt, du wolltest deine Angst loswerden? Das sind doch alles Ammenmärchen, was über sie erzählt wird.«

Belas entzündete die Ölkerze und griff nach ihrer Hand. Er lächelte sie so mild an wie ein Vater seine Tochter, die nach einem Sturz die Tränen zurückhält.

Euryn erhob sich langsam und streifte einen Kapuzenmantel über Kopf und Schultern. Sie zog ihn tief ins Gesicht. Belas füllte unterdessen Dinkel aus einem schweren irdenen Krug in einen Leinensack und schnürte ihn fest zu. Draußen waren viele Homiden auf den Beinen. Bei den Rasinus streckten neugierige Kindergesichter die Nasen aus dem Höhleneingang. Weiter vor trauten sie sich aber nicht. Ihr Vater hatte einen Weinschlauch ein gutes Stück unterhalb seiner Behausung an den Weg gestellt und eine brennende Fackel daneben in die Erde gerammt. Belas brachte Euryn ein Stück oberhalb zu einem buschigen Platz. Hinter dem Gestrüpp konnte man es sich zu zweit bequem machen, vor neugierigen Augen – zumindest in der Dunkelheit – bestens geschützt.

»Warte hier«, sagte er und trug seinen Sack hinunter zur selben Stelle, an der auch die Gabe der Rasinus auf die Tschirnaa wartete. Dann eilte er zurück zu Euryn. Unter seinen Füßen brachen kleine Schieferstückchen ab und rutschten weit den Hang hinunter.

An verschiedenen Stellen erleuchteten Fackeln die Nacht. Die Luft war mild. Aus dem nahen Fichtenwald drangen Laute aufgescheuchter Tiere. Eine Eule flog auf und äußerte laut ihren Unmut über die späte Störung. Dann kamen sie. Es war wie ein aufbrausendes Murmeln. An der Flanke des Hügels, tief unten im Tal, wurde es hell. Der Lichtschein wuchs rasch. Dort war jetzt kein Homide mehr zu sehen. Die ersten Tschirnaa kamen wie schwebende Schatten hinter dem Licht her. Es wurden schnell mehr. Sie zogen langsam durchs Tal. Seltsame Laute begleiteten sie. Links und rechts des Haupttrosses huschten einige von ihnen bergauf und bergab. Sie sammelten ein, was die Homiden ihnen hinausgestellt hatten. Ihre dunklen Gewänder wallten um die Körper. Sie gaben schnatternde Geräusche von sich, wirkten wie Geister in der Nacht. Der Zug im Tal war jetzt in voller Länge zu sehen. Es mochten um die zweihundert Wesen sein, die mal zu dritt oder zu viert nebeneinander, mal hintereinander her trotteten. Belas und Euryn konnten aus den Geräuschen einen Singsang heraushören, der dunkel und traurig klang.

Sie beobachteten den Zug hinter das Buschwerk gekauert. Euryn klammerte sich an Belas Arm fest. Ein Sammler war, einer Wasserrinne folgend, oberhalb der Fackel herausgekommen. Plötzlich, wie aus dem Nichts, stand er wenige Schritte unterhalb von Belas und Euryn. Sie stieß einen Schrei aus. Der Sammler schaute zu ihnen auf. Er war in Fetzen gehüllt. Im schwachen Licht der Sterne erkannte sie ein Gesicht, das verunstaltet wirkte. Der Tschirnaa öffnete den Mund und zeigte einen großen schiefen Zahn. Er war offenbar genauso verdutzt wie die jungen Homiden. Eine knorrige Hand griff nach der Gabe. Ein Fauchen, dann verschwand er bergab zur Fackel von Rasinus. Euryn krallte ihre Fingernägel in Belas Arm. »Au«, entfuhr es ihm, »muss ich mich vor dem da ängstigen oder vor dir?«

Sie entschuldigte sich und streichelte flüchtig seinen Unterarm. Ihre Blicke richteten sich wieder auf den Tross, der wie ein auf- und abwogender Nebel weiterzog. Eine der verhüllten Gestalten öffnete kurz ihre Kutte. »Schau dir das an«, sagte Euryn.

Belas wusste nicht, wohin er denn blicken sollte in dem Getümmel. »Da hinten, da hat jemand ein Baby auf dem Arm.«

Jetzt sah er es auch. Ein Tschirnaa hielt ein Bündel in die Luft. Kleine Arme bewegten sich. Ein Schnattern ging von dem Tschirnaa aus. Die Umgebung schien es zu erwidern. Das Baby begann zu jammern. Das zarte Stimmchen war unter dem Gemurmel und Gesinge der anderen auszumachen. In der engen Schlucht wurden alle Geräusche schnell nach oben getragen. Dann war der Zug auch schon an dieser Seite des Hügels vorbei und entschwand Richtung Fluss. Belas und Euryn sahen Umhänge in der Dunkelheit davongleiten.

»Da ziehen sie hin«, sagte Euryn. Ihr schauderte.

Es hieß, die Tschirnaa seien Verdammte. Ohne Platz ziellos umherschweifend in der Nacht. Am Tag hielten sie sich fern von allen Lebewesen verborgen. Sie durchstreiften die Länder. Wo sie an Siedlungen vorbeikamen, da ließ man ihnen etwas vor der Tür stehen.

»Das war ein Kind«, sagte Euryn. »Ich hätte nie im Leben gedacht, dass sie Kinder haben.«

»Ich auch nicht«, stimmte Belas zu. »Aber was noch viel wichtiger ist: Wir leben noch. Und es hat weder ein Erdbeben gegeben, noch sind die Raschoar über uns hergefallen.«

»Sprich nicht davon!« Euryn sah in streng an. Ein Unglück konnte man auch herbeireden.

*

Die Tage vergingen. Euryn war gut gelaunt, da sie Belas viel um sich hatte. Es war ihr nie so aufgefallen wie in diesem Sommer, dass seine Nähe ihr gut tat. Belas fertigte aus trocknem Holz neues Besteck und schnitzte Ess-Schalen. Er begnügte sich dabei nicht damit, einem Klotz die richtige Form zu geben. Er verzierte seine Arbeitsstücke mit allerlei Ornamenten. Alles, was ihm in den Sinn kam, verewigte er auf den Haushaltsgeräten. Er saß dabei vor der Tür und behielt seine Umgebung genau im Auge. Siras und seine Gesellen waren mehrfach in den Wald gezogen. Sie kamen eines Tages mit gefüllten Säcken zurück. Über eines wunderte sich Belas. Wenn die drei tatsächlich irgendwelche bestaunenswerte Schätze geborgen hatten, warum ging dann nicht ein entzückter Aufschrei durch die Siedlung? Hatte sich Rasinus Hoffnung, die er so beiläufig im Gespräch hatte fallen lassen, in Luft aufgelöst? Siras blieb weiter mit dem Alten und einigen anderen in Kontakt. Aber es drang nichts nach außen. Belas hatte eigentlich beschlossen, sich nicht weiter um das Geheimnis hinter der Tür im Wald zu kümmern. Und doch schlich es ihm in seinen Gedanken hinterher. Es dauerte nicht lange, da wurde seine Neugierde auf das Äußerste entfacht.

An Vandri, wenn der Mond wie eine feine Sichel am Himmel stand, trafen sich die Homiden im Tal auf dem runden Platz, der genau zwischen allen drei Hügeln lag. Dort hatten sie vor langer Zeit eine Fläche gerodet, groß genug, dass alle Bewohner der Umgebung zusammenkommen konnten. Entweder zum Feiern oder zum Richten. Zum Vandri-Tag wurde ein Feuer entzündet und starke Getränke machten die Runde. Brote brachten die Familien mit. Manche hatten Kaninchenfleisch dabei, das sie an dicken Stöcken über dem Feuer drehten und brieten.

Es wurde viel erzählt und in tieferer Nacht, wenn der Trunk Wirkung zeigte, ausgiebig gelacht. Euryn mochte diese Abende nicht und blieb ihnen meist fern. Belas war immer gerne dort gewesen. Seit ihn der alte Rasinus darauf hingewiesen hatte, dass Euryn und er nur geduldet waren von der Homiden-Gemeinschaft, war seine Lust auf die Festnacht jedoch verflogen. Dennoch ging er, als am Abend des Vandri das Gespräch im Tal anhob, mit flinken Schritten zum Rund. Er nahm weder Speise noch Trank mit. Er war noch satt vom Abendessen mit Euryn und wollte nur vorbeischauen und vielleicht die ein oder andere Neuigkeit hören.

Die meisten Familien saßen schon beisammen, als er ankam. Kinder spielten, Männer tranken sich gegenseitig zu und hielten Reden. Die Frauen waren im Großen und Ganzen still. Sie genossen das

Spektakel und richteten ihre Blicke oft an den Himmel, wo der Mond wie ein mit spitzem Stock in den Sand gezogener Strich stand. So verschlossen und abgeschottet die meisten Homiden ihr Leben fristeten, in diesen Nächten waren zumindest die Männer kaum wiederzuerkennen.

Auch Belas wurde willkommen geheißen. Er saß erst eine Weile bei Bekannten vom Langen Berg, dann hatten die Nachbarn, mit denen Euryn in jüngster Zeit stärkeren Kontakt pflegte, einen Krug Masil für ihn übrig. Er nahm es gern an und stieß auf die Gesundheit und einen milden Winter mit den anderen an.

Alenar, die Weberin, erkundigte sich nach Euryn.

»Warum hast du sie nicht mitgebracht?«

Alenar hatte kluge Augen und ein freundliches Gesicht. Sie sah Belas offen an. Er blies die Backen auf und kratzte sich am Kopf.

»Sie – «, er suchte nach einer passenden Antwort, »sie wollte nicht. Sie würde sich wahrscheinlich auch nur ärgern, wenn die Gespräche hier vom Masil immer zusammenhangsloser werden.«

Alenar lachte glucksend. Das Kind auf ihrem Schoß, das fast schon eingeschlafen war, öffnete kurz die Augen.

»Gut, gut. Ich verstehe. Sie muss noch lernen, in bestimmten Situationen über die Worte der Männer hinwegzuhören. Aber ich kann sie verstehen.«

»Das können nicht alle hier.«

Belas sah auf seine Füße.

»Das darfst du auch nicht erwarten.« Alenar machte eine wegwerfende Handbewegung. »Nicht jeder ist es wert, mit seiner Meinung gehört zu werden. Mach dir das Herz nicht schwer.«

Jemand legte Belas die Hand auf die Schulter. Es war Henar. Er war nie um eine Plauderei verlegen und verwickelte seinen Freund auch jetzt in ein belangloses Gespräch, das die Last von Belas Schultern nahm. Gemeinsam stießen sie mit einem weiteren Krug Masil an.

In diesem Moment entstand Unruhe auf dem Platz. Viele Köpfe drehten sich. Schreckensrufe ertönten. Belas stand auf. Er sah Frauen, die sich über jemanden beugten. Ein Homide lag dort an der Erde und stöhnte auf. Daran mochte das Masil schuld haben, dachte Belas und ging näher. Da erkannte er zwischen den dünnen Beinen der Umstehenden für einen kurzen Moment die Gesichtszüge Siras. Er ging nahe heran.

»Was ist mit ihm?«, fragte er eine Frau, die vor ihm stand. »Hat er schon zu viel Masil geschluckt?«

Die Frau drehte sich zu ihm um und musterte ihn. Sie verneinte und fügte spitz an, dass Belas doch selbst am besten wissen müsse, was mit Siras sei. War er nicht auch mit in dem dunklen Wald gewesen, woher die jungen Kerle diese schweren Glaskugeln hätten? Er, der er doch ein kluges Weib in seiner Höhle sitzen habe, müsse doch wissen, was es mit diesen Dingen auf sich hat.

Siras wurde unterdessen mit Wasser gewaschen und mit starken ätherischen Ölen wieder zur Besinnung gebracht. Ein feines Blutrinnsal lief ihm aus der Nase und über das Kinn. Er rappelte sich mühsam auf. Die Hände, die sich ihm entgegenstreckten, schlug er aus und schwankte davon.

Der Junge sah gehetzt und abgemagert aus, dachte Belas. Als ob ihm der Schatz, den er mit seinen Kumpanen offensichtlich gehoben hatte, kein Glück brachte. Belas blieb nicht mehr lange beim Vandri. Während die Homiden mit viel Getöse feierten und große Krüge Masil leerten, unterhielt er sich mit einigen entfernten Bekannten, um etwas über Siras herauszufinden. Es gab einige Gerüchte.

Siras hatte mit einigen Männern der drei Hügel über besondere Gegenstände gesprochen, die in großer Zahl an einem geheimen Ort zu finden seien. Gegenstände von ganz besonderer Form und gewiss sehr wertvoll. Siras wollte sie offensichtlich bergen und an Händler verkaufen. Die Männer des Nordens führten vieles mit sich, was es bei den Homiden nicht gab.

Den Älteren in den Schieferbergen war der Geschmack der Nahrung meist egal, so lange sie mit dem, was ihnen zwischen die Zähne kam, den Winter überstanden. Bei den jungen Homiden sah das anders aus. Siras und seine Freunde hatten sich oft über den drögen Fraß beschwert, den die heimische Küche bot.

Doch das war nur ein Platzhalter für die Ruhelosigkeit, die bei den Jungen tief reichte. Die Welt der Homiden war begrenzt. Ihr Lebensradius reichte nicht weiter, als das Auge über die Schieferberge hinwegsah. Der Wald, der Fluss, das bergige Hinterland waren eiserne Riegel. Nicht jeder war bereit, sich damit abzufinden. Dennoch geschah es nur selten, dass ein Homide seiner Familie den Rücken kehrte und auszog, die Fremde zu erobern. Die es taten, kehrten nicht zurück.

Viele Geschichten waren im Umlauf von fremdartigen Wesen, die die Welt besiedelten. Und die Überlieferungen sagten, es sei besser, nicht an dem zu rühren, was außerhalb des Bekannten lag. Die alten Gesetze des Allbios gaben die Frauen weiter. Von Generation zu Generation. Mit schwindendem Erfolg. Was in ihrer eigenen Jugend noch als unumstößlich galt, war mittlerweile bei manchen der Stoff von Ammenmärchen. Auch einige ältere Männer waren nicht abgeneigt, mit den Riten zu brechen. Sie wollten teilhaben an einem neuen Lebensrhythmus, wie ihn die Jungen herbeisehnten.

Die Mütter hielten dagegen: Der Platz eines Homiden sei auf der Erde. Wer in die Tiefe grabe, werde unter der Erde landen. Auch dazu hörte Belas einige Worte an diesem Abend. Lass ruhen, was in der Erde liegt, sagte der Allbios unumstößlich. Siras hatte dies nicht berücksichtigt.

Belas fand Euryn an diesem Abend noch spät wach. Sie war dabei, sich einen Umhang für den Winter zu fertigen.

»Sie sind wieder laut heute Abend«, sagte sie, als er hereinkam, »laut und dumm.«

»Und sie werden noch lauter werden in den kommenden Stunden, fürchte ich.« Belas ließ sich auf einen der neuen Holzschemel fallen, die er geschnitzt hatte. Ihm ging viel durch den Kopf. Er erzählte Euryn von Siras, von seinem Zusammenbruch auf dem Fest und den Gesprächen, die im Umlauf waren.

Euryn unterbrach ihn nicht. Erst als er fertig war, sagte sie nicht zum ersten Mal: »Du hast großes Glück gehabt, dass er dich nicht mithaben wollte, Belas. Großes Glück.«

Belas schwieg. Selbst wenn er ihr im Innersten recht gab, war der Rauswurf aus der Gruppe doch eine Niederlage für ihn. Bei Euryn mochte das anders sein. Sie brauchte vielleicht niemanden. Aber Belas mochte sein Leben nicht als Einzelgänger verbringen, von allen argwöhnisch beobachtet.

»Erinnerst du dich, wie ich zusammengebrochen bin vor Jahren, als Vater noch lebte?«, warf er nach längerem Schweigen in den Raum. »Als ich ohnmächtig war und du dich über mich gebeugt und mir rechts und links die flache Hand ins Gesicht geschlagen hast?«

Euryn grinste. »Wie sollte ich das vergessen. Solche Kuren hättest du beinahe alle Tage nötig.«

Er brummte verdrossen, dann sprach er weiter. Er erzählte ihr, was er zuvor immer für sich behalten hatte: Von einem besonderen Erlebnis, einem Glücksgefühl, das er tief in seinem Herzen verborgen hatte. Er war schwach auf den Beinen gewesen über mehrere Tage, ehe er plötzlich und unerwartet an einem grauen Wintermorgen in Ohnmacht fiel. Das Gefühl war erst schrecklich gewesen. Ihm war, als müsse er sich übergeben. Aber er konnte nicht. Der Druck dessen, was nach außen wollte, richtete sich plötzlich nach innen. Und dann, als er schier zu zerplatzen drohte, löste sich mit einem Schlag alle Pein auf. Belas träumte damals in seiner Ohnmacht von einer grünen Wiese. Erst lag er da, besah sich die feinen Grashalme, die sich sanft im Wind bewegten. Dann sprang er auf. Er schritt die Wiese, die sich in einem weiten Halbrund vor ihm erstreckte und von Bäumen gesäumt war, mit federnden Schritten ab. Die Sonne schien warm. Viele verschiedene Blumen wuchsen zwischen den zarten grünen Halmen. In Weiß, in Gelb, in Rot. Blumen und Blüten, wie er sie nie zuvor gesehen hatte. Der Himmel war von tiefem Blau, durchzogen von wenigen gekräuselten Wolken. Es war wahrlich ein wunderschöner Ort, an dem er sich so unerwartet wiederfand. Und dann hatte er die harten Hände Euryns plötzlich im Gesicht gefühlt und hörte sie seinen Namen rufen.

Belas sah auf Euryns Hände. Er grinste. »Du hast mich damals zurückgeholt. Ich bin dann weiter den Weg mit dir zusammen gegangen. Vielleicht hätte ich an diesem Tag auch einen ganz anderen eingeschlagen, wenn du nicht so schnell über mir gewesen wärest.«

»Bereust du das?«

»Nein, ich bereue es nicht. Ich glaube nur, dass wir wieder an einer Stelle angelangt sind, wo eine Entscheidung her muss, wie es weitergeht.«

Euryn nickte. »Ich weiß«, sagte sie, »du musst dich entscheiden zwischen mir und der Gemeinschaft. Aber ich verspreche dir, dass es diesmal keine Hiebe setzen wird.«

Belas sah sie verblüfft an. Dann sagte er: »Kannst du meine Gedanken lesen?«

Euryn lachte. Sie legte den Kopf in die Hände und beugte sich zu ihm vor. »Nein, da brauchst du dir keine Sorgen zu machen. Ich fürchte, es wäre zuweilen auch gar nicht so spannend. Aber um zu wissen, was in dir vorgeht, braucht man nur einen einigermaßen leichten Schlaf und zwei Augen im Kopf.«

Belas sah zur Schlafecke hinüber. Ihre Höhle war in den vergangenen Wochen viel wohnlicher geworden, als sie es je zuvor gewesen war. Eigentlich ging es ihm gut an diesem Ort. Der Winter konnte kommen. Aber wie sollte ihr Leben weitergehen?

Neben der Abgeschiedenheit, die sie von der Gemeinschaft in den Hügeln trennte, hatten sie ein weiteres Problem. Sie waren letztlich so etwas wie Geschwister, wenn auch nicht blutsverwandt.

Es war üblich bei den Homiden, dass sich die jungen Männer in Belas Alter eine Partnerin suchten, um mit ihr einen eigenen Platz im

Schiefer zu finden. Belas und Euryn lebten zusammen, als wären sie ein Paar. Aber sie waren es doch wieder nicht.

»Und du bist sicher, dass du meine Gedanken nicht lesen kannst?«, fragte er Euryn, die sich wieder über ihren Mantel gebeugt hatte – er schimmerte in verschiedenen Brauntönen und war schon fast fertig. Sie sah ihn milde an. Wenn sie lächelte, bildeten sich kleine Grübchen auf ihren Wangen.

»Nein, Belas, ich kann deine Gedanken nicht lesen. Wenngleich ich auch nicht sagen würde, dass ich lediglich errate oder in der Nacht von dir höre, was in dir vorgeht. Ich würde sagen, ich kenne dich recht gut. Und ich habe ein Gespür für manche Dinge.«

Belas nickte ihr mit müden Augen zu: »Ich muss schlafen. Und ich werde trotz allem meine Zähne zusammenbeißen heute Nacht, als hätte ich ein Kaninchen am Hinterbein erwischt.« Er ging zu ihr und streichelte zart über ihren Kopf. Auf dem Weg zum Lager murmelte er vor sich hin, er werde am kommenden Abend zu den Nooren gehen, um etwas mehr Klarheit zu bekommen. Euryn schaute ihm hinterher und runzelte die Stirn. Sie sagte nichts, schüttelte nur missbilligend den Kopf.

2. Wassermusik

Ein Tropfen fiel. Durch die Nebelschwaden drang ein voller, wohlklingender Ton. Er hallte wider von den Wänden der Grotte. Weiter entfernt sammelten sich hellere Wassertöne wie auf einer Schnur aufgereiht und brachten den großen Hohlraum zum Wispern. Irrlichter wanderten zwischen Fels und Wasser, mal dunkler, mal hell aufflackernd. Ein Lachen in einer Nische. Eine heiser-glucksende Antwort weiter entfernt. Beschwörendes Murmeln ganz nah.

Belas hatte sich an die Erde gekauert. Seine Zehen spürten das kalte Wasser des Sees, wenn er die Füße nach vorne kippte. In seinem Rücken wärmten ein paar zusammengeknüllte Felle und machten es angenehmer, sich an die kühle Felswand anzulehnen. Eine Noore, in ihren verhüllenden Tüchern nicht zu erkennen, kam zu ihm. In ihren Händen hielt sie eine Schale, aus der Dampf emporstieg und sich mit den Dünsten und Gerüchen der Luft verband. Im Zwielicht wirkte die Frau wie ein unwirklicher Schatten. Ihre Konturen blieben verschwommen, dem Auf- und Niederwogen der Nebel gleich. Belas zog die Beine an den Körper heran. Die Noore kauerte vor ihm nieder und stellte das Gefäß zwischen seine angewinkelten Füße.

»Atme tief und dankbar, mein Junge«, sagte sie mit rauer Stimme. Einen Moment sah er ihre glimmenden Augen auf sich gerichtet. Ihre Gesichtszüge verrieten hohes Alter. Dann entfernte sie sich erstaunlich behänd und geräuschlos. Die Nooren bewegten sich im Dunkel der Grotte sicher und schnell. Belas staunte immer darüber, wenn er diesen Ort aufsuchte. Er war eine ganze Weile nicht mehr da gewesen. Der Duft der Kräuter stieg ihm in die Nase. Mit kräftigen Atemzügen sog er ihn auf. Er fragte sich, warum er die Vergnügung zuletzt gemieden hatte. Seit dem zehnten Geburtstag durfte er, wie alle anderen, den Weg zu dem etwa eine Stunde nördlich gelegenen Berg antreten – und dies war ein richtiger Berg, kein Haufen loses Gestein. Die ersten paar Mal war er aufgeregt, stolz, überheblich gewesen. Dann ließ sein Interesse aber rasch nach. Oder: Es gab da eine Instanz, die ihm ein schlechtes Gewissen machte. Er seufzte. Euryn! Warum um alles in der Welt ließ er sich von ihr so beeinflussen?

Mochte sein, dass es falsch war, diese Vergnügung Frauen vorzuenthalten. Aber es war nun mal eine alte Sitte. Zuweilen fand auch Belas es gar nicht so falsch, dem Althergebrachten zu folgen. Der Zutritt zur Grotte und zur Wassermusik war den männlichen Homiden vorbehalten. So war es eben. Er hatte die Regeln nicht erfunden.

Ein dröhnender Gong unterbrach seine Gedanken. Stille.

Der Geruch wurde herber, je tiefer der Inhalt der Kräuterschale abbrannte. Ein bitterer Geschmack auf der Zunge sagte Belas, dass er im rechten Augenblick bereit war. Er ließ sich zurückfallen auf die Felle und starrte vor sich aufs Wasser. Es schien zu pulsieren.

Wieder ertönte der Gong. Er schien jetzt in Belas Innerem zu schlagen. Der Ton trug eine behagliche Wärme in Arme, Beine und Bauch. Erst Wärme, dann Frieden. Das Bild Euryns, das ihm gerade noch beinahe greifbar vor Augen gestanden hatte, verblasste. All ihre Einwände und Mahnungen verschwammen im Dunst der qualmenden Kräuter. Und wurden zu Musik.

Fern begann ein kaskadenartiges Plätschern. Ihm folgten volle, schwere Töne, die sich rasch näherten. Die Nooren saßen in kleinen Nischen auf der gegenüberliegenden Seite des Sees, dort, wo sich der Fels über die Wasseroberfläche hinauswölbte. Einige hielten Karaffen in den Händen. Andere bedienten Trommeln und Rasseln. Nur zart berührten sie die Instrumente, erzeugten im Zusammenspiel ihre Tonmuster. Die ewig auf- und abwogenden Melodien der Wassermusik.

Die Nooren schufen dunkle und mystische Tonfolgen, indem sie aus den Krügen verschiedener Form und Größe einzelne Tropfen oder einen ganzen Wasserstrahl auf die Oberfläche des Sees fallen ließen. Sie saßen dazu auf Felsvorsprüngen in unterschiedlicher Höhe. Das flackernde Licht in der Grotte gestattete nur ab und an einen vagen Blick auf ihre Gestalt. Zuweilen war es Belas, als könne er ein Gesicht ausmachen. Aber er vermochte nichts zu fixieren, alles war so flüchtig um ihn her. Nur die Musik hatte Bestand. Die Frauen waren verschmolzen mit den Mustern ihrer Musik. So wie die Töne mal weit weg, mal direkt neben ihm erzeugt schienen, wirkten auch die Nooren mal nah, mal fern. Belas mühte sich, seinen Blick auf einen festen Punkt zu richten. Aber seine Augen führten ein Eigenleben. Sie wanderten unruhig hin und her. Wie seine Gedanken, die sich verwirrten, entzerrten, durcheinanderwirbelten wie fallende Blätter im Herbstwind. Und dann wieder von einer verblüffenden Klarheit waren.

Die Homiden genossen das Schauspiel jeder auf seine Weise. In gebührendem Abstand zueinander saßen oder lagen sie in ihren Nischen. Keiner sah den anderen. Manche starrten wie Belas mit aufgerissenen Augen in das Dämmerlicht. Andere senkten den Blick oder hielten die Augen geschlossen, versunken in den Strom der Wassermusik. Die Melodien beruhten auf wenigen Tönen in wiederkehrender Folge. Ihre Einfachheit war ihr Geheimnis. Vom Dampf der Schalen müde, schlief mancher Gast nach einer Weile ein. Aber jeder, der sich nach Stunden etwas steif und ungelenk von seinem Platz erhob und den Heimweg antrat, war auf eine Art zufrieden und versöhnt mit der Härte des Alltags. Eine angenehme Abwechslung von Jagen und Sammeln, vom kargen Leben in den Schieferbergen.

Belas war tief in sich zusammengesunken, die Augen zugefallen, der Mund stand offen. In seinem Kopf verwoben sich die Tropfgeräusche und der Rhythmus der Holzinstrumente zu einem Teppich von Empfindungen. Ihm war, als schwimme er in einem riesigen See, von fremdartigen Tieren bevölkert. Zuweilen hörte er über sich Tropfen, die auf die Wasseroberfläche aufschlugen. Dann waren sie hinter ihm, neben ihm, fern oder nah – er konnte es nicht auseinanderhalten.

Plötzlich verstummte alles. Doch schon im nächsten Moment war da ein tiefer und anhaltender Ton. Belas hatte das Gefühl, er liege im Wasser und bewege sich auf etwas Bedrohliches zu. Nicht weit vor ihm blinkte ein Licht. Je näher er kam, umso stärker stach es ihm in die Augen. Er hatte das deutliche Gefühl, mit dem Licht sei eine Warnung verbunden. Dennoch zog es ihn magisch an. Er schwamm näher heran. Zu dem grellen Leuchten, das beinahe unerträglichen Schmerz in ihm auslöste, gesellte sich ein hohes Geräusch. »Belas, bleib fern. Bleib ihm fern«, murmelte eine vertraute Stimme in seinem Kopf. Nur zu gerne hätte er in diesem Augenblick auf die Worte gehört. Aber es war zu spät. Wie ein kleiner Fisch, von einem Strudel erfasst, wurde er davongezogen. Der Druck auf seinen Schläfen wuchs. Ein Pochen in seinen Adern. Er hatte das Gefühl, sich übergeben zu müssen. Ein weißes Licht fraß alle Wahrnehmung auf. Und dann sah er sie wieder. Siras, Halou und Genar. Ihre Blicke waren leer.

Belas fühlte sich ausgepumpt, als ihm die Noore mit einer kleinen Lampe den Weg aus der Grotte leuchtete. Sie hatte einen krummen Rücken und eine scharf gebogene Nase. Flüchtig streiften sich ihre Blicke. Sie schien ihn zu durchdringen. Um ihre Mundwinkel spielte ein Lächeln. »Es ist nicht alles schön, was du in deinem Innern entdeckst, wenn du zu uns kommst. Aber es muss nicht alles schrecklich sein, was dir jetzt den Kopf beschwert.« Sie nickte ihm aufmunternd zu. Kühle Nachtluft empfing ihn.

*

Der nächste Tag brach mit Lärm und Gezeter an. Belas rappelte sich mühsam hoch. Euryn stand schon am Eingang der Höhle. Er fragte sie mit müder Stimme, was der Lärm zu bedeuten habe. Ihm war, als wäre das Rumoren in ihm. »Ich weiß es nicht«, entgegnete sie und warf sich ein Tuch über. Der Herbst war gekommen und mit ihm Kälte in den Morgenstunden. Sie traten ins Freie. Viele ihrer Nachbarn waren unterwegs zum Langen Berg. Belas und Euryn eilten hinterher. Die Luft war voller Feuchtigkeit, die Sonne tat sich schwer, von den Wipfeln des Waldes aufwärts zu ziehen.

Die Stimmen vor ihnen klangen beunruhigt. Belas dachte an Siras. Aber der wohnte im selben Hügel, auf der Seite zum Wald. Sie stießen auf Alenar, die ihre beiden Kinder nach Hause zurücktrieb. »Das ist nichts für sie«, erklärte sie und machte ein angewidertes Gesicht. Belas und Euryn sahen sie fragend an. Alenar sah zu Euryn: »Für dich ist es auch nichts. Geh besser wieder heim und schärfe die Messer. Die Raschoar waren da.«

Euryn vermochte nicht zu antworten. Raschoar!

Den ganzen Sommer über war von den pelzigen Bestien nichts zu sehen und zu hören gewesen. Ihr fielen schlimme Geschichten ein. Das Schicksal der Familie, die sie aufgenommen und zu Belas Schwester gemacht hatte, gehörte dazu.

Euryn wollte nicht umkehren. Sie blieb an Belas Seite. In dem engen Tal waren die Wege kurz. Nur wenige Fußminuten schlängelte sich der Pfad, zwischen schlanken Fichten hindurch, hinab vom Rücken der Mutter, um nach wenigen Schritten in der Senke wieder in den steilen Anstieg zum Langen Berg zu führen. Dessen Plateau verlief von Ost nach West. Die Homiden lebten alle auf der Südseite in Richtung des Flusses. Sträucher und krüppelige Bäume schützten die Eingänge der Höhlen vor Blicken aus dem Tal und zum Teil auch vor Blicken von den beiden Müttern hinüber. Sie mussten nicht weit hinaufklettern. Während der Himmel aufklarte und auf einen schönen Herbsttag hoffen ließ, war der Tod in ihrem Tal zu Gast gewesen und hatte einen Schleier über alle Umstehenden gelegt.

Eine größtenteils schweigende Menge stand vor einem Höhleneingang. Die schwache Tür stand schräg in den Angeln. Es war eine große Familie gewesen, die dahinter gewohnt hatte. Keiner hatte die Nacht überlebt. Ein Homide trug blutverschmierte Stofffetzen aus der Höhle. Ein altes Weib kniete neben dem wenigen, was an die Getöteten erinnerte. Ihr Körper war ein stummer Schrei. Männer standen mit finsteren Gesichtern hinter ihr, während die Frauen Kinder vertrieben, die sich naseweis näherten und einen Blick ins Innere der verwaisten Behausung werfen wollten. Euryn blieb in einiger Entfernung stehen, Belas ging schnurstracks auf die Höhle zu und in sie hinein. Als er wieder herauskam, war alle Farbe aus seinem Gesicht gewichen.

»Wie sehen sie aus? Haben die Raschoar sie aufgefressen?« Euryn flüsterte mehr, als dass sie sprach.

»Bis auf die Knochen«, bestätigte er und wandte sich ab. Es war für die kommenden Stunden das einzige, was er zu sagen hatte.

*

Die Tage wurden kürzer. Belas und Euryn verbrachten die Zeit damit, ihre Wintervorräte aufzufüllen. In dieser Jahreszeit drehte sich fast jedes Gespräch unter den Homiden um die Frage, wie kalt es wohl in den kommenden Monaten werden würde, und wie viele Leben eine frostige Zeit wohl fordern mochte. So warm der Schiefer in den Nächten der Sommermonate auch blieb, wenn die ersten eisigen Winde über das Land wehten, wurde es schnell ungemütlich kalt in den Höhlen. Die Homiden behalfen sich mit Überwürfen aus Tierfell oder gewebter Wolle. Wer aber schwach auf den Beinen war, dem konnte diese Zeit schnell zum Verhängnis werden. Meist waren die Winter mild. Schnee fiel selten. Und doch waren es diese dunklen Monate, die der Kolonie jedes Jahr die ältesten Köpfe raubte.

Neben den Überlegungen zum Wetter gab es ein weiteres Thema, das im Hügel für Gemunkel sorgte. Siras war krank. Belas hatte ihn seit Vandri nicht gesehen. Er mühte sich nach Kräften, die Geschichte im Rindenwald zu vergessen.

Seit Siras, Halou und Genar ihn von ihrem gemeinsamen Unternehmen ausgeschlossen hatten, war er nicht mehr in dem Wald gewesen. Euryn war froh darüber. Auch sie hatte einige Andeutungen aufgeschnappt. Die drei jungen Kerle hatten fremde Dinge angeschleppt. Anscheinend große gläserne Kugeln, die schwer in zwei Händen lagen. Ein paar alte Homiden hatte Siras offenkundig ins Vertrauen gezogen. Aber die waren sturköpfig und unwillig, mehr zu sagen. Das wenige, was ihre Frauen aus ihnen herausbrachten, reichte, das Getuschel in den Schieferhügeln anzuheizen. Der Allbios war plötzlich wieder in aller Munde. Die alten Frauen sahen sich bestärkt und redeten den ganzen Tag kaum über etwas anderes als die alten Gesetze, den umfassenden Ritus, von den Jungen und erschreckenderweise auch von einigen ihrer eigenen Männer schändlich vernachlässigt. War es lange nur Spott über die alten Riten, hatten sie sich jetzt anscheinend gänzlich außerhalb der Regeln gestellt. Die Alten keiften und sahen den letzten Winter in den Schieferbergen gekommen. Niemand durfte sich über den Ritus hinwegsetzen. Wenn es geschehen war, dann würde die Strafe nicht ausbleiben.

Die erste Regel des Allbios war zugleich seine wichtigste: »Grabe nicht in die Tiefe!« Spötter fügten hinter vorgehaltener Hand gerne hinzu: Oder du landest unter der Erde. Natürlich gab es zu allen Sätzen auch Abwandlungen und Veränderungen. Die Höhlen in den Bergseiten mussten gegraben werden, weshalb es hieß: Grabe in die Flanken der Berge, aber nicht in die Tiefe.

Der zweite Satz des Allbios lautete: »Respektiere deinen Nächsten wie deinen Stamm.« Auch das erachteten viele in den Hügeln schon lange nicht mehr als zentrale Lebensbotschaft.

»Töte ein Tier nur, um dich zu ernähren«, hieß die dritte Regel.

Ihr folgten eine Reihe von Geboten:

»Die Natur ist Teil von dir – du bist Teil der Natur.«

»Die Gemeinschaft schützt die Kinder, schützt die Schwachen.«

»Wer hat, soll geben.«

»Die Nooren sind Hüter des Vermächtnisses.«

Die sieben Sätze des Allbios hatten Jahrhunderte überdauert, weil die Nooren und die Frauen des Stammes dafür gesorgt hatten. Nicht mit Gewalt, sondern mit Beharrlichkeit. Dem Wunsch nach Veränderung hielten sie lange stand.

Schwieriger wurde es, als die männlichen Homiden die Meinungshoheit der Frauen nicht mehr akzeptierten. Zugleich zogen sich die Nooren mehr und mehr zurück. Einst als Priesterinnen von allen geachtet, schienen ihre Wege mit der Zeit dunkel und verborgen. Die Wassermusik wurde zur Zerstreuung, der die Frauen in den Schieferbergen mit größter Skepsis begegneten.

Belas wurde bei all dem Gerede schwer ums Herz. Er lenkte seine Gedanken so oft es ging in andere Richtungen. Er hatte begonnen, aus Holz eine Vorrichtung zu bauen, die den Eingang ihrer Höhle schützen sollte. Denn der jüngste Vorfall hatte gezeigt, wie ungenügend schwache Türen vor den Angriffen der Raschoar schützten. Er tüftelte an einer Maschinerie, die mit scharfen Eisenspitzen bewehrt von der Decke herabsauste, sobald jemand einen Lederriemen an der Schwelle zu ihrer Behausung kreuzte. Euryn war erst dagegen. Sie fürchtete, die Vorrichtung könne ihnen selbst zum Verhängnis werden. Aber Belas hatte eine Sperre konstruiert, die von innen leicht zu verriegeln war. Schließlich war sie einverstanden.

Euryn hatte das Gefühl, Belas und sie seien enger zusammengerückt seit den Ereignissen im Rindenwald. Unbeschwert war sie dennoch nicht. Ein Teil in ihr war misstrauisch, ob ihr eine Zukunft in der Homidengemeinschaft beschieden war. Es lag nicht an Belas, dass ihre Höhle – über allen anderen Köpfen am Berg – ein Ort war, den Eltern ihren Kindern lieber verboten. Ein Ort auch, den kein Erwachsener aufsuchte. Selbst wenn die Homiden ein nicht allzu geselliges Volk waren, zumindest unter direkten Nachbarn stattete man sich von Zeit zu Zeit Besuche ab. Belas hatte seine Eigenheiten, aber sein unbeschwertes Wesen nahm andere schnell für ihn ein. Hätte er eine Frau an seiner Seite gehabt, die besser gelitten war, hätte er unbekümmert unter den anderen leben können. Dessen war sie sich schmerzlich bewusst. Und sie ahnte, dass Veränderungen ins Haus standen. Der Gedanke war bedrohlich und befreiend zugleich. Doch sie fühlte sich noch nicht bereit, diese Herausforderung anzunehmen. Sie wollte – dieses Zugeständnis machte sie sich selbst – diesen einen Winter noch mit ihrem Gefährten leben, wie sie es einige Jahre lang getan hatte. Danach musste sie weitersehen. Und wahrscheinlich gehen.

*

Es zeigte sich bald, dass Belas und Euryn gut daran getan hatten, ihre Höhle neu einzurichten und ausreichend Nahrung zu lagern. Denn eine ungewöhnliche Kälte kam von Osten übers Land. Eines Morgens trat Belas vor die Eingangstür und staunte über das, was er sah. Die schmächtigen Kiefern der Hügelflanke und der angrenzende Wald, der sich vor seinen Blicken am Horizont verlor, glänzten im matten frühen Sonnenlicht. Die feinen äußeren Äste der Bäume waren überzogen von dickem Eis. Wie ein Glasgeflecht standen die Bäume im Morgendunst. »Sieh dir das an«, sagte Belas zu Euryn, als sie, blinzelnd und die Arme um die Brust geklammert, herauskam.

»Wir werden einen harten Winter bekommen«, meinte sie mit schläfriger Stimme.

»Aber sieh doch nur, wie schön das aussieht«, entgegnete er, gebannt vom Anblick der feinen gläsernen Verzweigungen und Windungen, die einen feierlichen Glanz im Morgenlicht entfalteten.

»Es sieht schön aus, aber es ist der Vorbote des Todes«, hielt sie dagegen. Belas rollte mit den Augen.

»Hast ja recht. Aber warum genießen wir nicht einfach den Anblick, solange wir ihn so friedlich vor uns und für uns alleine haben.«

Sie schmiegte sich an seine Seite.

»Mir ist nur wahnsinnig kalt.«

Kaum war die Kälte fühlbar, verbreitete sich eine seltsame Stimmung in den Hügeln. Unruhe kam auf. Die Homiden fürchteten die Zeit, die vor ihnen lag. Doch damit nicht genug. Nach Siras bekam auch Halou plötzlich Schwächeanfälle. Belas war mehrfach durch die Schieferberge gezogen und hatte sich hier und da unterhalten. Es gab Stimmen, die sagten, die Kranken müssten aus der Gemeinschaft verbannt werden. Sie hätten Böses heraufbeschworen, was auf alle in den Hügeln übergreifen könne. Es gab auch Homiden, die Belas und Euryn in die Sache verstrickt glaubten. Sowohl die Rasinus-Sippe als auch die Hanias, die fast in der Senke lebten, in gerader Linie von Belas und Euryns Behausung talwärts, sahen besonders in Euryn die wahre Unheilsbringerin. Sie wärmten eine alte Geschichte auf, die Jahre zuvor für Aufsehen gesorgt hatte. Belas und Euryn waren damals noch Kinder gewesen, verspielt und sorglos. Und sie hatten noch Eltern. Besser gesagt, Belas hatte noch Eltern zu jener Zeit. Gute Eltern, die Vertrauen in ihren Nachwuchs hatten. Deshalb durften die beiden auch alleine zum Fluss, wenn ihnen danach war.

An einem heißen Sommertag waren sie hinunter ans Ufer gerannt. Dorthin, wo in einem Nebenarm das Wasser nur träge dahinfloss und die Strömung ungefährlich war. Belas und Euryn planschten im kühlen Flusswasser. Andere Homiden waren mit ihren Kleinen ebenfalls am Ufer. Vielleicht waren Belas und Euryn schon zu dieser Zeit ein ungewöhnliches Paar in der Gemeinschaft, vielleicht war es aber auch blanker Zufall. Auf jeden Fall waren einige Gleichaltrige zwischen den Büschen und Kiefern nahe des Wassers hervorgebrochen und hatten begonnen, Euryn zu verspotten.

»He, Klappergestell. Pass auf, dass dich die Fische nicht mit einem Haufen Würmer verwechseln.«

Ein anderer rief: »Wenn sie weg ist, wird sie niemand vermissen.«

»Ja, das arme Waisenkind.«

Die anderen fielen mit ein: »Armes, armes Waisenkind.«

Belas und Euryn gingen auf das Geschwätz nicht ein. Heinan, ein Nachbarsjunge, ärgerte das über die Maßen, während seine Mitstreiter schon bald das Interesse verloren. Er nahm die Kleider der beiden, schwenkte sie kurz über dem Kopf und warf sie in hohem Bogen ins Wasser. Die älteren Homiden am Ufer schauten kurz auf. Mehr nicht.

Belas war nicht auf Streit aus. Er näherte sich dem Ufer, um die auf der Wasseroberfläche treibenden Stoffteile vor dem Untergehen zu bewahren. Sein Blick galt nur ihren Kleidungsstücken. Euryn hingegen fühlte Wut aufsteigen. Sie hasste Heinan aus tiefstem Herzen. Er sprach oft schlecht über sie und tuschelte mit seinen Freunden, wenn sie in der Nähe war. Sie stand bis zum Brustkorb im Wasser und fixierte den Jungen. Ihre Augen waren zu Schlitzen verengt.

Heinan nahm einen großen Stein in die Hand. Er wollte verhindern, dass Belas die Kleider einsammelte.

»Bleib, wo du bist«, rief er drohend. Belas nahm ihn nicht ernst.

Er kämpfte sich weiter vorwärts. Heinan schleuderte ohne weitere Warnung den Stein. Belas blieb wie angewurzelt stehen. Euryn schrie auf. Alle Augen im und am Wasser richteten sich auf sie. Das Geschoss flog genau auf sein Ziel zu. Kurz vor Belas Gesicht aber stürzte der Stein ins Wasser. Heinan fasste sich an den Kopf und ging in die Knie. Ihm war mit einem Schlag schlecht vor rasendem Schmerz, der sich in ihm ausbreitete. Einige Erwachsene sprangen auf und eilten zu dem Jungen. Belas betrachtete entgeistert die Stelle, wo der schwere Stein in die Wellen geplatscht war. Euryn schwankte im Wasser. Ihr Gesicht war von Schweißtropfen bedeckt.

»Belas«, flüsterte sie und streckte hilflos die Hand nach ihm aus. Belas drehte sich zu ihr um und sah sie nach hinten stürzen. Als habe sie der Stein getroffen. Mit einigen schnellen Schwimmzügen war er bei ihr. Euryn atmete stoßweise. »Mir ist schwindelig«, stammelte sie und krallte die Finger in seinen Arm. »Mir ist so schwindelig.«

Belas packte sie unter den Achseln und zog sie aus dem Fluss.

Heinan war wieder auf den Beinen. Er stierte noch einmal kurz auf das Wasser, dann drehte er sich um und verschwand, etwas wackelig, im Wald. Die Erwachsenen begnügten sich mit verstohlenen Blicken auf Belas und Euryn. Dann streckten sie sich wieder in der Sonne aus.

Belas hatte damals nicht verstanden, was geschehen war. Euryn ging es mehrere Tage schlecht. Sie war schwach und ungeheuer reizbar. Über den Steinwurf wurde aber überall erzählt. Belas konnte das nicht begreifen. Der Stein hatte ihn verfehlt, das war alles. Er war sowieso davon ausgegangen, dass Heinan ein viel zu miserabler Werfer war, um ihn zu treffen.

Aber die älteren Homiden, oder wenigstens einige von ihnen, steckten von da an gerne die Köpfe zusammen, wenn es um Euryn ging. Sie habe den bösen Blick, hieß es. Und auch wenn Belas Eltern alles taten, sie von solch dümmlichen und abergläubigen Anfeindungen abzuschirmen, war Euryn doch spätestens von dieser Zeit an gebrandmarkt und eine Außenseiterin in den Hügeln.

*

Die Kälte tastete sich bereits jetzt in die Höhlen hinein. Ein fast sicheres Zeichen, dass keiner der üblichen milden Winter, sondern langer Frost bevorstand.

Euryn wurde in diesen Tagen zunehmend klarer, dass dieser Winter ihr Leben grundlegend verändern würde. So schön die glasierten Äste der Kiefern vor ihrer Tür aussahen, die Belas voller Andacht bestaunte, sie waren Vorboten von Neuem. Ihr Bruder war begeistert von der märchenhaften Landschaft. Er trug so ziemlich alles am Körper, was er besaß. Seine Füße schützte er mit dicken Fellen. Zum ersten Mal seit längerer Zeit streifte er wieder ganze Tage durch die Gegend. Während die Homiden fluchten oder angstvoll auf die eisige Natur schauten, zog er aufgeregt durch die Schieferberge, am Fluss entlang oder in den nahen Waldstücken umher. Tiefer in den Wald hinein führte ihn sein Weg allerdings nie. Sein ganzes Wesen schien von einer heiligen Ehrfurcht ergriffen. Der Frost in den Bäumen zauberte eine andere Welt rund um die Höhlen. Belas konnte sich daran nicht sattsehen. Sein Atem tanzte vor dem Mund, während er leichtfüßig über den grau-schwarzen Boden unter seinen Füßen wanderte. Er lauschte den Geräuschen der Natur, beobachtete Tiere, hing seinen Gedanken nach.

Euryn blieb lieber in der Höhle. Sie nähte aus Fellen weitere warme Kleidungsstücke. So gemütlich ihre Behausung geworden war, das Gitter mit den scharfen Spitzen am Eingang bildete dazu einen harten Kontrast. Der Anblick war nicht gerade schön. Sobald sie sich allerdings nachts auf ihr Lager gleiten ließ, war sie froh um das Gefühl der Sicherheit. Wenn Belas die Stöcke entfernte, die den Mechanismus blockierten und die Lederriemen beim Eingang spannte, fühlte sie sich geschützt. Insgeheim war sie zwar nicht ganz sicher, ob die Falle zuschnappen würde, wenn eine Meute hungriger Raschoar bei ihnen eindrang, aber sie wollte Belas Stolz auf seine Konstruktion nicht durch kleinmütige Einwände schmälern.

Euryn nähte gerade eine Jacke aus Kaninchenfellen zusammen, als es am Eingang klopfte. Sie war verwundert. Besuch, besonders wenn Belas nicht da war, gab es sonst nicht. »Ja?«, rief sie laut und stand auf, um die Holztür zur Seite zu schieben. Eine gebeugte Gestalt, in dunkle Tücher eingehüllt, stand vor dem Eingang.

»Darf ich herein?«, fragte eine dunkle weibliche Stimme. Euryn schwieg. Sie war verblüfft. Eine Noore hatte den Weg zu ihr gefunden. Euryn hielt nicht viel von den Frauen, die tief in der Grotte nördlich des Langen Berges lebten. Sie waren verrufen. Und gefürchtet. Zudem verließen sie fast nie ihren Lebensort.

»Es ist ziemlich kalt hier draußen«, sagte die Fremde.

Euryn trat schweigend zur Seite. Frostige Kälte zog mit der gebeugten Frau an ihr vorbei. Ein leichter Geruch von Schwefel umgab sie. Die Noore steuerte ohne weiteres auf die Holzschemel in der Essecke zu. Sie ließ sich mit einem Seufzer nieder und schlug den derben Stoff, der ihren Kopf bedeckte, nach hinten. Euryn hielt den Atem an. Nie zuvor hatte sie eine Noore so nah vor sich gehabt. In ihrer Vorstellungswelt waren sie nur Schatten mit schlechtem Ruf. Jetzt sah sie in ein Gesicht, das sie sich so nie im Leben vorgestellt hatte.

Die Noore war fraglos Homidin. Haarlos, feingliedrig, die alte Haut war ledrig und grau. Aber diese Frau war zugleich auch anders. Sie musste uralt sein, aber in ihren großen runden Augen glühte ein Feuer. Ein Feuer, das Euryn mit einem Schlag ihre Voreingenommenheit bereuen ließ. Die Alte hatte ihre Hände unter dem Umhang hervorgewühlt und hielt sie sich kurz gegen die faltigen Wangen.

»Der Winter wird so hart wie seit Generationen nicht mehr«, sagte sie leichthin. Euryn stand immer noch beim Eingang. Ohne den Blick von der Noore zu wenden, zog sie die Tür zu.

»Es kommt eine schwere Zeit auf die Homiden zu.« Die Noore sah zu Euryn auf, die mitten im Raum stand. »Wenn es mein Zuhause wäre, würde ich dir einen Stuhl anbieten.«

Ihre wachen Augen glitten kurz durch die Höhle und verweilten dann bei der Vorrichtung am Eingang.

»Habt ihr Angst vor euresgleichen?«, fragte sie. Kerzengerade saß sie auf dem Schemel. Die alten Hände ruhten auf den Oberschenkeln.

»Nein, das nicht.« Euryn kam zaghaft näher und ließ sich auf den freien Hocker nieder, der in einigem Abstand von der Noore stand. »Es ist nur – Belas hielt das für eine gute Idee, falls Raschoar bei uns einfallen wollen.«

Die Noore verzog den Mund. Dann zuckte sie leicht die Achseln.

»Die Raschoar sind nicht die Sorge dieses Winters.«

Sie sah Euryn in die Augen. Und es schien Euryn, als schaute die Alte ihr tief ins Herz. Dann fuhr sie fort: »Es werden wohl viele in den Hügeln das Grün der Bäume nicht mehr wieder sehen. Sie haben sich wie jedes Jahr nicht sehr darum bemüht, einem strengen Winter zu begegnen. Nicht einmal in der Grotte konnten wir den Sinn der Kerle dafür schärfen.«

Jetzt war es Euryn, die eine skeptische Miene aufsetzte.

Die Belustigungen der Männer an jenem Ort entzogen sich dem Wissen der Frauen in den Hügeln. Um so schlimmer waren die Vorstellungen. Beide schwiegen eine Weile. Schließlich räusperte sich die Fremde und sagte: »Mit dem Sterben in diesem Winter ist es nicht getan. Sie werden dafür einen Verantwortlichen suchen. Und sie werden ihn finden: dich.«

»Ich weiß«, sagte Euryn tonlos. Sie hatte das Gefühl, neben sich zu stehen und dem Gespräch von außen zu folgen.

Die Noore lächelte wieder – unergründlich, fern – und nickte bedächtig. Sie hatte sich vorgebeugt. Ihr greiser aber schöner Kopf war nun nicht mehr allzu fern von Euryn. Das hohe Alter hatte ihrem Gesicht fast nichts anhaben können. Die dicke Haut sah viel geschmeidiger aus als bei anderen Homiden, wenn auch von vielen kleinen Falten durchzogen. Die Augen waren dunkel und mandelförmig. Der Mund fein geschwungen. Auch ihre Zähne waren tadellos, bemerkte Euryn verblüfft.

Diese Frau sah so ganz anders aus, als die alten Homiden der Gemeinschaft. Sie hatte im Alter etwas Erhabenes. Fast schämte sich Euryn der schlechten Meinung, die sie über das Geschlecht ihres Gegenübers gehegt hatte.

Die Noore streckte sich. »Ich habe Durst.«

Euryn stand auf und ging zum Tisch. Sie goss aus einem Steinkrug Wasser in zwei Tonschalen und reichte eine der Alten. Die schloss für einen Moment die Augen und trank in kleinen Schlucken.

»Was gedenkst du zu tun?«, fragte sie dann.

Euryn wich ihrem Blick aus.

Ja, was war zu tun? Was wollte sie tun? Sie hatte in den vergangenen Wochen versucht, die Zeit mit Belas zu genießen und alles andere zurückzudrängen. Auch wenn ihr dies nicht gut gelang. Wieder hatte sie das Gefühl, neben sich zu stehen. Es war, als lausche sie einer anderen, die sich offensichtlich einige Gedanken über Euryn gemacht hatte und jetzt das Ergebnis verkündete. Sie sprach leise: »Ich muss weggehen. Ich muss Belas hier in Frieden leben lassen. Er ist anders als ich es bin. Und wenn ich erst einmal weg bin, dann wird er auch wieder seinen Platz in dieser Welt finden.«

»Bist du dir da sicher?«

»Ja. Er gehört hierher. Ich nicht. Ich weiß nicht, warum das so ist. Aber ich weiß, dass ich auch gar nicht zu diesen dumpfen Schwachköpfen gehören will. Ich mag sie nicht.«

Euryn fuhr sich mit der Hand durchs Gesicht. Ihre Worte, diese fremden und doch so vertrauten Sätze, waren wie eine Beichte. Und es tat gut, sie auszusprechen. Zugleich kehrte ihr Misstrauen zurück. Konnte sie dieser Frau vertrauen? Genügte es denn, dass sie aus der Nähe betrachtet so ganz anders aussah, als Euryn es sich vorgestellt hatte?

Euryn betrachtete die Alte aus den Augenwinkeln. Die Frau saß ruhig auf ihrem Schemel, trank Wasser und schien mit sich und der Welt zufrieden. Die Nasenflügel bewegten sich leicht, wenn sie ein- und ausatmete. Wie konnte diese Frau zugleich so alt und doch so jung wirken? Den Nooren wurde unter den Homiden alles mögliche nachgesagt. Der geringste Schimpf war, dass sie Hexen seien und den Tod bringen könnten. Allerdings waren es nur die weiblichen Homiden, die so über die Nooren sprachen. Die Männer sagten in großer Runde gar nichts zu den Hüterinnen der Grotte. Aber es war bekannt, dass sie diese Frauen verehrten, wenngleich viele sie auch fürchteten.

»Nein, ich mag sie nicht. Und ich gehöre wohl nicht hierher.« Euryn sprach mehr zu sich selbst als zu ihrem Gast.

»Es sind zwei Dinge geschehen seit dem Sommer, die zwar nicht zusammengehören, die aber mein Leben verändern. Als Belas und ich bestohlen wurden, entlud sich der Hass der anderen. Niemand kümmerte sich um die Sache. Niemand fragte nach uns oder versuchte, uns zu helfen. Und dann die Geschichte mit den jungen Kerlen, mit denen Belas gerne durch die Wälder streifte.«

Die Noore sah auf ihre Finger, als ob sie gar nicht zuhöre. Von draußen drangen die Stimmen der kleinen Rasinus zu den beiden Frauen herein. Sie stritten und lachten durcheinander. Ihnen schien die Kälte genauso wenig aufs Gemüt zu schlagen wie Belas. Nach ein paar Augenblicken verloren sich ihre Rufe. Die Stille kehrte zurück. Da sagte die Noore: »Sie werden sterben. Wenigstens Siras und Halou. Sie haben getan, was sie nicht tun durften. Nicht, dass sie deshalb den Tod verdient hätten. Aber er wird sie ereilen. Das Ganze war absehbar.«

Euryn sah die Alte erschrocken an.

Doch die fuhr unbeirrt mit einem ganz anderen Gedanken fort: »Du hast recht, wenn du dich vorsiehst. Du bist nicht willkommen auf diesen Steinhaufen. Sie könnten es dir anlasten, wenn die jungen Tunichtgute gehen werden. Sie werden es dir anlasten. Leider auch dies. Aber ich teile deine Einschätzung nicht, dass Belas in Sicherheit ist. Und das ist das eigentliche Problem.«

»Das eigentliche Problem?«, fragte Euryn verblüfft.

»Du hast einen Ort, wo du hinkannst. Er wird keinen haben.«

Euryn verstand kein Wort.

»Er hat hier seinen Platz. Ich werde diejenige sein, die vertrieben wird.«

»Du hast deinen Platz, mein Kind«, meinte die Alte und lächelte, »du bist eine Noore. Und wo wir leben, das weißt du ja wohl.«

Euryn sprang auf. Zornesröte stieg ihr ins Gesicht: »Was sagst du da?« Sie war nahe daran, der Alten die Tür zu weisen.

Die aber nahm den letzten Schluck aus ihrem Trinkbecher.

»Scheint dir das eine solch schlimme Beleidigung? Nach allem, was ich weiß, bist du doch keine von diesen geifernden Weibern, die erst reden, bevor sie denken. Und auch keine, die nach den einfältigen Kerlen schlagen wollte. Ist es nicht so? Du bist eine, die ihren Kopf zum Denken hat. Eine Noore eben, würde ich sagen.«

Euryn ging in der Höhle auf und ab. Der Raum war ihr noch nie so klein vorgekommen. Und sie schämte sich zum zweiten Mal an diesem Vormittag. Die Noore traf sie mit ihren Worten ins Mark. Sie schien alles zu wissen. War es das, was eine Noore ausmachte? Sagte Belas nicht oft, Euryn wisse mehr, als sie wissen könne? Ihre Träume, ihre nächtlichen Spaziergänge durch fremde Welten. Alle Ängste der vergangenen Wochen stiegen wieder in ihr auf. Die Visionen waren stärker gewesen als je zuvor im späten Herbst. Sie hatten ihr diese traurige Vorahnung gegeben, dass die Zeit mit Belas in der Höhle auf dem Schieferberg bald zu Ende sein würde. Sie hatte Siras vor sich gesehen. Blutend. Sie hatte Halou gesehen, der abgemagert und kurzatmig ein bedauerliches Leben führte. Und sie hatte ihre Nachbarn gesehen, die Belas und sie vertrieben aus ihrem Heim.

All diese Bilder waren in ihr in verschiedenen Nächten bruchstückhaft auferstanden. Sie hatten sich langsam zu einem Ganzen zusammengefügt, obwohl Euryn es nicht wahrhaben wollte. Sie mochte einfach nicht darüber nachdenken, was werden sollte. Mit einem Schlag war das vorbei.

Die Noore räusperte sich. »Ich verstehe sehr gut, dass dich das alles durcheinander bringt. Wir Nooren haben alle unsere eigenen Wege in die Grotte genommen. Für manche von uns war das sehr schmerzhaft. Nun ja –« sie lächelte undurchsichtig, »wir werden eben nicht von allen Homiden akzeptiert. Über die Zeiten immer weniger.«

Die Alte sah Euryn offen an.

Schritte näherten sich der Höhle. Euryn sah erschrocken auf. Die Tür wurde aufgeschoben. Belas streckte seinen Kopf herein.

»Euryn, sieh, was ich habe!«

Er hielt ein totes Wiesel in den Raum. Dann sah er die Noore hinter Euryn. Sein Gesicht wurde ernst. »Du hast Besuch?«

»Ja, sieht so aus«, meinte Euryn mit dünner Stimme.

Belas betrat scheu den Raum und zog die Tür hinter sich zu.

»Was ist los?«, fragte er und legte das tote Tier in die Vorratsecke. Euryn sah an ihm vorbei durch das kleine Fenster mit den blinden Scheiben hinaus, das spärlich Licht in den Raum einließ. Es schnürte ihr den Hals zu, aber es war an der Zeit, offen mit Belas zu reden. Doch was gab es zu sagen?

Sie war nicht sicher unter den Homiden. Das wusste sie. Aber jetzt erklärte die Noore, dass auch Belas in Gefahr schwebte.

Es war die Noore, die das Schweigen brach.

»Ich bin zu euch gekommen, weil ihr diesen Ort verlassen müsst. Euer Leben ist bedroht.«

Belas sah sie stirnrunzelnd an. »Was meinst du damit? Was heißt bedroht? Wer sollte uns bedrohen?«

»Auf die Homiden in den Hügeln warten schwere Tage mit vielen Entbehrungen. Heute morgen gab es den ersten Toten.«

Belas und Euryn sahen sie verdutzt an. »Wer ist tot?«, fragte Belas.

»Der alte Semurian hat die kalte Nacht nicht überstanden. Er hätte zwar sowieso nicht mehr lange gelebt, aber dummerweise liegt seine Behausung unmittelbar neben der Höhle von Siras. Die anderen werden seinen Tod mit Siras Zustand in Verbindung bringen. Und sie werden ihren Zorn nicht auf ihn richten.«

Belas schüttelte den Kopf. Er mochte solche Gedankenspiele nicht. »Woher wollt ihr wissen, wer was denkt und was in den nächsten Tagen kommt?«, fragte er unwirsch.

Euryn schaute ihn verärgert an. »Wie kommst du dazu, uns in einem Atemzug zu nennen? Was die Noore sagt, ist ihre Sache, nicht meine. Ich bin keine Noore.« Herausfordernd wandte sie sich der Alten zu. Die entgegnete ungerührt: »Jeder braucht seine Zeit, das eigene Schicksal anzunehmen. Du willst wissen, warum ich hier bin und zu euch rede. Das ist dein gutes Recht, junger Mann.«

Sie lächelte Belas gewinnend an.

»Es ist seit Alters her unsere Aufgabe in den Schieferbergen, die Dinge auf einer halbwegs vernünftigen Bahn zu halten. Die Homiden sind größtenteils einfältige Wesen, die sich um nichts kümmern. Was ja auch nicht weiter schlimm ist. Wir, die Nooren, sind es, die darauf achten, dass kein größeres Unheil geschieht.«

»Und warum habt ihr dann nicht verhindert, dass man uns bestohlen hat im Sommer?«, fragte Euryn dazwischen.

»Das war kein großes Unheil. Eher ein Zeichen«, entgegnete die Noore in der ihr eigenen Gelassenheit. Euryn legte die Stirn in Falten.

Die Alte nickte bedächtig: »Ja, ein Zeichen. Es hat uns gezeigt, dass wir besonders auf euch beide aufpassen müssen in diesem Winter. Weißt du, Euryn, seit du in Belas Familie aufgenommen wurdest – ein Waisenkind, das genauso gut den Raschoar zum Fraße gedient hätte – seit dieser Zeit hatte Belas Familie eine Auffälligkeit, ein Mal. Kein anderer Homide hätte dich in seine Höhle genommen. Auch wenn die Regeln des Allbios genau das verlangen. Dass du so etwas wie Belas Schwester wurdest, dafür musste seine Familie einen Preis zahlen. Den Preis der Außergewöhnlichkeit. Vergleiche es mit uns Nooren. Auch wir stehen außerhalb des Gewohnten. Man achtet uns, aus Vorsicht. Man verachtet uns, aus Unwissenheit. Ob du das nun hören willst oder nicht, bei dir ist es genau das gleiche. Und Belas – nun ja, er hat sicher die besten Voraussetzungen, akzeptiert zu werden. Aber, wenn ich es recht bedenke, ist er eigentlich doch auch wieder ein viel zu guter Bursche, um mit ihnen gemein zu sein.«

Sie räusperte sich. Belas sah sie verständnislos an. Euryn dagegen wollte mehr wissen. »Was heißt das genau: Ihr achtet darauf, dass nichts Schlimmes geschieht?«

Die Noore wiegte ihren Oberkörper, der hinter den dunklen Tüchern gar nicht recht auszumachen war, sanft hin und her.

»Es gibt nicht viele Gesetze des Zusammenlebens in den Schieferbergen. Wir sind Wächterinnen der Übereinkünfte. Und wir sind das Gedächtnis des Vergangenen. Wir geben die Verpflichtungen weiter, die uns unsere Vorfahren auferlegt haben. Zum Beispiel die, nicht in der Erde nach verborgenen Dingen zu graben.«

Belas blickte auf. Er schluckte.

Euryn ereiferte sich: »So, das tut ihr also? Dann tut ihr es aber nicht besonders gut. Was ist mit den Dingen, die Siras und seine Freunde aus dem Wald angeschleppt haben? Alle sprechen seit Wochen davon. Wo bleibt eure Sorge? Führst du nur gewichtige Worte im Mund oder hat deine Rede wirklich Gewicht?«

Die Noore schien zum ersten Mal bekümmert.

»Dein Einwand ist berechtigt. Dein Zorn nicht. Gewiss hätte das nie geschehen dürfen. Aber unseren Einfluss begründen wir allein auf der Kraft unserer Worte und unseres Gesanges. Seit Jahrhunderten. Wir mühen uns nach Kräften. Früher hatten wir die Frauen hier in den Bergen als Verbündete. Und wir wirkten auf die Männer ein, wenn sie in die Grotte kamen, um uns zu lauschen. Aber es bleibt nicht alles über Zeiten hinweg beständig. Unser Einfluss schwindet. Schneller, als es vielen Nooren bewusst ist. Wir haben es nicht geschafft, die Neugierde der Jungen auf andere Ziele zu leiten. Es musste eines Tages so kommen.«

»Was ist geschehen?« Euryn war wieder etwas ruhiger, aber ihre Augen ruhten kritisch auf der Alten.

»Was haben deine Träume dir gesagt?«, stellte die Noore eine Gegenfrage. Euryn sah vor sich hin. Belas blickte sie gespannt an.

Euryn sprach leise: »Ich weiß es nicht genau. Ich habe große Hallen gesehen. Sie müssen tief unter der Erde liegen. Dort ist etwas, dort lagert etwas. Und es muss eine Gefahr davon ausgehen, das sagt mir mein Herz und das sagen mir meine Träume.«

Von dem Fremden, der sie mit seinen strahlend blauen Augen in ihren Visionen immer wieder festhielt, seit sie von den Dingen unter der Erde träumte, sagte sie nichts. Die Gefahr in den Wäldern bei den Schieferbergen – war er ein Teil davon oder die Rettung? – »Eine Gefahr«, bahnten sich ihre Gedanken leise einen Weg zu ihren Lippen.

»Da hast du Recht«, entgegnete die Noore, »das Leben in diesen Hügeln ist bedroht, seit dieser Ort im Wald gefunden und geöffnet worden ist. Wir haben es nicht vorhergesehen. Und wir haben die Neugierde all derer, mit denen Siras über seinen Fund sprach, nicht in die richtige Richtung lenken können. Wir haben versagt.«

Sie sah auf ihre Hände. Eine alte Frau, die spürt, wie die Zeit über ihre Einwände und ihr Verständnis der Dinge hinweggeht.

»Aber was ist es, was die drei gefunden haben?«, wollte Euryn wissen.

Die Noore schüttelte den Kopf: »Das kann ich dir nicht mit Bestimmtheit sagen. Es gibt viele Stoffe unter der Erde, die Jene dort vergruben, weil sie gefährlich waren. Sie haben uns Warnungen hinterlassen. Aber ihre Sprache war in vielen Dingen eine andere, und wir wissen nicht wirklich, wo welche Gefahr lauert. Wir müssen vertrauen in das, was der Allbios sagt. Doch was nützt das, wenn das Volk die Achtung vor den Regeln verliert?«

Die Alte streckte sich und fuhr dann fort: »Siras hat sich Dinge, die besser unter der Erde verborgen blieben, in seine Höhle geschafft. Und das macht uns große Sorgen. Ganz offensichtlich haben sie nicht nur seinen Verstand benebelt, sondern auch seinen Körper vergiftet. Nach allem, was wir von den Homiden hören, die uns in der Grotte aufsuchen, ist sein Zustand schlecht. Und wenn dieser Stoff eine so giftige Wirkung hat, dass er Siras binnen weniger Monate dem Tod überantwortet, dann darf er nicht in den Hügeln bleiben.«

Die Noore wandte sich Belas zu: »Ihr beiden seit hier nicht mehr lange sicher. Siras selbst erzählt, dass du, Belas, von Euryn angestiftet, für seine Krankheit Verantwortung trägst.«

»Was?« Belas richtete sich kerzengerade auf. »Digdo. Ich hätte ihm eine Tracht Prügel verpassen sollen, als ich die Gelegenheit dazu hatte. Er war es, der das Ganze angezettelt hat. Und als es so weit war, wollte er mich nicht dabei haben.«

Belas erzählte den beiden Frauen über die gemeinsamen Unternehmungen und das jähe Ende der Freundschaft. Als er fertig war, herrschte eine Weile Stille. Die Alte dachte nach. »Ich fürchte, wir werden sehr bald Gelegenheit haben, uns genauer mit den Dingen zu befassen, die unter der Erde ruhen.«

Wieder sann sie nach, den Kopf gesenkt. »Euryn kann zu uns kommen. Dir ist dieser Weg versperrt. Wir können dich eine Weile als Gast aufnehmen, nicht mehr. Männer dürfen nicht in der Grotte leben.«

»Und wieso Euryn?«, fragte Belas.

»Sie –«, ehe die Alte ihren Satz beenden konnte, fiel Euryn ihr ins Wort: »Ich glaube, wir haben fürs Erste genug gehört. Wir sollten jetzt die Zeit bekommen, uns unsere Gedanken zu machen.«

Die Noore nickte, ein flüchtiges Lächeln umspielte ihren Mund. Sie stand auf. Ihre Bewegungen waren etwas schwerfällig, aber von ihr ging eine Würde aus, die auch Belas deutlich spürte. Sie ließ ihren Blick auf den beiden jungen Homiden ruhen.

»Sicher, ihr solltet miteinander reden. Ihr seid um eure Lage nicht zu beneiden. Aber ihr müsst bei allem bedenken: Die Homiden werden ein Opfer verlangen für die Sorgen, die sie derzeit umtreiben. In diesem Fall wollen sie womöglich gleich zwei Opfer, um ihre Angst zu besänftigen.«

Sie nickte den beiden, die einen Kopf größer waren als sie, kurz zu. »Belas, würdest du so freundlich sein und nachschauen, ob sich jemand draußen aufhält. Es wäre nicht förderlich, wenn mich jemand aus eurem Heim heraustreten sähe.« Belas schob die Holztür zur Seite. Er gab der Noore ein Zeichen, dass niemand zu sehen war. Ohne ein weiteres Wort ging diese mit festen Schritten davon. Ein feiner Hauch von Schwefel stand noch eine Weile in der Höhle. Belas und Euryn schwiegen.

Es gelang Belas und Euryn an diesem Tag nicht, ein vernünftiges Gespräch zu beginnen. Euryn verbrachte viel Zeit damit, dick vermummt vor der Höhle eine Mahlzeit zu bereiten. Belas schnitzte an einem Stab, den er neuerdings gerne bei sich trug. Beide hingen ihren Gedanken nach. Das Essen am Abend war trostlos. Euryn ging bald zu Bett. Belas blieb lange auf und starrte in das kleine funzelige Licht vor sich. Schließlich erhob er sich, warf einen letzten Blick durch die Tür auf einen sternenklaren Himmel über Berg und Wald und entsicherte die Falle. Er spannte die Schnur. Dann legte er sich schlafen.

Lange warf er sich unruhig hin und her. Schließlich verfiel er in einen leichten Schlummer. Euryn hatte ihr Gesicht zu ihm gedreht. Ihre Hand ruhte auf seinem Arm. Sie zuckte nur leicht, als mit einem sachten Geräusch die Tür zu ihrer Höhle aufgeschoben wurde. Eine gebückte Gestalt stand im Eingang. Euryn murmelte im Schlaf. Belas atmete ruhig. Die Gestalt machte einen Schritt in die Höhle. Der Lederriemen spannte sich. Der Eindringling fühlte den unerwarteten Widerstand zu spät. Er strauchelte. Der Riemen riss. Ein kurzer Knall. Mit einem pfeifenden Geräusch sauste das Gitter von der Decke herab. Die scharfen Spitzen bohrten sich dem Eindringling in den Rücken. Mit einem erstickten Laut fiel er zu Boden.

Belas und Euryn schreckten auf.

»Was war das?«, rief Belas schlaftrunken.

Eine heisere Stimme röchelte gequält. Euryn umfasste den Griff ihres Messers, das sie immer nahe am Kopf verwahrte. Sie war schneller auf den Beinen als Belas. Mit klopfendem Herzen richtete sie sich auf und entzündete ein Licht. Dann ging sie zu dem Bündel an der Erde, das sich unter dem Holzgitter wandt. Sie sah einen Homiden auf der Schwelle liegen. Er krümmte sich vor Schmerzen. Euryn bückte sich zu seinem Gesicht.

»Siras«, rief sie verblüfft.

Belas arbeitete sich wie ein Storch durch die Konstruktion aus Holz. Eisige Luft drang in den Raum. Draußen war es sternenklar. Siras drehte den Kopf zu Belas. Sein Gesicht war bleich. Eine Holzspitze steckte in seiner Schulter.

»Siras. Bei allen Göttern. Was um alles in der Welt tust du hier?« Belas versuchte, das Gitter anzuheben. Der Holzpflock in Siras Schulter war angebrochen, aber noch mit der Konstruktion verbunden. Der Getroffene schrie laut auf, als Belas das Gitter anhob.

Vor der Höhle sammelte sich schnell eine Menge. Atem tanzte vor Gesichtern. Tuscheln hier und da. Euryn hörte gemurmelte Verwünschungen. Sie war sich nicht sicher, wem sie galten.

»Was starrt ihr uns an?«, schrie Belas die Meute an. Hilfslos versuchte er, seinen früheren Freund aus dem Geflecht zu befreien. »So helft mir doch.«

Euryn hielt mit einer Hand die Lampe. Die andere Hand hatte sie vor dem Mund. Die Wunde des Verletzten blutete stark. Belas versuchte ein zweites Mal, Hilfe zu bekommen.

Niemand bewegte sich. Eine Mutter vertrieb ihre Kleinen. Die Stimme des alten Rasinus erhob sich über der Menge.

Belas habe Siras auf dem Gewissen, tönte er laut. Seine Stimme krächzte. Zwei Männer, die bereits einen Schritt auf die Höhle hin gemacht hatten, um Belas Aufforderung zu folgen, stockten. Das Gemurmel wogte zwischen den Homiden hin und her. Auch weiter weg ertönten Rufe und verbreiteten rasch die Nachricht des Unglücks.

Belas gelang es schließlich, das Gitter über Siras hochzuziehen. Euryn stellte mehrere Schemel unter die Kanten.

Siras hatte die Knie an den Körper gezogen und jammerte vor sich hin. Eine Hand griff nach der offenen Stelle. In der anderen aber hielt er einen Gegenstand, den Belas noch nie gesehen hatte. Es war ein kugelförmiges Gebilde, dessen gläserne Oberfläche im Kerzenschein matt glänzte. Die schmalen Finger Siras zogen das merkwürdige Ding, größer als ein Kürbis, fest an ihn heran. Er begann zu flüstern. Belas beugte sich zu ihm herab.

»Was murmelst du da?«

»Sie soll mir sagen, was das ist und was es mit mir macht«, stieß er hervor.

»Wer soll dir das sagen?«

»Wer schon.«

Siras Stimme überschlug sich. Blut rann ihm aus dem Mund. »Sie soll es mir sagen. Dein Weib. Das Monster.«

Belas richtete sich auf, stand verwirrt im Türrahmen. Siras schob den gläsernen Gegenstand in seine Richtung. Ohne darüber nachzudenken, was er tat, nahm Belas das Ding. Es war sehr schwer, viel schwerer, als Belas erwartet hätte. Beinahe ließ er es fallen.

»Euryn soll dir sagen, was das ist? Woher sollte sie das wissen?«

Durch die Menge drängte sich Siras Mutter. Sie lebte mit ihm und seinem kleineren Bruder alleine auf der anderen Seite des Schieferberges, weit unten, nahe des Waldes. Siras Vater hatte sich vor Jahren in einem Sumpfgebiet verirrt, als er die Jüngste der Familie suchte. Beide waren nie wiedergekehrt.

Die ausgemergelte Frau fiel an der Schwelle auf die Knie und weinte. »Warum tut ihr das meinem Jungen an?«

Belas wollte etwas erwidern, aber ihm fielen keine Worte ein. Er hatte das Gefühl, ihm würde der Boden unter den Füßen weggezogen. Wieso machte Siras Mutter ihn verantwortlich? Oder Euryn? Sie hatten nichts mit alldem zu tun. Er öffnete den Mund. Da spürte er Euryns Hand auf seiner Schulter. Sie drückte ihn sanft und zog sich wieder zurück. Belas schwieg. Jedes Wort hätte wie eine Rechtfertigung geklungen, er hatte keine Chance.

Die Homidin jammerte und wand sich im Schmutz. Erst da kamen drei kräftige Homiden an den Eingang der Höhle. Zwei drückten das Gitter weiter hoch, der dritte hob den Verletzten auf und trug ihn fort. Eine Gasse bildete sich vor ihm. Die Menge ging langsam auseinander. Belas sah den Homiden zitternd hinterher. Euryn war im Dunklen der Höhle, die rechte Hand um den Griff des Messers geklammert. Gemeinsam schoben die beiden ihre Tür zu. Es war ihnen, als schlügen sie ein für alle Mal den Zugang zur Gemeinschaft der Homiden hinter sich zu.

War es Zufall, dass die Noore ausgerechnet an diesem Tag bei ihnen gewesen war? Oder hatte sie gewusst, was geschehen würde? Das alles war verwirrend, grausam, schrecklich. Schlafen konnten sie in dieser Nacht nicht mehr. Aber endlich löste sich das bedrückte Schweigen zwischen ihnen.

Euryn erzählte Belas, dass die Noore sie als ihresgleichen bezeichnet hatte. Sie gestand ihm auch, schon seit Wochen über ihren Abschied aus der gemeinsamen Höhle nachgedacht zu haben. Belas war erst verärgert, dann von seinen Gefühlen so überwältigt, dass ihm Tränen in den Augen standen.

»Ich will dich nicht verlieren, Euryn. Du bist mir, du bist mir – «, er suchte nach den passenden Worten.

Schließlich atmete er tief durch und sagte: »Ich glaube, du bist mir das Wichtigste im Leben.«

Belas wollte nichts davon wissen, ohne sie in den Hügeln zu bleiben. Euryn lächelte ihn traurig an. Sie nahm ihn zärtlich in die Arme. Er ließ es geschehen.

Siras erlebte den Tagesanbruch nicht. Die Verletzungen, die er sich zugezogen hatte, und seine Schwäche sorgten für ein rasches Ende. Nooren waren gekommen, die Wunde zu versorgen. Aber Siras Mutter wies sie ab. Sie tat nichts, als klagend am Strohlager ihres Sohnes zu sitzen. Um die Höhle der Familie sammelten sich in den ersten Stunden des Tages viele Homiden ihres Hügels. Aber sie folgten der Sitte nicht.

Es war üblich, mit der trauernden Familie am Lager eines Sterbenden auszuharren und aus dessen Leben zu erzählen. Nach einigen Stunden dann hätten Männer den Toten zum Fluss getragen und dort auf einem Holzstapel gebettet. Frauen und Kinder kamen erst hinzu, wenn alles für das Feuer bereit war. So nahmen die Homiden Abschied. Doch zu Siras Familie wollte an diesem Morgen niemand. In sicherem Abstand sammelten sich die Nachbarn, berieten sich still untereinander und traten von einem Bein auf das andere.

Die Kälte hatte den Tag fest im Griff. Ein Feuer wurde entzündet, um das sich alle scharten. Für den Toten hatten nicht alle in der Runde gute Worte übrig. Er habe gegen den Allbios verstoßen, bemerkten einige der Umstehenden. Aber der alte Rasinus lenkte die Aufmerksamkeit auf Belas und Euryn. War Belas nicht anfänglich mit den anderen jungen Homiden umhergezogen? Habe er sich nicht dann zurückgezogen, als Siras und seine treuen Begleiter fündig wurden? Und welche Rolle spielte Euryn, die sich nie recht in die Gemeinschaft fügen wollte? Er musste gar nicht lange reden, um die Fantasie der anderen zu beflügeln. Schnell war die Rede davon, das eigentliche Übel hause weit oben auf dem Berg.

Krähen hatten sich in die dürren Kiefern gesetzt, die auch auf dieser Seite des Hügels vereinzelt wuchsen. Die Welt sah trostlos aus an diesem frühen Wintertag. Die Unruhe unter den Homiden wuchs. Stimmen wurden laut, man solle Belas und Euryn aus ihrer Höhle und von dem Schieferberg vertreiben. Aber es gab auch Überlegungen, dass Genar und Halou keinen Platz mehr hätten in der Gemeinschaft. Auch sie hatten schließlich das alte Gesetz gebrochen.

Siras Leichnam blieb den Tag über steif in seiner Höhle liegen. Seine Mutter saß still vor ihm, der kleine Bruder hatte das Weite gesucht. Erst am Abend, nachdem die Sonne untergegangen war, kamen nochmals mehrere Nooren. Diesmal duldeten sie keinen Widerspruch. Sie legten den Toten in einen Leinensack, der nach starken, herben Kräutern roch, dann trugen sie ihn davon. Seine Mutter hatte sich abgewandt und starrte auf das dunkle Gestein, das im Halbschatten der Höhle matt schimmerte. Ihr Sohn war gestorben. Und das war gleichbedeutend mit einem Todesurteil für sie und ihren kleinen Jungen. Standen sie doch erst am Beginn eines Winters, der härter zu werden versprach, als ihn die Homiden kannten.

3. Flucht

Die Glaskugel lag zwischen ihnen am Boden. Sie betrachteten sie stumm. Groß wie ein Kürbis war das durchsichtige Etwas. Die Oberfläche glatt. Innen, in seiner Mitte, war ein Gegenstand eingeschlossen, dunkel und in seiner Struktur nicht wirklich auszumachen. Für seine Größe war das Ding ungeheuer schwer. Belas rutschte die Glaskugel fast aus den Händen, als er sie vom Boden aufhob.

»Glaubst du, es kann uns schaden?«, fragte Belas, ohne den Blick zu heben.

»Ich weiß nicht, was das ist. Deshalb vermag ich auch nicht zu sagen, was es uns antun kann«, antwortete Euryn.

Sie sprach leise. Ihr Blick war abwesend. Belas wusste, dass sie nicht in Laune war, viel zu reden. Sie machte sich Sorgen. Und ihm ging es nicht anders. Er schlief irgendwann im Sitzen ein. Eisiger Wind rüttelte an der Tür und den Fenstern. Ab und an schreckte er hoch und sah sich verwirrt um. Das Blut am Boden erinnerte ihn an die Schwierigkeiten, in denen sie steckten. Auch Euryn schlief immer mal wieder. Das Messer hielt sie fest umklammert.

Der Morgen kam mit Schneetreiben. Ein weißer Teppich legte sich auf die Landschaft. An anderen Tagen hätte Belas das genossen. Draußen war alles still. Gespenstig still. Von den Nachbarn war nichts zu sehen. Was sie dachten, was sie taten oder planten – er wusste es nicht. Es wäre ihm lieber gewesen, offener Feindseligkeit zu begegnen.

Belas stand auf und lief unruhig in der Höhle hin und her. Er war angespannt wie die Sehne eines Bogens. Euryn regte sich. Langsam öffnete sie die Augen. Sie stützte sich auf, sah erst zu Belas, dann auf den Boden am Eingang, der im Halbdunkel lag.

Belas hatte keine Ruhe.

»Sag doch mal was«, knurrte er. Aber ihr war nicht viel zu entlocken. Draußen legte pulvriger Schnee einen weißen Belag auf die Hügel. Belas wagte sich einmal aus der Höhle heraus und holte Wasser. Euryn verließ den schützenden Bauch der Höhle nur, um ihre Notdurft zu verrichten. Die Zeit verging quälend langsam.

Die seltsame Kugel lag unberührt an gleicher Stelle wie am Abend zuvor. Sie wussten nicht, was sie damit anfangen sollten. So verging der Tag. Sie hatten fast nichts gegessen. Belas sah immer wieder Siras vor sich, wie er ihm den unbekannten Gegenstand zugeschoben hatte. Warum war er gekommen? Wollte er sie im Schlaf töten? Oder tatsächlich etwas von Euryn erfahren? So albern konnte er wohl kaum sein. Zu einem Schatten seiner selbst war Siras verkommen. Belas war schockiert. Er hatte zwar schon gehört, dass es Siras nicht gut ging. Aber so hatte er sich den Zustand seines einstigen Gefährten nicht vorgestellt. Er hatte die Mahnungen des Allbios vor Augen. Wäre die gemeinsame Unternehmung anders gelaufen, wäre er jetzt selbst genauso ein Häufchen Elend wie Siras. Genar und Halou hatte Belas in den vergangenen Wochen nicht mehr gesehen. Hatte sie das gleiche Schicksal ereilt? So viele Fragen – aber er war nicht in der Lage, vor die Tür zu gehen, um Antworten zu bekommen. Er fühlte sich wie ein Ertrinkender, der verzweifelt versucht, an der Wasseroberfläche zu bleiben.

Was hatte es auf sich mit dem gläsernen Gegenstand? Dem Getuschel unter den Leuten hatte Belas allerhand Widersprüchliches entnommen. Manche wollten wissen, Siras habe bei seinen Erkundungen giftige Dämpfe eingeatmet. Andere waren der Meinung, ihm seien beim Transport Teile seines Schatzes kaputtgegangen. Niemand hatte mit Belas offen gesprochen. Es waren die Rasinus-Kinder, denen er sein Wissen verdankte. Sofern er von Wissen sprechen wollte.

Der Schneefall hatte am Nachmittag aufgehört. Das Land lag jetzt unter einer dicken weißen Decke begraben, die alle Geräusche dämpfte. Sollte noch mehr Schnee fallen und für längere Zeit liegenbleiben, würde er tatsächlich aus den Schieferbergen ein Grab machen. Die Homiden kannten ihn nur als kurzfristige Erscheinung. Für gewöhnlich waren die Winter so mild, dass kaum ein Frost den Boden hart machte. Ihre Vorratshaltung war deshalb nicht sonderlich intensiv. Die Natur bot ja genügend Nahrung – meistens.

Belas konnte sich nicht erinnern, je so viel Schnee gesehen zu haben. Es sah phantastisch aus, aber er konnte es nicht genießen. Er sah nur ab und an ängstlich vor die Tür.

Euryn hatte am Mittag die Blutspuren am Eingang ihrer Höhle entfernt. Belas hatte sich irgendwann doch aufgerafft und das fremde Ding aus der Höhle geschafft. Nach kurzer Zeit war er wieder zurück. Er verlor kein Wort darüber, was er damit getan hatte.

Nichts war mehr wie zuvor. Immer wieder schoss Euryn die Frage durch den Kopf, ob sie einfach gehen sollte. Vielleicht würden die anderen Belas in Ruhe lassen. Vielleicht aber auch nicht. Sie wusste nicht, wie sie sich entscheiden sollte. Euryn dachte an diesem Tag auch viel an die Noore, die sie besucht hatte. So erschütternd ihre Worte gewesen waren, sie spürte doch auch eine geheime Freude. Immerhin hatte die Alte ihr gesagt, sie sei anders als die einfältigen Homiden um sie herum. In ihren Gedanken entschuldigte sie sich bei Belas – auch er machte manchmal einen etwas schwerfälligen Eindruck.

Aber er war anders als die da draußen. Nein, er war nicht auf eine Stufe zu stellen mit ihrem Nachbarn Rasinus. Der hielt sich für schlau, war aber genau das Gegenteil davon.

Bei all den erschreckenden Ereignissen war das, was die Noore gesagt hatte, vielleicht doch eine gute Nachricht, wenn sie es richtig bedachte. Von den Nooren wusste Euryn so gut wie nichts, abgesehen von den gängigen Vorurteilen, die unter den Frauen in den Hügeln gerne ausführlich besprochen wurden. Belas hatte nie viel von seinen Erfahrungen mit der Wassermusik preisgegeben. Die Grotte mit dem unterirdischen See war ihr deshalb so fremd geblieben wie die Welt hinter dem Fluss. Womöglich würde sich das bald ändern.

Der Abend kam. Ein eisiger Wind pfiff durch Bäume und Sträucher. Schneeballen fielen von den herabhängenden Zweigen. Es klang, als würden viele Füße wütend vor ihrer Tür aufstampfen.

«Belas«, sagte Euryn irgendwann, »Wir sollten etwas essen und uns dann schlafen legen. Der Morgen ist klüger als der Abend.«

»Ist es schon Abend?«, fragte Belas erstaunt. »Was haben wir den ganzen Tag gemacht?«

Euryn lachte freudlos. Sie schüttelte den Kopf und sagte mit milder Stimme: »Nicht viel, so viel steht fest Du jedenfalls sorgst für kleine Trampelpfade in unserer Höhle.«

*

Am nächsten Morgen hielt Belas es nicht mehr aus. Er musste raus, musste an die Luft. »Pass auf dich auf«, sagte Euryn und wandte sich wieder dem Kaninchenfleisch zu, das sie einpökeln wollte.

Belas sah sie unsicher an. »Pass du auf dich auf. Ich habe kein gutes Gefühl.« Als er die Mütze auf den Kopf setzte, hielt er nochmal inne. »Vielleicht sollte ich dich nicht alleine lassen?« Er betrachtete sie zweifelnd.

Euryn sah ihn lächelnd an. »Da mach dir mal keine Sorgen. Ich werde mich mit den Zähnen wehren, wenn mir irgendeiner aus diesem Hügel zu nahe kommen sollte.«

»Und wenn es jemand von den Nachbarbergen ist?«

Euryn lachte. Sie stemmte die Arme in die Hüfte und sah ihren Gefährten herausfordernd an.

»Wenn ich in Wut gerate, dann können die von allen drei Hügeln kommen und in allen drei Hügeln verschwinden, weißt du. Die schaue ich nur scharf an, und sie sorgen sich darum, ob sie den nächsten Laafs noch zwischen die Zähne bekommen.«

Belas grinste. Er fühlte sich das erste Mal seit Siras Auftauchen in ihrem Zuhause etwas erleichtert. Euryn konnte auf sich selbst aufpassen. Er wusste das.

Im Freien war es klirrend kalt. Aber das störte ihn nicht. Er wollte in den Wald und vielleicht ein kleines Tier erlegen. Sie hatten genug für die kommenden Tage, aber ein größerer Vorrat konnte bei der ungewöhnlichen Witterung nicht schaden. Er wählte den weiteren Weg zum Wald über den nördlichen Abstieg. So musste er an keiner Höhle vorbei und konnte obendrein einen Blick ins Tal zwischen den Schieferbergen werfen. Der Schnee unter seinen Füßen knirschte. Ein lustiges Geräusch. Ab und an gelang es ihm, nicht an Siras und die offenen Anfeindungen zu denken. Die Sonne war hinter einer dichten Wolkendecke verborgen. Ein Eichhörnchen verschwand vor ihm zwischen den Kiefern am Waldrand.

Sein Streifzug führte ihn am Saum des Waldes entlang nach Süden. Einen Moment lang war er versucht, den Weg zu nehmen, den er mit Siras und den anderen so oft beschritten hatte. Und ihm zu folgen bis an die Stelle, wo Siras Ende seinen Anfang genommen hatte. Aber die Angst war größer als die Neugier. Er blieb in dem Gebiet, das von lichten Baumgruppen bestanden und gut zu durchstreifen war. Ein Messer hing an seiner Hüfte, Pfeil und Bogen hatte er an der Schulter hängen. Homiden verstanden es im Allgemeinen nicht sonderlich, mit dieser Waffe umzugehen. Dennoch hatte fast jeder Mann ein mit vielen Verzierungen geschmücktes Jagdgerät daheim. Tiere fingen die Homiden für gewöhnlich, indem sie Fallen stellten oder Gruben an Orten des Wildwechsels aushoben. Auch dabei war es ihnen meist lieber, wenn sie unabhängig voneinander arbeiteten. Nur wenn ein großes Tier erlegt werden sollte, fanden sie sich in Jagdgemeinschaften zusammen, für gewöhnlich Männer benachbarter Höhlen.

Belas gelang es zuweilen, mit dem Bogen ein Tier zu erlegen, wenn es sich nicht rührte und er genug Zeit hatte, die Sehne des Bogens langsam und bedacht zu spannen. Aber er hatte auch einige Fallen postiert, die er regelmäßig kontrollierte.

Es klarte zusehends auf. Nur feine hohe Wolkenbänder blieben am Himmel zurück. Sonnenstrahlen fanden einen Weg auf die Erde. Sie waren angenehm warm auf der Haut. Auf dem Weg zum Fluss lief Belas durch eine lange Senke, auf deren östlicher Seite Felswände senkrecht in die Höhe ragten. Auf ihnen standen alte Kiefern teils windschief aneinander gelehnt. Belas mochte diese Gegend, ohne dass er hätte sagen können, warum. Als Junge hatte er dort viel mit Gleichaltrigen gespielt. Er überlegte, ob auch Siras damals dabei war.

Damals – im Grunde war es eher gestern als vor langer Zeit. Und dennoch hatte sich viel verändert. Eine tiefe Kluft lag zwischen den unbeschwerten Kindertagen und heute. Dieser Winter würde noch weit mehr verändern. Vielleicht, dachte Belas traurig, war dies ein Abschiedsbesuch durch eine Gegend, die er so gerne durchstreift hatte.

Trotz ihrer selbstbewussten Worte lauschte Euryn genau nach jedem Geräusch, das sie in ihrer Umgebung hörte. Die Rasinus waren eine Weile im Freien gewesen. Und der Alte, das hatte sie bei einem kurzen Blick vor die Tür gesehen, hatte sich zu seinen Bekannten aufgemacht, dick eingepackt in Felle.

Wenn dieser Homide sich zum Wortführer machte, bedeutete das nichts Gutes. Noch zu Zeiten von Belas Eltern gab es in der Kolonie einige alte Männer und Frauen, die in schwierigen Situationen um Rat gefragt wurden. Und an deren Worte hielt sich jeder. Jedenfalls wurde so immer erzählt. Es war ihr nie richtig aufgefallen, aber solche Wortführer gab es nicht mehr, seit sie das Leben in den Schieferbergen bewusst erlebt hatte. Wollte Rasinus eine alte Tradition beleben? Euryn spuckte vor ihre Schwelle, während sie ihn davonstapfen sah. Sie verabscheute diesen Kerl, der auf ihre Kosten seinen Interessen nachging. Der Alte war hinterhältig.

Es war um die Mittagszeit, als sie Lärm im Hang hörte. Mit dem Kochmesser in der Hand ging sie erst zu dem kleinen Fenster neben dem Eingang, dann an die Tür. Sie verbarg die Waffe in ihrem Umhang. Erst sah sie niemanden, aber als sie auf den kleinen ebenen Platz vor ihrem Heim trat, konnte sie ein gutes Stück tiefer eine ganze Meute Homiden sehen, die sich offensichtlich stritten. Einer deutete hinauf zu ihr. Einige Köpfe drehten sich in ihre Richtung.

»Es ist Zeit zu gehen«, murmelte sie, und in ihren Augen standen Tränen. Konnte sie Belas alleine lassen? Wenn sie noch länger zögerte, würden Belas und sie entweder vertrieben oder dicken Knüppeln zum Opfer fallen. Euryn begann, in der Höhle ein paar Sachen zusammenzusuchen. Draußen blieb es still. Zwischen den dünnen Wolkenbändern, die tief am Horizont dahinzogen, kam die Sonne hervor. Ein goldenes Licht breitete sich in der Höhle aus. Es machte ihr den Abschied nicht leichter.

Sie hatte schnell beisammen, was sie mitnehmen wollte. Doch dann stand Belas in der Tür. Er kehrte mit leeren Händen, aber zufriedener Miene zurück. Doch der Sack neben dem Bett fiel ihm direkt auf. Er zeigte darauf.

»Was bedeutet das?«

Euryn konnte ihn nicht ansehen. Ihre Augen wurden wieder feucht. Sie öffnete den Mund, aber es kamen keine Worte über ihre Lippen.

»Du willst ohne mich gehen?«

»Belas, bitte sag einfach nichts. Du quälst mich.«

Sie schlug eine Hand vor die Augen und wandte sich ab. Durch das kleine Fenster schaute sie hinaus.

»Die Stille ist trügerisch. Sie werden etwas unternehmen. Sie suchen einen Schuldigen. Vielleicht hast du keine Probleme mehr, wenn ich weg bin.«

Sie schwieg einen kurzen Moment, atmete tief ein.

»Sie hassen mich. Und ich will nicht darauf warten, dass mich jemand in einem Hinterhalt oder vor meiner eigenen Höhle erschlägt.«

»Das möchte ich auch nicht«, warf Belas ein, «aber ich möchte genauso wenig, dass du mich verlässt.«

Er machte einen Schritt auf sie zu. Im gleichen Moment wurde es vor der Tür laut. Stimmengewirr überflutete die Bergflanke. Dann zerschnitt ein Schrei die Stille in der aufziehenden Dämmerung.

»Oh nein«, entfuhr es Euryn. Sie sah Belas mit angsterfüllten Augen an. Er griff nach einem kräftigen Stock.

»Die sollen sich nicht wagen, uns nahe zu kommen«, stieß er gepresst hervor. Er war blass, in seinem Gesicht zuckten Muskeln. Die Hand, die das Holz umklammerte, zitterte. Aber er ließ der aufsteigenden Panik keinen Raum.

Mit wenigen Schritten war er bei der Tür.

Der Lärm kam näher. Die Sonne stand jetzt tief. Ein rotes Auge zwischen den Wolken und der Silhouette von Berg und Wald am Horizont. Belas war geblendet, als er ins Freie trat. Schatten gleich bewegten sich Homiden auf ihn zu. Sie kamen von der Ostseite des Berges und von weiter unten. Er hob den Arm und drohte mit dem Stock. Es war nicht zu glauben: Sie griffen ihn an – seinesgleichen. Belas zog die eisige Luft tief ein. In diesem Moment stolperte jemand auf ihn zu. Belas machte einen Satz zurück. Ihm war plötzlich schlecht vor Angst.

»Hilf mir«, flehte die Gestalt zu seinen Füßen.

»Genar? Was um alles in der Welt –«

Belas konnte den Satz nicht zu Ende sprechen. Ein Stein flog ihm gegen den Arm. Ein weiterer schmetterte gegen den Holzrahmen der Fensteröffnung hinter ihm. Wie wilde Tiere preschten acht oder neun stämmige Homiden näher. Belas ging in die Hocke. Sein Gesicht kam Genar ganz nahe: »Was tust du hier?«

»Sie wollen meinen Kopf«, antwortete Genar tonlos, »Halou haben sie bekommen.«

Hinter Belas stürmte Euryn aus der Tür, eine brennende Fackel in Händen. Die vordersten Angreifer hatten sich bis auf wenige Schritte genähert, da stob sie wie ein Kreisel zwischen die beiden jungen Homiden am Boden und ihre Gegner. Zwei der Angreifer erwischte sie vor der Brust. Belas sprang auf und gab dem, der ihm am nächsten stand, einen Schlag gegen die Schulter. Ein kurzer Schrei, der Homide fiel rückwärts um. Genar kroch näher zum Eingang der Höhle. In der Dämmerung wurde es schnell dunkler.

Den ersten Schwung ihrer Gegner hatten Belas und Euryn abgefangen. Während sich die Getroffenen hinter ihren Mitstreitern mühsam aufrappelten, zogen die anderen den Ring enger. Sie waren entschlossen! Belas entdeckte Rasinus hinter ihnen, sein geradezu mordgieriges Gesicht im Schein der Fackel. Der Feigling schickte die anderen vor. Das sah ihm ähnlich. Doch noch ehe ein weiterer Angriff kam, erklang von der nahen Bergspitze ein dunkler Gesang. Belas wagte nicht, den Kopf in seine Richtung zu drehen.

Euryn flüsterte ihm ins Ohr: »Die Nooren.«

Mit Fackeln in den Händen kamen die Hüterinnen des Allbios den Berg hinunter. Sie hoben sich kaum gegen den rasch dunkel werdenden Himmel ab. Die Fackeln schienen alleine zu wandern. Vor den Höhlen im Berg standen Homiden und schauten gespannt hinauf.

Eine Noore löste sich aus der Gruppe und stand nun genau über der Höhle von Belas und Euryn. Sie griff unter ihren Umhang und zog ein kleines Gefäß heraus. Eine Stichflamme schoss in die Luft. Der Ring der Homiden stob erschrocken auseinander.

Nur Rasinus wollte nicht klein beigeben. Er trat noch einen Schritt näher und rief laut: »Wir haben beratschlagt, was geschehen muss. Und wir sind zu dem Schluss gekommen, dass alle, die mit den Regeln des Allbios gebrochen haben, vertrieben werden müssen. Dann bekommen wir wieder Ruhe. Dann wird auch der eisige Wind wieder dorthin gehen, wo er hingehört. Wir haben das beschlossen, und niemand sollte sich uns in den Weg stellen.« Während er sprach, stiegen mehrere Nooren zu Belas und Euryn herab und flankierten sie.

Die Noore über dem Eingang erhob ihre Stimme: »Du kannst für die Gruppe sprechen, aber du wirst nichts tun, was wir nicht wollen. Seit Jahrhunderten sind es die Nooren, die das Wissen erhalten und die Homiden führen. Und ich sage dir, niemand hat einen Gewinn, wenn diesen Wesen hier ein Leid geschieht.«

Rasinus wollte dagegen sprechen. Aber seine Mitstreiter zogen sich weiter zurück. Er hob an, aber seine Stimme überschlug sich. Unsicher machte er ein paar Schritte zurück.

Euryn zog Belas in die Höhle. Genar saß am Boden und starrte durch den Eingang hinaus. Euryn griff ihr Bündel und warf Belas ein paar Dinge zu, von denen sie wusste, dass sie ihm wichtig waren. Sie stopfte ein Brot und gepökeltes Fleisch in einen weiteren Sack. Das alles dauerte Sekunden, als hätte sie diesen Moment einstudiert.

»Steh auf«, herrschte sie Genar an, der anstandslos gehorchte. »Wir müssen hier weg, und zwar augenblicklich.«

Vor der Tür warteten die Nooren. Ihre Gesichter waren fahl im Schein der Fackeln. Belas, Euryn und Genar kletterten hinauf zu der Schar. Die Frauen sahen stumm nach unten. Die drei gingen an ihnen vorbei und nahmen den Weg, den Belas an diesem Tag schon einmal gegangen war.

Sie sahen sich noch einige Male um. Niemand folgte ihnen. Einige Nooren blieben noch eine Weile bei der verlassenen Höhle. Eisiger Wind bauschte ihre Gewänder auf. Sie verharrten wie im Gebet. Dann traten sie schließlich ohne Hast den Rückweg nach Norden zu ihrer Grotte an. Der Himmel war sternenklar. Die Nacht würde bitterkalt werden.

*

Belas, Euryn und Genar liefen schweigend nebeneinander her, bis die Finsternis unter den Bäumen ihre Schritte verlangsamte. Genar war erschöpft und wollte nicht tiefer in die Dunkelheit hinein. Er war nach den Ereignissen völlig verwirrt und verzweifelt.

»Er hat Recht«, sagte Euryn zu Belas. »Sie werden uns hierher nicht folgen. Sie haben zu viel Angst. Es macht wenig Sinn, wenn wir hier laufen wie die Hasen.«

Belas holte tief Luft.

»Du bist es doch, die wie ein gehetztes Reh vor uns weg stürmt.«

Er sah sich in alle Himmelsrichtungen um. Sie waren alleine. Auch von den Nooren war nichts mehr zu sehen.

»Du bist so schnell, dass ich nicht einmal den Himmel über uns bewundern konnte.« Belas keuchte, grinste aber verstohlen Genar an. Langsam gewann er die Fassung zurück. »Wir brauchen einen sicheren Platz für die Nacht.«

»Wir könnten zu den Nooren gehen«, schlug Euryn etwas halbherzig vor.

»Zu den Nooren? Da gehe ich nicht hin. Ich wüsste auch nicht, dass sie jemanden von uns aufnehmen«, entgegnete Genar schockiert. Euryn wandte sich an Belas. »Was denkst du, Bruder?«

Sie nannte ihn nur selten so. Es war immer so etwas wie eine Auszeichnung, etwas für besondere Momente.

Sie standen am Waldrand zwischen jungen Baumstämmen, deren Äste vom Schnee tief gebeugt waren, als wollten sie sich vor ihnen verneigen oder ihr Gespräch belauschen. Belas sah kleine Grüppchen, die wie Familien beisammenstanden, dicht gedrängt, einander Schutz bietend. Wer würde sie nun schützen? Die Nooren? Er war sich da nicht sicher, auch wenn die Frauen dafür gesorgt hatten, dass sie mit heiler Haut aus der brenzligen Situation herausgekommen waren.

»Es wäre vielleicht klüger, heute Abend keine weiten Wege mehr in Angriff zu nehmen«, antwortete er. »Ich habe eine Idee, wo wir die Nacht sicher verbringen können. Allerdings werden wir frieren.«

Euryn nickte. Genar enthielt sich jeden Kommentars. Also übernahm Belas die Führung. Er brachte sie nach Norden in das Nachbartal des Noorenberges, durch das er über Tag gelaufen war. Ein schmaler Stieg führte in die Felswand, die an mehreren Stellen Mulden bildete. Einige waren geräumig genug, drei Homiden so viel Platz zu geben, dass sie sich lang ausstrecken konnten. Dort waren sie etwas geschützter als im Wald, dessen Geräusche ihnen Angst machten.

Von ihrem Lager aus konnten sie den See im Rindenwald beobachten, den Belas so gerne mochte. Auf seiner Oberfläche brach sich silbern das Mondlicht.

Die drei Homiden aßen Brot und Fleisch. Belas hatte zudem einen Wasserbeutel mitgenommen. Genar brauchte eine gute Weile, bis er seine Angst unter Kontrolle hatte. Sie hüllten sich in alle Kleidungsstücke, die sie dabei hatten. Genar begann zu berichten, was am Tag geschehen war. Seit Siras Tod lebte er in ständiger Furcht. Halou hatte er nicht mehr gesehen, denn auch der wagte sich nicht mehr ins Freie. Zudem war er wie Siras von einer aufzehrenden Schwäche befallen.

»Meine eigene Familie hat mich nicht mehr bei sich gewollt. Ich hab's gemerkt. Sie warteten darauf, dass ich nicht mehr konnte. Die hätten mich einfach vor die Tür gesetzt. Ich habe ein paar Mal überlegt, einfach abzuhauen. Aber ich hatte zu viel Angst.« Er schluckte. In seinen Augen schimmerten Tränen. Der Spaß, mit den anderen durch den Wald zu ziehen, sich über die Regeln der Alten hinwegzusetzen und auf ein großes Ereignis zu hoffen, war zu einem Albtraum geworden.

In der vorangegangenen Nacht war eines der Kinder von Louvinas gestorben. Die Familie wohnte wie Halou und Genar im Langen Berg, nicht weit entfernt der östlichen Mutter. Das kleine Mädchen war ohne ein Zeichen der Warnung gegangen, war einfach nicht mehr wach geworden am Morgen.

Genar erzählte weiter: »Louvinas ist dann zu Rasinus gelaufen. Der hat schon seit einiger Zeit eine große Klappe. Er war ja zuerst sehr interessiert an dem, was Siras aus dem Wald gebracht hatte. Aber Siras hatte da einen eigenen Kopf. Er wollte unser Geheimnis nur mit bestimmten Leuten teilen. Das hat ihm Rasinus wahrscheinlich übel genommen.« Er unterbrach sich und schüttelte den Kopf.

»Hätten wir nur die Finger davon gelassen.«

»Wie seid ihr in den Stollen hineingekommen?«, fragte Belas. Monatelang hatte ihm diese Frage auf den Lippen gelegen.

Euryn fuhr dazwischen. »Nun lass ihn doch sagen, was heute geschehen ist.«

Aber Genar war fürs erste verstummt. Er brummte missmutig und bat um mehr Brot. Der Sandstein, auf dem sie saßen, war kalt und feucht. »Was soll ich viel berichten. Einige der Alten lauern seit Wochen darauf, dass sie uns die Schuld für alles, was ihnen nicht passt, in die Schuhe schieben können. Sie wollten ihr Opfer, um die Geister zu besänftigen. Und das haben sie sich jetzt genommen.«

»Geister besänftigen? Lächerlich. Sie sollten sich lieber rechtzeitig darum sorgen, dass ihre Höhlen nicht zu viel Kälte hereinlassen und die Essensvorräte für harte Monate ausreichen«, erwiderte Euryn.

»Sei still. Bring uns nicht noch mehr Ärger, als wir schon haben.« Genar rutschte unruhig hin und her.

Euryn schnaufte verächtlich. Der Atem tanzte vor ihren Lippen.

»Genau diese Angst ist es, Genar, die dich in deiner Dummheit hält. Es gibt keine bösen Geister, die über dein Leben bestimmen. Der Wind weht eisig in diesem Winter. Das ist alles. Im kommenden Sommer mag er dich wieder zum Schwitzen bringen. Anstelle solchen Unsinns hättest du besser daran getan, den Regeln des Zusammenlebens mehr Beachtung zu schenken.«

Genar antwortete nicht, schaute nur verstohlen zu Belas hinüber. Belas sah hinaus in die Ebene unter ihnen. Böen fuhren durch die niedrigen Bäume. Die Schatten schienen lebendig, so, als wäre der ganze Waldboden voller Kreaturen, bereit, über die drei Homiden herzufallen.

Götter, Geister, der Allbios. Alle in den Schieferbergen glaubten an das, an das sie glauben wollten. Belas selbst hörte die Stimmen seiner

Vorfahren leise und eindringlich in seinem Innern wispern. Sie sprachen nicht nur vom Allbios, sondern auch von dunklen Wesen und vielen höheren Mächten, die weit über den sieben Regeln des Zusammenlebens standen. Er schwieg.

Seine Mutter habe ihn gewarnt, hob Genar nach einer Weile wieder an. Ein paar Alte hatten sich nach Rasinus Hetztiraden zusammengesetzt und die Scherben befragt, was zu tun sei. Allerdings hatten sie nicht, wie dies früher einmal Tradition war, diese Befragung mit der Hilfe der Nooren vorgenommen. Sie bedienten sich eines alten Weibes als Gewährsfrau. Die sagte wohl genau das, was Rasinus hören wollte. Zu Genars Glück war sich die Runde nicht einig, wie man mit den Störenfrieden umgehen sollte. So wusste seine Mutter kurz darauf von dem Treffen. Rasinus und seine Freunde suchten unterdessen nach starken und willigen Homiden, die Rasinus zu Willen sein würden. Rasinus hatte offensichtlich keinerlei Bedenken, sowohl Euryn und Belas als auch Genar und Halou in den Tod zu schicken.

Genar wollte auch den kranken Halou warnen. Aber der, berichtete er mit zitternder Stimme, habe nur gelächelt, als sein Freund ihn zur Flucht aufforderte. So lief Genar alleine um sein Leben. Und es war ihm kein anderer Weg in den Sinn gekommen als der zu Belas und Euryn.

Wieder war es eine Weile still. Nur das Knacken gefrorener Äste im Wind und manch gedämpfter Laut am Boden waren zu hören. Belas und Genar hatten Euryn in ihre Mitte genommen. Auch wenn Genar sich nicht allzu wohl in ihrer Gegenwart fühlte, saß er bald eng neben ihr.

Er räusperte sich. »Ist schon komisch. Mir geht in letzter Zeit immer wieder das Märchen von den kalten Augen durch den Kopf. Weißt du?« Er schaute an Euryn vorbei zu Belas.

»Meine Mutter hat es mir oft erzählt, als ich klein war. Schon merkwürdig, dass sie uns Kinder mit so gruseligen Geschichten zum Schlafen bringen wollte.«

Belas und Euryn schwiegen. Ihre Eltern waren lange tot. An ihre Erzählungen konnten sich beide nicht mehr gut erinnern. Natürlich kannten sie die Geschichte von den kalten Augen. Jeder kannte sie. Aber sie hätten nicht sagen können, woher. Genar begann, die alte Mär zu erzählen. Die Geschichte vom kleinen Lisis, der immerzu das tun wollte, was seine Eltern ihm verboten hatten.

»Lisis lief weg, weil sein Vater ihm mit der Faust gedroht hatte. Er rannte in den dunklen Wald. Tief hinein, ohne sich umzusehen. Ohne auf die Angst zu achten, die sich seiner bemächtigte, als das dunkle Laubdach ihn mit den Schatten des Waldes zu einem machte. Er lief, bis seine Beine müde waren. Schließlich setzte er sich unter einen alten dicken Baum. Er bemerkte nicht das Loch zwischen den Wurzeln. Er bemerkte nicht, wie der Fuchs seine spitze Nase herausstreckte. Das Tier schlich auf leisen Pfoten hinter ihn und sprach ihn freundlich an. »Willst du einsamer Junge mit in meine Höhle kommen? Dort ist es warm und gemütlich.« Lisis verneinte.

Der Fuchs sah ihn aufmerksam an, sein Schwanz wedelte hin und her. »Aber dort gibt es Dinge zu sehen, die du nie gesehen hast und auch nie wieder wirst sehen können. Denn nur ein Mal im Leben frage ich einen Jüngling, der sich wie du hier niederlässt, ob er mitkommen möchte. Ein Mal und nie wieder!« Da verlor Lisis seine Furcht, und er kletterte hinter dem Fuchs in dessen Bau hinein. Weit unten zeigte der Fuchs dem jungen Homiden tatsächlich einen Lichtschimmer, der durch lose Steine und Wurzelwerk zu sehen war. »Und was ist damit?«, fragte Lisis. Doch der Fuchs rief: »Das ist nun einerlei. Ein fetter Braten ist wichtiger als ein Licht in der Erde!«

Und schon war er weg und ein dicker Stein lag vor dem Ausgang. Lisis weinte, als er verstand, wie dumm er gewesen war. Doch nach einer Weile überlegte er, ob er dem Fuchs entkommen konnte. Er zwängte sich zwischen den Wurzeln, dick wie Beine, hinab in die Tiefe. Das Erdreich unter ihm war tatsächlich locker. Also grub er und grub immer weiter. Sein Weg führte nach unten, dorthin, wo kein Homide seine Füße und Hände bringen sollte. Lisis wusste, dass er schon wieder Verbotenes tat. Doch es war ihm gleich. Er grub wie ein Besessener. Plötzlich brach unter seinen Händen der Boden weg.

Der kleine Homide stürzte kopfüber in die Schwärze. Aber dort wurde es heller. Das Licht war jetzt nahe. Lisis konnte den Ursprung nicht erkennen. Es war ein Leuchten um ihn herum. Er rieb sich die Augen und fand sich in einem Stollen wieder. Über ihm, in der Decke, war ein Loch. Die Wurzeln des Baumes ragten daraus hervor. Lisis folgte dem Gang und kam zu einer großen Halle. Die Luft roch nach Salz und die Böden waren glatt. Das Licht um ihn war schwach und flackernd, aber er sah weiter hinten etwas leuchten. Die Neugier schob den armen Jungen vorwärts. Unsicher machte er Schritt um Schritt. Mit einem tiefen Seufzen, das von allen Salzwänden zurückgeflüstert wurde, erhoben sich Gestalten zu Lisis Füßen. Er hatte sie zuvor nicht bemerkt. Sie mussten in der Erde gelegen haben. Sie setzten sich auf und öffneten ihre Augen. Aber die Augenhöhlen waren kalt und leer.

Ihr Seufzen war eine Klage von vielen tausend Jahren. War es sein Name, den sie flüsterten, oder waren es nur wimmernde Laute, die er hörte? Lisis wagte kaum zu atmen und wünschte sich in die Höhle des Fuchses zurück. Doch wie groß auch seine Angst war, eine schlimme Neugier befiel den kleinen Homiden, der hinter den kalten Augen das Leuchten sah. Was mochte die Höhle bergen? Was verstecken? Die Gestalten um ihn wollten ihn zurückhalten, jammerten und klagten. Aber Lisis sah: Sie waren wie Nebelschwaden. Und er ging duch sie hindurch. Ihr Jammern schwoll zu einem Sturm an, aber Lisis hielt sich die Ohren zu. Er erreichte das Licht und griff danach. Aber da war nichts, das er fassen und halten konnte. Und so fiel er in eine unerträgliche Hitze. Er fühlte ein verzehrendes Feuer. Die schattenhaften Wesen sammelten sich um ihn und zogen ihn zu sich. Jetzt konnten sie ihn fassen, denn er war genauso wie sie. Und weil er ihre Warnungen wie die seiner Eltern in den Wind geschlagen hatte, legten sie ihren Fluch auf ihn. Tausend Sommer sollte der arme Lisis in warmen Nächten auf der Erde wandeln als Warnung für alle Homiden, nicht unter die Erde zu steigen. Seine kalten Augen sind noch heute manchmal im Wald zwischen den Bäumen zu sehen.«

Genar zog seine Tücher fester um sich. Die alten Geschichten. Jeder kannte sie, aber Wirkung entfalteten sie schon lange nicht mehr so recht. Die jungen Homiden waren Lisis womöglich allzu ähnlich geworden.

Der Himmel war frostklar. »Findest du die Sterne immer noch so schön?«, fragte Euryn Belas.

»Sie glänzen wunderbar«, erwiderte er, »ich liebe die Sterne. Wie ich die Erde und die Bäume und die Schieferberge liebe, in denen wir gelebt haben.« Seine Stimme war schwer.

Genar sah zu ihm hinüber: »Glaubst du, ihr werdet nicht wieder zurückkehren?«

Belas schnaufte wütend. »Ich glaube, dass unsere Höhle in dieser Minute schon nicht mehr als die unsere zu erkennen ist. Wir haben keine Freunde dort.« Ein feiner Lichtstreifen raste über den Himmel. Euryn stieß Belas in die Seite: »Hast du gesehen?«

Eine ganze Weile saßen sie wieder still. Der Atem tanzte vor ihren Gesichtern. Endlich erzählte Genar davon, wie Siras, Halou und er vor Monaten in die Tiefe hinter jener metallnen Eingangspforte im Wald eingedrungen waren. Euryn war der Kopf auf die Brust gesunken, aber Belas hörte gespannt zu.

»Die Stimmung unter uns war nicht gerade gut«, begann Genar.

»Halou und ich waren nicht einverstanden mit dem, was passiert war, das darfst du mir glauben. Und du hattest Recht. Er wollte dich einfach nicht dabei haben. Siras sah in dir eine Gefahr. Er glaubte, du würdest ihm nicht bedingungslos folgen und deine Schwester teilhaben lassen an allem, was geschah. Weißt du noch – der Morgen, als es Streit gab zwischen euch und wir ohne dich losgezogen sind? Halou hatte genau so viel Angst wie ich. Aber Siras Augen leuchteten um so stärker, je näher wir dem geheimen Platz kamen. Wir haben Fackeln entzündet und sind rein.«

Genar berichtete, wie sie sich durch einen kleinen muffigen Raum und einen langen, feuchten Gang getastet hatten, der leicht bergab zu führen schien. Dann vergrößerte sich der Raum vor ihnen und sie standen vor einem massiven Tor, doppelt so hoch wie sie groß waren, mit zwei Flügeln. Über ihren Köpfen führten Schächte nach oben, die frische Luft an diesen dunklen Ort brachten. Die Oberfläche des Tores war stark verrostet. Dennoch erkannten Genar und die anderen, dass strahlenförmige Zeichen auf das Tor gemalt waren, ebenso Hände, deren Innenflächen dem Betrachter entgegengereckt zu sein schienen. Und dann war da noch etwas anderes zwischen Rostbeulen und Spinnweben: gekreuzte Stäbe. Halou begriff das alles als Aufforderung, nicht weiterzugehen.

»Aber Siras hat gelacht und gesagt, dass wir dumm seien«, seufzte Genar, »denn es sei doch klar, dass die alten Besitzer der Schätze dafür sorgen wollten, Eindringlinge abzuhalten. – Aber er würde sich nicht abhalten lassen. – Und während er das sagte … «, Genar erschauerte, »… glitzerten seine Augen im Kerzenlicht wie die eines Raubtieres.«

Sonderbarerweise mussten sie das dickwandige Tor nicht gewaltsam öffnen. Zwischen den Flügeln war ein faustbreiter Spalt, der sich nach oben vergrößerte. Riegel, dick wie Finger, berührten nicht einmal mehr den anderen Metallflügel. Siras jubelte.

»Wir hätten das Ding womöglich niemals aufbekommen«, sagte Genar und starrte unverwandt vor sich in die Dunkelheit. Er machte eine kurze Pause. Er sprach nicht gerne über jenen Tag. Belas verlagerte sein Gewicht. Ungeduldig wartete er darauf, mehr zu hören.

»Als wir den Boden vor unseren Füßen beleuchteten, sahen wir Risse, die sich in den Tunnel hinter uns hineinschlängelten. Ich war ganz schön erschrocken. Wir hatten uns an den Wänden langgetastet. Diese Spalte hatte ich nicht gesehen. Ich hatte Angst, der Boden könne sich jeden Moment unter uns auftun und über uns schließen. So, wie es Lisis ergangen ist.«

Die Erde hatte sich offenbar irgendwann einmal bewegt, vermutete Genar. Erdbeben gab es schließlich hin und wieder, manchmal auch starke.

»Siras ließ uns nicht viel reden. Er wollte weiter. Er wollte dem Geheimnis auf die Spur kommen und Schätze heben. Alles andere interessierte ihn nicht. Wir haben uns durch den Spalt im Tor gequetscht, nachdem es uns gelungen war, es noch ein kleines Stück weiter aufzudrücken. Dann waren wir in einer Halle. Aber dort warteten schon die nächsten Türen. Du hättest Siras sehen sollen – sein Kopf war dunkelrot vor Zorn.« Genar musste lachen.

»Da standen auch merkwürdige Teile aus Metall herum. Halou kletterte auf eines und schlug mit der flachen Hand drauf. Das gab einen dumpfen Ton, der überall widerhallte. Das war schon gruselig! Und dann haben wir die Decke über unseren Köpfen gesehen. Sie war durchgebogen und voller Risse. Mir gefiel das gar nicht, das darfst du mir glauben. Ich wollte eigentlich nur noch raus. Aber Siras trieb uns vorwärts. – Das Schlimmste wartete da noch auf uns.«

»Das Schlimmste?« Belas sah Genar verwundert an.

Der nickte, nahm einen Schluck aus dem Wasserschlauch und sagte: »Der Weg in die Tiefe.«

Genar schaute eine Weile auf den Wald unterhalb ihres Platzes. Dann redete er weiter.

»Der Stollen war sicher ewig nicht mehr betreten worden. Überall, wo Türen oder Tore oder sonst was war, passte alles nicht mehr so richtig zusammen, wenn du weißt, was ich meine. Das war alles ein bisschen schief. Wir haben die Metalltüren an der Rückseite des Raumes genau untersucht. Obendrüber gab es kleine Öffnungen mit gelochten Platten vornedran. Siras kletterte auf Halous Schultern, riss eine Platte ab und kroch in die schmale Luke hinein. Er robbte flach auf dem Bauch auf einer Metalldecke nach hinten ins Dunkel. Das war die Oberseite eines Gehäuses, wie wir herausfanden. Er hat geflucht und geflucht. Naja, mit einer Fackel in der Hand war das auch alles nicht einfach. Er hustete wie verrückt. Und dann ist ihm die Fackel weggerutscht und an der Rückseite in die Tiefe gefallen. Er hörte sie an vielen Stellen anschlagen. Da war klar: Dort hinten ging es hinunter. Und das ganz schön weit. Wir warfen, um uns zu vergewissern, Steine in den Schlund. Sie brauchten lange, bis sie aufschlugen. Und Siras fand noch was heraus: Dort hinten waren Eisenstangen in die Wand eingelassen. Er stieg zuerst alleine ein Stück hinab. Später holte er uns mit. Wir konnten dort hinabsteigen, hinter dem Kasten, über den wir geklettert waren. Die Erbauer dieser Anlage, haben wir uns überlegt, sind bestimmt in diesen Käfigen in die Tiefe hinab. Wir mussten Tritt um Tritt hinunter. Ich konnte vor Angst kaum atmen.«

Genar erzählte stockend, wie ihm das Herz bis in den Hals geschlagen hatte. Wie er immer kürzer geatmet hatte, in der stickigen Luft dort unten. Er machte nun öfter Pausen beim Reden und sog die kalte Nachtluft ein, als würde er selbst bei der Erinnerung unter Atemnot leiden. Ihm war der Weg in die Tiefe unendlich weit vorgekommen, er hatte gefürchtet, nie wieder aus diesem Loch herauszukommen.

»Die Sprossen hörten dann an einem kleinen Vorsprung auf. Wir tasteten uns unsicher vorwärts. Eine Fackel hatten wir noch. Wir wollten sie anzünden. Da knackte es irgendwo in unserer Nähe. Wir haben geschrien und sind auf die Knie gefallen. Wie Blitze flackerten plötzlich Lichter an den Wänden. Halou wimmerte vor Angst. Jetzt würden uns Götter holen und strafen, heulte er. Das Licht um uns zuckte einige Male grell auf, dann blieb es an, und es war fast taghell. Wir standen in einer hohen Halle. Vor uns waren Fässer, größer als wir. Es waren gelbe Fässer in langen Reihen. An einer Wand lagen einige auch übereinandergeworfen.«

Genar unterbrach seine Erzählung und schwieg wieder eine Weile. Es war spät geworden und beide Homiden kämpften mit der Müdigkeit. Am Himmel verdunkelten Wolken das Firmament. Womöglich würde schon bald neuer Schnee fallen. Keine gute Voraussetzung für die jungen Homiden, ihren Weg am nächsten Morgen fortzusetzen.

Belas wollte mehr wissen. »In diesen Fässern habt ihr die Glaskugeln gefunden?«

»Nicht direkt. Die Behälter mit den Glaskugeln sahen etwas anders aus. Sie standen an der Wand weit hinten. Dort war die Decke eingebrochen. Einige Fässer waren offen. Nur dort war ihr Inhalt für uns erreichbar. Der größte Teil der Halle war voll mit diesen Fässern. Die waren aber entweder zu verrostet oder fest verschlossen, ich weiß es nicht. Wir haben sie nicht aufbekommen. Da konnte Siras fluchen wie er wollte. Die Fässer hat das nicht beeindruckt. Aber er hat gejubelt, als er schließlich auf die geöffneten stieß. Wir wollten da gar nicht hin. Da lagen auch zertrümmerte Glaskugeln. Ich hab zwar nicht an das Märchen von Lisis oder sonst was gedacht, aber mir war einfach mulmig zu Mute.«

Die drei Homiden waren erst in der Nacht wieder in die Schieferberge zurückgekehrt. Halou hatte gemault. Mit ihrem Fund könnten sie wohl niemanden begeistern, murrte er, vor Müdigkeit taumelnd.

Siras schalt ihn einen Narren. Er schärfte beiden ein, kein Wort über ihre Entdeckung zu verlieren. Eine der Kugeln schleppte er unter einem Tuch verborgen mit. Ihm schienen jene Fässer und die Glaskugeln bedeutsam. Warum, verriet er nicht. Sie waren von diesem Tag an regelmäßig in den Stollen hinabgestiegen.

»Die Wände der unterirdischen Halle waren aus hartem Fels. Es war ganz schön feucht und glitschig dort unten. Ein paar Mal bin ich ausgerutscht und auf der Nase gelandet. Die anderen auch. Das Licht flackerte jedesmal schwächer, wenn wir in den Saal unten kamen. Wir haben einige der Glaskugeln in Netzen nach oben gezogen und Fässer aufgebrochen. In den Fässern war ganz unterschiedliches Zeug. Manches hatte eine glatte Oberfläche, so wie Tonteller. Manches sah kaputt aus und wurde pulvrig, wenn man es anfasste. Vieles war auch zu groß und schwer, um es zu bewegen. Mir hatte das alles gar nicht gefallen. Aber du weißt ja, wie Siras war. Ihm fiel einmal ein Gebilde aus den Händen, als er es aus seinem Fass gehoben hatte. Es zerbrach in viele Teile. Er beugte sich darüber – Halou und ich riefen ihm zu, er solle lieber weggehen. Aber er kümmerte sich nicht um unsere Worte. Wir hätten das alles unter der Erde ruhen lassen sollen. Siras konnte einfach nie verlieren.«

Genar lächelte flüchtig. Er hatte Siras von Kindesbeinen an gekannt.

Der junge Homide sah traurig hinunter in die Ebene. Manchmal hörten sie ein Tier zwischen Sträuchern und Bäumen. Es war jetzt ganz finster geworden. Belas fühlte sich steif und verfroren. Es würde eine unangenehme Nacht werden. Ein Feuer wollte er nicht machen, es wäre weithin zu sehen gewesen. Er dachte an die Höhle, die sie hinter sich gelassen hatten und in die so viel Arbeit geflossen war in den vergangenen Monaten. Er dachte an Rasinus. Sicher war er in ihrer Höhle, steckte seinen hässlichen Kopf zwischen all die Gegenstände, die ihn nichts angingen. Belas beschloss, früher oder später zurückzukehren und den Alten zur Rechenschaft zu ziehen.

»Was willst du jetzt tun?«, fragte Genar in die Stille hinein.

Belas schaute auf: »Ich werde mit Euryn zu den Nooren gehen. Wenigstens sie wird dort Schutz erhalten. Was ist mit dir? Warum kommst du nicht mit uns?«

»Zu den Nooren? Um aller Götter willen, nein. Zu den Nooren geht man, wenn einen der Wunsch nach wilden Träumen überkommt. Aber das ist kein Ort zum Bleiben.«

»Wer sagt das eigentlich?«, fragte Belas unwirsch.

»Niemand sagt das. Das wissen alle. Du wie ich, wie jeder andere.«

Belas verzog das Gesicht. Aber er schwieg. Es war schön, den Jungen mal wieder neben sich zu haben. Auch wenn er zu viel nachplapperte, was andere ihm vorgegeben hatten.

Genar wollte am Fluss entlang weiter nach Osten ziehen. Dort sollten, weit entfernt, noch andere Homiden leben. Er sah traurig und verstört aus. Sein junges Gesicht war blass und eingefallen. Belas legte ihm eine Hand auf die Schulter. Seine kräftigen Finger drückten den Freund fest.

»Du schaffst das, Sohn eines Digdo. Da bin ich mir sicher.«

Genar sah kurz auf. Dann grinste er und knuffte Belas den Arm. Euryn schlief noch immer an Belas Schulter. Sie atmete ruhig und gleichmäßig.

4. Im Noorenberg

Der Tag brach an mit feinem Schneetreiben. Euryn überließ Genar fast den gesamten Proviant. Der Ledersack wog schwer. Mit seinem Inhalt konnte Genar viele Tage lang auskommen, wenn er entsprechend haushaltete. Ihr Abschied am Waldrand unterhalb der Felswand war kurz. Aber er hatte für Belas etwas aufmunterndes. Genar schien ihm näher als je zuvor, und er fühlte eine tiefe Zuversicht, dass sie sich wieder begegnen würden. Die beiden umarmten einander. Verhaltener blieb Genar gegenüber Euryn. Er strich ihr etwas förmlich über die Hand. Dann wandte er sich ohne weitere Umschweife ab und ging in Richtung Fluss davon.

Belas und Euryn zogen im Schatten der Bäume um den Berg herum ins östliche Nachbartal. Ihr Ziel war die Grotte unter dem Berg. Belas amüsierte sich über Euryn. War sie es doch, die stets ein vergrämtes Gesicht zog, wenn er sich an jenen Ort aufmachte. Nun zogen sie gemeinsam los zu diesen angeblich verruchten Frauen.

*

Die beiden Ausgestoßenen waren fast den ganzen Vormittag unterwegs durch verschneite Landschaften, weil sie einen großen Bogen um die Hügel schlugen. Belas nutzte die Gelegenheit, im lichteren Teil des Waldes einige seiner Fallen abzulaufen. Beute fand er keine.

Schließlich erreichten sie den Berg der Nooren. Der Zugang, den er kannte – von den Männern wusste er, dass es mehrere gab – lag auf halber Höhe des Berges. Atemlos vor Kälte, die ihnen in der Lunge brannte, klopften sie an ein großes Holztor. Eine Weile geschah nichts, selbst nachdem sie ein zweites Mal gegen das feuchte Holz gepocht hatten. Der Schnee fiel jetzt in dicken Flocken und bedeckte ihre Kapuzen. Nach einer kleinen Ewigkeit hörten sie schlurfende Schritte.

»Na endlich.« Belas stieg von einem Fuß auf den anderen. Euryn warf ihm einen strafenden Blick zu.

»Sei froh, wenn sie uns hereinlassen. Du hast hier sowieso nichts verloren.«

»Na, da danke ich. Hast du mich nicht heute Morgen aufgefordert mitzukommen?«

»Ja, hab ich wohl. Weiß auch nicht, wieso«, sagte sie leichthin. Dann versetzte sie ihm einen Stoß.

»Nun mach nicht den Beleidigten, Sohn eines Digdo.«

Immerhin, sie hatte nach einem schweigsamen Vormittag ihre Sprache wiedergefunden. Und ihren üblichen Ton zwischen freundschaftlicher Vertrautheit und geschwisterlicher Bosheit. Er wollte sich gerade über die Bezeichnung »Digdo» beschweren, als eine Stimme hinter dem Tor zu hören war. »Wer ist da?«

Euryn bat für beide um Einlass.

»Euryn«, wiederholte die Stimme im Innern. »Dein Name ist mir bekannt. Ich öffne das Tor.«

Ein dumpfes Geräusch und ein Knirschen, dann öffnete sich die Pforte. Eine große und sehr schmale Noore stand vor ihnen. Sie musterte die beiden einen Moment lang, dann trat sie wortlos zur Seite. Ein leicht modriger Geruch empfing die Ankömmlinge. Aus der Tiefe drang ein schwacher Lichtschein herauf.

»Ihr müsst die Stufen vorsichtig hinabgehen. Manche sind feucht und rutschig. Wer hier zu hastig ist, hat sich schnell das Genick gebrochen.«

Das schien für die Noore selbst nicht zu zählen, sie ging behänd an beiden vorbei, ein unergründliches Lächeln auf den Lippen. Sie glitt mehr die Stufen hinab, als dass man von einem Gehen sprechen konnte. Die Stufen waren ungleichmäßig hoch. Das machte das Hinabsteigen durch den schmalen Gang beschwerlich. Von irgendwo kam diffuses Licht.

Belas spürte sein Herz heftig pochen. Ihm war, als würde er sich schnurstracks auf sein eigenes Grab zubewegen. Die stickige Luft, der enge Weg – so musste es Genar ergangen sein, als er mit Siras und Halou in die Tiefe gestiegen war.

Die Noore nahm eine Leuchte aus einer Nische. Als sie sie anhob, sahen Belas und Euryn in eine breite Spalte hinein, die den Fels zerschnitt. In der Tiefe des sich öffnenden Raumes entdeckten sie zylindrische Gebilde aus Stein, die von der Decke herabzuhängen und zugleich von unten aus dem Boden heraufzuwachsen schienen. Euryn blieb einen Moment stehen und sah verblüfft auf diese Gebilde.

»Was ist das?«, fragte sie.

Die Noore sah kurz auf und erklärte: »Das sind Steinbäume, meine Kleine. Sie wachsen nur unter der Erde und sind in der Tat sehr hübsch anzusehen.«

Belas grinste, wagte aber nicht, den Mund zu öffnen. Aus der Grotte kannte er die Säulen. Er genoss still den Moment, mehr als seine Gefährtin zu wissen.

Sie mussten sich beeilen, hinter der alten Frau in ihrem wehenden Umhang herzukommen. Sie nahm wenig Rücksicht auf das, was sie am Eingang gesagt hatte. Ihre Füße fanden mit traumwandlerischer Sicherheit Halt auf jedem noch so unebenen Stein. Die beiden Gäste dagegen rutschten auf glitschigen Stellen aus und hatten die Arme ausgebreitet wie Trunkene, die sich gegen einen Sturz absichern wollen. Die Stufen führten erst steil nach unten, dann tiefer in den Berg hinein.

Belas kämpfte mit dem Gefühl, in einen Sack gebunden keine Luft zu bekommen. Ihm war es viel zu eng unter all dem Stein, der ihn umschloss. In der tiefer gelegenen Grotte hatte er nie solche Zustände gehabt. Euryn hatte ihm gesagt, sie werde für ihn kämpfen, sollten ihm die Nooren das Bleiben verweigern. Er war sich gerade ausgesprochen unsicher, ob er das wollte.

Doch als sie aus dem engen Gang in einen weiten Raum schritten, wich die Angst dem Erstaunen. Der Saal war von einem ganz besonderen Licht erfüllt und so warm, dass die beiden Homiden im ersten Moment um Luft rangen. Längliche Glaskörper hingen von der Decke herab und zierten die Wände. Ihnen entströmte ein feines bläuliches Licht, das fast lebendig wirkte. Mal wurde es leuchtender, dann ließ der Schimmer wieder nach. Jede Lampe hatte einen eigenen Rhythmus, so dass der ganze Raum in ein Spiel von Lichtreflexen getaucht war. Auf Holzstühlen, von Fellen überzogen, saßen Nooren. Sie trugen feine Gewänder aus dünnem Stoff, unter dem die Konturen ihrer Körper sichtbar waren. Der Saal war erfüllt von Gesprächen und Lachen. Manche Noore sah auf, als Belas und Euryn den Raum betraten, andere interessierten sich gar nicht für die Ankömmlinge. Die beiden warfen ihre dicken Umhänge ab und folgten der Alten, die sie mit einem Handzeichen aufforderte, bei ihr zu bleiben.

»Ihr sollt euch erst einmal stärken.«

Auch die Noore legte ihren Umhang ab und trug ihn auf dem Arm mit sich. Sie kamen in ein kleines Zimmer, eine Art Speisekammer.

»Nehmt euch, was euch gefällt. Und dann kommt zu uns in den Saal. Ludmila will später mit euch sprechen, wenn ihr den Magen voll und den Geist frei habt.«

Belas nahm die Einladung wörtlich. Er schaufelte sich wilden Reis, den er nur ganz selten in seinem Leben gekostet hatte, Fleischstücke und getrocknete Früchte in die Backen, dass die Nooren in der Nähe amüsiert zu ihm herüberblickten. Euryn war sein Benehmen peinlich, aber sie sagte nichts. Sie aß wenig und saß sehr gerade, bemüht, niemandem direkt in die Augen zu schauen.

Eine sanfte Musik kam aus einem fernen Raum. Von Zeit zu Zeit schien es ihr, als wehe eine Schwefelwolke an ihr vorbei. Die Wärme nahm manchmal zu, dann wurde es wieder kühler. Manche Nooren saßen schweigend auf ihren Plätzen, andere unterhielten sich oder spielten Brettspiele, die Euryn noch nie gesehen hatte. Auf ihren Gesichtern aber lag ein Ausdruck tiefer Zufriedenheit. Die Bitterkeit, die vielen Homiden draußen in den Schieferhügeln eigen war, schien diesen Wesen völlig fremd. Euryn beneidete die Frauen. Aber sie konnte sich nicht vorstellen, zu ihnen zu gehören.

Dann stand die Alte, die sie hereingelassen hatte, wieder vor ihnen. »Ludmila würde euch jetzt gerne kennenlernen, wenn ihr so weit seid«, sagte sie mit warmer Stimme. Euryn bewunderte die Anmut, die diese Frau und eigentlich alle, die sie verstohlen beobachtet hatte, ausstrahlten. Sie sah zu Belas hinüber und nickte.

»Ich bin auch neugierig, mehr über euch zu erfahren.«

Sie durchmaß den großen Raum und führte die Homiden, die kaum nach rechts und nach links zu schauen wagten, in einen Durchgang, durch den heiße Luft wehte. Der Schwefelgeruch war stark.

»Wieso ist es hier so warm?«, fragte Belas.

»Der Berg schenkt uns die Wärme«, erwiderte die Noore. »Wir brauchen dafür nichts zu tun, außer sie aus der Tiefe auf die richtigen Wege zu leiten.« Sie folgten dem Gang eine Weile. Belas verlor komplett die Orientierung. Das Gestein verwirrte seine Sinne. Seine Gefühlslage pendelte beständig hin und her. Angst, Neugierde, Aufregung, Beklemmung. Für den Moment schien ihm das alles schlimmer als eine Horde aufgebrachter Homiden, die ihm ans Leder wollten.

»Du wirst sehen, man gewöhnt sich sehr schnell an diesen Ort«, sagte die Noore, den Kopf leicht zu ihm gewandt. Er schluckte. Musste man vorsichtig sein mit seinen Gedanken? Den Nooren wurde allerhand nachgesagt. Belas kannte niemanden in den Hügeln, der nicht eine gewisse Ehrfurcht vor ihnen hatte, selbst wenn die von Bewunderung bis Ablehnung reichte.

Belas selbst war sich nie schlüssig gewesen, was er von den Frauen halten sollte, die die Wassermusik machten. Es war ihm aber auch nicht sonderlich wichtig gewesen, dazu ein abschließendes Urteil zu finden. Er hatte nie Angst verspürt in ihrer Gegenwart. Das genügte. Aber nun spürte er, wie das unbefangene Verhältnis schwand.

Auf beiden Seiten des Ganges lagen jetzt in den Fels gehauene Kammern. Sie waren mit schwerem Tuch verhangen. Aus vielen der Kammern klangen leise Stimmen. Auch Gesang war zu hören. Die

Melodien erinnerten an die Wassermusik. Sie waren einerseits schwermütig, andererseits aber auch von einer Weise, die das Herz öffnete.

Euryn räusperte sich laut. Sie blieb stehen.

»Ja?« Die Noore drehte sich um.

»Mir ist heiß«, begann Euryn, »ich schwitze. Ich glaube, bevor ich mich zu einem Gespräch niederlassen kann, müsste ich mal –« sie stockte. Die Noore sah sie aufmunternd an.

»Ich würde mich gerne waschen, ehe wir empfangen werden. Und ich glaube, Belas würde das bestimmt auch gerne.«

Belas runzelte die Stirn.

»Du würdest dich doch auch gerne vom Schweiß befreien. Schließlich sind wir ziemlich verdreckt nach einer Nacht im Freien.« Sie lächelte ihn an. Es war mehr ein Flehen. »Naja, wenn's denn sein muss«, brummte Belas. Er hatte ganz und gar nicht das Gefühl, in besonderem Maße unsauber zu sein. Es gab Tage, da war er wesentlich schmutziger. Und niemand scherte sich darum.

»Oh, natürlich. Entschuldigt. Darauf hätte ich selbst kommen können.« Die Wangen der Noore röteten sich. Sie führte sie ein Stück zurück und hinein in eine Abzweigung, die weder Belas noch Euryn zuvor aufgefallen war. Schließlich standen sie in einem angenehm duftenden und noch viel wärmeren Raum.

»Legt eure Kleidung ab. Ich besorge euch etwas Leichteres.«

Sie wies ihre Gäste ein. »Da vorne findet ihr kleine und große Becken mit Wasser. Ihr könnt in den großen baden oder euch an den kleinen Becken waschen. Ein Bad ist aber immer am schönsten.«

Baden, das kannten sie nur im Fluss. Der Winter war für Homiden nicht eben die Zeit größter Reinlichkeit. Während Euryn dankbar nickte, fand Belas das Ganze ziemlich übertrieben. Da er aber nicht unhöflich sein wollte, klatschte er kräftig in die Hände. »Prima – das ist vorzüglich!« Die Begeisterung seiner Worte brachte sein Gesicht allerdings nicht zum Ausdruck.

Als die Noore nach einer Weile wieder zurückkam, saß Euryn in ihren Umhang eingewickelt auf ihren Kleidern. Sie schien entspannter. Belas planschte noch in einem Wasserbecken, das leicht dampfte.

»Nun komm schon, Belas«, rief Euryn.

»Nur einen Moment noch. Ich habe noch nie in einem so warmen Wasser gesessen. Wer weiß, ob ich je in meinem Leben noch einmal Gelegenheit dazu bekomme.«

»Da sei unbesorgt«, rief ihm die Noore zu, »wir haben Wasser genug.« Euryn sah sie nachdenklich an.

Belas prustete. Mit einem Tuch um die Lenden stapfte er schließlich zu den Frauen.

»Daran könnte ich mich gewöhnen.«

Sie zogen sich an. Dann ging es wieder durch die langen Gänge im Dämmerlicht der Grotte. Belas wunderte sich, dass ihnen niemand begegnete. Er hing seinen Gedanken nach und trottete hinter Euryn her.

Diese Ludmila musste wohl so etwas wie eine Oberin sein. Euryn war gespannt, was sie sagen würde. Sie erinnerte sich an das erste Zusammentreffen mit jener Noore, die sie in ihrer Höhle aufgesucht hatte. Nach deren Worte war für Belas hier unter dem Berg kein Platz. Euryn spürte, wie die Anspannung wieder wuchs.

Ihre Führerin hielt unvermittelt an. Sie standen vor einer der zahlreichen Öffnungen zu beiden Seiten des Ganges.

»Ludmila? Ich habe unsere beiden Vertriebenen bei mir. Dürfen wir eintreten?«

»Nur zu«, antwortete von drinnen eine jugendliche Stimme. Die Noore zog den Vorhang beiseite und forderte Belas und Euryn mit einer Kopfbewegung auf, einzutreten. Auf einem Holzgestell, das mit bunt verzierten Kissen übersäht war, saß eine junge Frau. Ihr Kopf und ihre Arme waren unbedeckt, sie trug, wie die anderen, ein weich fließendes Kleid. Es hatte kräftige rote Farben. Die dunklen Augen der Noore richteten sich freundlich auf die beiden Gäste.

»Setzt euch. Ich habe schon Tage früher mit eurem Eintreffen gerechnet. Der Abschied fällt eben doch schwer. Ich hatte es fast vergessen. Zu guter Letzt haben die anderen nachgeholfen, wie ich höre.«

Belas und Euryn starrten sie verblüfft an. Sie kannten das Gesicht, wussten aber nicht, woher. Wie die anderen Nooren hatte sie eine besondere Ausstrahlung, die die Ankömmlinge befangen machte. Ihre Haut wirkte weich und geschmeidig, ganz anders als die ledrige Haut der Homiden in den Schieferbergen. Die Hände waren gepflegt. Die mandelförmigen Augen strahlten Ruhe aus.

»Ihr sucht in eurer Erinnerung nach meinem Namen. Nach dem Namen, den ich trug, als ich noch in den Hügeln lebte. Er tut jetzt nichts mehr zur Sache. Aber euer Verstand trügt euch nicht. Wir sehen uns heute nicht zum ersten Mal. Als wir Kinder waren, haben wir miteinander gespielt. Ich bin nur wenige Jahre älter als ihr es seid.«

»Stimmt«, rief Belas, »ich erinnere mich an ein Mädchen, das mit uns im Fluss badete. Es hatte dein Gesicht. Aber ich habe keine Erinnerung, was aus dem Mädchen geworden ist. Was brachte dich hierher?«

»Langsam, langsam«, rief die Noore und lachte. »Zuallererst will ich euch hier begrüßen und euch über den Ort berichten, an dem ihr euch aufhaltet. Du, Belas, wenigstens für eine gewisse Zeit als Gast. Über mich sollten wir später reden. Nehmt Platz.«

Ihr gegenüber standen Stühle, mit Fellen weich ausgepolstert. Sie setzten sich. Ludmila lehnte sich zurück und begann zu erzählen. Sie sprach davon, dass an diesem Ort schon seit langer Zeit Frauen in einer ganz besonderen Gemeinschaft lebten. Und dass diese Gemeinschaft über viele Generationen hinweg einen hohen Stellenwert gehabt hatte im Leben der Homiden.

»Wir waren Priesterinnen, oder besser die Nooren von damals waren es. Sie wurden verehrt, ihr Wort geachtet. Das ist vergangen, wie alles vergeht und damit Platz für Neues schafft. Wir haben unsere Stellung eingebüßt. Nicht jeder hier im Berg gefällt das. Manche wünschen sich die alten Zeiten zurück. Andere sind offen und neugierig auf das, was kommen mag. Ihr kennt das. Es ist nicht anders als bei euch.«

Sie sah Euryn in die Augen. Ein spöttischer Ausdruck trat in ihr Gesicht. »Man verbindet draußen heute andere Dinge mit den Nooren, ist es nicht so, Euryn?«

Euryn räusperte sich. Ihre Wangen wurden dunkelgrau.

»Wir wissen wenig über das, was in der Grotte geschieht. Zu wenig. Die Männer reden nicht darüber, und die Frauen machen sich ihre eigenen Gedanken.« Sie hatte das Gefühl, keinen Zusammenhang in ihre Rede zu bringen. Sie fühlte sich dumm und albern. Dumm und von diesem Wesen, das wie sie und doch nicht wie sie war, beschämt.

»Ich will dich nicht quälen«, half ihr Ludmila aus der Klemme. »Es ist wahr. Die Frauen sind irgendwann von dem Wissen um uns abgeschnitten worden und stellen sich in ihren Phantasien die aufregendsten Dinge vor, die wir mit ihren Männern anstellen könnten. Es ist merkwürdig, aber wenn du dich hier drinnen umhörst, weiß eigentlich niemand so genau zu sagen, wie sich diese Sache entwickelt hat. Es geht uns Nooren nicht anders wie allen anderen Wesen. Manches erkennt man erst deutlich, wenn es geschehen ist.« Ludmila machte eine Pause und schien über ihre eigenen Worte nachzusinnen.

»Wollt ihr etwas trinken?«

Sie hatte eine Karaffe aus Zinn an ihrer Seite. Noch ehe ihre Gäste etwas gesagt hatten, hielt sie ihnen zierliche Becher hin.

Dann fuhr sie fort. »Wir haben bis vor wenigen Jahren die Entwicklung in diesen Hügeln überschaut und gelenkt. Das war unser

Auftrag, der Auftrag, gegeben von unseren Vorfahren. Jenen, die vor den Homiden hier lebten. Leider sind wir über die Zeiten wohl selbstgefällig geworden. Denn wir haben nicht erkannt, wie uns die Dinge aus den Händen gleiten.«

»Welche Dinge?«, fragte Euryn.

»Die Ordnung. Die Rituale. Der Allbios.«

»Was sind Rituale?«, fragte Belas.

»Rituale sind etwas sehr Wichtiges, mein Lieber«, antwortete Ludmila. »Sie geben Halt in Momenten, da dein Geist an den Unwägbarkeiten des Seins zu scheitern droht.«

Sie sah Belas mit einem freundlich-aufmunternden Lächeln an. »Trink, dein Tee wird kalt.«

Belas sah in den Becher hinein und roch daran. Mit einem scheuen Seitenblick zu Euryn nippte er vorsichtig. Das Getränk hatte einen kräftigen Geruch und schmeckte würzig. Seine Zunge hatte so etwas noch nie gekostet. Er wusste zwar immer noch nicht, was er von dem Begriff Ritual halten sollte, aber er mochte nicht weiter danach fragen.

»Ich dachte immer«, sagte er, »ihr macht Musik und damit ist es gut. Na ja. Und ihr wisst so manches über Kräuter, die einem die Sinne verwirren.«

Euryn sah ihn mit säuerlicher Miene an.

Ludmila nickte nur.

»Richtig, wir wissen einiges über Pflanzen. Wir wissen auch einiges über andere Dinge. Über Homiden etwa, zu denen wir gehören. Die Musik schien uns immer ein guter Weg, vieles miteinander zu verbinden. Aber wir sprachen über Rituale, nicht wahr? Ich sagte, sie geben dir Halt. Aber das ist nur ein Aspekt. Genauso wichtig ist, dass sie Dinge transportieren über lange Zeiten. Dinge, die nicht vergessen werden dürfen. Es hat keinen Zweck, drumherum zu reden. Wir haben an dieser Stelle versagt. Womöglich musste es einfach so geschehen.«

Belas sah wieder verstohlen zu Euryn. Sie hörte fast andächtig zu und schien ihm ganz klein und verborgen. Ganz und gar nicht die selbstsichere Euryn, die er kannte. Ludmila schüttelte den Kopf und lächelte wieder.

»Ich wollte euch nicht die Herzen schwer machen, sondern euch begrüßen und erklären, wo ihr seid. Ist es nicht so? Mir scheint, ich bin heute keine gute Gastgeberin. Wenngleich ich gestehen muss, dass wir in der Regel keine Gäste empfangen. Also, ehe ihr euch ausruhen solltet, so viel: Hasanja hat euch bei ihrem Besuch ja schon einiges gesagt. Euryn, du kannst dich für den Platz entscheiden, den dir deine Fähigkeiten einräumen. Du kannst dich uns anschließen. Belas, dein Fall ist schwieriger. Männer werden bei den Nooren bestensfalls als Gäste und für kurze Zeit geduldet. Für gewöhnlich ist die Grotte der einzige Ort, wo sie unserer angesichtig werden. Wir haben untereinander über deine spezielle Situation beraten, Belas. Du kannst eine Weile bei uns bleiben und dann deinen Weg finden. Du kannst sicher einiges hier lernen, wenn du das möchtest. Nirgends draußen wirst du so viel Wissen finden.«

Belas sah sie verständnislos an. Vorsorglich nickte er.

Euryn richtete sich in ihrem Stuhl auf. »Was macht euch so sicher, dass ich zu euch gehöre?«

»Ich glaube, du fühlst selbst, dass es so ist. Und wir fühlen es auch. Das trifft es wohl am besten.«

»Wer seid ihr eigentlich?«, wollte Euryn wissen.

»Wir sind Homiden wie alle, die in diesem Teil der Welt leben. Wenigstens von unseren körperlichen Voraussetzungen her. Unser Geist – nun ja, sagen wir es mal so, unterscheidet uns etwas von den anderen.«

Belas wurde es immer unheimlicher in der Grotte. Er gehörte nicht zu dieser Gesellschaft. Wahrscheinlich hätte er gut daran getan, mit Genar weiterzuziehen. Nur Euryn hatte ihn davon abgehalten. Wie sollte er sich auch mir nichts dir nichts von seiner Schwester trennen, mit der er Jahre in einer Höhle gelebt hatte? Aber in diesem unterirdischen Tunnelsystem mochte er nicht seine Tage fristen. Er sah den Wald vor Augen, die Tiere, Bäume, den klaren Sternenhimmel, den er so liebte.

Er war ein schlichtes Gemüt. So hatte Euryn ihn einmal genannt. Damals hatte ihn das zutiefst gekränkt. Nun sah er es als eine ausgesprochen beruhigende Feststellung an. In ihm wurde der Wunsch wach, wieder zurückzukehren in seine Höhle. Sein altes Leben wieder aufzunehmen. Den Tag verbringen ohne viele Gedanken an gestern und morgen, an oben und unten. Nur so viel Nahrung besorgen, wie der Magen zum Sattwerden brauchte. Im Sommer in einer warmen Mulde sitzen und die Sonne auf dem kahlen Kopf spüren. Im Fluss ein Bad nehmen. Mehr brauchte er wahrlich nicht.

Er wollte raus aus der Grotte und weg von diesen Wesen, die so verworren redeten und so bedrohlich viel von dem wussten, was in seinem Kopf vor sich ging. Euryn war gewiss eine von ihnen. Die er mochte, so fremd ihm ihre Gedanken zuweilen auch waren. Er konnte sich keinen Reim darauf machen, warum sie zu den Nooren gehörte, aber das war auch gar nicht entscheidend. Er hätte gerne weiter mit ihr zusammengelebt, aber – alles war mittlerweile anders. Das wurde ihm mit einem Schlag bewusst.

Euryn war eine Noore, er war ein einfacher Homide. Sie gehörte in die Grotte, er in die Schieferberge. Der Haken an der Sache: Die Homiden hatten ihn vertrieben. Und letztlich war daran nicht Euryn schuld. Es war sein eigenes Verhalten, das sie dazu gebracht hatte.

»Du bist erschöpft, Belas«, sagte Ludmila plötzlich in seine Gedanken hinein. »Du solltest dich jetzt nicht zu sehr grämen und mit der Zukunft beschäftigen. Es wird sich alles finden, glaube mir. Ich würde vorschlagen, ihr ruht euch erst einmal aus. Der Morgen ist klüger als der Abend.«

Abend? War es schon Abend? Belas fragte sich, wie die Nooren Tag und Nacht voneinander unterschieden. Dann verdrängte er diesen Gedanken sofort wieder und versuchte, sein Gehirn zum Schweigen zu bringen. Er wollte nicht schon wieder eine Antwort bekommen auf eine Frage, die er nicht laut gestellt hatte. Ludmila stand auf und berührte ihn zart an der Schulter. Es war, als würde ein Funke auf ihn überspringen. Die leichte Berührung der zarten Finger drang tief in seinen Körper. Euryn fasste Ludmila mit der anderen Hand. Auch ihr schien es nicht anders zu gehen. Sie entspannte sich etwas und versuchte zu lächeln.

Die Oberin nickte ihnen zu. »Hasanja ist unterwegs. Sie wird euch zeigen, wo ihr einen Ort des Rückzugs findet und schlafen könnt. Euer Platz ist nahe dem ihren. Scheut euch nicht, sie nach allem zu fragen, wenn euch an etwas mangelt oder ihr etwas nicht versteht.«

Belas und Euryn hörten Schritte. Hasanja war rasch zur Stelle.

»So sehen wir uns also wieder. Es freut mich, euch wohlbehalten im Berg zu treffen.«

Sie wies mit einer ausladenden Geste vor sich.

»Wir haben es nicht weit«, sagte sie, »geht einfach weiter gerade aus. In diesem Teil unseres Reichs sind fast alle Schlafstätten der Nooren. Es gibt aber auch noch kleine Räume weiter oben.«

Hasanjas Alter zu schätzen schien hier unten noch unmöglicher als in den Schieferbergen. Natürlich war sie viel älter als Ludmila. Aber wie alt? Die Nooren zeigten ganz im Gegensatz zu den Homiden draußen in den Hügeln keine deutlichen Anzeichen von Alter. Hatte das Leben in diesem Gestein damit zu tun? Oder war es die Art und Weise des Zusammenlebens, die diese Wesen zumindest äußerlich jung hielt?

»Hier sind wir. Es sind keine großen Kammern, aber es ist hier um einiges angenehmer als in eurer Höhle. Ihr werdet sehen, ihr gewöhnt euch schnell an die Umgebung. Wir dachten, ihr habt nichts dagegen, ein Zimmer zu teilen.«

Sie sah die beiden erwartungsvoll an. Belas und Euryn sagten nichts.

»Nun denn. Ich freue mich, dass ihr den Weg zu uns gefunden habt.« Mit diesen Worten verschwand die Noore hinter einem Fell, das nur einige Schritte weiter einen Eingang verdeckte.

Der Raum, den Belas und Euryn betraten, war tatsächlich sehr klein. Im Grunde bot die Fläche nur Platz für ein Bett aus Holz mit einer weichen Auflage, für zwei Stühle und einen runden Tisch. Euryn ließ ihre Finger über das Schlaflager gleiten. Belas ließ sich auf der anderen Seite mit seinem ganzen Gewicht darauffallen.

»Du Tölpel«, schalt sie ihn. Aber ihre Stimme klang nicht maßregelnd. Er drehte den Kopf zu ihr.

»Du siehst traurig aus.«

»Verwundert dich das?«, antwortete sie ihm.

»Nein.«

Sie schwiegen eine Weile. Belas besah sich das Zimmer näher. Die Wände waren rau. Der Stein, in den diese Kammer geschlagen war, schien ihm sehr hart. Er hatte keine Ahnung, wer dieses unterirdische System von Gängen, Hallen und Räumen geschaffen hatte. Er jedenfalls kannte kein Werkzeug, mit dem eine solche Arbeit möglich gewesen wäre. Mit einem wohligen Seufzer legte er sich lang auf das Bett. Es war angenehm weich und duftete nach Kräutern. Belas versuchte, den Weg vom Eingang bis zu dieser Stelle im Geiste nochmals abzuwandern. Ein schmaler Gang in die Tiefe. Ein großer Saal. Weitere Tunnel. Metalltüren. Ein warnendes Leuchten. Die Noore. Glaskugeln. Nein, es gab keine Türen aus Metall und Kugeln aus Glas hier unten. Genar. Wo war er?

Belas sah sich um. Es war plötzlich so finster, dass er die eigene Hand nicht vor Augen sah. Er wollte raus. Weg von diesem Ort. Luft. Frische Luft. Seine Gedanken überschlugen und verwirrten sich. Wie waren sie in dieses Zimmer gelangt? Wie fand er wieder heraus? Er konnte doch nicht ohne Euryn –. Nein, das konnte er nicht. Im Schlaf stöhnte er laut auf und murmelte ihren Namen.

Euryn saß noch immer auf der Bettkante. Sie sah ihn an, und eine ihr unbekannte Wehmut überkam sie. Da lag dieser stämmige Kerl, mit dem sie über zehn Jahre ihres Lebens geteilt hatte. Wie alt war sie jetzt? Sie wusste es nicht genau. Verrückt, schoss ihr durch den Kopf, es war wie bei den Nooren. Man weiß nicht, ob man sie für jung oder alt halten sollte.

War sie eine Noore? Was war eine Noore? Jedenfalls kein Wesen, das einem rundheraus erklärt, was man wissen wollte. Für eine kurze Weile hatte sie geglaubt, alles würde etwas einfacher, wenn sie erst einmal in der Grotte angekommen waren. Aber der Schmerz, der schon seit dem Herbst langsam in ihr gewachsen war wie ein Geschwür, er wucherte weiter. Belas konnte nicht an diesem Ort bleiben. Und er wollte es auch gar nicht. Sie hatte es ihm angesehen und deutlich gefühlt. Er wollte durch die Wälder streifen und den Himmel über sich haben. Jetzt, im Schlaf, kämpfte er noch mit der Frage, wie es weitergehen sollte. Sie bedeckte seinen Körper mit einem leichten Tuch, obwohl das bei der Wärme nicht notwendig war. Das Licht, das, wie in allen anderen Räumen hier unten, aus einem kleinen Glaskörper leuchtete, wurde zusehends schwächer. Euryn gähnte. Sie besah sich ihre Hände. Sie waren schwielig und grob. Sie sollte eine Noore sein? Nicht mit diesen Händen. Nicht mit diesem Kopf und seinen Beschränktheiten. Das Licht verlor jetzt schnell an Helligkeit. Als würde die Sonne am Horizont verschwinden. Belas atmete laut und zuckte manchmal heftig.

Der Morgen ist klüger als der Abend. Der Morgen, er würde ihnen vielleicht mehr verraten über diesen Ort, der eine ganz andere Welt war. Eine Welt, in der es sich viel weicher liegen ließ.

*

Belas und Euryn schliefen lange. Der neue Tag war längst angebrochen, als sie sich wieder regten. Das Licht in ihrem Raum leuchtete hell. Draußen auf dem Gang waren Nooren unterwegs und unterhielten sich leise.

Euryn war vor Belas wach. Sie hatte entgegen ihrer Gewohnheit gar keine Lust aufzustehen. Sie drehte sich zu Belas und betrachtete ihn. Er hatte sich in der Decke verheddert, lag da wie ein unschuldiges Kind. Wo war sein Platz in dieser Welt?

Ihr Bett war ungeheuer weich. Warum hatten die Homiden nicht solche Betten? Warum war es in dieser Grotte so warm, dass man ohne Fell schlafen konnte, während in den Hügeln die Homiden froren, vielleicht gerade erfroren? Sie streckte sich und erfühlte mit den Zehen den weichen Untergrund. Sie streckte ihre Arme lang aus, ihre

Fingerkuppen glitten vorsichtig über den gesäumten Abschluss der Decke, auf der sie lag. Alles fühlte sich geschmeidig an.

War dies ihr zukünftiges Leben? Es war ein merkwürdiger Gedanke. Aber irgendwie empfand sie es so, als habe sie das gar nicht verdient. Ein warmer Ort, ein weiches Bett. So wie es ausgesehen hatte am Abend zuvor, kannten die Nooren keine Hungersnot. Abgesehen davon, dass sie im Stein lebten, war es hier geradezu paradiesisch.

Belas rührte sich. Seine Augenlider zitterten leicht, während die Hände an seinen Seiten über die Decke glitten und sich anscheinend auch erst einmal vergewissern wollten, ob das angenehme Gefühl Wirklichkeit war. Er warf sich noch einmal auf die rechte Schulter. Langsam glitt sein Körper auf den Rücken zurück.

Dann sagte er mit noch geschlossenen Augen: »Ich muss tot sein und den Weg nach Ranisi gefunden haben. Seid gegrüßt, ihr wilden Götter, ich bin bereit, euer Untertan zu werden.«

Er drehte die Handflächen nach oben, als erwarte er, ein Samenkorn des ewigen Lebens zu bekommen.

Euryn lachte.

»Deine Göttin sitzt neben dir. Mach nur die Augen auf und staune. Sie ist keine andere als deine Begleiterin in deinem bisherigen Leben.«

Belas hob leicht den Kopf und blinzelte in ihre Richtung. Dann ließ er ihn wieder sinken.

»Ist das die Begrüßung einer Göttin? Allzu begeistert scheint mir das nicht.« Sie bemühte sich, gekränkt zu klingen.

»Euryn«, erwiderte Belas. Er schlug die Augen auf. »Ich habe noch nie so fürstlich geschlafen. Genar hat ein Raschoarhirn, dass er nicht mit uns hierher gekommen ist.« Belas setzte sich auf. Er sah sich um und schien schon wieder ein wenig unzufriedener.

»Nun schau nicht so«, sagte Euryn. »Du hast eine angenehme Nacht gehabt, freu dich einfach darüber.«

»Du glaubst nicht, wie inbrünstig ich das tue. Von mir aus kann die nächste Nacht direkt beginnen. Ich bin bereit.«

Er ließ sich noch einmal mit ausgebreiteten Armen auf die weiche Matte fallen. Mit der rechten Hand schlug er Euryn in die Seite. Sie gab ihm zur Erwiderung einen Klaps auf den Kopf.

Euryn stand auf. Neben dem Eingang lag auf einem Hocker frische Kleidung. Sie strich erst sanft über den Stoff, dann nahm sie das Kleid, das ihr zugedacht war, behutsam auf und hielt es vor ihre Augen.

»Diese Stoffe sind so fein gewebt, sie fühlen sich an wie ein warmer Windhauch«, sagte sie mehr vor sich hin.

Belas schaute an sich herunter. Er hatte vollkommen vergessen, dass er nicht mehr seine eigenen Sachen am Körper trug.

»Warum gibt es hier solche Dinge, und bei uns draußen nicht?«

Euryn schien ihn nicht zu hören. Sie war ganz vertieft in die Schönheit des Materials. Das Kleid in ihren Händen hatte einen zart grünen Glanz und war mit geometrischen Figuren durchwirkt. Die Dreiecke, Vierecke, Kreise und Ovale waren ineinander verschachtelt und bildeten ein hübsches Muster. Euryn hatte das Kleid über ihrer linken Hand liegen und konnte durch den Stoff hindurch die Umrisse ihrer Finger sehen. Sie lächelte verträumt. »Sie haben so schöne Dinge hier.«

Schnell schlüpfte sie in das Kleid und drehte sich zu Belas um.

»Wie gefalle ich dir?«

Er sah sie einen Moment verständnislos an. Dann kratzte er sich am Kopf. »Das ist sehr durchsichtig, was du da trägst.«

Sie drehte sich zur Seite.

»Ich sollte vielleicht noch etwas drunter anziehen.«

Auch Belas besah sich die Stoffe, die für ihn bereit lagen. Es war ein etwas gröberer Überwurf und ein Paar Hosen. Er zog sich an. Sein Blick wanderte durch den kleinen Raum. Neben Leuchten, Bett, Schemeln und Tisch machte er noch eine Truhe aus. Sie war aus massivem Holz. Er trat vor die Truhe und öffnete sie. Belas stutzte. »Was ist das?«, fragte er Euryn und nahm einen der Gegenstände in die Hand. Sie ging um das Bett herum und betrachtete seinen Fund interessiert.

»Das ist ein Buch, du Einfaltspinsel«, sagte Euryn.

»Ein Buch?« Belas blätterte die Seiten auf und starrte verständnislos hinein. »Was tut man damit?«

»Lesen.«

»Lesen?«

»Ja, lesen. Sag nicht, dass du davon noch nie gehört hast.«

»Ich weiß nicht, was das sein soll – lesen.«

Euryn trat zu ihm. Sie besah sich das Buch in seinen Händen und strich vorsichtig über die Seiten. »Siehst du, da sind Zeichen reingemalt. Und diese Zeichen sind so gut wie unsere Sprache. Du kannst dir dadurch merken, was einmal in der Luft zwischen uns hin und her gegangen ist. Das ist doch prima, oder?«

»Und warum sollte ich das tun?«, fragte Belas etwas unwirsch zurück.

»Na bei dir stellt sich diese Frage doch nun wirklich nicht. So wenig, wie du in deinem Kopf behalten kannst, ist es doch ein Geschenk, wenn du dein Gedächtnis solchen Seiten anvertrauen kannst. Du schreibst hier einfach rein, was du dir merken willst oder musst, und dann ist es für immer da.«

»Ich kann aber gar nicht – wie sagst du – schreiben. Du meinst damit, selbst solche Zeichen zu malen, ja? Kannst du das denn?«

»Nein, ich habe es nie gelernt. Ich weiß auch gar nicht, ob überhaupt noch ein Homide dieses Handwerk versteht.«

»Und woher weißt du dann davon?«, fragte Belas und nahm sich ein anderes Buch aus der Holzkiste.

»Es gibt Lieder, die davon erzählen Und sie beschreiben ziemlich genau das, was du in der Hand hast. Du hast dich nie dafür interessiert, wenn Mutter die alten Weisen gesungen hat. Jetzt weißt du, warum das schlecht war.«

»Die alten Weisen – «, Belas sah sie zornig an und ließ das Buch in die Truhe zurückfallen. »Die alten Geschichten interessieren mich nicht. Was soll ich mit ihnen oder mit Büchern da draußen? Haben sie Mutter etwa geschützt? Was ich brauche, sind starke Hände und Geschick, mir ein Kaninchen zu jagen.«

»Das glaubst du«, entgegnete Euryn hitzig. »Und das Ergebnis ist, dass Siras und Halou tot sind und Genar fliehen musste. Ihr seid einfältig und dumm. Ihr wollt nichts wissen von dem, was die Welt zusammenhält. Und von dem, was eure Vorfahren gelernt und weitergegeben haben. Kein Wunder, dass die Feindseligkeit wächst bei so viel Starrsinn.«

Belas sah sie wütend an.

»Du hast immer eine gute Antwort auf alles«, sagte Belas, »aber du hast dich nie für irgendwas stark gemacht in den Hügeln. Was nützt dein Geschwätz? Nun sitzt du hier im Warmen und wirst dein weiteres Leben hinter dicken Steinmauern, hinter Felswänden verbringen. Viel Spaß dabei. Ich möchte hinaus in die Freiheit, und wenn es hier noch so bequem sein mag.«

Er drehte sich abrupt um und stürmte aus dem kleinen Raum.

Euryn fand ihn in der großen Halle beim Frühstück wieder. Belas saß alleine, zusammengekauert und den Blick starr auf seine Mahlzeit gerichtet. An der Wand nur wenige Spannen hinter ihm stand ein hoher Tisch aus Holz, fein verziert mit allerlei Symbolen. Auf der dicken Tischplatte standen in Schüsseln und auf Holzbrettern Speisen und Getränke. Es war atemberaubend, was es bei den Nooren zum

Frühstück gab. Sie hatten verschiedene Brotsorten, die Euryn noch nie gekostet hatte und auch Früchte, die sie nicht kannte. Daneben stand in kleinen Schüsseln zerstoßenes und in Wasser aufgeweichtes Getreide. Wie Euryn aus den Augenwinkeln beobachtete, vermengten die Nooren diese Nahrung mit dicker Milch und Getreidekeimlingen zu einem Brei. Aber auch Laafs stand in einer großen Schüssel auf der Tafel. Ein wunderbar süßer Geruch ging von ihr aus. Diese Morgenmahlzeit übertraf alles, was bei einem Homiden draußen an den höchsten Festtagen zu bekommen war. Euryn ahnte, dass die Tafel jeden Tag so gedeckt sein würde. Der Gedanke bereitete ihr ein merkwürdiges Unbehagen. Wie am Abend zuvor pulsierte das Licht leicht in den Glaskugeln, die an den Wänden hingen. Es war allerdings viel heller. Offensichtlich befriedigten die Nooren so ihr Bedürfnis, zwischen Tag und Nacht zu unterscheiden.

Euryn nahm sich einen Teller und schaufelte sich einen Haufen Laafs darauf. Mit dem Brei und einem Glas Wasser ging sie zu Belas.

»Darf ich mich hier hinsetzen?«

Er wies stumm auf den freien Platz neben sich. Seine Finger zitterten leicht. Euryn setzte sich und begann zu essen. Die Nooren nahmen weiter keine Notiz von ihnen. Sie unterhielten sich in kleinen Grüppchen, wie sie das auch am Abend zuvor getan hatten. Während Belas und Euryn aßen, wurde der Saal nach und nach leerer.

Insgesamt waren es fünf Gänge, die von diesem zentralen Raum in alle Himmelsrichtungen abzweigten. Es musste ein großes System von Wegen im Berg sein. Denn alleine von dem Pfad zu ihrem Schlafplatz zweigten wieder mehrere Wege nach beiden Seiten ab.

Hasanja steuerte auf sie zu. Sie trug ein helles Kleid von undefinierbarer Farbe und hatte ein weiches Tuch über den Kopf geworfen.

»Guten Morgen. Ich hoffe, ihr hattet eine angenehme Nacht.« Sie sah Belas ruhig an. »Man muss sich an diesen Ort gewöhnen. Er ist sehr anders. Nicht jeder fühlt sich hier gleich wohl.«

»Und was wird aus solchen, die sich hier überhaupt nicht wohlfühlen?«, fragte Belas trotzig.

»Die verlassen uns«, entgegnete die Noore schlicht.

»Wenn ihr satt seid, möchte ich euch zeigen, womit wir unsere Tage verbringen«, hob sie nach kurzer Pause wieder an. Euryn stand sofort auf.

»Wenn ihr fertig seid«, sagte Hasanja.

Belas stopfte sich ein Stück Brot in den Mund. Er sah Euryn beleidigt an und rollte mit den Augen.

»Natürlich sind wir fertig.« Er stand kauend auf. »Wir sind gespannt darauf, mehr über euer Leben zu erfahren.«

Euryns Wangen färbten sich. Aber die Noore nickte nur. Sie nahmen einen anderen Gang. Hier war niemand zu sehen oder zu hören. Belas fand die Stille, die der Stein zu atmen schien, unheimlich. Er fragte sich, wo Genar jetzt war. Ihm war schwer ums Herz. Aber auch Euryn war nicht wohl in ihrer Haut. Sie fühlte sich schäbig. Sie wollte Belas in ihrer Nähe haben, zugleich war ihr sein albernes Verhalten unangenehm. Dies war nicht seine Welt. Aber musste er das jeden wissen lassen?

Es ging in die Tiefe. Die Luft wurde wärmer. Die Noore ging mit weiten gleichmäßigen Schritten, den Kopf erhoben. Das schummrige Licht spielte in den Falten ihres Gewandes. Belas erkannte die Muster wieder, die er schon bei Ludmila gesehen hatte. Nach einer Weile machte der Tunnel mehrere Windungen. Er führte einige Stufen hinauf. Dann bückte sich die Noore durch einen niedrigen, beinahe runden Durchlass. Er war wie die anderen auch roh in den Stein geschlagen. Für die kleinen Homiden war der Durchgang nicht so beschwerlich wie für die größere und wohl auch um einiges ältere Frau. Aber auch sie mussten die Köpfe einziehen, als sie hinter der Noore durch die Öffnung schlüpften.

Belas und Euryn staunten. Sie fanden sich in einem großen und hohen Saal wieder. Einem Gewölbe, wie sie es nie zuvor gesehen hatten. Eine Treppe mit wenigen Stufen führte vor ihnen hinab in den Saal.

Das Kuppelgewölbe hoch über ihnen war kunstvoll bemalt. Regale aus Holz teilten den weiten Raum in viele Abschnitte. Die Regale bogen sich unter der Last von Büchern. Ab und an stand in einer Nische zwischen den Regalen ein Tisch mit mehreren Stühlen. Dort saßen Nooren. Sie lasen oder unterhielten sich mit gedämpfter Stimme.

»Kommt nur weiter, kommt«, ermunterte die Noore ihre Gäste. »Ich will euch heute noch einiges zeigen.«

Sie ging vorbei an langen Reihen von Buchrücken, mit Zeichen beschriftet, die Belas und Euryn völlig fremd waren.

Sie setzten sich an einen freien Tisch. Der Saal musste wenigstens fünfhundert Schritt lang sein, und fast ebenso breit. Die Luft roch hier ganz anders wie im restlichen Berg. Trocken, aber auch nach altem Ziegenleder.

»Hier bleiben wir erst einmal. Es ist wohl auch an der Zeit, euch etwas von mir zu erzählen. Ich lebe seit neunzig Jahren an diesem Ort. Eine ziemlich lange Zeit, da bin ich mit euch einer Meinung.«

Die Noore sah ihre Gäste amüsiert an. In ihren Augen brannte ein Feuer, das so gar nicht zu einem Homiden passen wollte, der eine Lebensspanne von zweien erlebt hatte. Sie sieht so jung aus, dachte Euryn. So jung und freudvoll. Sie schlug die Augen nieder.

»Ihr habt euch sicher schon gefragt, wie sich die Nooren über Tag beschäftigen, was sie so tun in ihrer Welt, die vielleicht ein wenig wie ein warmes Gefängnis wirken mag. Zu deiner Beruhigung, Belas: Natürlich sind wir nicht den ganzen Tag hinter Stein verschlossen. Wir bestellen kleine Gemüsefelder im Südwesten des Berges, ein wenig verborgen vor den Augen der Homiden. Wir haben Vieh. Manche von uns sind nur zum Schlafen im Berg. Und natürlich darf ich nicht zu erwähnen vergessen, wie froh wir über die Dinge sind, die uns die Homiden zukommen lassen für die Wassermusik.«

Sie unterbrach ihre Rede und ließ den Blick über die Bücherwände gleiten. Dem Anschein nach war dies hier ihr Lieblingsort.

»Viele von uns gehen aber nicht allzu oft ins Freie. Man gewöhnt sich wirklich an das Leben in diesem Dämmerlicht. Ihr habt es wohl bemerkt: Das Licht richtet seine Intensität nach Tag und Nacht, wie sie außerhalb des Felsens einander abwechseln. Wir leben also im gleichen Rhythmus wie alle Lebewesen außerhalb. Aber was machen wir hier drinnen? Die Wassermusik ist nicht unser einziges Bestreben.«

Hasanja strich sich mit dem Handrücken über die Stirn. Sie schürzte leicht die Lippen. »Wir sind hier im Herzen des Berges. Ihr steht inmitten einer großen Bibliothek. Das heißt, hier befinden sich Bücher. Voll der Sprache von einst. Aber nicht nur in Büchern wurde das Wissen gesammelt – und ich übertreibe nicht, wenn ich sage, dass hier das Wissen von Jahrtausenden lagert. Auf kleinen Scheiben und Plättchen, die nicht größer als ein Fingernagel sind, haben sie ihre Gedanken festgehalten. Leider sind wir nicht in der Lage, dies sichtbar zu machen. Die, die vor uns in diesen Breiten lebten, gingen wohl irgendwann dazu über, mit solch platzsparenden Dingen zu arbeiten. Es hat für sie spezielle Lesegeräte gegeben. Manche sind erhalten. Aber in ihnen ist kein Leben. Aber vieles ist in Büchern zu betrachten. Wobei uns die alte Sprache viele Rätsel aufgibt. Wir versuchen, ihre Erzählungen zu entschlüsseln. Einige von uns können das ganz gut. Aber sie sind sich nicht immer ganz einig um die genaue Bedeutung dessen, was vor ihnen liegt. Ich glaube, ein wissbegieriges Wesen könnte sich damit viele hundert Jahre beschäftigen.«

Hasanja erklärte ihnen in Grundzügen, welche Arten von Büchern es gab und wo sie in der großen Halle zu finden waren. Belas schwirrte bald der Kopf. Die vielen Fragen, die sich in seinem Geist sammelten, kamen ihm immer schwerer über die Lippen. Bald begann er zu stottern, da sich die Sätze auf seiner Zunge verhedderten. Euryn blätterte in vielen schweren Bänden und kleinen Büchlein. Sie strich mit ihren Fingerkuppen über die Seiten, als könne sie so deren Inhalt erfassen. Beide waren beeindruckt von der unüberschaubaren Menge. Wie sich bald herausstellte, gab es ganze Regalwände, deren verstaubter Inhalt wahrscheinlich kaum einer Noore bekannt war. Hasanja erklärte ihnen, mit welchen Schriften sich die Hüterinnen auseinandersetzten.

Das Mittagessen kam für Belas einer Rettung gleich. Der Kaninchenrücken auf seinem Teller gab ihm das Gefühl, zurück im wirklichen Leben zu sein. Aber so fremd ihm diese Welt auch war, sie übte Faszination auf ihn aus. Lesen, Schreiben, Erinnerungen über Generationen zwischen Buchdeckel fesseln – es war einfach unglaublich, was er erlebte.

Als sein Bauch voll war, kehrten seine Gedanken wieder zu dem Leben außerhalb zurück.

Er schaute Hasanja fest in die Augen. »Euer Leben ist so anders. Es wirkt so mühelos.«

Er stockte einen Moment. Viele Tische in der Halle waren besetzt. Die Frauen um ihn herum wirkten unbeschwert. Er räusperte sich.

»Wenn es in den Schieferbergen zu einer Hungersnot kommt, könnt ihr doch nicht hier drinnen sitzen und über alten Schriften brüten, die kein Homide versteht.«

Es schien, als habe die Noore auf diese Frage gewartet. »Deine Gedanken sind nicht falsch. Wir sind mit den Homiden da draußen in einer Welt und doch wieder nicht. Das scheint fürchterlich ungerecht. Womöglich ist es das sogar. Vielleicht habe ich selbst einst so gedacht, als ich hierher kam, so wie du es jetzt tust. Die Nooren haben dazu übrigens unterschiedliche Ansichten. Eine ist: Dieses Privileg wurde uns gegeben. Also dürfen wir es nutzen. Andere sagen: Auch wir arbeiten hart für unser Brot. Jeder muss auf seine Weise leben. Und es gibt Nooren, die fordern, alles zu teilen. Wissen und Essen. Dabei ist eines klar: In diesem Berg ist nicht Platz für einen ganzen Homidenstamm. Und das, was wir hier tun, ist nicht jedermanns Sache.«

Sie beugte sich zu Belas vor: »Sei ehrlich. Denkst du, die da draußen könnten mit den Schätzen, die wir bewahren, umgehen? Die Geschichte hat es über Jahrtausende bewiesen: Die meisten wollen nur ihren Bauch vollschlagen. Was sie nicht verstehen, was über ihren Horizont hinausreicht, das zerstören sie am liebsten.

Uns wurde aufgetragen, all dies hier vor Verwüstung zu bewahren. Unsere Vorfahren bestimmten uns Nooren dazu, auf die Lebewesen in dieser Gegend der Welt zu achten. Wir haben gelernt, dies mit Demut zu tun. Das System funktionierte über Jahrhunderte. Aber leider ist nichts auf dieser Erde von Bestand. Außer der Veränderung. Es ist richtig: Die Homiden akzeptieren unseren Rat nicht mehr. Wir müssen uns auf eine neue Zeit einstellen. Deshalb, nur deshalb darfst du, Belas, heute überhaupt in dieser Bibliothek sitzen.«

Belas verzog den Mund. Er war nicht einverstanden.

Die Noore fuhr unbeirrt fort: »Seit Jahren wächst die Erkenntnis in unseren Reihen, dass sich die Dinge verändern. Wir haben es dennoch so lange wie möglich übersehen. Oder sagen wir besser: Diejenigen unter uns, die Verantwortung für die ganze Gemeinschaft der Nooren tragen, hatten beschlossen, so zu verfahren. Ludmila ist anders. Aber auch sehr jung. Ihre Ernennung zur Oberin schien zunächst eine Revolution. Es dauerte viele Monate, bis uns allen klar geworden ist, wie klug dieser Schachzug von jenen gewählt worden war, die Veränderung nicht unbedingt begrüßen. Sie haben jemanden gewählt, der noch nicht die Kraft haben kann, den entscheidenden Schritt zu gehen. Doch es geschieht in den letzten Jahren draußen zu viel, was unseren Jahrhunderte alten Traditionen entgegenläuft. Siras Fund etwa. Es war eine unserer wichtigsten Aufgaben, genau das zu verhindern, was ihr getan habt, Belas.«

Hasanja wollte nach der Mittagsmahlzeit mit ihren Gästen zurück in die Bibliothek. Doch sie führte Belas und Euryn nach dem Gespräch zunächst an einen Ort, der weit oben in dem verzweigten Tunnelsystem lag. Die drei hatten nicht nur viele Treppen zu steigen. Sie mussten bald über Leitern ihren Weg nach oben nehmen. Es war noch viel stiller in diesem Teil des Berges. Niemand begegnete ihnen. Und zuweilen war es sehr dunkel.

Am oberen Ende der letzten Treppe erwartete sie eine verriegelte Tür. Hasanja atmete schwer. »Wir sind selten hier und halten diesen Teil verschlossen, weil er auch von außen leichter zugänglich ist.« Sie zog schwere eiserne Riegel zurück. Die Tür knarrte.

»Wartet hier«, befahl sie Belas und Euryn. Ihre Schritte verklangen in der Dunkelheit. Es dauerte eine Weile, dann kam aus einiger Entfernung ein heller Strahl. Rasch kamen weitere hinzu. Hasanja rief ihnen zu, sie könnten jetzt eintreten. In kurzer Zeit war der Raum zum größten Teil ausgeleuchtet. Licht reflektierte von Platten, die schräg auf dem Boden standen.

»Ein ganz besonderes System«, erläuterte Hasanja, die aus einer dunklen Ecke auf sie zuging. »Wir sind jetzt knapp unter der Bergspitze. Ich habe einige Luken geöffnet, die nach draußen führen. Wir haben Glück: Es scheint die Sonne. Über verschiedene Spiegel leiten wir die Strahlen herein und beleuchten so den Raum. Er ist nicht an unsere Lichter weiter unten angeschlossen.«

Die Noore legte den Kopf in den Nacken und sah an die Decke des Raumes, die ähnlich wie die der Bibliothek wirkte, aber nicht deren Höhe und Ausbreitung hatte.

»Auf diesen Wänden ist in beeindruckenden Bildern das wichtigste Verbot dargestellt, das für unsere Gesellschaft gilt.«

Belas und Euryn sahen nach oben.

Hasanja erläuterte: »Die Wesen, die ihr über euch erkennt, sind unsere Vorfahren. Sie nannten sich selbst Menschen. Die Nordländer, die mit Handelsware unsere Flüsse bereisen, sehen ihnen ähnlich. Wenngleich sie nicht ihre Anmut haben. Die Menschen waren eine der klügsten Gattungen auf diesem Planeten. Göttern gleich. Vielleicht waren sie sogar Götter. Womöglich leben sie noch irgendwo auf dieser Welt, vor uns verborgen. Einige meiner Schwestern beschäftigen sich mit diesen Dingen. Wir wissen nicht alles über sie. Denn zwischen ihnen und uns liegt eine dunkle Zeit, eine Zeit des Vergessens. Es ist so vieles verloren gegangen. Selbst die Bibliothek, die einst in Teilen hier oben gewesen sein müsste, zeigt nur ein Bruchstück dessen, was einst auf der Welt an Wissen und Möglichkeiten angehäuft war.«

Belas und Euryn hatten die Köpfe in den Nacken gelegt und schauten hinauf. Sie fühlten sich wie Kinder, die an den Beinen ihrer Eltern kleben, weil die Welt um sie herum so unfassbar gewaltig scheint.

Schön geformte Gesichter und muskulöse Körper waren dort oben verewigt. An wenigen Stellen war das Gemälde beschädigt, fehlten kleinere Partien. Ihre Vorfahren hatten Haare auf dem Kopf und über den Augen. Ein bisschen Fell, wie bei Tieren, dachte Euryn verwundert. In drei Teile war das Deckengemälde untergliedert, auf denen einzelne Szenen zu sehen waren. Ein Bild zeigte zufriedene Ahnen, die auf einer Wiese unter Bäumen beisammen saßen und aßen. Daneben waren Menschen bei der Feldarbeit zu sehen und in verschiedenen anderen Situationen. Das zweite Bild zeigte große Maschinen und Wesen, die in schweren Anzügen schufteten.

Es waren aber auch Menschen daneben, die offensichtlich sorgenfrei in unbeschwerter Eintracht lebten. Sie saßen entspannt zusammen um Tische, die überladen mit Speisen und Getränken waren. Der dritte Teil des Deckengemäldes war in düsteren Farben gehalten. Während Arbeiter schwere Metalltüren zudrückten, starben andere in unmittelbarer Nähe offensichtlich einen grausamen Tod. Ein stämmiger Kerl wies auf eine offene Tür. Belas sah ein gelbes Fass, das ihn an die Erzählung Genars erinnerte. In einer benachbarten Szene metzelten sich Menschen gegenseitig ab. Die einen trugen Kreuze vor sich her, die anderen hatten einen Halbmond auf der Fahne.

»Was bedeuten diese Bilder?«, fragte Euryn.

»Sie wollen wohl zeigen, wie unsere Vorfahren zu verschiedenen Zeiten gelebt haben und auch gestorben sind. Und ihr erkennt die Tür, die unter die Erde führt. Diese Darstellungen bezieht sich gewiss auf das erste Gesetz des Allbios. In der Erde ruhen Dinge, an denen wir nicht rühren sollen. Vielleicht sind diese Fässer am Untergang unserer Vorfahren schuld. Es gibt leider viele widersprüchliche Aussagen zu jenen Zeiten. Das alles ist viele Jahrhunderte oder Jahrtausende her. Genau vermag das niemand mehr zu sagen. Wir studieren die alten Schriften, aber wir verstehen nicht alles.«

»*Man kann – es war einmal – ich dachte* – ihr wisst so viel. Aber wenn ich dir zuhöre, scheint das Wissen eher ein Glauben zu sein«, warf Belas mit mürrischem Blick ein.

Hasanja beeindrucke sein Verhalten nicht im Geringsten. Ihre Augen hatten den geheimnisvollen Glanz eines tiefen Sees. Undurchdringlich, unergründlich, anziehend und auf irgendeine Art auch gefährlich. Sie atmete tief durch.

»Das ist so eine Sache mit dem Wissen. Du hast das Gefühl, mit allem, was du lernst, ein Stück voranzukommen. Aber dann wirft neues Wissen nur neue Fragen auf. Das kann sehr niederschmetternd sein. Wir Nooren wissen sicher viel, aber doch viel zu wenig. Viel von dem, was früher einmal von Bedeutung war, ist verloren gegangen. Wir versuchen, Bruchstücke zusammenzusetzen. Aber das ganze Bild bleibt uns verborgen. Vielleicht hätten sie alles an diese Decke malen sollen.«

Hasanja richtete sich auf. »Lasst uns zurückgehen. Ich wollte euch noch einiges in der Bibliothek zeigen.«

*

In den folgenden Tagen verbrachten Belas und Euryn viel Zeit zwischen den Bücherwänden.

Es gab Abteilungen, in denen dicke Folianten gemalte Bilder zeigten. Die Homiden sahen eine Welt, die der ihren glich, aber dennoch nicht dieselbe war. Auch die Maler schienen ihre Welt mit unterschiedlichen Augen betrachtet zu haben. Hasanja zeigte ihnen lange Regale mit kleineren Büchern, die gänzlich ohne Bilder auskamen. Da die beiden Besucher die Schriftzeichen nicht kannten, waren sie auf Hasanjas Ausführungen angewiesen. Die Noore erläuterte, dass es Schriften gab, die sie im Großen und Ganzen entschlüsselt hatten. Aber auch so gab es noch viele Begrifflichkeiten, die ihnen fremd blieben. Weil es die Dinge nicht mehr gab oder niemand darum wusste. Der größte Teil der Buchwände schien jedoch noch älteren Tagen zu entspringen. Hasanja ging davon aus, darin vieles über das Leben der Vorfahren finden zu können. Sie glaubte, in jener Vorzeit müsse es eine Vielzahl an Sprachen gegeben haben. Die Schriftzeichen waren einander meist gleich, aber der Sinn der Kombinationen wich offensichtlich in vielen Fällen weit voneinander ab. Das machte das Entziffern so schwierig. Wieder andere Regale waren schwer beladen mit Werken, die so etwas wie Baupläne, wieder reich bebildert, darstellten. Seltsame Maschinen, hohe Gebäude, Abbildungen der seltsamsten Lebewesen fanden sie darin.

Ihre Vorfahren waren größer und in ihrem ganzen Gehabe prächtiger gewesen als die Homiden. Doch trotz all der Pracht wirkten sie keinesfalls alle erhaben. Belas und Euryn bogen sich vor Lachen, als Hasanja ihnen Bilder von Leuten zeigte, deren Gestus und Gesichtsausdruck ihnen, selbst über die Jahrhunderte hinweg, sehr wichtigtuerisch vorkam.

Belas Antipathie wich zunehmend Interesse. Er hatte Hefte entdeckt, in denen Bildreihen mit Sprechblasen Geschichten erzählten. Es war nicht so schlimm, die Sprache nicht lesen zu können. Alleine die Mimik der Gestalten half, dem Geschehen zu folgen. Euryn erhielt unterdessen Unterricht in der Schrift der Homiden, so wie sie die Nooren als einzige ihres Volkes benutzten. Sie lernte rasch. Mit jedem Schriftzeichen, das sie zu Papier bringen konnte, wurde sie selbstbewusster.

Hasanja kam regelmäßig zu ihnen, fragte sie nach ihrem Wohlergehen und war immer für ein offenes Gespräch zu haben. Belas ging mindestens einmal am Tag mit den Nooren ins Freie, die sich um die verborgenen Felder auf dem Berg kümmerten und auch Tiere hielten. Er genoss es, frische Luft zu atmen. Das ungewöhnlich eisige Winterwetter ließ kaum Arbeiten zu, aber den Nooren schien es nicht anders zu ergehen als Belas, sie wollten lieber draußen als drinnen sein.

Auch wenn Belas die üppigen Mahlzeiten immer wieder an den harten Gegensatz zum Leben in den Schieferbergen erinnerten, konnte er sich der offenen Art Hasanjas nicht entziehen. Er erzählte ihr alles, was er aus der Zeit mit Siras sagen konnte. Die Nooren wussten schon lange, dass die alten Gebote nicht mehr viele Anhänger unter den jungen Homiden hatten. Hasanja machte kein Geheimnis daraus: Die Mehrzahl im Berg mochte sich mit dieser Entwicklung schlichtweg nicht auseinandersetzen. Sie wollte ihr Leben im gewohnten Gang leben, über alten Schriften brühten und bestenfalls zu den Stunden der Wassermusik mit den Homiden der Schieferberge zu tun haben.

Hasanja zeigte Verständnis für die jungen Homiden. »Es musste wohl so kommen. Irgendwann würde jemand genau an einer Stelle vorbeilaufen, an der er besser nie vorbeigekommen wäre.«

Belas dachte an das Deckengemälde.

»Gut, die Erde ist offen. Vielleicht haben wir das ausgegraben, was jene Leute in dem verlassenen Saal an die Decke gemalt haben. Vielleicht haben wir aber auch nur einen alten Abfalleimer geöffnet.«

»Vielleicht beides in einem«, erwiderte die Noore.

*

Die Tage gingen ins Land. Euryn lernte, Belas vergrub sich in Bände mit Bildern und Bildgeschichten. Es war bei einem Mittagessen, dass Hasanja sie auf eine Versammlung am Abend vorbereitete.

»Wir müssen uns den Veränderungen stellen. Ludmila und die anderen Oberinnen haben sich mit dieser Frage auseinandergesetzt. Es ist an der Zeit, alle einzubeziehen. Vielleicht, Belas, kannst du über den Fund deiner Freunde berichten?«

Am Abend war Belas aufgeregt. Er saß schon früh mit Euryn in dem großen Gemeinschaftsraum. Nach und nach strömten Nooren in den Saal. Mittlerweile kannten fast alle Belas und Euryn. Viele grüßten sie freundlich. Sie setzten sich in weitem Kreis in zwei Reihen entlang der Wand. Rasch wurde es still. Belas war erstaunt. Er wusste um die große Zahl der Nooren. Aber jetzt saßen wohl über hundert in zwei weiten Ringen an der Erde. Die Älteren saßen auf weichen Kissen.

Ludmila ergriff das Wort.

»Ich grüße euch, meine Schwestern. Wir alle wissen, was in den Schieferbergen vor sich geht. Aber wie wir darauf reagieren wollen, steht in den Sternen. Vielleicht sollten wir alle gemeinsam diesen Berg verlassen und nach oben schauen?«

Sie lächelte und sah mit ihren warmen Augen in die Runde. Vereinzelt lachten Nooren über ihre Worte, andere saßen reglos. Ludmila wartete einen Moment, ehe sie mit einer weichen Stimme fortfuhr: »Es ist nicht notwendig, alle Diskussionen der vergangenen Jahre zu erwähnen. Aber unsere Gäste« – sie schaute zu Belas und Euryn, die ein gutes Stück entfernt von ihr Platz genommen hatten – »unsere Gäste sollen mit wenigen Worten erfahren, wie wir in die Situation gekommen sind, die wir heute erleben.

Seit Jahren reden wir mit vielen gelehrten Worten über einen Umstand, der uns viel mehr sorgen sollte, als er es tut: Wir haben nicht mehr die Macht, unseren Auftrag zu erfüllen. Seit Jahrhunderten sind die Nooren geistige Führerinnen ihrer Brüder und Schwestern in den Schieferbergen. Wir halten die alten Riten lebendig, sorgen dafür, dass die wenigen grundlegenden Regeln Beachtung finden. Leider zunehmend nur noch in unserem geschlossenen Kreis. Die da draußen wollen schon lange nicht mehr auf die Grundsätze des Allbios hören, die über alle Zeiten hinweg Gültigkeit haben sollten. Die Jungen vorneweg. Manche ältere Männer gleichermaßen. Die Frauen haben sich von uns abgewandt, da ihre Gefährten in der Grotte nur noch einen Ort der Vergnügung sehen. All diese Prozesse sind schleichend gekommen. Die Nooren haben – lange bevor ich in diesen Berg gekommen bin – darüber geredet. Und noch jetzt sind wir nicht eins in der Frage unseres Selbstverständnisses.

Wie die Homiden draußen erleben auch wir einen Kampf, wenn auch sehr still geführt. Manche von uns wollen sich dem Studium der Schriften verschreiben und alles andere vergessen. Manche wollen eingreifen in das, was vor unserer Tür geschieht. Ich bin mir bewusst, wie forsch die Worte aus einem solch jungen Mund wie dem meinen für manche von euch klingen mögen. Aber es ist an der Zeit, die Diplomatie zurückzulassen und Entscheidungen zu treffen.«

Ein Rumoren brach los. Eine graue und gebeugte Noore erhob ihre Stimme: »Deine Zunge ist in der Tat jung. Wir wählen mit Bedacht unter den Nooren unsere Oberste. Aber sie muss auch wissen, welche Verantwortung das mit sich bringt. Du solltest unseren Geist nicht in eine Richtung drängen, sondern unser Gespräch leiten.«

Ludmila hob den linken Arm und richtete sich kerzengerade auf: »Nur dies, um euch die Dringlichkeit bewusst zu machen. Es gibt Bestrebungen, den Händlern aus dem Norden die Fundstücke zum Kauf anzubieten. Bei allen Sorgen, die uns jene Gefäße auch so schon bereiten. Ein Handel damit dürfte wohl alles in den Schatten stellen.«

Es war mit einem Schlag still im Raum. Belas studierte die Gesichter rundum. Auch Euryn beobachtete ihre Umgebung aufmerksam. Ein beunruhigender Gedanke stieg in ihr auf. War sie selbst gefordert, in diese Diskussion einzugreifen? War das hier auch ihre Entscheidung?

Eine alte Noore erhob sich schwerfällig von ihrem Sitzkissen: »Einst waren wir mächtig. Jedes Wort, das aus der Grotte nach draußen drang, hatte Bestand. Ich kann mich an diese Zeit noch erinnern. Aber das ist schon lange vorbei. Wir müssen handeln. Wir müsse eingreifen, so gut uns das möglich ist.«

»Das ist nicht unsere Aufgabe«, warf eine andere, ebenfalls vom Alter gezeichnete Frau, ein. »Über all die Zeiten lag unsere Überzeugungskraft in unseren Worten. Alle anderen Fähigkeiten waren nur dazu da, uns selbst in größter Not zu schützen. Es steht uns nicht an, etwas zu verhindern, was dort draußen geschieht.«

Eine weitere pflichtete bei: »Und das hat nichts mit einem Verstecken hinter Büchern zu tun. Wir sind unseren Pflichten zu jeder Zeit nachgekommen. Wenn man uns nicht mehr hören will, ist das nicht unsere Schuld.«

Das Gespräch wurde lebhaft. Belas spürte, wie die vielen Worte ihn verwirrten. Es gab zu viele Meinungen hier unten.

Eine junge Noore sprang auf. »Wir haben gehandelt, als der junge Homide gejagt wurde und Belas und Euryn in Gefahr waren. Wir haben auch gehandelt mit der Entscheidung, dem jungen Belas mehr über unsere Lebensweise zu sagen als jedem männlichen Homiden vor ihm.«

Für und Wider wogten hin und her. Endlich, als Belas schon gar nicht mehr damit rechnete, hörte er seinen Namen. Euryn stieß ihm vorsorglich in die Rippen und sah ihn streng an. Ludmila hatte ihre Augen auf ihn gerichtet. »Belas, berichte doch bitte noch einmal für alle, was du über die unterirdische Kammer weißt und was von dort ans Tageslicht gebracht worden ist.«

Belas erzählte von den Streifzügen, die er und seine Freunde durch den Wald im Westen unternommen hatten. Zuerst klopfte ihm das Herz bis in den Hals, doch dann wurde seine Stimme sicherer. Von Zeit zu Zeit kam er vom Thema ab und verhedderte sich in seinen Gedanken. Dennoch zeigten sich die Nooren höflich und ließen ihn reden. Euryn nickte ihm aufmunternd zu, wenn er sie ansah. Ludmila hörte ihm besonders aufmerksam zu. Wo immer er ins Straucheln geriet, stellte sie klug und unaufdringlich eine Zwischenfrage oder fügte etwas hinzu, was sie von den Homiden in Erfahrung gebracht hatte. Das verschaffte Belas Luft, die richtigen Worte zu finden.

Das Licht an den Wänden verblasste, auf den Gesichtern spielten Schatten. Belas spürte wieder den Ärger auf die ehemaligen Freunde, oder besser auf ihren Anführer Siras. Immerhin, es machte ihm das Reden einfacher, selbst nicht mit dabei gewesen zu sein, als Siras und seine Kumpane auf die Fässer und die Glaskugeln gestoßen waren. Schließlich sagte er: »Falls es euch hilft, kann ich euch eine solche Kugel besorgen. Ich habe die, die Siras in jener Nacht zu uns brachte, vergraben.«

Waren zuvor die Meinungen schon weit auseinander, hatte Belas jetzt einen heftigen Schlagabtausch provoziert. Er war verblüfft. Die Zurückhaltung, mit der die Nooren bislang in seiner Gegenwart aufgetreten waren, war dahin. Ludmila hatte alle Hände voll zu tun, um die einzelnen Redebeiträge davor zu bewahren, in vielen hitzigen Wortgefechten unterzugehen.

Es war spät, als die Versammlung der Nooren zu einem Ende kam. Noch längst gab es keine Übereinstimmung. Aber dennoch einen Beschluss, der eine knappe Mehrheit gefunden hatte. Belas wurde gebeten, den Gegenstand in die Grotte zu bringen. Er sollte noch am gleichen Abend im Schatten der Dunkelheit losziehen. Euryn wollte mit ihm gehen. Aber das schlug er ihr energisch ab. Es sei zu gefährlich, fiel er ihr ins Wort. Zu zweit seien sie auffälliger.

»Du bist mehr für hier drinnen geschaffen. Das Leben da draußen ist meine Welt.«

Euryn drehte sich abrupt um und ging mit wehendem Gewand davon. Er hatte wohl nicht die richtigen Worte gefunden.

5. Perkil

Die schwere Tür fiel mit einem dumpfen Schlag ins Schloss. Die Luft roch würzig. Es war nicht mehr so kalt. Am Himmel zogen Wolkenfetzen entlang. Belas blieb eine kurze Weile im Schatten des Tores stehen. Argwöhnisch glitt sein Blick über die Schatten des Waldes, der ein paar Schritt entfernt auf ihn wartete. Ihm war, als glimme zwischen Bäumen und Sträuchern ein Licht auf. Hirngespinste, dachte er bei sich. Vielleicht war es ein Tier gewesen, das er aufgeschreckt hatte, vielleicht war der Eindruck, ein paar Augen zwischen den Büschen gesehen zu haben, nur eine Täuschung seiner Sinne. Er nahm nicht den schmalen Pfad hinab, der sich auf direktem Weg nach Süden zu den Hügeln und dem Fluss wand, sondern machte einen großen Umweg, um sich seiner alten Heimat von Westen her zu nähern.

Die Nooren hatten einiges in Erfahrung gebracht in den vergangenen Tagen. Rasinus hatte eine Führerschaft für sich beansprucht. Seltsam war es schon, dass sich die Homiden auf diesen Kerl einließen. Aber es war viel geschehen seit dem Sommer. Rasinus hatte seine Chance gewittert. Über vierzig Tote gab es zu beklagen. Die Meinungen, ob daran die eisige Kälte schuld war oder der Bruch der Regeln, gingen auseinander. Jedenfalls waren genug Bewohner geneigt, den Verleumdungen des Alten zu folgen. Rasinus hatte die Geschichte mit den Glaskugeln heruntergespielt. Mit ihnen, betonte er immer wieder, lasse sich Handel treiben. Auch wenn niemand wusste, welchen Nutzen sie haben könnten, war der Gedanke, die Händler aus dem Norden würden dafür die schönsten Dinge aus ihrem Warenbestand eintauschen, verlockend.

Die Nooren hatten ihre eigene Meinung dazu. Sie waren überzeugt, die Glaskugeln könnten jedem den Tod bringen, der sie besaß. Sie sprachen von einem unsichtbaren Gift, das auch Siras auf dem Gewissen habe. Sie hatten Belas eingeschärft, die Glaskugel nur mitzubringen, wenn sie gänzlich unversehrt sei. Andernfalls solle auch er sich sofort von ihr entfernen.

Hinter den Wolken kam ein abnehmender Mond zum Vorschein. Zweige knackten unter Belas Füßen. Er musste vorsichtig sein, wenn er sich den Schieferbergen näherte. Leider hatte er nicht viel über die Wahl des Platzes nachgedacht, als er die Glaskugel aus der Höhle fortgeschafft hatte. Er war zunächst Richtung Wald, dann hinunter zum Fluss gelaufen. Dort hatte er sie nahe am Wasser in eine Falle gesteckt, in die er noch nie ein Tier locken konnte.

Belas war ein guter Jäger, der sehr leise durchs Unterholz schleichen konnte. Wer ein Tier mit Pfeil und Bogen erlegen wollte, war auf diese Fähigkeit angewiesen. Jetzt hatte er ein scharfes Messer und eine Steinschleuder bei sich. Er fürchtete nicht, selbst Opfer von Raubtieren zu werden. Die Raschoar griffen Homiden eigentlich nur an, wenn sie schliefen. Sie wollten sichere Beute machen. In Acht nehmen musste man sich in den Nachtstunden höchstens vor großen Wildkatzen und Wölfen, die weiter im Osten lebten und nur dann auftauchten, wenn ihre Reviere zu wenig Nahrung boten. Der harte Winter allerdings konnte sie näher zu den Homiden locken.

Er verlangsamte seine Schritte und konzentrierte sich ganz und gar auf seine Umgebung. Das diffuse Licht der Nacht ließ ihn genug sehen. So stieg er lange den Bergrücken hinab und ging dann am Waldrand entlang auf den Langen Berg zu. Im fahlen Nachtlicht hob er sich schwach von der Landschaft ab. Er wollte die westliche Mutter umlaufen, hinab in Richtung Fluss, als ihm Lichter im Tal zwischen den Hügeln auffielen. Sie weckten seine Neugier. Es war schon sehr spät und keiner der Festtage, an denen sich die Homiden der drei Schieferberge zum Feiern trafen. Belas stand einen Augenblick unentschlossen auf halbem Weg zwischen Fluss und Hügeln. Dann lenkte er seine Füße dorthin, wo sie am liebsten nach wie vor geblieben wären. Zurück zu seiner Heimat.

Belas tastete sich abseits der Wege durch Unterholz und Gestrüpp ins Tal. Für die kurze Distanz schien er eine Ewigkeit zu benötigen. Endlich hörte er Stimmen auf dem Versammlungsplatz. Wenn er nahe genug heran wollte, um sie zu verstehen, ging er ein Risiko ein. Aber er schob den Gedanken, entdeckt zu werden, zur Seite.

Das ebene Rund war fast von allen Seiten durch niedrige Haselnusssträcher eingefasst. Aber um dorthin zu gelangen, musste er über eine freie Fläche, die keinerlei Schutz vor Blicken bot. Belas ging geduckt weiter. Von den Pfaden aus den Schieferbergen kam niemand mehr herab. Er musste mithin nur darauf achten, den Platz vor sich im Auge zu behalten.

Er versuchte, ruhig zu bleiben. Dennoch schlug sein Herz schnell. Er erinnerte sich gut an die verzerrten Gesichter, als sie Genar den Berg hinauf zu seiner Höhle gejagt hatten.

Die Wolken am Himmel waren ein unsicherer Verbündeter. Das lose Gestein unter seinen Füßen jederzeit zum Verrat bereit. Aber dieses Treffen – er machte immer mehr Gestalten aus – schien ihm doch bedeutsam genug, weiterzugehen. Er erreichte den Ring aus Sträuchern. Er duckte sich unter die Zweige, nah an den Boden. Da saßen sie alle, keinen Steinwurf weit entfernt auf dem runden Platz. Zuerst war es nur Stimmengewirr, das von der Versammlung zu ihm herüberdrang. Je ruhiger sein Herz wurde, umso mehr konnte er sich auf seine Ohren konzentrieren. Hinan, ein Homide im gleichen Alter wie Rasinus, sprach davon, dass eine neue Zeit angebrochen sei. Die Störenfriede wären vertrieben. Ein großes Geschenk zurückgeblieben. Eine Frau erhob ihre Stimme und mahnte die Regeln des Allbios an. Hinan ließ sie ausreden, stellte aber sogleich in Frage, was sie gesagt hatte. Warum, säte er Zweifel, sollten sie nicht den Versuch unternehmen, mit den Händlern ins Geschäft zu kommen? Denn die hätten schon öfter Andeutungen und Versprechungen gemacht zu unscheinbaren Fässern, die es in ihrer Gegend noch geben könnte, und deren Inhalt in anderen Breiten viel wert seien. Fässer, die sich die Homiden nur holen müssten, um weit bessere Tauschgeschäfte zu machen als mit ihren Kaninchenfellen, für die sie kaum etwas bekämen. Dieser Gedanke war offensichtlich schon vielen in der Runde gekommen. Es gab eine ganze Reihe bekräftigender Zwischenrufe.

»Die Nooren werden dies nicht dulden.«

Es war Schiryn, die den Mut hatte, gegen die Mehrheitsmeinung zu sprechen. Belas kannte sie gut, da sie für ihn und Euryn, wenn ihr der Sinn nach Gesellschaft stand, immer einen Becher Roohm übrig hatte bei allen Festen, die genau an dieser Stelle gefeiert wurden.

Rasinus ergriff das Wort. »Wo sind sie denn, die Hüterinnen und Beschützerinnen gerade derer, die doch gegen den Ritus handelten?«

Seine schnarrende Stimme, fand Belas, besaß viel mehr Gift, als in einer der Glaskugeln sein konnte.

»Die Übeltäter sitzen im Trocknen. Ist das denn der Weg, auf dem die Nooren das Recht verfolgen? Oder haben sie am Ende selbst ein Interesse, sich der Schätze zu bedienen? Niemand von uns weiß, was sie in ihren Kammern treiben. Wir sollten uns fragen, ob sie tatsächlich auf unserer Seite stehen.«

Hinan erhob seine Stimme wieder über die vielen Worte, die Rasinus Rede folgten. Er sprach plötzlich leiser. Belas konnte ihn nicht verstehen. Mit einem Mal wurde es jedoch still in der Versammlung. Hinan machte einigen Männern ein Zeichen. Er streckte den Arm in die Höhe. Zwei Finger der Hand zeigten nach oben, die anderen wiesen zur Innenfläche der Hand. Belas schreckte hoch. Er erkannte den stummen Hinweis. Die Beute war am rechten Ort.

Rasch zwängte er sich durch die Büsche, kaum darauf achtend, keine Geräusche zu verursachen. Dünne Zweige klatschten ihm ins

Gesicht. Er war gerade aus dem Schutz der Hecke hervorgetreten, da ertönte ein feiner Pfeifton. Wenn die Homiden gemeinsam auf Jagd gingen, hatten sie kleine Holzpfeifen dabei. Der Pfiff bedeutete Angriff. Wenige Schritte vor sich sah er einen kräftigen Kerl. Die Pfeife am Mund, tippte der in schnellem Wechsel auf die beiden Löcher. Belas saß in der Falle. Wie ein wilder Stier griff er mit gesenktem Kopf an. Er traf den Gegner mit der rechten Schulter in der Magengrube. Die Pfeife flog in hohem Bogen davon. Der Jäger ächzte, fasste aber im Stürzen mit seinen kräftigen Pranken nach Belas. Stimmengewirr und Pfeiftöne näherten sich. Belas rappelte sich auf, stürmte Richtung Sarou. Doch er kam nur wenige Spannen weit. Rüde stießen ihn kräftige Arme zu Boden.

Er wehrte sich nicht mehr, als ihn Hände packten. Ein Knie bohrte sich in seinen Rücken. Belas schrie vor Schmerz laut auf. Seine Rippen schienen jeden Moment zu brechen, alle Luft wurde ihm aus der Lunge herausgepresst. Im nächsten Moment wurde er nach oben gerissen. Die bringen mich um, dachte er und spürte sein Bewusstsein ins Innere des Körpers fliehen. Warmes Blut lief ihm in den Mund. Alles schien auf dem Kopf zu stehen. Es gab kein Oben und Unten mehr. Nur Schmerz.

Dann drang eine Stimme an seine Ohren. Eine schnarrende Stimme, die er überhaupt nicht hören wollte: Rasinus hatte sich vor ihm aufgebaut und grinste zufrieden.

»Belas, mein Nachbar. Wir haben dich erwartet. Schade, dass du deine Freundin nicht mitgebracht hast. Aber auch die wird kommen. Hast du dich aus dem Schoß der Nooren hervorgewagt, so wird sie es sicher auch tun, wenn du nicht wiederkehrst.«

Belas wollte etwas erwidern. Aber es war nur blutige Spucke, die aus seinem Mund quoll. Der Kopf sank ihm auf die Brust. Die beiden Kerle, Faflas und Gundar, die ihn wie ein Stück Holz zwischen sich in der Luft hielten, ließen ihn wieder Boden unter den Füßen spüren. Sie schleiften ihn zu seinem Heimatberg. Hinter sich hörte er Hinan wieder laut zu den Homiden auf dem Versammlungsplatz sprechen. Seine Stimme wurde rasch leiser. Immerhin, dachte Belas benommen, schlugen sie ihn nicht gleich tot.

Rasinus folgte ihnen. Er plapperte aufgeregt vor sich hin. Seine heimtückischen kleinen Augen glänzten. Sie schleppten Belas zu seiner eigenen Höhle. Der Schmerz in seinem Körper ließ auf dem Pfad, den sie nur langsam hinaufkamen, mehr und mehr nach. Er konnte wieder einigermaßen klar denken. Einige Homiden mit Fackeln in Händen warteten bereits. Es war keine große Überraschung, wer ihn da vor seiner eigenen Tür in Empfang nahm. Malias, Negris, Hosna und einige andere – allesamt Vertraute Rasinus´. Sie schauten grimmig. Ihre Gesichter waren vom unerwartet harten Winter gezeichnet.

Faflas und Gundar stießen ihn grob in den Eingang seiner Höhle und postierten sich davor. Der Rest der Gruppe trat ein. Nur ein junger Homide war unter ihnen: Siras kleiner Bruder Kinras. Er hatte tiefe Ringe unter den Augen und sah aus wie eine gerupfte Eule. Rasinus kam zuletzt.

»Belas – nun bist du also wieder bei uns. Hattest du schon genug von der Wassermusik? Wir gehen da auch nicht mehr hin.«

Er verzog spöttisch den Mund.

»Seit diese alten Weiber uns Genar aus den Händen gerissen haben, sind wir klüger. Die alten Hexen treiben ihr eigenes Spiel. Ist es nicht so?« Er sah auf Belas herab, der mit dem Rücken zur Wand am Boden kauerte und seinen schmerzenden Brustkorb hielt. Dann hob der Alte den Blick. Der stumme Beifall schmeichelte ihm sehr.

Die Rolle des Sprechers gefiel ihm ausgezeichnet. Er warf sich in die Brust und hob die dürren Arme. Alle Blicke waren fest auf ihn gerichtet. Im Schein der Fackeln sah Belas, dass die Höhle leergeräumt war. Rasinus entging das nicht. »Hättest du etwas mehr Verstand bewiesen, wärst du jetzt einer von uns. Aber du wolltest nicht auf mich hören, du hochnäsiges Stück Holz.«

Rasinus erging sich eine Weile in Schmähungen und Andeutungen. Erst als die anderen unruhig wurden, schien er sich dem eigentlichen Grund seiner Rede bewusst zu werden. Er wiederholte, was Belas zuvor schon belauscht hatte. Einige Homiden waren der Ansicht, mit den Glaskugeln ließen sich Geschäfte machen. Zwar war keinem klar, was ihren Wert ausmachte. Aber sie wussten von Gesprächen mit dem Handelsvolk, dass die vergrabenen Schätze der einstigen Herrscher der Welt durchaus von Interesse waren für die Leute aus dem Norden. Dann verblüffte Rasinus Belas.

»Erzähle uns mehr von dem unterirdischen Versteck«, forderte ihn der Alte auf. Dachte Rasinus etwa, Belas sei bis zum Schluss dabei gewesen? Hatte Siras, der doch öfter mit genau diesen Kerlen, die jetzt um ihn herumstanden wie Wölfe um ein Schaf, seine Geheimnisse so gut vor ihnen gehütet?

Belas überlegte fieberhaft, wie er sich verhalten sollte. Er war kein Taktiker. Aber jetzt die Wahrheit zu sagen, wäre dumm gewesen. Was immer seine Widersacher mit ihm vorhatten, er musste ihnen das Gefühl geben, nützlich zu sein.

»Warst du noch nicht dort?«, fragte er, um Zeit zu gewinnen.

Rasinus trat ihm gegen den Fuß. »Ich bin es, der hier die Fragen stellt. Du hast zu antworten. Wenn du diese Nacht überleben willst, solltest du dich nicht lange zieren.«

Kinras sah seinen Moment gekommen. »Er hat meinen Bruder auf dem Gewissen. Und meine Mutter auch. Warum lange mit ihm reden. Wir finden den geheimen Ort auch so.« Die Wut machte ihn hässlich.

»Deine Mutter?«, entfuhr es Belas.

»Sie ist tot wie so viele uns uns, seit dem letzten Neumond«, giftete ihn der Junge an.

»Das ist jetzt nicht von Belang«, schaltete sich Rasinus ein.

Belas begann umständlich von ihren Entdeckungstouren zu berichten, von einem Ort im Wald, viele Stunden entfernt, den sie mehr oder weniger durch Zufall gefunden hatten.

»Wo ist er genau?« Rasinus war die Ungeduld in Person.

»Ich muss euch hinführen. Ihr findet den Weg nicht alleine.«

Wenn sie die Route nicht kannten, hatten Siras und seine Gefährten es geschafft, keine verfolgbare Spur zu hinterlassen. Siras Argwohn rettete Belas fürs Erste den Hals. Er fachte ihr Interesse weiter an. Es gebe an jenem unterirdischen Ort Türen, hinter die noch niemand einen Blick geworfen habe. Für eine Expedition sollten sie gutes Werkzeug mitnehmen, da schwere Schlösser den Zutritt erschwerten. Belas traf den Geschmack der Umstehenden. Sie wirkten zufrieden und gewillt, ihren unfreiwilligen Gast bis auf weiteres pfleglich zu behandeln.

Belas atmete auf. Doch nur einen Augenblick.

Gundars Stimme drang in den Raum. Der Wachposten vor der Tür klang drohend.

»Was willst du hier? Wir haben nichts für dich.«

Die Homiden waren wahrlich keine Helden. Die fremde Stimme schreckte Rasinus und seine Gefolgschaft so sehr, dass sie fast geschlossen einige Schritte zurück in den dunklen Teil der Höhle machten.

Belas lauschte angestrengt. Bitte nicht Euryn, ging es ihm durch den Kopf. Er traute ihr zu, zur Not alleine zu kommen und es mit den Bewohnern der Schieferberge aufzunehmen.

Gundar kam herein und flüsterte Rasinus etwas ins Ohr.

»Was will der hier«, fuhr der Alte zornig hoch.

Die Antwort kam in Gestalt eines drahtigen Nordländers zur Höhle herein.

»Keine Umstände, mein Freund«, sprach der Fremde. »Ich will nur nicht, dass ihr eine Dummheit begeht.«

Er musterte Belas, während er zu den anderen sprach. Es war der Dialekt der Homiden, aber mit einem merkwürdigen Akzent gesprochen. Auch die Sprache der Nordländer war in den Schieferbergen bekannt, durch den Handel verstanden beide Seiten einander. Der Händler hatte einen kühlen Blick und eine auffallend schiefe Nase. Wie bei den Männern aus dem Norden üblich, hingen an beiden Ohren zierliche Metallringe. Auf dem Kopf wuchsen ihm Haare, kurz geschoren. Er trug Hosen und feste Stiefel, unter denen der Boden knirschte. Seine Jacke hatte große Knöpfe und Schleifen.

»Warum dringst du hier ein?«, fragte Rasinus, sichtlich um Fassung und ein festes Auftreten bemüht. »Noch sind wir nicht im Geschäft. Was willst du?«

»Den da«, antwortete der Mann und deutete mit dem Daumen der rechten Hand, die er in den Gürtel geschoben hatte, auf Belas.

»Der da ist aber nicht zu haben. Das ist keine Ware, verstehst du?« Rasinus wollte Selbstsicherheit ausstrahlen. Er wirkte dabei ziemlich jämmerlich. Die Händler waren den Homiden fast in allen Belangen überlegen. Groß, kräftig, gerissen. Niemand in den Schieferbergen hatte sich je mit einem angefreundet.

»Ich will diesen Knaben hier und bin sogar bereit, dafür ein paar schöne Dinge für euch Einfaltspinsel springen zu lassen. Ich habe Pfeilspitzen, Messer, Tonschalen, erlesene Gewürze und mehr auf meinem Boot. Ihr seht, ich meine es gut mit euch. Denn wer weiß schon, Rasinus, ob wir tatsächlich im Wald das Material finden, von dem du gesprochen hast. Weißt du, ich habe mir folgendes überlegt: Wir brauchen keine großen Umwege zu machen. Ihr seit kaum in der Lage, die Fässer in großer Zahl zu bergen, sofern sie unbeschädigt und von Nutzen sind. Und das Ganze ist gefährlich. Man sollte wissen, womit man es zu tun hat.«

Er lächelte nachsichtig, als spräche er zu törichten Kindern.

»Sagen wir doch einfach, ich übernehme an dieser Stelle und entlohne euch tapferen Homiden angemessen, wenn wir mit allem so weit sind.«

»Davon hat niemand gesprochen«, entgegnete Rasinus.

»Nein. Wir sprechen jetzt darüber. Und du solltest nicht so dumm sein, meinen Vorschlag abzulehnen.«

»Und was, wenn wir das doch tun?«

Der Händler legte den Kopf in den Nacken und lachte schallend.

»Du gefällst mir. Ein Handel ist doch tatsächlich nur dann etwas wert, wenn um den Gegenstand entsprechend gefeilscht wird.« Während er sprach, steckte er die Hand unter das Wams.

»Du willst wissen, was geschieht, wenn ihr euch weigert? Ich fürchte, die Antwort wird dir nicht gefallen.«

Der Nordländer hielt einen dunklen Gegenstand in der Hand. Er sah aus wie der Schaft eines Messers, allerdings ohne Klinge. Bedächtig drückte der Mann auf einen Knopf. Ein schmales bläuliches Licht schoss hervor.

»Vor dem hier«, er wies auf die kalte Flamme, »musst du dich sehr in Acht nehmen. Wir nutzen das nur in Notfällen. Eine Berührung damit, und dir gefriert das Blut in den Adern.« Er machte einen Schritt auf die Gruppe zu. Die Homiden stolperten rückwärts.

»Also. Macht euch auf den Heimweg und lasst mich mit dem Jungen alleine. Es ist spät. Ich bin müde. Ihr seid müde. Aus welchem Grund sollten wir uns unnötige Wortgefechte liefern?«

Wie zum Spaß ließ er mit einer kurzen Bewegung seinen leuchtenden Stab vor Rasinus kreisen. Das war zu viel. Rasch verschwanden die Helfershelfer aus der Höhle. Rasinus stand alleine da. Abwehrend hielt er die Hände vor den Körper und sagte unsicher: »Nun gut. Schau dir erst an, was wir dir anbieten. Über alles weitere sprechen wir später. Ich schicke dir morgen jemanden, der drei Dutzend Pfeilspitzen abholt als Preis für die Begleitung, die wir dir überlassen.«

Der Nordländer nickte und wies Rasinus den Weg hinaus. Faflas und Gundar standen immer noch am Eingang der Höhle. Der Händler musterte sie kurz. »Ihr könnt jetzt gehen, ich komme schon zurecht.«

Der Händler schüttelte amüsiert den Kopf. Er ging vor Belas in die Hocke.

»Witzige Gesellen sind das, nicht wahr?«

*

Das Plätschern der sanften Wellen an der Schiffswand und das beständige Schaukeln machten Belas schläfrig. Er lag auf Säcken mit Getreide im Bauch der Barke. Perkil, so stellte sich der Nordländer ihm mit seinem ewig spöttischen Gesichtsausdruck vor, hatte ihn unsanft hineingestoßen und, den Geräuschen nach zu urteilen, ein schweres Fass über den Ausgang geschoben. Allzu gesprächig war er nicht. Aber er nannte sich selbst großzügig Belas Retter.

Das Boot trieb eine Weile auf dem Fluss und legte an anderer Stelle wieder an. Perkil war vorsichtig genug, am gegenüberliegenden Ufer einen Liegeplatz zu wählen, den die Homiden nicht so schnell entdecken würden. Belas hörte ihn über sich eine kleine Melodie pfeifen. Dann schlief er ein.

*

Grelles Sonnenlicht weckte ihn auf, begleitet von einem Schwall kalter Luft.

»Hey Junge, aufwachen. Wir haben noch was vor heute.«

Perkil pfiff schon wieder. Er streckte seinen schmalen Kopf unter Deck. Belas zog die Knie an den Körper. Die große Hand des Nordländers griff ihn am Hemd und zog ihn auf die Füße. Das Boot schwankte leicht auf den Wellen. Perkil besah ihn sich eingehend, als prüfe er eine Ware auf ihre Qualität.

»Du siehst gar nicht so verblödet aus«, rief er und kniff Belas in die Wange. »Vielleicht kann ich mit dir noch was anfangen, nachdem du mir die Lagerhalle gezeigt hast.«

»Lagerhalle?« Belas sah Perkil verständnislos an.

Der lachte lange und schüttelte den Kopf. Er ging zum Kiel, wo er es sich für das Frühstück bequem gemacht hatte. Nachdem er wieder saß, winkte er Belas heran, der unschlüssig in der Luke stand. Das Frühstück war reichlich. Belas durfte so viel essen, wie er herunterbekam. Seine Rippen schmerzten und an beiden Armen hatte er Schürfwunden. Der Händler war sich seiner Sache offenbar sehr sicher. Er schloss die Augen, nachdem er satt war, das Gesicht der Sonne zugewandt. Einen kurzen Moment überlegte Belas, ob er sich über die Reling stürzen und fliehen sollte. Aber ein Gefühl sagte ihm, dass dies keine gute Idee war. Er traute dem Nordländer durchaus zu, hinter der Fassade der Schläfrigkeit hellwach zu sein.

Also wartete er ab, ließ sich sanft von den Wellen schaukeln und beobachtete das Ufer. Dort rührte sich in der Morgensonne nichts. Die Schieferberge konnte Belas nicht ausmachen. Der Nordländer hatte es vorgezogen, ein gutes Stück flussaufwärts vor Anker zu gehen. Hier waren die Bäume lichter und eine Gruppe Homiden wäre Perkil schnell aufgefallen.

Sein Boot hatte ein kleines Segel und eine seltsame Vorrichtung am Heck. Überhaupt sah Belas bei genauerem Hinschauen manch merkwürdigen Gegenstand. Er hatte immer gedacht, die Händler aus dem Norden würden ähnlich einfach leben wie die Homiden. Sie verkauften dies und das, aber doch keine Wunderdinge, von denen in den

Schieferbergen so gerne gesprochen wurde. Jene Dinge, die das große Volk von einst geschaffen haben sollte. Aber hier auf Perkils Boot lagen Gerätschaften verstreut aus Materialien, die seltsam eben und gleichmäßig waren. Neben dem Steuer entdeckte Belas etwas ganz Ungewöhnliches: Unter einer Scheibe pulsierten kleine Lichter. Zuerst dachte er, das Sonnenlicht breche sich auf der Oberfläche. Aber als eine Wolke vorüberzog, wurden die Linien und Punkte sogar noch besser sichtbar.

Nachdem Perkil die Augen wieder geöffnet hatte, lichtete er den Anker, kletterte nach hinten und berührte die Fläche, die Belas so in Bann gezogen hatte. Der Homide hörte ein Summen, dann begann das Wasser hinter dem Boot aufzuschäumen. Das Gefährt setzte sich in Bewegung. Belas wurde es mulmig. Das war wie Zauberei. Und dann hielten sie auch noch auf die Mitte der Sarou zu. Er konnte im seichten Wasser schwimmen, aber den Fluss hatte er nie in seinem Leben überquert. Er war tief genug zum Ertrinken. Nun schipperten sie hinaus. Belas Finger klammerten sich an die Reling. Perkil lächelte versonnen. Der Tag schien ihm zu gefallen. Es war etwas milder geworden, die Sonne wärmte die Haut.

»In welche Richtung müssen wir? Osten oder Westen?«

»Flussabwärts.« Belas wollte dem rohen Kerl eigentlich keine Antwort geben, aber er wusste, dass der Nordländer alles aus ihm herausprügeln würde, wenn er ihm nicht antwortete.

»Wie weit?«

»Wir müssen unterhalb der Schieferberge wieder an Land, damit ich den Weg finde.«

Perkil nickte. Sein schiefes Grinsen verschwand erst, als ein Singsang aus seiner Jacke ertönte. Er holte einen Knopf aus der Tasche und steckte ihn ins Ohr.

»Hey ay. Luskror, du bist es?« Der Nordländer drehte sich von Belas weg.

Es wurde immer seltsamer mit dem Fremden. Er unterhielt sich mit jemandem, der nicht an Bord war. Und dieses Boot war so ganz anders, als es sich Belas vorgestellt hatte.

Die Nordländer hatten immer den Eindruck erweckt, ähnlich einfach zu leben wie die Homiden. Aber all diese seltsamen Geräte passten überhaupt nicht dazu.

Perkil sprach leise, aber nicht leise genug. Belas verstand die Sprache der Händler nicht so gut wie manch anderer aus den Schieferbergen, aber doch so, dass er dem Fremden folgen konnte.

»Ja, ja. Ein Graukopf ... zeigt alles, verlass dich drauf.« Perkil schaute kurz zu Belas zurück. Sein zufriedener Gesichtsausdruck ließ den Homiden schaudern. Auch wenn er nicht alles verstand, so war ihm doch klar: Die Nordländer wollten sich holen, was sie brauchten, und dabei keine Rücksichten nehmen. Perkils Sätze waren Belas nicht ganz klar, aber er hörte die Worte »tot« und »vertreiben«. Ging es um ihn? Ging es um alle in den Schieferbergen? Diese Nordländer waren nicht nur größer und kräftiger, sie hatten offenbar auch ganz andere Möglichkeiten. Belas Herz schlug bis in den Hals.

Sie legten in einer kleinen Bucht an und gingen von Bord. Perkil fasste Belas fest an der Schulter.

»Nur damit wir uns richtig verstehen: Du machst hier keine Zicken, sonst wirst du es bereuen.«

Belas führte ihn zunächst westlich der Schieferberge nach Norden bis nahe an den Fels, in dessen Flanke er mit Euryn und Genar die Nacht nach ihrer Flucht verbracht hatte. Seine vage Hoffnung war, dass die Nooren ihn retten würden. Doch niemand zeigte sich.

Sie kamen auf den Weg, den die Gruppe um Siras seinerzeit genommen hatte, wenn sie sich in den Wald aufmachte. Belas musste sich immer wieder an Bäumen und Wasserstellen orientieren, da ihr Trampelpfad kaum zu erkennen war. Siras hatte erstaunlich gut dafür gesorgt, den kürzesten Weg zum Stollen unkenntlich zu halten.

Um die Mittagszeit machten sie auf einer Lichtung mit moosüberwachsenen Steinquadern Rast. Perkil hatte Belas einen schweren Rucksack mit Proviant aufgezwungen. Er hatte Brot und Fleisch, Wasser und einen tintenfarbenen Wein dabei, der sauer roch. Im Wald fühlte sich der Händler unsicher. Er hatte seine Waffe fast ständig in der Hand und ließ sie meist bedächtig zwischen den Fingern hin und herwandern. Belas ließ er keinen Augenblick aus den Augen.

Wind kam auf und strich durch die Büsche am Boden. Die Wipfel der Bäume wiegten leise hin und her. Ein Tier musste in ihrer Nähe sein, denn Belas hörte einen Zweig knacken. Obwohl … War es wirklich ein Tier? Belas sah kurz hoch. Perkil, an einem Stück Brot kauend, folgte seinem Blick, sagte aber nichts. Die Wahrnehmung des Händlers war schlecht in der fremden Umgebung. Belas hingegen konnte es fast spüren, wie sich jemand näherte. Er sah zum Himmel auf, um seine Aufregung zu verbergen.

»Was ist? Was schaust du?«, fragte Perkil.

Belas zuckte die Schultern.

Sein Begleiter musterte ihn, brummte unzufrieden und packte die Speisen zusammen. Er wollte weiter.

Der Pfad durch den Wald nahm viele Windungen. Perkil war unruhig. Ihm dauerte das Ganze mittlerweile entschieden zu lange. Immer wieder fragte er, wie weit es noch sei. Mehr und mehr mischten sich Drohungen in seine Worte. Belas war sich zuweilen selbst unsicher, ob sie dem Ziel näherkamen. Er war lange nicht mehr in diesem Teil des Waldes gewesen. Es bedurfte schon eines geübten Auges, im Gelände Stellen auszumachen, die Siras, Genar und Halou passiert hatten. Aber es gab sie.

Sie kamen ihrem Ziel näher. Doch inzwischen war sich Belas sicher: Sie waren nicht alleine. Jemand folgte ihnen zwischen den Felsbrocken, die sich in diesem Teil des Waldes zwischen hohen Buchen, Ahorn und Eichen türmten. Es war ein Homide, der ihnen auf den Fersen war. Perkil, mit den kleinwüchsigen Bewohnern der Gegend nicht vertraut, nahm dessen Anwesenheit nicht bewusst wahr. Belas dagegen hörte von Zeit zu Zeit Geräusche, wie sie kein Tier im Unterholz macht. Es musste ein junger Homide sein. Ein erfahrener Jäger hätte es Belas schwerer gemacht und seine Schritte bedachter gesetzt.

Ein Bach kreuzte ihren Weg, der zwischen moosüberwachsenem Gestein in scharfen Windungen dahinplätscherte. Das Gelände war unübersichtlich. Felsen lagen verstreut, als hätten Riesen Murmeln gespielt. Sie hatten jetzt einen Abhang neben sich, an dem sie ein Stück in nördlicher Richtung entlanglaufen mussten, ehe ein schmaler Pfad auf eine Ebene führte. Belas grübelte, ob Euryn sich an ihre Fersen geheftet haben könnte.

Er trottete vor dem Nordländer durch eine Engstelle, als er über sich Äste peitschen hörte. Ihr Verfolger griff an. Belas blieb abrupt stehen. Perkil, der dicht hinter ihm war, schaute nach oben und lief in seinen Gefangenen hinein. Er strauchelte und riss Belas im Fallen mit sich.

Belas kam rasch auf die Beine. Der Händler war einen Moment zu lange mit seiner Waffe beschäftigt. Doch noch ehe er das seltsame Ding zum Leuchten bringen konnte, stand eine Gestalt mit einem kurzen Knüppel über ihm. Kinras!

Als der Schlag auf Perkil herabsauste, hob der Nordländer beide Arme, um den Kopf zu schützen. Das Holz traf die Hand mit der Waffe. Der Mann schrie laut auf. Der dunkle Gegenstand fiel zur Erde. Belas hechtete über das Gestein und griff nach dem unscheinbaren Gerät. Als er sich wieder umdrehte, stand Perkil schon wieder auf den Beinen.

»Oh, ihr denkt, zwei magere Affen können es mit mir aufnehmen. Ja, ist es das? Dann wollen wir mal sehen.«

Kinras kauerte an der Erde und schlug mit dem Stock, um seinen Gegner fernzuhalten. Belas sah sich um. Er konnte nicht glauben, dass der junge Homide ganz alleine hinter ihnen hergeschlichen war. Aber da war niemand. Der Nordländer war zwar am Arm verletzt und hatte seine Waffe nicht mehr, aber er war groß und stark.

Belas drückte auf den Knopf, der seitlich in dem Knauf eingelassen war. Fast wäre ihm das Ding aus der Hand gefallen, als ein bläuliches Licht aus ihm herausschoss. Wie eine breite Klinge, aus Licht gemacht. Wie eine Klinge musste er es wohl benutzen. Belas machte einen Satz auf Perkil zu. Aus dem Augenwinkel sah der ihn kommen und wich seitlich aus.

»Tu das nicht«, zischte der Fremde.

Einen Moment lang zögerte Belas. Er wusste nicht, was die Waffe in seiner Hand auszurichten vermochte. Perkil grinste. Doch als er nach Belas Hand greifen wollte, traf ihn ein wuchtiger Hieb am Schienbein. War es das Holz oder der Knochen, der knirschte? Perkils Schrei jedenfalls war grauenvoll. Kinras rappelte sich mühsam auf. Er schaute nur kurz zu dem Mann am Boden, der mit schmerzverzerrtem Gesicht nach Luft rang. Dann wandte er sich Belas zu.

Belas war klar, was Siras kleiner Bruder wollte. Der Nordländer war ihm egal, er wollte Belas. Blanker Hass führte ihn. Ein kräftiger Wind fuhr durch die Bäume und ließ die Kronen der kahlen Bäume zittern. Belas schloss den Flammendolch und schoss zwischen den Felsen davon. Er wollte den Jungen nicht verletzen. Kinras lachte wie von Sinnen und nahm die Verfolgung auf. Zugleich hörte Belas die sich überschlagende Stimme des Nordländers: »Ihr miesen kleinen Grauköpfe. Ihr werdet dafür büßen. Wir kriegen euch. Ihr werdet betteln ...« – seine Worte wurden einen Moment lang undeutlich. Und dann hörte Belas nur noch dies: »Ihr werdet alle um euer Leben winseln.«

Belas floh, ohne darüber nachzudenken, in Richtung der verborgenen Lagerstätte.

Wie aufgeschreckte Rehe hetzten die beiden Homiden durch den lichten Wald. Zerschnitten die Vorhänge aus Licht, die zwischen den hohen Bäumen standen. Belas war zwei oder drei Jahre älter als sein Verfolger und von guter Ausdauer. Aber Kinras trieb der Wunsch nach Vergeltung vorwärts. Er ließ sich nicht abschütteln.

Die hohen Bäume standen nun in weiterem Abstand voneinander.

Niedrige Büsche tauchten vor ihm auf. Belas schlug einen Haken und lief an ihnen vorbei. Dahinter ging es steil bergab. Als er auf die Ebene unter sich blickte, wurde ihm klar, dass sie fast da waren. Er musste in nördliche Richtung, um den Pfad hinab zu finden. Er blieb einen Moment stehen. Seine Haut glänzte vor Schweiß. Kalter Wind aus der Ebene blies ihm ins Gesicht. Kinras brauchte keine Pause. Schwer atmend kam er näher.

»Bleib einfach, wo du bist. Du kommst mir nicht davon.«

»Kinras – hör auf mit dem Unsinn.«

Er verlor nur Zeit. Unter sich sah Belas den schmalen Weg, von kleinen Steinen übersäht. Er führte auf die Ebene. Eine Verfolgungsjagd war hier halsbrecherisch. Aber er wollte sich auf keinen Kampf mit dem Jungen einlassen.

Belas stürmte weiter, fand die Biegung, die ihn auf den Weg hinab brachte. Er rutschte aus und musste mit der linken Hand nach Halt suchen. Kleine Steine trafen ihn an den Waden. Kinras war hinter ihm. Und als er nahe genug herangekommen war, stürzte er sich, ohne auf die Gefahr zu achten, auf Belas. Er wollte ihn nach vorne umstoßen, doch das misslang. Einen kurzen Moment schwankten beide, dann kippte das Knäuel über die Kante.

Kinras ließ los und versuchte, wie Belas, nach Ästen von knorrigem Gebüsch zu greifen, das aus kleinen Vorsprüngen im Fels wuchs.

Belas bekam etwas zu fassen, klammerte sich fest. Sein Oberkörper kam in eine Drehbewegung. Er krachte gegen Fels. Ihm blieb die Luft weg. Schon wieder ein Schlag auf den Brustkorb. Seine Füße spürten Kies unter den Sohlen, während die Zweige über ihm unter dem Gewicht abbrachen. Belas überschlug sich und rollte einen Hang hinab. Mehrfach schlug er gegen Steine und Wurzelwerk.

Kinras traf es schlimmer. Er stürzte viele Längen ungebremst in die Tiefe, ehe ihm ein dicker Ast eines an die Felswand gestürzten Ahorns den Oberschenkel brach. Ohnmächtig blieb er im Geäst hängen, knapp über dem Boden. Er gab keinen Laut mehr von sich.

Belas drehte sich zu ihm um. Er sah die leblose Gestalt nur verschwommen. Ihm wurde mit einem Mal so schlecht, dass er sich übergeben musste. Was war mit Perkil? Wenn der ihn fand – auf allen Vieren robbte er noch ein Stück weiter. Er musste sich verstecken. Alles in ihm war Schmerz.

»Euryn«, er rief ihren Namen in sein Innerstes hinein. Er sah ihr schönes Gesicht vor sich, den vollen Mund, die Augen, wundervoll wie der Himmel. »Euryn!«

Ihre Hände wollten nach ihm greifen, ihn halten, den Schmerz in seiner Brust besänftigen. Er kroch noch ein Stück weiter. Wie ein verwundetes Tier suchte er nach einem Unterschlupf. Seine Arme gehorchten ihm nicht mehr, er fiel vornüber. »Euryn – das kann man in Buchstaben schreiben«, sagte eine Stimme in ihm. Aber der Klang des Wortes verhallte. Stahl sich davon und erlosch wie das Licht einer Kerze, die ein Windstoß erfasst.

*

Euryn fühlte einen dumpfen Schmerz im Nacken, genau an der Stelle, wo die Wirbelsäule in den Schädel eintritt. Sie schloss die Augen und zog die Schulterblätter hoch. Es war wie ein Schlag. Belas. Sie hatte das deutliche Gefühl, dass er in Gefahr schwebte.

Hasanja sah sie besorgt an. Um sie herum bewegten sich Nooren fast lautlos in der großen Bibliothek. Euryn war ihrem Unterricht an diesem Vormittag nur widerwillig und unkonzentriert gefolgt. Sie war eine fleißige Schülerin, aber jetzt war sie voller Unruhe. Nur mit Mühe hatten die Nooren sie davon abgehalten, schon am Morgen nach Belas zu suchen. Der Auftritt des Händlers aus dem Norden hatte für großes Gerede in den Schieferbergen gesorgt. Die Nooren wussten noch nicht genau, was geschehen war. Aber Belas Plan war gescheitert, er hätte längst zurück sein müssen.

»Du hast eine sehr enge Bindung zu deinem Bruder, habe ich Recht?«

Euryn brachte nur ein heiseres Ja heraus. Sie fasste sich am Hals und massierte die schmerzende Stelle. Hasanja legte die Hände ineinander. Unter den Hüterinnen des Allbios war noch keine Entscheidung gefallen, wie sie Belas helfen konnten. Aber Hasanja hatte sich entschieden.

»Wir werden nach ihm suchen«, sagte sie zu Euryn und fasste sie sanft an der Schulter. Euryn nickte. Etwas unsicher erhob sie sich von ihrem Stuhl.

Die Sonne ging schon auf den höchsten Punkt ihres Tageslaufs zu, als die beiden ungleichen Frauen – die eine alt, doch stolz und ehrfurchtgebietend, die andere jung und unsicher – ihren Marsch antraten. Sie waren in warme Mäntel gehüllt und trugen Rucksäcke mit sich. Hasanja hatte einen kurzen Stock dabei, mit dem sie gut umzugehen wusste, und stellte eine entbehrungsreiche Nacht im Freien in Aussicht. Euryn war es gleich. Sie hatte stumm genickt und war froh, jetzt an einem geheimen Ausgang zu stehen, der sie bereits nahe an den Rindenwald im Westen heranführte.

Euryn wollte losmarschieren, als die Tür hinter ihnen ins Schloss gefallen war und Hasanja das Efeu vor dem Zugang wieder zu einem natürlichen Gewirr geformt hatte. Aber die Alte blieb stehen und war abwesend, als horche sie in sich hinein.

»Was ist? Worauf wartest du?«, fragte Euryn ungeduldig.

Hasanja legte den Zeigefinger an den Mund. Sie verharrte still auf der Stelle. Euryn schaute sich um. Zu ihrer Linken sah sie die Silhouetten der Schieferberge. Zu ihrer Rechten breitete sich Wald über den Bergrücken aus. Geradeaus ging es auf jene Felswand zu, die ihnen mit Genar einen halbwegs geschützten Platz zum Schlafen beschert hatte. Euryn fürchtete, es könne Stunden dauern, bis sie in die Nähe des geheimen Ortes kommen würden. Denn nur dort, oder auf dem Weg dahin, konnte Belas jetzt sein. Sie hatte aus den Gesprächen zwischen Genar und Belas eine ungefähre Vorstellung gewonnen, welche Richtung einzuschlagen war. Mehr nicht. Sie hoffte auf Spuren und ihr Gefühl, das ihr Belas Nähe verriet, auch wenn sie ihn nicht sehen konnte. Aber Hasanja machte keinerlei Anstalten, aufzubrechen.

»Gedulde dich noch einen Moment«, sagte sie stattdessen, »wir bekommen noch Unterstützung.«

Euryn verstand kein Wort. Sollte noch eine Noore nachkommen? Warum hatten sie die dann nicht direkt mitgenommen? Die Alte hob den Blick und sah sie milde an.

»Wir bekommen überaus nützliche Hilfe und zudem vielleicht noch ein weiteres Mitglied in unserer Gesellschaft. Ich fürchte, wir werden viele brauchen in den kommenden Monaten, weil die Zeit der Zurückhaltung ein Ende gefunden hat.«

Hasanja räusperte sich. »Sie ist gleich bei uns.«

Euryn fiel es schwer, irgendetwas zu glauben. Sie mussten los. Die Ungeduld fraß an ihren Nerven. Belas war in Gefahr. Sie verloren unnötig Zeit. Ihr wurde kalt, auch wenn der Schnee in den vergangenen Tagen geschmolzen war. Die Luft war noch immer beißend. Doch dann ...! Euryn mochte es kaum glauben. Eine junge Homidin schlug sich durch die Büsche auf sie zu. Euryn erkannte ihre Herkunft an ihrem Gang. Sie hatte sie schon oft beobachtet. Schüchtern lächelnd stand sie vor ihnen: Lisyra, die große Schwester von Schira und Onys, allesamt Kinder von Rasinus.

»Hallo«, sagte Lisyra verlegen und neigte leicht den Kopf vor der Alten.

»Nun auf«, erwiderte die und schritt ohne ein weiteres Wort der Erklärung voran. Euryn lief hinterher. Lisyra zeigte ihnen, wo Belas und der Fremde am Morgen, vom Fluss her kommend, zuletzt gesehen worden waren. Rasinus Leute wagten sich zwar nicht, gegen den Nordländer vorzugehen, aber sie hatten ihn dennoch beobachtet.

Lisyra war schon seit einiger Zeit eine Verbindung zwischen Nooren und Homiden. Auch sie war eingeladen worden, bei den Nooren zu leben. Euryn gefiel dies im ersten Augenblick gar nicht. Lisyra war eine schöne junge Frau, etwas älter als Euryn. Beide verband eine Feinheit in den Zügen, die den Homiden üblicherweise nicht eigen war. Lisyra hatte nichts in ihrem Äußeren, das an ihren grobschlächtigen Vater erinnert hätte, stellte Euryn erleichtert fest. Ihr wurde klar, dass sie die Rasinus-Tochter völlig aus den Augen verloren hatte.

*

Die drei Frauen kamen zügig voran. Da der Boden nach dem Schmelzen des Schnees weich war, entdeckten sie zunächst viele Spuren, die ihnen den Weg wiesen. Schwieriger wurde es, als der Untergrund zwischen den hohen Buchen felsiger wurde. Aber je weniger Zeichen es auf Moos und Stein gab, desto stärker wurde Euryns Unruhe. Hasanja bemerkte es sofort und wies sie an, vorauszugehen. Sie solle sich von nichts als ihrem Gefühl leiten lassen. Ein kalter Wind blies durch die Zweige. Die Wintersonne stand schon weit im Westen. Zwei Findlinge tauchten vor ihnen auf, wie eine hohe Tür im Wald. Hasanja nahm als erste die Spuren des Kampfes wahr. Stofffetzen lagen am Boden. Jemand hatte sich davongeschleppt, anscheinend schwer verletzt.

»Belas ist nicht hier«, sagte Euryn knapp.

Hasanja stimmte zu. Trotz des langen Marsches zeigte sie keine Anzeichen von Müdigkeit. Sie wirkte konzentriert. Hinter den Felsen fanden sie auf matschigem Boden neue Fußabdrücke. Sie führten weiter nach Westen. Euryn erinnerte sich an einen schmalen Pfad, von dem Belas geredet hatte. Sie war den Tränen nahe. Die Dämmerung rückte näher. Was, wenn sie ihn nicht fanden? Was, wenn er tot zwischen den Bäumen lag?

»Beruhige dich, Euryn«. Hasanja stand dicht bei ihr. Der Saum ihres Mantels streifte Euryns Gesicht. »Du spürst ihn doch noch?« Sie nickte. »Dann ist er am Leben. Wir werden ihn finden. Ich habe Fackeln. Wir dürfen jetzt nicht verzagen.«

Lisyra schenkte ihr ein aufmunterndes Lächeln. Ihre Schritte wurden schneller. Sie erreichten den Abhang, von dem sie in die tiefergelegene Ebene sahen. Dort breiteten sich bereits Schatten und Kälte aus.

Hasanja berührte Euryn leicht am Arm.

»Spürst du ihn?«

Euryn nickte. Belas war fern und nah zugleich. Sie schloss die Augen. Er war ohnmächtig, aber nahe – so musste es sein. Hasanja schenkte ihr ein aufmunterndes Lächeln. »Da geht ein Weg hinunter. Sollen wir ihm folgen?«

Euryn lief los. Sie fand den Pfad und wenig weiter die Stelle, wo loses Geröll zusammengeschoben war. Jemand war dort ausgerutscht. Lisyra war direkt hinter ihr.

»Bei allen Göttern, da hängt jemand.«

Sie hielt die Hand vor den Mund und deutete hinab. Etwa fünfzehn Spannen unterhalb hing ein Homide leblos in einem schiefen Baum. Euryn fühlte, wie sich ihr ganzer Körper zusammenzog. Aber es war nicht Belas. Siras kleiner Bruder Kinras war es, der kopfüber in kahlem Geäst verfangen war.

Nur ein kleines Stück weiter entdeckten sie unterhalb des Weges Stofffetzen, die an einem Dornenbusch hingen. Hasanja entzündete die Fackeln.

»Such nicht nach Spuren. Das Tageslicht schwindet. Konzentriere dich. Er muss ganz in der Nähe sein.«

Der Pfad brachte sie langsam bergab. Sie kletterten über Geröll in die Ebene. Euryn fühlte Belas jetzt deutlich. Aber es fiel ihr schwer, sich auf ihr Inneres mehr als auf ihre Augen zu verlassen. Doch sie sah in der Dämmerung nur noch Schatten. Hasanja griff nach ihrer Hand.

»Du hast bei uns schon viel über dich gelernt. Wende es an. Konzentriere dich. Wir versuchen es zusammen.«

Euryn hörte das Blut in ihren Adern rauschen, hörte ihren Herzschlag, während sie langsam auf der Ebene zurückgingen in Kinras Richtung. Ein anderes Pochen mischte sich in ihre Wahrnehmung. Ein langsamer Rhythmus.

»Belas«, flüsterte Euryn. Hasanja drückte ihr fest die Hand. Sie lief los.

Er lag etwas abseits unter einem Busch, das Gesicht verborgen. An Händen und Beinen Schürfwunden. Ohne Bewusstsein, aber lebendig.

Er lebte! Euryn liefen Tränen über die Wangen.

*

Für Euryn war es der schlimmste Tag ihres Lebens. Die Angst um Belas hatte ihr viel Kraft geraubt. Der fremde Wald war unheimlich. Sie wusste auch, dass sie jetzt ganz nahe an dem Gelände waren, das von hohen Brombeerhecken überwuchert so lange sein Geheimnis bewahrt hatte. Sie wollte nicht an diesem Ort sein, aber sie konnten fürs Erste nicht weg.

Hasanja trug ein ätherisches Öl bei sich, das Belas zur Besinnung brachte. Er brauchte lange, bis er ansprechbar war. Hasanja fürchtete, er habe sich einige Rippen gebrochen oder zumindest stark geprellt. Dazu eine Gehirnerschütterung und einige blutige Wunden. Sie entschieden, an Ort und Stelle zu bleiben über Nacht. Hasanja breitete neben ihm ein Kraut aus und entzündete es.

Es war die gleiche Mischung, die Belas von der Wassermusik kannte. Der Schmerz wich bald einem aberwitzigen Gefühl von Zufriedenheit. Sie betteten ihn auf einer Decke. Er schlief sofort ein.

Kinras im letzten Tageslicht aus den Ästen der krüppeligen Eiche zu ziehen, in die er gestürzt war, kostete die Frauen viel Kraft. Sie beerdigten ihn unter einem Steinhaufen. Es war stockfinster, als sie sich schließlich mit losem Holz und alten Blättern einen kleinen Schutzraum schufen. Die drei Frauen schliefen im Sitzen rechts und links neben dem Verletzten.

Am nächsten Morgen bauten sie eine Trage, mit der sie Belas hinter sich herzogen. Sein rechter Knöchel war dick geschwollen. Jedes Mal, wenn die Trage über einen größeren Stein holperte, schien dessen Gewicht auf seine Brust zu drücken.

Der Himmel war strahlend blau. Die Temperatur stieg deutlich höher als noch am Tag zuvor. Es war eine Plackerei, Belas hinter sich herzuziehen, aber wenigstens war es halbwegs warm. Sie nahmen einen anderen Weg, um nicht den Homiden um Rasinus in die Arme zu laufen.

Dessen Tochter hatte sich also entschieden, bei den Nooren zu leben. Euryn tat sich schwer mit dem Gedanken. Aber Lisyras offenes Wesen besänftigte sie. Und hatten sie nicht beide das gleiche Schicksal? Sollte sie selbst bei den Nooren bleiben, gab es jetzt jemanden, der genauso neu und unerfahren war.

Sie erreichten den Noorenberg am Abend. Belas wurde versorgt und wegen der Schmerzen, die ihn plagten, mit Kräutern in Schlaf versetzt. Er brauchte einige Tage, bis er wieder bei Kräften war.

Hasanjas eigenmächtige Entscheidung, mit Euryn nach Belas zu suchen, blieb ohne Rüge. Lisyra bestätigte die Befürchtungen: Ihr Vater, für den sie nicht viele gute Worte übrig hatte, wollte Geschäfte machen mit den Fässern aus dem unterirdischen Stollen. Er hatte sich zu einer Art Führer derer aufgeschwungen, die von einem leichteren Leben träumten. Der harte Winter hatte schon einige Todesopfer gefordert. Rasinus verstand es, das für seine Zwecke zu nutzen. Er sprach von Öfen aus Metall, dank derer die Höhlen warm und trocken bleiben würden, von weichen Matratzen und vielem mehr, das die Männer aus dem Norden herunterbringen könnten, wenn die Homiden einen entsprechenden Gegenwert zu bieten hätten. Und dieser Wert lagere tief unter der Erde an jenem Ort, den Siras gefunden hatte. Die alten Verbote wischte er beiseite und bekam dafür Zustimmung.

Eine Art Aufbruchsstimmung erfasste die Homiden. Wer dagegen sprach, Einwände machte, an die alten Regeln oder gar an die Nooren erinnerte, wurde angefeindet. Kein männlicher Homide war in diesem Winter zur Wassermusik gepilgert. Der Kontakt zu den Hüterinnen war abgebrochen.

Rasinus wusste, wo seine älteste Tochter hingegangen war. Es erfüllte ihn mit Zorn. Er stieß Drohungen und Verwünschungen aus. Seine Frau schwieg. Wäre es nach ihm gegangen, hätten sie den Berg erstürmt und alle Nooren totgeschlagen.

*

Hasanja, Euryn und Lisyra brachten die Glaskugel ein paar Tage später unversehrt in den Berg. Belas hatte widerwillig preisgegeben, wo er den Gegenstand versteckt hatte. Halbherzig war sein Versuch ausgefallen, auf ein Mitkommen zu bestehen. Euryn hatte ihn mitleidig angelächelt. Er konnte kaum gehen und hielt sich auch im Sitzen oft den Brustkorb. Immerhin, er verbrachte viel Zeit in der Bibliothek, ließ sich aus verschiedenen Regalwänden Bücher bringen und war vertieft in seine Lektüre. Ihr Herz war froh, ihn so zu sehen, ihn wieder bei sich zu haben. Sie war in diesen Tagen bereit, ihm fast jede Dummheit nachzusehen.

Nun war die gläserne Kugel, so schwer, dass sie eine Frau alleine kaum heben konnte, im Berg. Sie hatten das Ding in die Bibliothek gebracht und mitten in den Raum gelegt. Die Nooren hielten gehörigen Abstand, als sie sich zur Besprechung trafen.

»Was wollt ihr nun damit?«, rief eine der Alten spöttisch, mit zuckenden Mundwinkeln. »Jetzt liegt es da und kann nur eines: Uns Unglück bringen.«

Die Neugierde habe sie getrieben, stimmte eine Zweite ein. Man versündige sich am Allbios und werde genauso leiden wie das Volk draußen in den Schieferbergen.

Zustimmendes Gemurmel unter den Alten.

Ludmila schaute den Gegenstand interessiert an. Sie wiegte den Kopf hin und her. »Schon möglich, dass auch ein Teil Neugierde uns antreibt. Aber die Regeln sind gebrochen. Wenn uns daran Schuld trifft, dann die, dass wir es nicht zu verhindern wussten.« Die Nooren müssten wissen, womit sie es zu tun haben, sprach sie unbeirrt weiter, während einige demonstrativ die Köpfe zusammensteckten und tuschelten. Die Regeln des Allbios seien verletzt, aber abgesehen von einem harten Winter könne sie bislang keine göttliche Strafe erkennen.

»Und was ist mit den Toten?«, rief eine Noore, die sich zwischen die Regale zurückgezogen hatte.

»Es sterben immer welche. Und wenn diese Dinge, die unter der Erde lagern, ein Gift enthalten, dann stammt das von denen, die vor uns gelebt haben und nicht von einer höheren Macht.«

Das war zu viel für die alten unter den Nooren. In ihrem Verständnis war der Allbios göttlichen Ursprungs. Dies anzuzweifeln, war ein lästerlicher Akt. Sie verließen den Saal.

Aber die jüngeren Frauen, und das war die deutliche Mehrheit, blieb in der Bibliothek, um Ludmila zu hören. Die Regeln stammten aus uralten Zeiten, erklärte sie, und sie hatten ihren Sinn. Aber das hatte nichts mit Furcht und Gehorsam zu tun, sondern mit Verständnis, das aber über die Generationen verloren gegangen sei.

Neben Ludmila saßen einige Frauen, die sich mit Religionen und dem verwirrenden Leben der Menschen, die einst das Land besiedelt hatten, beschäftigten. Viele Nooren sahen ihren Lebenssinn darin, Bereiche der Bibliothek zu durchforsten und Wissen aus den alten Schriften zu ziehen. Abgesehen von ganz praktischen Dingen wie dem Anbau von Gemüse und dem Umgang mit Heilpflanzen blieb ihre Beschäftigung aber ohne jeden weiteren Nutzen. Manche forschten viele Sommer und Winter, ohne sich darüber mit anderen auszutauschen. Jetzt berichteten die Frauen vor der Noorenversammlung.

Rania sprach über ihre Studien zu Religionen. Sie war aufgeregt, ihre Stimme überschlug sich mehrmals, ihre Gedanken nahmen verschlungene Bahnen. Aber die Frauen verstanden, dass es in vielen

Gesellschaften vor ihren Tagen schon Bücher gegeben hatte, die göttliche Lehren verbreiteten. Dabei gab es Aufforderungen und Mahnungen, so wie auch im Allbios. Dessen Verbote waren durchaus als Hilfestellung zu verstehen, schloss sie.

Elayna, eine betagte Noore, die sich nicht den Empörten anschließen wollte und viel über die Zeiten der Menschen geforscht hatte, erklärte, die gläserne Kugel berge in ihrem Inneren eine gefährliche Substanz. Ihre tiefe Stimme gab jedem Wort Gewicht: »Entweder hat sich Siras über ein Berühren oder über die Luft mit einer tödlichen Krankheit angesteckt. Wofür die Menschen diese Dinge gebraucht haben, weiß ich nicht. Die Menschen hatten so viele merkwürdige Techniken – niemand im Noorenberg vermag zu überblicken, was sie damit taten. Aber meiner Meinung nach gibt es einiges aus jener Zeit, das noch gefährlich sein kann. Es bleibt besser verschlossen.«

Es war still geworden über ihre Worte. Die Lichter in der großen Bibliothek leuchteten matt. Warum gab es trotz der alten Überlieferungen so viele Dinge, die keinen Sinn ergaben? Was war aus den Menschen geworden? Wie waren die Homiden in diesen Teil der Welt gekommen? So viele Fragen ...

»Ist es nicht seltsam, dass wir selbst unter der Erde wohnen?«, warf Lisyra ein und kicherte.

Ludmila nickte. Sie freute sich über den lebhaften Austausch. Ihr schien es, als seien die Nooren endlich aus einem langen tiefen Schlaf aufgewacht.

»In euch steckt viel Kraft, und bei allen Zerwürfnissen, die wir in diesen Tagen erleben, gibt mir das Hoffnung. Diese Glaskugeln und alles, was in Fässern noch tief unter der Erde im Rindenwald lagern mag, sollte dort bleiben. Der Allbios warnt uns. Wir müssen unsere Kräfte nutzen. Die Nordländer wollen die alten Stoffe haben und sind offenbar bereit, dafür jeden hier zu töten. Sollten wir sie ihnen einfach geben? Ich glaube nicht. Was aus dem Bauch der Erde geholt wird, könnte unsere Welt und uns vergiften. Erinnert Euch an Belas Worte. Nach allem, was wir wissen, lagern tief in der Erde Fässer, die fast auseinanderfallen. Zerstörte Glaskugeln. Nein, wir haben das Öffnen jener Stollen nicht verhindert. Aber wir müssen noch schlimmeres Unheil abwenden.«

In der Folge gab es viele Besprechungen. Ludmila gewann an Autorität. Von Lisyra wusste der Orden, dass Rasinus nicht nur mit dem Händler Perkil Kontakt aufgenommen hatte, sondern auch einigen anderen, die sich in der Nähe aufhielten, eine Nachricht übermitteln ließ. Wenigstens hatten die Nooren noch ein wenig Zeit. Wenn im Frühjahr die Flüsse viel Wasser aus den Bergen trugen, blieben die meisten Händler fern. Fürs Erste drohte von ihnen keine Gefahr.

Aber wie weiter? Sollten die Nooren den Zugang zu den Stollen im Rindenwald bewachen? Rasinus und seine Leute ließen sich vermutlich fernhalten. Aber die Nordländer?

In eine der Debatten platzte Belas hinein, nachdem von ihm zuvor kaum etwas zu sehen gewesen war. Während Euryn Sprache und Schrift lernte und mit ihrer Lehrerin auch zu Übungen verschwand, über die sie mit Belas nicht reden wollte, saß er an seinem Stammplatz in der Bibliothek und verschwand hinter Bücherstapeln. Elayna hatte es übernommen, sein Interesse am Leben der Menschen in die richtigen Bibliotheksgänge zu lenken. Sie staunte selbst, wie viele reich bebilderte Folianten es gab, die sie noch nie gesehen hatte. Mit einigen großen Büchern humpelte Belas nun in die Zusammenkunft.

»Ich möchte einen Vorschlag machen«, sagte er und verstummte sofort wieder. Umständlich legte er große Bildbände vor sich auf den Boden. Es war nicht einfach, sie ohne Schaden aufzuschlagen. Die Seiten waren brüchig, bei jeder Berührung drohten sie zu zerfallen. Belas hatte die erstaunlichsten Dinge kennengelernt. Menschen vor und in Blechkäfigen, vor und in riesigen Schiffen, vor Gebäuden, hoch wie die Wolken. Und immer lächelten sie.

Noch verblüffender waren für ihn Bildgeschichten von Menschen, die, eingepackt in dicke weiße Anzüge, Helme mit Sichtfenstern unter dem Arm, unerschütterlich lächelnd in riesige schwarz-weiße Flugmaschinen gestiegen waren. Maschinen, die hinaus in den Sternenhimmel schossen.

Elayna hatte ihm sogar Landkarten besorgt, die zeigten, wo solche Maschinen gestartet und gelandet waren. Und was Belas den Atem verschlug: Sie wusste aus Erzählungen und Schriften, dass es noch Orte geben könnte, weit entfernt, an denen die letzten jener Menschen mit all ihren wundersamen Geräten zu finden wären. Denn ihre Hochkultur habe sich hoch im Norden und wohl auch tief im Süden der Welt – getrennt durch einen breiten, schier unüberwindbaren Wüstengürtel – erhalten.

Ihre Worte, die sie im für die Nooren typischen beiläufigen Ton gesagt hatte, lösten einen Donnerhall in Belas aus. Danach wollte er alles wissen, was die Frauen ihm berichten konnten. Euryn hatte ihn skeptisch angeschaut, als er von seinen Entdeckungen und Überlegungen erzählte. Doch das alles ließ ihn nicht mehr los. Konnte er diese Maschinen finden? Gab es vielleicht noch jemanden, der sie zu bedienen verstand? Ließen sich in ihrem Bauch die gefährlichen Kugeln und Fässer an einen Ort bringen, den nicht einmal ein Nordländer erreichte? Denn so viel stand fest: Die Homiden konnten sich alleine nicht gegen die Männer aus dem Norden wehren. Und es gab niemanden in ihrer Nähe, den sie um Hilfe bitten konnten.

»Belas«, riss ihn Ludmila aus seinen Gedanken, »du wolltest uns etwas mitteilen?«

Belas zuckte zusammen. Er holte tief Luft.

»Ja. Ich, ich habe da eine Idee.« Er schlug Bilder in Büchern auf, legte Karten aus, wagte aber nicht, den Blick zu heben. Die Nooren sahen ihm schweigend zu.

»Also, ich habe einiges gelesen. Naja, ich habe mir vieles angeschaut, und Elayna hat für mich gelesen.« Er kratzte sich am Kopf und wies flüchtig auf das, was er vor sich ausgebreitet hatte.

»Wie gesagt, ich habe über vieles nachgedacht. Ihr macht euch Gedanken, was aus dem Zeug unter der Erde werden soll.« Er verstummte wieder.

Ludmila richtete sich auf. »Du hast eine Idee, die uns in unseren Überlegungen weiterhelfen könnte?«

»So ist es. Ist eigentlich ganz einfach. Seht her. Sie sind früher mit diesen Flugmaschinen nicht nur wie Vögel durch die Luft geflogen, sie haben unsere Welt verlassen, sind hinaus in die Schwärze. Viel weiter, als ich es mir vorzustellen vermag. Was wäre, wenn wir mit so einem Ding« – er zeigte auf die Abbildung zu seinen Füßen – »alles von hier fortschaffen würden?«

Einige Nooren kicherten, andere reckten die Hälse, um besser sehen zu können, was Belas ihnen zeigte.

»Wo stehen die eisernen Vögel?«

»Willst du sie bedienen?«

»Das sind doch Geschichten aus längst vergangenen Zeiten. All das ist zu Staub zerfallen oder so brüchig wie die Fässer unter der Erde.«

Die Nooren redeten durcheinander und bombardierten Belas mit Fragen, bis Ludmila eingriff und um Ruhe bat.

»Ein Homide kann gewiss nicht zu den Sternen fliegen. Aber wir sollten uns überlegen, inwieweit Belas Gedanken uns neue Möglichkeiten aufzeigen.«

»Aber – «, Lysira sah Belas zweifelnd an, »du glaubst, es gibt solche Maschinen noch? Das kann ich mir kaum vorstellen. Und diese Menschen – sie sollen noch irgendwo leben? Und gewillt sein, uns zu helfen? Das kann ich mir noch viel weniger vorstellen. Und dann – wie willst du überhaupt dort hinkommen?«

Lysira bestaunte die Karten der Welt, die sie noch nie gesehen hatte. In der einen Richtung trennte ein gewaltiges Meer die Landmassen, in der anderen war Land so weit, wie kein Homide in seinem Leben laufen konnte.

»Weit im Osten«, schaltete sich Elayna ein, »soll es noch schwebende Bahnen geben, die hundert Tagesmärsche an einem Vormittag fahren. Ich weiß nicht, ob es für uns möglich wäre, dieses Transportmittel zu nutzen - wenn es nicht im Strom der Zeit untergegangen ist. Aber sollte es möglich sein, dann ist auch der andere Kontinent zu erreichen. Denn tief im Osten berühren sich die Länder beinahe, und es gibt, den alten Karten nach, eine Verbindung.«

Belas hatte gelernt, dass Karten zu verschiedenen Zeiten anders aussahen. Die Erde, auf der sie lebten, war älter als alles, was sich ein Homide vorstellen konnte. Und sie veränderte sich wie die Wesen auf ihr. Ihr eigener Kontinent war geschrumpft, das Meer hatte sich flache Landstriche einverleibt. Jene Meeresenge im Osten dagegen war so schmal, dass einst eine Brücke in das ferne Land gebaut worden war. Vielleicht gab es sie noch, vielleicht ließen sich jene Menschen finden – falls sie noch lebten. Sicher, es war ein Strohhalm, aber Belas wusste nicht, wo sie sonst Hoffnung hernehmen sollten. Wenn es dort noch ein Volk gab, dann musste er dorthin und um Hilfe bitten. Er war sich nicht sicher, ob er das tatsächlich schaffen konnte. Doch ohne Hilfe hatten sie keine Chance gegen die Nordländer.

»Ich war auf dem Boot des Nordländers. Er hat dort merkwürdige Dinge und Waffen. Ich glaube, sie können viel mehr, als sie uns bislang offenbart haben. Perkil hat mit jemandem über ein Gerät gesprochen. Sie wollen sich nehmen, was sie hier suchen, und sie werden dafür auch töten. *Ihr werdet um euer Leben betteln*, hat mir Perkil im Rindenwald hinterhergeschrien, als ich vor ihm geflohen bin.«

Belas sah sich um. Ludmila sah ihn bekümmert an. »Der Allbios ist gebrochen. Wir müssen uns den Gefahren stellen, die sich vor uns abzeichnen.«

Die Nooren betrachteten eingehend, was Belas aus den Bibliotheksregalen gezogen hatte. Viele hatten noch nie die Abbildungen gesehen, die das Aufsteigen der Metallriesen in Dunst und Nebel zeigten. Die Landung eines solchen Luftgefährtes auf dem Langen Berg wäre sicher ein ungeheuerliches Ereignis gewesen. Doch glauben mochte daran niemand.

Dennoch kamen sie überein, dass Hilfe notwendig war. Und wenn Belas dies wollte, könnte er den Versuch wagen, den *Weltensprung* zu machen, wie einige das Unterfangen nannten.

*

Belas studierte eifrig Karten, Euryn lernte weiter die Noorenschrift und begann, Bücher zu lesen. Manchmal holte Ludmila sie in der Bibliothek ab. Wenn sie zurückkam, war sie blass und gereizt. Warum, das wollte sie Belas nicht sagen. Den Ärger darüber schluckte er hinunter.

Der Frühling kam, seine Verletzungen heilten. Die Nooren waren zu dem Schluss gekommen, sowohl Homiden als auch Händler so lange es ging daran zu hindern, zu den Glaskugeln und Fässern vorzudringen. Belas sollte so rasch wie möglich seine Reise antreten. Die Nordländer würden, wenn sie im Frühsommer kämen, kaum mit viel Gegenwehr rechnen und deshalb voraussichtlich in überschaubarer Zahl den Fluss hinauffahren. Die Nooren waren entschlossen, sie mit allen zur Verfügung stehenden Mitteln zu verjagen. Und sie hatten mehr Möglichkeiten, als auf den ersten Blick zu sehen war.

Belas führte Ludmila und eine Gruppe junger Nooren zu dem geheimen Ort tief im Rindenwald. Die Frauen richteten Beobachtungsposten und Quartiere ein, die täglich von anderen des Ordens besetzt wurden. Die Homiden ließen sie wissen, die Götter straften durch ihre Hand jeden, der sich zu tief in den Rindenwald vorwagte.

Belas genoss die Tage, an denen er draußen war und den Nooren beim Einrichten ihrer Unterstände half. Bald wurden auch die Nächte milder. Der Frühling kam und mit ihm die Singvögel. Belas fühlte sich stark wie lange nicht, er wollte aufbrechen. Euryn war zu einer Musterschülerin geworden. Mittlerweile hatte sie verschiedene Lehrerinnen für unterschiedliche Wissensbereiche.

Am Morgen seiner Abreise befiel Belas eine für ihn ungewöhnliche Melancholie. Euryn hatte ihm in der Früh als Morgengruß ins Ohr geflüstert, sie würde sich draußen von ihm verabschieden. Danach blieb sie unauffindbar. Ihn überkam mit voller Wucht die Trauer, nun endgültig von ihr Abschied zu nehmen. Aber er hatte es in den Wochen zuvor mehr und mehr begriffen: Sie war tatsächlich eine Noore. Er dagegen ein einfacher Homide. Immerhin – sollte er helfen können, so würde er auch seiner Schwester einen Dienst erweisen.

Als Ludmila, Hasanja, Lisyra und einige andere ihn vor das Tor geleiteten, durch das er im tiefen Winter zu ihnen gekommen war mit seiner Schwester, erwartete die ihn bereits mit gepacktem Rucksack auf dem Rücken. Belas wollte etwas sagen, aber Euryn war, wie so oft, schneller.

»Es ist alles geklärt. Ich komme mit. Die Karten kennst du wohl auswendig, aber einen Wegweiser könntest du nicht lesen.« Belas brummte wie ein Bär und senkte den Kopf. Niemand sollte merken, dass ihm ein Stein vom Herzen fiel.

Ludmila drückte beide an sich. »Ich hoffe, ihr kehrt heil zurück. – Und findet uns heil vor.«

Zu Euryn sagte sie: »Fürchte dich nicht vor deiner Stärke. Nutze sie, wenn du sie brauchst.« Sie gab ihr einen freundschaftlichen Klaps.

»Eins noch, Belas. Wenn ihr euch jetzt zur großen Donaou aufmacht, um den Weg in den Osten zu finden, werdet ihr fast unweigerlich den Tschirniden in die Arme laufen. Oder besser: Sie werden euch finden. Und das ist nicht von Nachteil. Habt keine Angst vor ihnen. Sie sind anders, als die Homiden denken. Womöglich wissen sie auch, wie ihr jenseits der großen Wasserstraße und des dunklen Meeres weiterreisen könnt. Wenn der Transit noch existiert, könnt ihr im Sommer bis zur offenen See vordringen. Frage die Tschirniden. Es heißt, sie reisen im Osten so schnell wie der Wind.« – Die Nooren nutzten selten den Namen *Tschirnaa*, wie es in den Schieferbergen üblich war, sondern sie sprachen von den *Tschirniden*, so wie es in manchen Schriften überliefert wurde.

Belas wagte ein zuversichtliches Lächeln.

»Ich habe in euren Büchern viele Möglichkeiten des Reisens kennengelernt. Wenn die Tschirniden uns helfen können, nehme ich das gerne an. Ich für meinen Teil habe keine Angst vor ihnen.«

Euryns Lippen wurden schmal. Belas grinste.

Die Vögel zwitscherten, als sie sich auf den Weg machten. Weit oben im blauen Himmel sah Belas einen Greifvogel. Die ausgebreiteten Schwingen betrachtete er mit ganz anderen Augen als noch im Herbst zuvor.

6. Salomosch

Die Tage vergingen rasch. Belas und Euryn legten große Entfernungen zurück auf einer alten Straße, die nördlich des Noorenberges von Westen nach Osten verlief. Sie war so breit, dass zwanzig Homiden nebeneinander hätten laufen können. Allerdings waren von ihrem einst ebenen Belag nur noch Inseln übrig. Dazwischen wuchsen in den aufgebrochenen Stellen krüppelige Bäume und Büsche.

Es gab viele solcher Straßen jenseits der Schieferberge. Doch die meisten waren kaum noch kenntlich, vom Wald längst wieder vereinnahmt. Auch Siedlungsreste lagen überall verstreut. Das Volk der Homiden kümmerte sich nicht darum, nutzte die alten Wege nicht und mied Plätze der vergangenen Kultur. So, als habe es Angst oder zumindest großes Unbehagen davor, sich an jenen Orten aufzuhalten, die an eine andere Zeit erinnerten. Die Homiden verließen selten ihre Heimat, begnügten sich mit dem Raum zwischen Fluss und Noorenberg und den lichteren Waldabschnitten im Osten und Westen. Belas und Euryn dagegen empfanden nach den Tagen im Noorenberg jetzt, auf dieser alten Straße unter ihren Füßen, die sie schneller vorankommen ließ, keine Furcht, sondern vielmehr Interesse.

Nur die Suche nach Nahrung oder einem Unterschlupf für die Nacht unterbrach ihre langen Märsche. Sie hofften, binnen zwanzig Tagen den großen Strom zu erreichen. Belas wollte dort ein Floß bauen und flussabwärts in etwa der gleichen Zeit bis zum Dunklen Meer vorstoßen. Die Tschirnaa durchstreiften diese Gegenden regelmäßig. Sollten sie die Nomaden nicht unterwegs treffen, mussten sie am Dunklen Meer auf eigene Faust nach der Stadt Misnigliou suchen. Denn von dort sollte – nach den Worten einiger kundiger Nooren – jenes Transportmittel durch die unvorstellbar weiten Lande des Ostens bis nach Kolkosk führen, so es denn noch zu benutzen war. Die Stadt lag einige Tagesmärsche südlich der alten Brücke, die in Belas Karten als gestrichelte Linie zwischen den Kontinenten eingezeichnet war. Auf der anderen Seite wiederum kam der schwierigste Teil: Es gab keine eindeutigen Beschreibungen, wo die Stadt der Menschen, oder die Städte, sein könnten.

Die Nooren waren sich nur darin einig, dass sie weit oben im Norden des Kontinents liegen müssten, also nicht weit von dort, wo Belas und Euryn anzukommen hofften. Sie sollten sich jenseits der großen Brücke wieder nach Süden bewegen und an einem breiten Fluss ins Landesinnere weitermarschieren.

Dort irgendwo, so hieß es, gab es früher eine der sagenumwobenen Städte. Doch noch waren diese Städte weit weg, und Euryn hatte schon genug Sorge wegen der kommenden Tage. Denn eigentlich war sie ganz und gar nicht begeistert von der Idee, auf das Bettelvolk zu stoßen. Belas lachte über ihre Furcht. Er setzte auf die Landeskenntnis der Tschirnaa. Sie konnten ihnen helfen, Misnigliou und jenes Transportmittel aus der alten Zeit zu finden. Es wurde nach den Worten der Nooren von den Völkern des Ostens seit Jahrhunderten in Stand gehalten, um zwischen den wenigen belebten Zentren des Nordens Handel zu treiben. Ansonsten, hatte Hasanja erklärt, gab es in jenem Teil der Welt nur Wald, Wasser und verheerende Stürme.

Euryn war überrascht, auf ihrer Wanderschaft ganz neue Seiten an Belas zu entdecken. Er hatte sich in einer Rolle einen Satz Landkarten mitgenommen und liebte es, die Regionen der Welt zu studieren. Er besprach mit ihr, wie wohl einst jene Menschen in ihren Maschinen auf den Straßen unterwegs gewesen waren und in wenigen Tagen von einem Meer zum anderen gefahren sein konnten. Er erging sich in den abenteuerlichsten Vorstellungen, was mit ihnen geschehen war. Am besten gefiel ihm die Theorie, sie seien alle zu den Sternen aufgebrochen, da ihnen das Leben in ihrer eigenen Welt schlicht zu langweilig geworden war.

Euryn brachte ihm bei, was sie über die Geschichte der vorangegangenen Jahrhunderte gelernt hatte. Einer Zeit, wie sie einräumen musste, die wenig Glanz verbreitete. Mehrere Epidemien hatten viele Opfer gefordert und die Zahl der Homiden deutlich verringert. Der Orden der Nooren hingegen war über die Jahre gewachsen und hatte sich mehr und mehr dem Bewahren alter Schriften zugewandt.

»Wie ist das denn nun mit den Nooren?«, fragte Belas unvermittelt, als sie am fünften Tag ihrer Reise durch einen dunklen Tannenwald marschierten, der nach Harz und Moos roch. »Wer bestimmt, dass du oder Rasinus Tochter dazugehören? Mir ist nicht klar, ob du nun – wie soll ich das ausdrücken – als richtige Noore durchgehst oder dir das Ganze nochmal überlegen kannst?« Sonnenstrahlen fielen durch die hohen Bäume auf sie herab, spielten auf ihrem Gesicht. Er erinnerte sich an unbeschwerte Tage, da sie vor ihrer Höhle saß und Laafs kochte. Er hätte einiges um einen guten Laafs gegeben.

Euryn überlegte einen Moment.

»Lass uns hier kurz verschnaufen«, bat sie und zeigte auf einen Stein etwas abseits der Straße, der in einer Insel von Licht lag und gut als Bank dienen konnte. »Es ist schön hier. Könntest du dir vorstellen, hier zu leben?«

»Das beantwortet meine Frage nicht«, entgegnete Belas verdrießlich.

»Ein bisschen schon.«

Er sah sie an. Laafs – der Geruch lag ihm in der Nase. Das alles lag weit hinter ihnen.

»Was bist du? Bist du noch ein Homide?« Sie sah ihn herausfordernd an. Ihre Finger nestelten an dem Rucksack, in dem sich getrocknetes Obst befand.

»Ich bin ein Homide und werde immer einer bleiben«, sagte Belas und nahm einen getrockneten Apfelring zwischen die Finger. »Aber ich werde nicht mehr so leben können, wie ich es noch im vergangenen Jahr getan habe.«

»Würdest du es noch wollen?«

»He, ich habe dich etwas gefragt. Und jetzt stellst du die Fragen. Winde dich nicht heraus. Ich bin nicht so dumm, wie du denkst.«

Euryn lachte. »Du bist der Sohn eines Digdo. Das sagt doch schon alles.«

Belas versetzte ihr einen kurzen Schlag gegen den Kopf. Sie versuchte es ihm gleich zu tun, aber er war schneller. Er fasste sie an beiden Handgelenken. »Lass das«, stieß sie hervor, während sie sich zusammenzog wie ein Igel. Belas Arme streiften ihre Brust. Sie war viel weicher und voller geworden über den Winter. Was folgte, war Schmerz. Denn Euryn ließ sich jäh von dem Stein, auf dem sie saß, auf die Knie fallen und drückte dabei den Rücken durch. Belas war darauf nicht vorbereitet. Halb über sie gebeugt verlor er das Gleichgewicht und machte eine Rolle über seine Schwester hinweg. Er schlug auf dem Waldboden auf. Einige Steinchen bohrten sich in seinen Rücken. Er stöhnte auf, rollte seitlich ab und blieb auf dem Bauch liegen. Euryn sprang auf die Füße und stellte einen Fuß auf seine Schulter. »Ha, dieser dumme Hase ist erlegt.« Sie sah sich um, als könnten die Tannen applaudieren.

Belas hob den Kopf. »Würdest du deinen Fuß von mir nehmen und meine Frage beantworten?«

Sie setzte sich neben ihn auf die feuchte Erde, während er sich ächzend aufrappelte.

»Wenn das so einfach wäre. Eine Noore bin ich wohl. Weil ich ich bin. Ich muss es also nicht erst werden, wenn du verstehst, was ich meine.« Mit einer Hand wischte sie den Waldboden sauber und begann, mit dem Zeigefinger Schriftzeichen auf die Erde zu malen. »Wenn ich dem Orden angehören möchte, muss ich mich dafür entscheiden. Und der Orden muss mich aufnehmen. Dafür gibt es eine

Zeremonie, falls es das ist, was dich interessiert. Bislang ist das nicht geschehen. Wäre ich nicht mit dir aufgebrochen, wäre ich wohl heute schon eine der Nooren, so wie du das meinst. Aber es ist alles in Bewegung geraten. Die Homiden setzen sich über die alten Regeln hinweg. Die Nooren verlassen ihre Schriften. Die Händler aus dem Norden sind auf uns aufmerksam geworden. Was bedeutet es also, eine Noore zu sein? Wird es die Nooren als Hüterinnen des Allbios noch geben, wenn wir zurückkehren?«

Belas zuckte die Schultern, während er auf dem trockenen Obst kaute.

Die Versammlung und der Streit unter den Nooren hatte beiden gezeigt, wie uneins die Frauen untereinander waren. Ludmila hatte ihnen von den Eitelkeiten erzählt, die zuweilen wichtiger waren als die Weitergabe von Wissen. Von der Missgunst, die dazu führte, dass besonders wichtige Themen gewissen Zirkeln vorbehalten blieben. Belas erinnerte sich ihrer Worte: »Es liegt gewiss viele Nooren-Generationen zurück, aber es gab eine Zeit, da wir viel mehr von unseren Vorfahren wussten und den Zusammenhängen, die die Welt vor der Zeit der Homiden verändert haben. Auf manchem Sterbebett ist ein Stück davon für immer verschwunden.« Offen waren Ludmilas Worte gewesen. Und kämpferisch ihre Haltung, als sie in den Ereignissen den Anbruch einer neuen Zeit sah. Sie hatte Belas und Euryn dabei betrachtet, als wären gerade diese beiden Homiden der Schlüssel dazu.

Was bedeutete es, eine Noore zu sein? Euryn wischte die Fläche vor sich frei und begann erneut, Zeichen aufzumalen.

»Schau: Da steht Belas und Euryn. Wie gefällt dir das?«

Belas kniete sich neben sie und fuhr die Linien behutsam mehrere Male nach.

»Ich werde mir das merken. Belas und Euryn.« Er malte die Zeichen etwas unbeholfen auf die Rückseite einer Karte.

Sie blieben noch eine ganze Weile an dem Ort, aßen, redeten, genossen die Sonne und beobachteten ein Eichhörnchen, das geschäftig über die schlanken Stämme und Äste kletterte. Die Landschaft hatte sich seit ihrem Aufbruch deutlich verändert. Der Laubwald war mehr und mehr dunklerem Nadelwald gewichen. Die Luft roch anders als zuhause. Die Straßendecke war vielerorts gar nicht mehr zu erkennen. Nur der ebene Boden verriet noch die Richtung. Als die Sonne hoch am Himmel stand, lag ihr Rastplatz gänzlich im Schatten. So machten sie sich, nachdem sie ihre Wasserschläuche in einem Bach gefüllt hatten, wieder auf den Weg.

*

Das Wetter hielt sich für die Jahreszeit erstaunlich gut. Sieben Tage waren sie ohne Regen unterwegs. Die Tage waren warm, die Nächte mild. Das bislang recht ebene Gelände wurde zunehmend bergiger. Belas war in Hochstimmung. Sie näherten sich dem Quellgebiet der Donaou. Ab der Stelle, wo sie schiffbar wurde, würden sie ein Floß bauen und damit wesentlich schneller vorankommen als zu Fuß. Er machte sich allerlei Gedanken über das Befahren eines Flusses, als Euryn plötzlich stehenblieb.

»Was ist denn?« Er schaute vor sich. »Bei allen Göttern – «

Vor ihnen spannte sich eine Brücke über ein tief eingeschnittenes Tal. Zu ihren Füßen und auf den ersten Schritten war der steinerne Boden der Straße erstaunlich gut erhalten. Aber je weiter die Brücke über das Tal hinausragte, desto brüchiger wirkte sie. Weit draußen wuchsen an ihren Rändern Büsche und Sträucher, deren Wurzeln seitlich in der Luft hingen, so als schwebten die Pflanzen. Ob der Übergang dort noch möglich war, konnten Belas und Euryn wegen der Wölbung des Bauwerks nicht ausmachen. Sie wagten sich ein Stück hinaus auf die Brücke, immer entlang an der rostzerfressenen Balustrade.

»Wie viele Spannen sind das wohl bis hinüber?«

Euryn kniff die Augen zusammen. Bis auf die andere Seite war es sehr, sehr weit. Aber nicht nur das. Vor ihr tat sich ein Loch im Boden auf, groß genug, dass beide nebeneinander in die Tiefe stürzen konnten. Sie betrachtete beunruhigt verbogene Drahtgeflechte, die aus dem tragenden Boden hinabhingen.

»Wie viele Spannen sind das da hinunter bis zu dem kleinen Bach?« Belas zeigte in die Tiefe. Er hielt gehörigen Abstand zu der Kante, an der es schon so steil hinabging, dass ein Sturz seinen Körper zerschmettert hätte.

»Wenn dieses Ding unter uns zusammenbricht, wirst du sie nicht mehr zählen brauchen.« Euryn schenkte ihm ein vages Lächeln. Sie machte noch ein paar zögerliche Schritte hinaus. Der Gedanke, hoch über der Erde auf einem zerfressenen Pfad zu wandeln, machte ihr Angst. Aber sich irgendwie hinunter ins Tal zu quälen und auf der gegenüberliegenden Seite wieder hinauf, war fast unmöglich. Eine merkwürdige Empfindung durchfloss sie, eine unbestimmte Angst. – Warum nicht einfach einen anderen Weg suchen?

Sie hatte nie zuvor eine steinerne Brücke gesehen. Belas erinnerte sie an die seltsamen Metallkäfige, in welche die Menschen so gerne gestiegen waren. »Na klar«, sagte er, »wenn du in so einer Hülle sitzt, macht dir das nichts aus. Die waren bestimmt schneller auf der anderen Seite, als du die Augen einmal auf und wieder zu gemacht hast.« Belas sah über ein Stück Brückengeländer in die Tiefe.

»Wir können auch einen Weg hinab suchen ins Tal. Zwingt uns doch keiner, auf dem Rücken dieses Kadavers zu balancieren«, schlug er vor. Beide waren sie mit jedem Schritt weiter hinaus langsamer geworden. Sie konnten erkennen, dass der Boden an vielen Stellen herausgebrochen war. Belas Magen drehte sich bei der Vorstellung, an den Bruchkanten tief hinab auf die Bäume und Felsen zu schauen. Der Gedanke ans Fliegen, der ihn so begeistert hatte, verlor mit einem Schlag seine Faszination.

Euryn antwortete nicht. Sie tastete sich noch immer langsam vorwärts. Etwas sagte ihr, sie müsse diesen Weg prüfen. Es war ein undeutlicher Impuls. Aber er ließ sie noch ein Stück weiter gehen. Sie wollte sich rasch vergewissern, ob dieses Bauwerk sie tragen würde.

Nach einem Viertel der Strecke spürte Belas, wie sich der Boden unter ihm bewegte. »Euryn!« Er riss die Augen auf, hielt die Arme seitlich vom Körper gespreizt, als könne er sich abfangen, wenn die Masse aus Stein und Metall in die Tiefe stürzte.

»Das ist nicht schlimm«, entgegnete sie, mit klopfendem Herzen einige Schritte weiter vorne die ersten brüchigen Stellen passierend. »Die Brücke schwingt nur leicht hin und her. Ich kann dicke Streben sehen, die sie zusammenhalten. Die sehen gut aus.«

»Na dann.«

Er holte tief Luft. Von hier oben war der Blick frei bis weit ins Tal hinein, das unter einem Himmel lag, an dem Schleierwolken und tiefes Blau einen wunderschönen Kontrast bildeten. Dunkler Wald wuchs, so weit das Auge schauen konnte. In der Ferne schien sich die Trennung zwischen Himmel und Erde aufzuheben.

»Also gut, dann weiter«, dachte er. Aber seine Knie waren weich. Euryn wartete auf ihn. Sie war genauso aschfahl im Gesicht wie er.

Nur ein wenig vor ihnen fehlte eine große Steinplatte und gab den Blick frei in eine schwindelerregende Tiefe. Wind pfiff ihnen um die Ohren und bauschte ihre Beinkleider und Umhänge.

»Das Ding hier fällt doch auseinander«, sagte Belas. »Mir ist das nicht geheuer. Lass uns umkehren.«

Er drehte sich um. Euryn hörte ihr Herz plötzlich alarmierend heftig klopfen. Es war nicht der Zustand der Brücke, der sie in Panik versetzte. Da war etwas anderes, das nicht stimmte. Ihr Kopf schmerzte.

Eine plötzliche Übelkeit. Eine Warnung. Ihre Sinne schickten ihr eine Warnung. Sie fasste nach seinem Arm. Schon im Umdrehen nahm sie eine Bewegung wahr am Waldrand. »Was ist dort?«, flüsterte sie.

Belas stand starr. »Raschoar«, flüsterte er zurück. »Es sind viele.«

Seine rechte Hand griff unter die Jacke. Er hatte Perkils Waffe seit ihrer Begegnung immer an seinem Körper getragen. Fast wie einen Talisman hütete er das Ding. Er wusste nicht einmal, was genau es ausrichten konnte.

Ungefähr ein Dutzend der pelzigen Kreaturen kam geduckt auf die Brücke. Sie bewegten die Köpfe sacht hin und her und entblößten die Vorderzähne. So als würden sie lächeln. Die Nager, groß wie fette Katzen, jagten im Rudel. Am liebsten in den Nachtstunden, aber zuweilen auch am Tag, wenn sie entweder ihrer Sache sehr sicher oder sehr hungrig waren. Wen sie überraschten, der hatte kaum eine Chance zur Gegenwehr. Dreißig oder vierzig Spannen lagen zwischen den beiden Homiden und den Raschoar. Euryn zog ihren Gefährten weiter auf die Brücke hinaus. Fast ohne dass er es merkte, passierten sie ein Loch im Boden. Die Angreifer verringerten den Abstand zu ihrer Beute.

»Belas!« Euryn zeigte auf einen Bogen aus Stahl. Er schwang sich vom Rand der Schlucht bis unter die Mitte der Brücke und verlieh ihr Stabilität. Mehrere Raschoar huschten behänd aus der Tiefe an diesem Bogen empor. Sie würden Belas und Euryn überholen und den Weg auf die andere Seite abschneiden.

»Lauf«, schrie Euryn. Sie zog an seiner Hand und rannte entlang des Geländers auf die andere Seite zu. Er fürchtete sich vor dem Abgrund, der sich in der Mitte des Bauwerks auftat. Aber er fürchtete sich noch mehr vor den Raschoar.

Die stießen schrille Laute aus und nahmen die Verfolgung auf. Ihre Bewegungen waren geschmeidig. Die kleinen Augen fixierten kalt die Beute. Euryns Körper rebellierte. Ihre Schläfen pochten und Schweiß stand ihr auf der Stirn. Sie musste ihre Kräfte bündeln.

Sie hatten fast die Mitte erreicht, als dort die ersten Nager ihre fetten Leiber durch die Streben des Geländers zwängten. Die Räuber waren schneller! Euryn blieb stehen. Sie zitterte am ganzen Leib, der Atem ging stoßweise. Ihr Gehirn schien zu pulsieren. Sie musste sich auf einen Punkt fixieren, so hatte es Ludmila ihr beigebracht. Sie war eine Noore. Und Nooren hatten andere Möglichkeiten der Gegenwehr als gewöhnliche Homiden.

Die Raschoar waren jetzt auf beiden Seiten nahe herangekommen. Fast schien es, als würden sie diesen Moment des Triumphes, des Zuschlagens bewusst hinauszögern, um seine Süße in vollen Zügen zu kosten. Belas, mit dem Rücken zu seiner Gefährtin, zog die Nordländer-Waffe und drückte auf den kleinen Knopf seitlich des Knaufs. Ein dünner Lichtstreif schoss hervor. Der vorderste Raschoar zuckte zusammen. Euryn atmete schwer. Sie fixierte eines der Biester. Du kannst das, flüsterte sie sich selbst zu und richtete ihre Gedanken auf dieses eine Tier. Dann war es, als würde eine Tür in ihrem Innern aufgestoßen, eine Kraft explodieren. Der Raschoar, der sich auf wenige Schritte genähert hatte, quiekte und warf sich nach hinten. Seine Artgenossen schienen den Schmerz zu fühlen, denn auch sie wichen flink und mit wimmernden Lauten zurück.

Im gleichen Moment griffen die Raschoar von der anderen Seite Belas an. Drei stürzten sich auf ihn. Er fuchtelte wild mit seinem flammenden Dolch und traf einen der Nager vor die Schnauze. Das Tier konnte keinen Laut ausstoßen. Sein Pelz war versengt und es roch ekelhaft nach verbranntem Fleisch. Schlaff fiel die Kreatur zu Boden. Die anderen beiden sprangen Belas an. Er spürte einen Schmerz im Unterarm. Zähne schlugen in sein Fleisch. Euryn wirbelte zu ihm herum und schrie. Sie hielt sich den Kopf. Belas hatte das Gefühl, ein Feuerball streife seine Gedanken. Er zuckte zusammen. Die beiden Raschoar machten entsetzt einen Sprung von ihm weg.

Einer schlitterte in die Mitte der Brücke, wo sich ein großes Loch auftat. Er quiekte, suchte mit den scharfen Krallen nach Halt auf der glatten Oberfläche. Dann rutschte er über die Kante. Das Tier schlug auf ein offen liegendes Eisen auf, drehte sich um sich selbst und stürzte in die Tiefe wie eine struppige Kugel. Die Meute raste vor Wut. Wer immer sie anführte, er ließ sich von seinem Zorn leiten und war nicht gewillt, aufzugeben. Wie wild rannten die Nager hin und her, suchten den richtigen Zeitpunkt für den Sprung auf die Homiden.

»Belas!« Euryns Stimme stockte. Die Raschoar würden sie zerfleischen, es waren einfach zu viele. Sie musste an Belas Worte denken, der ihr von abgenagten Knochen erzählt hatte, wenn die Raschoar mit ihren Opfern fertig waren. Nur abgenagte Knochen.

Die Meute wuselte umher, kam hier und da auf Sprungnähe heran und wich wieder zurück. Ein verwirrendes Gewimmel. Dann ein scharfes Quieken wie ein Befehl.

Euryn sank auf die Knie. Ein schweres, geiferndes Tier schnellte vor. Die langen krummen Schneidezähne schimmerten in der Sonne. Sie sah in die kalten Augen der Kreatur, sah, wie der Raschoar zum

Sprung ansetzte. Sie könnte ihn abwehren. Sie hatte die Kraft in ihrem Innern. Sie war eine Noore. Aber da war nur Verzweiflung – würde sie diesen einen auch noch abwehren, der nächste wäre einen Bruchteil später über ihr. Der Raschoar spannte die Muskeln, setzte zum Sprung an. Ein Speichelfaden hing ihm aus dem Maul voll gieriger Erwartung auf das Fleisch vor seiner Schnauze. Euryn spürte irritiert das Glücksgefühl in diesem Wesen. Sie zuckte zusammen, angewidert. Der Raschoar zeigte seine spitzen Zähne und drückte sich vom Boden ab.

Ein Surren durchschnitt die Luft. Im hellen Sonnenlicht sauste ein Gegenstand funkelnd an Euryn vorbei. Dann noch einer. Und noch einer. Das Tier vor Euryn wurde im Sprung getroffen. Sein kurzes Fell riss nahe dem Kopf auf. Weitere Raschoar in vorderster Linie brachen ohne einen Laut zusammen. Der Rest der Rotte fauchte und quiekte – und ergriff die Flucht.

Euryn kniete neben Belas. Sie nahm seine Hand und drückte sie so fest, dass ihre Fingergelenke unter der grauen Haut ganz hell wurden. Eine Armlänge vor ihr sickerte Blut aus dem Fell des Raschoar. Eine silberne gezackte Scheibe steckte zwischen Schulterblatt und Kopf. Ein totes Auge starrte sie an. Das Maul war halb geöffnet, die Zunge hing zwischen den Zähnen. Hinter sich hörte sie dunkle Stimmen und eine Mischung aus Lachen, Johlen und Gebrüll. Ein schwerer Geruch nach frischem Blut wehte von den toten Tieren zu ihr herüber. Euryn erbrach sich. Dann wurde es dunkel um sie.

Belas sah einige der pelzigen Wesen von der Brücke verschwinden. Sein Lichtdolch lag vor ihm. Die Flamme war erloschen. Er beugte sich zitternd über Euryn und zog sie ein Stück zurück, weg von dem toten Wesen. Hinter ihm wurden mehrere Stimmen laut. Es war ein fremder Dialekt, voll dunkler Worte. Eine schwere Hand legte sich auf seine Schulter.

»Keine Sorge, Graukopf«, sagte eine brummige Stimme in der Sprache der Homiden. »Die kommen so schnell nicht wieder.«

Belas war unfähig zu reden. Er bettete Euryns Kopf auf seinen Schoß. Die Sonne stand jetzt hoch am tiefblauen Himmel und tauchte die Brücke in gleißendes Licht.

Mehrere Tschirnaa beugten sich über die Kadaver und zogen ihre Wurfscheiben aus dem Fleisch der Tiere. Handtellergroß waren die glänzenden Räder, der Rand gezackt und messerscharf. Sie hingen an langen Bändern, die ihre Besitzer beinahe gelangweilt zusammenrollten.

Sie wischten die Scheiben sauber und steckten sie in Ledertaschen, die sie unter ihren Umhängen trugen. Bislang hatte Belas Angehörige der Tschirniden nur im Dunkeln und Geistern gleich durch sein Heimattal wandern sehen. Sie hatten immer einen abwesenden und trägen Eindruck auf ihn gemacht. Diese hier waren anders. Ihre fließenden dunklen Gewänder hatten sie an Hand- und Fußgelenken mit bunten Bändern zusammengebunden. So konnten sie sich viel schneller bewegen. Und jagen. Zogen die Tschirnaa nicht wie Aussätzige durch die Welt, angewiesen auf die Gaben anderer? Diese Männer hier waren alles andere als hilflos. Belas betrachtete seine Retter verwirrt. Die schwere Hand auf seiner Schulter übte einen leichten Druck aus.

»Ihr werdet am besten kommen mit uns. Ehe unsere pelzigen Freunde noch auf Idee verfallen rückzukehren und zu holen Mahlzeit, die ihnen entgangen, he?« Belas sah zu dem Sprecher auf. Es war kein schönes Gesicht, vom blauen Himmel umrandet. Grob war es, die knollige Nase schief. Stechend graue Augen, schmale Lippen. Und doch fand Belas, die Leute um ihn herum waren Homiden gar nicht so unähnlich. Etwas größer offensichtlich, die Haut weicher als die ledrige Hülle seines Schlags. Die Köpfe von einem leichten Haarflaum umgeben. Aber der Körperbau war ähnlich, etwas stämmiger höchstens. Die Tschirnaa wirkten nicht wirklich furchterregend.

»Was schaust du, Graukopf, he? Alles gut jetzt. Die Viecher haben wir ausgezählt, was? Schau, deine Freundin macht Regung.«

Tatsächlich stöhnte Euryn mehrmals auf und zuckte am ganzen Körper. Ihre Augen öffneten sich. Belas beugte sich über sie und strich ihr über die Wange.

»Ich habe einen schrecklichen Geschmack im Mund.« Sie sah ihn beschämt an. Belas kramte in seinem Rucksack und förderte einen Wasserschlauch zu Tage. Euryn setzte sich zitternd auf, spülte den Mund aus, wusch sich Gesicht und Finger und säuberte ihre Kleidung so gut es ging von dem Erbrochenen.

Der Tschirnaa musterte sie belustigt. »Was zart, deine Freundin, he?« Er grinste breit und offenbarte dabei ein Gebiss, das mit wenigen Zähnen auskommen musste. Seine Begleiter sammelten sich um die beiden Homiden. Allesamt wirkten sie vergnügt und von der blutigen Umgebung eher belustigt denn abgeschreckt.

Wieder spürte Belas die knorrige Pranke auf seiner Schulter.

»Kommt weg von hier. Holt euch noch Schlag von Sonne hier oben. Tschimbuk will in den Schatten. Tschimbuk, so klingt mein

Name. Du kannst mich nennen kurz Tschusch. Auch gut, he? Wie heißt dein Name und der deiner zitternden kleinen Freundin?«

Er sah erwartungsvoll auf die beiden herab. Um die Augen einen Halbkreis von unzähligen Lachfältchen. Belas stellte sich und Euryn vor. Die Tschirnaa nannten einer nach dem anderen ihre Namen und machten dabei übertrieben tiefe Verbeugungen. Es war eine Gruppe von dreizehn Männern und Jungen, zwei davon nicht älter als die Homiden. Sie redeten schnell und sprudelnd in ihrer Sprache. Tschusch besah sich die Fleischwunde an Belas linkem Arm und verzog das Gesicht. Ohne weiter zu fragen, hob er den Arm an seinen Mund und saugte mehrfach kräftig daran. Er spuckte aus und schickte dazu einen kräftigen Fluch in seiner Sprache hinterher. Dann pfiff er einen seiner Männer heran, der ihm ein Glasfläschchen reichte. Tschusch träufelte eine rötliche Flüssigkeit in die klaffende Wunde. Belas fuhr zusammen. Das Zeug brannte wie Feuer. Tschusch grinste über das ganze Gesicht und nickte ihm aufmunternd zu. »Gut.«

Die Brücke bewegte sich im Wind sanft hin und her. Belas wurde wieder bewusst, wo er sich befand. Sie waren fast genau in der Mitte des brüchigen Bauwerks. Sie gingen weiter. Dabei mussten sie über tote Raschoar klettern, die in ihrem Rücken gelauert und dabei in ihrem Blutdurst die Tschirnaa nicht wahrgenommen hatten. Euryn vermied den Blick auf die aufgeschlitzten Tiere. Sie fühlte sich ein wenig besser. Der stechende Kopfschmerz wich einem leichten Druck. Die Tschirnaa gingen mit federnden Schritten vorne weg. Belas und Euryn folgten vorsichtig. Immer wieder mussten sie an großen Löchern vorbei, durch die hindurch weit unten Baumwipfel zu sehen waren. Sie näherten sich schon dem anderen Brückenende, als Belas aufstöhnte. Auf der gesamten Breite war die steinerne Oberfläche abgebrochen und hing schräg nach unten. Selbst die massiven Stahlträger darunter waren unter dem Gewicht verbogen. Lediglich ein schmales Metallband am äußeren Rand führte auf halbwegs gerader Linie hinüber. Einer der beiden jungen Tschirnaa, Naasch, ging neben den Homiden her. Er grinste, als Belas abrupt stehenblieb.

»Ich geh wieder zurück und durch das Tal. Und wenn ich dafür Tage und Nächte brauche.«

Euryn blies die Backen auf. Belas konnte störrisch wie ein Esel sein.

Der erste Tschirnaa hatte die Stelle erreicht. Das Eisen war so breit wie sein in Lumpen gewickelter Fuß. Der Mann redete gut gelaunt mit seinen Gefährten und ging ohne jedes Zögern über den Abgrund hinweg. Die anderen folgten. Tief unter ihnen ein grüner Teppich, durchbrochen nur von Felsspitzen, die sich aus der Bergflanke erhoben.

»Tschusch!« Ihr Begleiter rief nach dem Anführer.

Tschusch blieb auf dem schmalen Streben stehen, die Hände ausgebreitet wie ein Vogel. Er wandte den Kopf nach hinten.

»Was?«

»Problem!«

»Jetzt nicht gut Problem.« Er hüpfte die restlichen zehn Schritt hinüber und kletterte flugs auf sicheres Terrain. »Was nun?«, rief er von drüben, die Arme in die Hüften gestemmt, das Kinn leicht vorgereckt.

»Wollen nicht gehen, die beiden«, erläuterte Naasch. Er hatte ein schelmisches Gesicht, das jetzt wie ein pickliger Kürbis aussah.

Tschusch hob theatralisch die Hände zum Himmel. Dann, als habe er von dort eine Eingebung bekommen, sagte er langsam und jedes Wort betonend: »Wir weitergehen nach hier.« Er zeigte mit dem Daumen hinter sich. »Wenn ihr nicht wollt, zurück nach da. Aber dort warten Raschischi. Ziemlich böse sind, weil weniger und hungrig immer noch auf zähes Homidi-Fleisch. Überlegt schnell, was besserer Gang für euch.« Tschusch neigte leicht den Kopf zur Seite und sah mit einer Geste des Bedauerns über den Abgrund hinüber. »Mache noch gutes Angebot! Ein Moment.«

Er besprach sich kurz mit einem seiner Gefolgsleute. Dann kam er mit einem dicken Tau in der Hand herüber. Tschusch und der Tschirnaa auf der anderen Seite spannten das dicke Seil. Naasch griff mit an. Auf der anderen Seite packten weitere Hände zu. »Nun schnell, haben noch vor, weiter zu kommen als über Brücke heute.«

Euryn gab Belas einen Klaps. »Pass auf, ich gehe voran. Du wirst wohl nicht wollen, dass alle über dich lachen, weil du der einzige bist, der auf der Brücke zurückbleibt und zu einer Steinfigur wird.«

Sie ging auf Tschusch zu, fasste die Stütze, die er ihr auf Schulterhöhe hielt, und betrat die Strebe. Es war still auf beiden Seiten. Die Tschirnaa beobachteten gespannt, wie sich Euryn langsam vorwärts schob, das Tau mit beiden Händen fest umklammert. Belas wagte kaum zu atmen. Als Euryn die andere Seite erreicht hatte, klatschten die Tschirnaa in ihre schwieligen Hände und pfiffen durch ihre zahlreichen Zahnlücken.

Belas hatte das Gefühl, er müsse jeden Moment zusammenklappen. Aber es wollte einfach nicht geschehen. »Also gut«, sagte er zu sich, »Tochter einer Digda, wenn es mein letzter Gang auf dieser Welt ist, dann soll er rasch erledigt werden.«

Er schnaufte. Dann schob er die Füße zur Abbruchkante, nahm das Tau. Tschusch grinste jetzt nicht. Er sah ihn nur interessiert an.

Belas setzte den linken Fuß vor. Er schaute dabei nach unten und bereute es sogleich. Das flaue Gefühl in seinem Innern dehnte sich rasant aus. Er fasste das dicke Seil und schloss kurz die Augen. Dann öffnete er sie wieder, sah hinüber zu Euryn und bewegte sich vorsichtig vorwärts, genauso wie sie, immer nur den linken Fuß vorsetzend und den rechten hinterherziehend. Es dauerte eine kleine Ewigkeit. Beim letzten Schritt, bevor er Euryns ausgestreckte Hand ergriff, hing er in Erwartung der nahen Rettung fast in dem Tau.

Die Tschirnaa zogen ihn von der Kante weg und umringten die beiden. »Angst überwinden besser als Angst nicht haben«, sagte Nuschik, ein Kerl mit vernarbten Händen und Unterarmen. Auch Tschusch und Naasch waren jetzt bei ihnen und zollten Respekt. Belas bekam dies schmerzhaft zu spüren, als Tschuschs Pranke hart auf seine Schulter niederkrachte. Wenn es einer Feuertaufe bedurfte, um mit den Tschirnaa zu ziehen, dann war sie jetzt bestanden.

Die Tschirniden befanden sich auf einem Streifzug in den hohen Wäldern, wie sie die bergige Landschaft nannten. Das Volk lebte am oberen Lauf des großen Flusses, der Donaou, die sich weit in den Osten schlängelte. Tschusch zeigte Belas auf dessen Karten, welche Wege in den Osten gangbar waren, erklärte ihm Namen von Flüssen oder Bergen und bohrte mit seinen schwieligen Fingern fast Löcher in die Stellen, die nach Ansicht der Homiden nur unzugänglicher Wald waren, wo der Tschirnide jedoch bewohnte Flecken kannte. Die kunstvolle Art der alten Karten gefiel Tschusch, auch wenn sie nicht ganz auf dem Stand der Zeit waren. Fragen, warum sich die beiden in der Fremde aufhielten, stellte keiner der Tschirnaa. Ihren Gästen war das nur recht. Euryn blieb reserviert gegenüber ihren neuen Begleitern. Immerhin hatte sie durch das plötzliche Kennenlernen keine Zeit gehabt, sich vor den Fremden zu fürchten.

*

Dunkle hohe Tannenwälder säumten die alten halbverfallenen Straßen, die sie benutzten. Sie zogen über hohe Bergrücken, von denen man in weite Täler hinabschauen konnte. Manchmal sahen sie in der Ferne die Reste von Gebäuden weit über die Bäume hinausragen. Das Wetter änderte sich. Auf die trockene Periode folgte Dauerregen. Die Wanderung wurde beschwerlich. Bald fraß sich die Feuchtigkeit durch die Kleidung hindurch. Ein kalter Wind begleitete die Regenmassen. Die Homiden trotteten wortkarg vor sich hin. Die Tschirnaa ließen sich kaum beeindrucken. Sie johlten, wann immer ihnen danach war, und machten viele Späße in ihrer eigenen Sprache. Wenn der Regen eine Verschnaufpause einlegte und sich etwas Holz fand, das nicht vollkommen durchnässt war, brieten sie abends Fleisch. Sie spannten Planen zwischen die Bäume und sorgten so für einen gewissen Schutz. Zum Essen oder auch während der Märsche kauten sie kleine Erbsen, deren harte Schalen sie unentwegt ausspuckten.

Nach vier kalten und klammen Tagen erreichte die Gruppe eine Höhle im Wald unter einem Buntsandsteinfelsen. Tschusch wollte dort abwarten, bis der Himmel wieder höher und klarer sein würde. »Macht nicht gut Spaß laufen wie Fisch mit Füßen«, sagte er zu seinen beiden Gästen. Naasch machte sich sofort daran, für sich und die Homiden einen guten Schlafplatz zu organisieren. Er hatte die beiden rasch ins Herz geschlossen und wich nur selten von ihrer Seite. Euryn hatte er einen Kosenamen in seiner Sprache gegeben. Er nannte sie »Dschemtuschin«. Was das bedeutete, behielt er für sich. Euryn fühlte sich dennoch geschmeichelt.

Der Ort diente ihnen als Unterschlupf. Trockenes Holz war reichlich vorhanden. Im hinteren Teil hing ein Korb in einem Holzgestell unter der Decke. Darin fanden sich Decken, Kleidung und einiges andere. Die Homiden mussten sich am breiten Eingang zu der Höhle unter dem Fels hindurch bücken. Dahinter tat sich ein großer Raum auf. Es roch muffig, aber im Vergleich zu draußen, wo mittlerweile um jeden Grashalm eine Pfütze stand, war es wunderbar. Die Kleidung wurde getrocknet, in kleinen Grüppchen verschwanden die Kerle in Tuch gewickelt nach draußen, kamen gewaschen und eindeutig wohlriechender zurück. Als die Tschirniden fertig waren, zeigte Naasch Euryn die Badestelle. Nicht weit entfernt floss ein Bach, der jetzt vom vielen Regen angeschwollen war, mit einigem Rauschen ins Tal. Der Junge führte sie an eine Stelle etwas unterhalb ihres Schlupflochs, wo das Wasser über eine Felskante abfloss. Unter dem kleinen Wasserfall hatte sich eine Mulde im weicheren Gestein gebildet.

»Steig vorsichtig hinein«, riet er. »Sehr rutschig dort.« Mit wenigen Handgriffen spannte er eine Plane zwischen die Bäume und hing ein weiches Tuch über einen Ast. Sie sah ihm zu. Naasch war auf seine Art ein hübscher Junge, was bei den Tschirniden schon etwas heißen wollte. Er hatte beinahe zarte Hände, einen schlanken, aber kräftigen Körper und geradezu schwarze Augen.

Auf das improvisierte Dach über ihrem Kopf tropfte der Regen, hinter sich hörte sie den Bach kraftvoll plätschern. Die aufziehende Abenddämmerung legte einen weichen Schleier über alle Dinge.

Naasch trat dicht vor sie. Aus dem Ärmel zauberte er ein kleines intensiv duftendes Stück Seife. Er nahm ihre Hand und legte es hinein.

»Nach was riecht das?«, fragte sie, während Hitze in ihre Wangen stieg.

»Kräuter unserer Heimat. Du wirst kennenlernen, wenn du siehst meine Stadt.« Naasch wies auf das Wasser. »Nun geh. Soll ich halten dir Kleider?«

Euryn sah ihn mit großen Augen an. Sie räusperte sich. »Das ist nicht nötig, danke. Du musst nicht auf mich warten. Ich komme zurecht.«

Er blieb etwas unschlüssig stehen.

»Ich meine, ich komme jetzt auch alleine zurecht.«

Die dunklen Augen des Jungen ruhten auf ihr. »Gut, wie du willst. Es gibt Bären und Wölfe, immer guter Hunger auf zarte Wesen. Musst nehmen dich in Acht.« Zögerlich drehte er sich um. »Soll ich warten über fallendem Wasser?«

»Nein, ganz sicher nicht. Wenn du unbedingt willst, warte auf mich am Eingang oben. Ich kann laut schreien, glaub mir. Das hörst du schon. Und ich kann mich auch ohne dich gut wehren.«

»Gegen Bär?« Er sah sie amüsiert an. »Das wäre Spaß zu schauen.«

»Du weißt nicht, wozu eine Homidin in der Lage ist.« – Die Tschirniden hatten nicht gesehen, wie Euryn die Raschoar auf der Brücke eine Weile auf Abstand gehalten hatte.

Sie wandte sich ab und öffnete den schmalen Gürtel, der die Tücher zusammenhielt, die sie anstelle ihrer eigenen durchnässten Kleider trug. Es bedurfte noch eines weiteren strafenden Blicks über die Schulter, um ihren Begleiter endgültig zum Gehen zu bewegen.

*

Mit Einbruch der Nacht begannen die Tschirnaa zu feiern. Belas hatte sich als letzter gewaschen. Naasch hatte auch ihm die Stelle gezeigt, war aber gleich wieder zurückgekommen. Bären und Wölfe schienen wohl seiner Meinung nach weniger Appetit auf männliche Wesen zu haben.

Grigosch, ein alter zahnloser Kerl, war so etwas wie ein Koch unter den Jägern. Er bereitete einen Bortschak, einen Eintopf mit viel Knollengemüse, in einem Kupferkessel. Es war erstaunlich, was die Männer alles in dieser Höhle versteckt hatten. In kleinen Tonkrügen waren getrocknete Kräuter und Pilze, Hülsenfrüchte und Rosinen. Es gab zudem geräuchertes Fasanen- und Rehfleisch, Kerzen und Fackeln für ein wenig Licht und Behaglichkeit. Viel erstaunlicher war aber, dass die Männer aus einem Winkel Musikinstrumente hervorholten. Kleine bauchige Holzkästen, bespannt mit Saiten. Die groben Hände bewegten sich geschickt auf dem Griffbrett und brachten Melodien hervor, wie sie Belas und Euryn nie zuvor gehört hatten. Manchmal sangen sie dazu, was schrecklich klang. Aber ihr Spiel war ungeheuer gut. Mal waren die Melodien schnell und heiter, mal von einer Schwere, die sich auf das Herz legte wie dichter Nebel auf eine Waldlichtung.

Die Kerle saßen im Kreis, aßen, tranken, lauschten der Musik, grölten mit oder erzählten ihre Witze. Sie gaben sich Mühe, auch in der Sprache der Homiden zu reden, die offenbar jeder von ihnen, mal mehr, mal weniger, konnte. Aber je länger der Abend währte, desto weniger verstanden ihre Gäste. Simitsch, schweigsam und immer in Gedanken, hielt am Ausgang Wache. Sie brachten ihm regelmäßig Getränke und dankten ihm für seine Freundlichkeit. Er aber brummte nur und war froh, wenn er seine Ruhe hatte. Je länger sie beisammen saßen, umso wärmer wurde der Raum. Tschusch hatte sich zu den Homiden gesetzt und stellte viele Fragen. Nach einigen gemeinsamen Tagen wollte er nun doch wissen, was sie in der Fremde trieben.

»Gibt selten Homidi, die verlassen ihre Gegend. Wo geht hin bei euch, wenn mit uns gefunden Fluss und vielleicht habt kennengelernt meine Stadt?«

Euryn entschied sich für eine Mischung aus Wahrheit und Verhüllen. Sie erzählte ihm davon, wie ihre Gemeinschaft sie ausgeschlossen hatte, blieb aber im Ungefähren, warum das geschehen war. Sie tischte ihm die Lüge auf, die Nooren wüssten von einer Homiden-Kolonie auf dem anderen Kontinent, zu der sie sich durchschlagen könnten. Tschusch war berauscht genug von dem schweren, fast öligen Wein, den es zum Essen gab, um nicht weiter zu fragen. Der Weg schien ihm zu weit. Der andere Kontinent alles andere als geheuer. Das Land vor seiner eigenen Haustür war groß genug, um auch dort glücklich zu werden, meinte er.

Die Tschirniden feierten lange und ausgelassen an diesem Abend. Die Kerzen, die sie in der Mitte ihres Kreises aufgestellt hatten, waren tief heruntergebrannt, als sie sich nach und nach zum Schlafen legten. Simitsch harrte auf seinem Posten aus. Er summte eine kleine schräge Melodie.

Wie gut es war, den Schutz der Höhle zu haben, erwies sich am folgenden Tag. Die heftigen Windböen, die den Regen begleiteten, waren in Sturm übergegangen. Der Wald knackte und ächzte. Niemand wagte sich hinaus. Am Nachmittag schreckte ein dumpfer Doppelschlag alle auf. Naasch war als erster am Ausgang. Zwei kräftige Tannenstämme waren gegen den Fels gekracht und versperrten den Weg nach draußen. Nur diffuses Licht drang noch herein. Die Männer kamen mit Kerzen herbei. Kleine Bruchstücke des Buntsandsteins lagen am Boden, das Holz der Tannen war zersplittert und setzte einen harzigen Geruch frei.

»Schön, haben nette Eingangstür jetzt«, rief einer gegen den Wind, der in Stößen durch die Zweige in ihre Behausung hinein pfiff. Ihre Aufmerksamkeit galt dem Fels, unter dem sie standen. Er sah unversehrt aus. Naasch wollte den Kopf zwischen den tropfnassen Zweigen hindurchstecken, aber sein Vater hielt ihn zurück.

»Nicht gut, wenn Kopf rausguckt, wo Beil fällt«.

Er zwinkerte dem Jungen zu. Die Tschirniden stritten, ob ihre Zuflucht zu einem Grab würde, sollten noch weitere Bäume stürzen. Tschusch entschied, mit Nuschik die Lage außerhalb zu erkunden. Sie schnitten einige dicke Äste ab und zwängten sich hinaus. Naasch zog sich verärgert in die Höhle zurück.

Die beiden Homiden sahen ihn erwartungsvoll an.

Die gute Laune des Jungen war verflogen. »Wenn wird interessant, kein Platz für Naasch«, sagte er, ohne seine Zuhörer anzusehen. »Wie ist bei euch zuhause, auch immer Ärger?«

Euryn schüttelte den Kopf. Sie hatte es sich zur Angewohnheit gemacht, für beide zu antworten, wenn Naasch mit ihnen sprach. Richtete sich einer der anderen an die Homiden, überließ sie Belas das Wort.

»Wir haben keine Eltern mehr«, erklärte sie.

»Seid jung, warum keine Eltern?«

»Sie sind ums Leben gekommen, als wir beide noch einen Kopf kleiner waren.«

»Was passiert?« Naasch stocherte mit einem Zweig auf dem sandigen Boden herum.

»Sie wollten Belas kleine Schwester vor den Raschoar retten.«

Der Junge nickte. Dann hielt er inne.

»Wieso Belas Schwester? Warum du nicht sagst meine Schwester?«

Naasch war nicht dumm.

Euryn erklärte: »Weil ich nicht Belas Schwester bin.«

Der Tschirnide schaute erstaunt auf. Belas setzte sich gerade auf.

»Nicht Schwester? Ihr habt gesagt, seid Geschwister. Was soll nun sein richtig?«

»Wir sind gemeinsam aufgewachsen. Wir haben viele Jahre zusammengelebt wie Geschwister. Aber wir sind nicht verwandt.« Euryn fühlte sich unwohl in ihrer Haut. Tschusch hatte sie nicht die ganze Wahrheit über den Grund ihrer Reise gesagt. Jetzt musste sie hier eine Sache klarstellen, die keine Lüge war, aber doch wie eine klang. Sie sah seinen zweifelnden Blick. »Wir beide leben zusammen wie Bruder und Schwester, verstehst du? Wir nennen uns auch so. Manchmal zumindest.«

»Und sonst? Mann und Frau?« Naasch sprach ungewohnt kühl mit ihr. Seine Laune war noch schlechter geworden. Er warf den Stock weg und sah zwischen den beiden hin und her.

Tschusch kam mit Nuschik zurück. Draußen wütete das Unwetter. Sie fürchteten, es könnten noch mehrere Stämme gegen ihren Unterschlupf krachen. Aber der Fels über ihnen sei massiv genug, das ohne Abbrüche auszuhalten. Tschusch drückte es mit dem ihm eigenen Humor aus: »Bleiben drin, nur vielleicht sitzen in große Sarg. Gehen raus, sterben unter Bäumen ohne schöne Sarg.«

Naasch hatte sich zu seinen Leuten gesellt und musste die Neuigkeiten über seine Gäste wohl erst verdauen. Die Tschirnaa nahmen ihre Situation mit Gleichmut. Immerhin, sie saßen im Trocknen. Die Windsalven, die immer wieder vom Eingang her zu ihnen hineinwehten, brachten das volle Aroma von gespaltenem Nadelholz. Die meisten legten sich aufs Ohr und gaben sich damit zufrieden, nichts tun zu können außer Warten.

Euryn schaute immer mal wieder zu Naasch hinüber. Aber der Junge vermied es tunlichst, ihren Blick zu erwidern. Er unterhielt sich mit den Seinen, lachte manchmal auf. Es klang freudlos. Belas schlief. Euryn wollte das nicht gelingen. Naasch war wie Belas, dachte sie mürrisch, sollte er doch beleidigt sein. Sie warf sich ein paar Mal hin und her. Schließlich stand sie auf und ging zu ihm.

Er schien sie schon erwartet zu haben. »Was geworden mit Eltern?«

»Ich wollte dir nur sagen: Wir leben wirklich wie Bruder und Schwester zusammen. Belas Eltern – sie sind beide gestorben damals. Genauso wie Belas kleine Schwester. Belas und ich blieben übrig. Wir waren noch sehr jung und plötzlich auf uns alleine gestellt.«

»Ihr immer noch sehr jung«, warf Naasch ein. »Warum alleine? Lebt doch mit Homidi.«

Ein guter Einwand, dachte Euryn. Die Familien in den Schieferbergen hatten ihnen zwar in der ersten Zeit geholfen, sich in den Gegebenheiten zurechtzufinden, aber niemand wäre auf die Idee gekommen, sie in der eigenen Familie aufzunehmen.

Naasch erzählte ihr, wie die Tschirnaa lebten. Unter ihnen waren nicht die Blutsbande bestimmend. Die Kinder wurden von der Gemeinschaft großgezogen. Während Männer und Frauen in Gruppen zu Jagdzügen durch die Lande zogen, blieben immer andere in ihrer Heimat und kümmerten sich um die Kinder. Einmal im Jahr, berichtete er weiter, ging ein Großteil des Stammes auf die traditionelle Reise, die bis zu den Schieferbergen der Homiden führte.

»Ihr braucht unsere Almosen gar nicht?«

Naasch grinste: »Ist alter Brauch, nehmen diesen weiten Weg. Der Schöpfer uns dankt mit gutem Leben in Heimat.« Unumwunden gab er zu: Der Zug durch die Landschaften bis hinüber in die Schieferberge war für die Tschirniden mehr oder weniger ein Vergnügen. Während ihre Vorväter tatsächlich ein Bettelleben geführt hatten, weil das Land damals verwüstet und karg war, gingen sie heute vor allem auf Wanderschaft, um ihre weitere Umgebung im Blick zu behalten. Der Zug durch das Tal der Homiden hatte dabei neben der Erinnerung an die schlechten Zeiten den schönen Effekt, die eigenen Vorräte ordentlich aufzufüllen.

Euryn rümpfte die Nase und schüttelte den Kopf. Ihre Angst vor dem Erscheinen der Nomaden war für die nichts weiter als ein lustiger Spaß gewesen. So langsam verstand sie, warum Tschusch so gerne Witze über Homiden machte.

Bis tief in die Nacht wüteten die Winde und stürzten viele mächtige Bäume um. Aber kein weiterer Stamm schlug auf dem Felsen über ihnen auf. Am nächsten Morgen war der Spuk vorüber. Der Hang unterhalb sah verwüstet aus. Mindestens jeder fünfte Baum war umgeknickt. Ganze Schneisen hatte der Sturm geschlagen. Dazwischen hatten einzelne Tannen dem Druck standgehalten.

Wolkenfetzen flogen schnell am Himmel entlang. In der Sonne dampfte der nasse Waldboden. Die Tschirniden wollten weiter. Belas und Euryn hatten Tschuschs Einladung angenommen, mit in seine Stadt zu ziehen. »Wohnen in Haus, wie ihr armen Grauköpfe nie gesehen. Werdet staunen«, hatte er angekündigt. Er versprach zudem, mit Belas ein Floß zu bauen, auf dem sie die Donaou – nicht weit von seinem Heim entfernt – nach Osten befahren konnten.

*

»Das gibt es nicht!« Belas stand auf einer kleinen Anhöhe, von der aus er durch die sanft geschwungenen Täler bis auf die mächtige Schneise hinausschauen konnte, die das Flussbett der Donaou in den dichten Wald schnitt. Aber es war etwas anderes, das ihm die Sprache verschlug: Mitten aus dem Wald erhob sich nördlich des Flusses ein Turm. Seine Größe war aus der Entfernung schwer zu schätzen, aber er sprengte alles, was Belas kannte. Er erinnerte sich an die Bildbände, die er in der Noorenbibliothek durchblättert hatte. Da waren jene Menschen vor Gebilden aus Stein und Glas zu sehen, die eine unvorstellbare Höhe gehabt haben mussten. Aber das waren Bilder aus einer Zeit, die ihm wie ein Märchen schien. Dieser Turm am Horizont war Wirklichkeit.

Tschusch und seine Männer waren freudig erregt. Ihre wettergegerbten Gesichter glühten.

»Unsere Heimat«, rief er den beiden Homiden zu. »Unsere Stadt Salomosch, die Stadt des Königs.«

Die Sonne war noch nicht viel weiter gewandert, als sie am Fuß des Turmes standen. Ein Turm, der eine ganze Stadt war. Das schlanke Gebilde erinnerte an eine sitzende Gestalt und erhob sich aus einer massiven Bodenplatte. Die Spitze, oder vielmehr die beiden Spitzen, mochten so hoch sein, wie die Höhle von Belas und Euryn über der Sohle ihres Heimattals thronte.

*

Während die Tschirnaa am Fuße von Salomosch herzlich begrüßt wurden, standen ihre Gäste etwas verloren vor dem Bauwerk und fühlten sich klein wie Ameisen vor einer alten Eiche.

Salomosch war nicht nur ein Gebäude, es war ein Kunstwerk. Es schien auf abstrakte Weise einem gekrönten Menschen, Homiden oder Tschirniden nachempfunden. Arme und Beine der hockenden Gestalt waren nur in Bruchstücken vorhanden. Es sah aus, als sitze der Gekrönte auf einem Bein, unter einem wallenden Mantel. Das andere stand angewinkelt vor dem Körper. Der linke Arm wies nach vorne und endete am Ellbogen. Der rechte Arm lag vor der Brust. Ihm fehlte die Hand. Der Umhang des Königs hatte einen Stehkragen, der ihm etwas Majestätisches verlieh. Aus ihm heraus erhob sich die Andeutung eines Hauptes mit zwei dornförmigen Spitzen, die hoch in den Himmel wiesen. In drei Reihen führten Fenster rechts, links und in der Mitte nach oben.

Tschirnaa kamen aus einem Tor am Fuße der Turmstadt auf den kleinen Vorplatz heraus. Sie waren zwar in ihren wallenden Gewändern so schattenhaft wie in den Homidenhügeln, aber ohne Kopfbedeckungen fand Euryn sie längst nicht so bedrohlich. Tschusch hatte nach vielen Umarmungen wieder den Weg zu seinen Gästen gefunden, die von Kindern umringt waren. Die Kleinen ließen die Fremden nicht aus den Augen.

»Was sagen Belas und Euryn, he? Eindruck groß für Grauschädel? Nicht gedacht, weiß schon. Selten denken!« Er schüttelte sich vor Lachen, nicht im geringsten beeindruckt von dem Blick, den er von Euryn erntete.

»Und wenn ihr hier einen Wirbelsturm erlebt?«, fragte Belas skeptisch, den Kopf in den Nacken gelegt.

Stolz entgegnete Tschusch: »Salomosch, die Stadt des Königs, trotzt Sturm und Beben jedem, he? Ist konstruiert so wie Ast im Wind. Kannst du aber nicht sein oben, wenn stürmt. Schlecht wird dir sonst, wie wenn du mit Schiff auf Meer fährst. Zeit der Stürme kommt jetzt. Bleib paar Sonnenläufe und wirst erleben selbst.«

Er fasste Belas und Euryn freundschaftlich an den Schultern. »Will euch vorstellen meinen Leuten jetzt.«

Die Kinder öffneten den Kreis. Tschusch hatte wahrlich eine große Familie. Allerdings fragte sich Euryn im Stillen, welche dieser Frauen zu seinen Töchtern zählte und welche zu seinen Geliebten.

Auf Bekleidung legten die Tschirniden noch weniger Wert als die Homiden. Tschuschs Familie war mehr oder weniger in Fetzen gehüllt. Wie die Jäger liebten es aber besonders die Kinder, ihre Hüllen an Armen und Beinen mit bunten Bändern zu fassen. Die meisten hatten dunkle Augen und wenige kurze dunkle Haare auf dem Kopf. Ihre Gesichter waren oft pockennarbig und eher grober Natur. Sie beobachteten die Neuankömmlinge furchtlos.

Naasch wurde von seinen Geschwistern mit Fragen bombardiert.

Euryn hörte mehrfach den Wortfetzen »Dschemtusch« und wusste, dass sie einen nicht unerheblichen Teil in Naaschs Erzählung einnahm. Das machte auch eine große stolze Frau, Brischa, aufmerksam, die sich nun mit Tschusch unterhielt. Sie schaute amüsiert zu Euryn herüber.

Euryn hatte bis zu diesem Zeitpunkt kaum ein Wort über die Lippen gebracht. Jetzt fragte sie etwas zu leise: »Er ist dein Sohn?« Brischa legte den Kopf schief und machte ein fragendes Gesicht. Euryn wiederholte ihre Frage. Die Frau nickte.

»Sind das – sind das alles deine Kinder?« Euryn hatte sich zwar vorgenommen, nicht mit der Tür ins Haus zu fallen, aber die Frage rutschte ihr heraus. Tschusch hatte Belas fortgezogen, um ihm den Turm – seine Stadt, wie er das nannte – von allen Seiten zu zeigen. Brischa sah sich in der Runde um. Ihre freundlichen Augen glitten über die Köpfe, als seien sie ein Schatz, an dem sie sich nicht sattsehen konnte.

»Nicht alle habe auf Welt gebracht – zum Glück, möchte sagen – aber sind alle mir wie Kinder meine.« Brischa sah Euryn in die Augen. »Brischa weiß, ihr anders lebt. Ein Mann und eine Frau, vielleicht ein paar Kinder. Bei uns Familie größer – ein Frau nicht immer ein Mann, ein Mann nicht immer ein Frau. Mag merkwürdig sein für dich. Sonne aber wärmt uns alle gleich.«

Euryn rieb sich mit beiden Händen den Nasenrücken, um die Verfärbung ihrer Wangen zu bedecken. Sie lächelte etwas unbeholfen und nickte.

»Heute kommen Jäger zurück. Heute wir feiern Fest«, sagte Brischa und schlug ihr auf die Schulter, mindestens so fest wie Tschusch dies gerne tat. »Komm, zeige dir, was alles gibt. Du bist Perle, wie ich höre. Auch gerne kochen?«

»Perle?«

»Dschemtuschin – so nennt Naasch dich doch?«

Euryns Mund stand offen, sie wusste nichts zu entgegnen. Brischa lächelte amüsiert. Sie betraten Salomosch. Drinnen roch es nach einer Vielzahl von Düften. Hinter dem Tor war ein Saal, an dessen Rückseite zwei enge Treppenhäuser nach oben führten. »Wohnen nicht bis ganz oben. Zu weit. Früher gab zwei Aufzüge mit Elektrik. Nicht mehr geht Elektrik. Kein Antrieb. Deshalb Treppe bis Ebene dreißig. Wenn du willst machen Ausflug, gib Bescheid. Komme mit. War lange nicht mehr dort. Aussicht wunderbar über ganze Land.«

»Was bedeutet *Elektrik*?«, fragte Euryn.

Die Tschirnidin verzog das Gesicht. »Altes System zu bewegen Dinge. Weiß nicht, wie haben gemacht die Alten. Waren bisschen faul.«

Brischa führte ihren Gast auf die zweite Ebene. Dort kochten Frauen – die Männer wechselten sich tageweise mit ihnen ab – an Feuerstellen, wie Euryn sie nie zuvor gesehen hatte. Sie hatten große massive Öfen, die sie mit Holzscheiten befeuerten. Obenauf standen eiserne Töpfe, auf den Außenseiten mit vielen Ornamenten verziert. Darin brieten und dünsteten sie Fleisch und Gemüse. Es war sehr warm in dem Raum. Die Frauen unterhielten sich in einem eigenartigen Singsang. Die groben Stoffe um ihre Körper waren wie die Schichten einer Zwiebel. An den Herden hatten die Köchinnen alles abgestreift bis auf dünne Hemden und verschiedene Tuchfetzen, die um ihre Hüften schwangen. Sie musterten Euryn aufmerksam. Brischa stellte sie vor. Ehe sie sich versah, hatte Euryn ein Messer und Kräuter in der Hand. Die Tschirniden kochten mit einer Vielzahl an Gewürzen, die sie nicht kannte. Ihre Gastgeber waren wohl ärmlich gekleidet und schienen sehr einfach zu leben. Dennoch strahlten sie Stärke und Selbstgewissheit aus, wie sie unter Homiden nicht anzutreffen war.

Brischa führte Euryn später von einer Etage zur nächsten. Es war anstrengend, immer weiter nach oben zu steigen. In den unteren Stockwerken lebten vor allem die Kinder. Sie waren in den ersten Monaten ihres Lebens bei den Müttern. Wenn sie laufen konnten und zu sprechen begannen, gingen sie in die Obhut von anderen, regelmäßig wechselnden Männern und Frauen über. Brischa erklärte, ihr Volk wolle einem Kind mehr beibringen, ihm unterschiedlichere Sichtweisen angedeihen lassen, als das bei der Erziehung durch immer die gleichen Personen möglich wäre.

»Aber ist es nicht schlimm, seine Kinder abzugeben?«, fragte Euryn.

»Nein, nicht schlimm. Kannst gehen hin, wann immer willst. Wenn du nicht gerade bist in Wäldern zum Jagen.«

Weiter oben lebten die erwachsenen Tschirniden. Allerdings gab es auch dort keine festgefügten Verhältnisse wie bei den Homiden. Euryn sah Räume mit Betten und Zimmer, in denen man zusammen seine Zeit verbringen konnte, aber auch Kammern für eine einzige Person. Die Bewohner wechselten oft. Spätestens nach einem Ausflug in die Wälder um die Stadt war es Brauch, sich ein neues Quartier zu suchen.

Kochen und Essen jedoch beschränkte sich auf den untersten Teil des Turmes.

Immer weiter hinauf führte die Tschirnidin ihren Gast. Hinauf bis auf eine Plattform, die zwischen den beiden Hörnern der Turmfigur stand. Der Wind pfiff um die Ecken. Euryn wagte sich kaum, aus dem Treppenhaus herauszutreten. Der Ausblick war atemberaubend schön, aber die Höhe schlug ihr auf den Magen. Auf Salomoschs Haupt lag ihnen die Welt in tiefem Grün zu Füßen. Die beiden Dornen von Salomoschs Krone, die steil in den Himmel ragten, schienen so etwas wie eine Mahnung an alle, die es wagen sollten, den Turm anzugreifen.

Der freie Platz zwischen ihnen war immer noch fast fünfzig Schritt breit. Unten, am Fuß des Turms, maß die Fläche wohl zehn Mal so viel.

Von hier oben konnte Euryn das Gewand des Königs besser erkennen. In einem Oval schwang sich hinter dem Hals der hohe Kragen, in Falten wallte er hinab Richtung Boden. Sie standen sozusagen auf dem Kopf des Königs ohne Gesicht. Wo Augen, Nase und Mund hingehörten, war der oberste Teil Salomoschs nach innen gedellt. Es gab dort auch keine Fenster mehr. Die Erhabenheit eines Königs war dargestellt in diesem Bauwerk, keine reale Persönlichkeit.

Euryn sah von hier oben an manchen Stellen den Lauf der Donaou, die sich nach Osten schlängelte. Sie war noch schmal im oberen Verlauf. Einen Moment lang dachte sie an die Heimat und den Blick auf ihren Fluss, den sie immer genossen hatte. Der Gedanke machte sie traurig. Brischa, fast einen Kopf größer als sie und um vieles älter, stieß sie leicht an. Die Vorbereitungen für den Abend waren noch lange nicht fertig.

Bis tief in die Nacht feierten die Bewohner Salomoschs die Rückkehr ihrer Jäger und die Ankunft der ungewohnten Gäste. Ab und an waren in den Jahren zuvor Homiden am oberen Lauf der Donaou durchgezogen. Aber niemand konnte sich daran erinnern, dass die Tschirnaa je einen Grauschädel in ihrer Stadt willkommen geheißen hätten. Darüber gab es an diesem Abend viele Späße. Wenn es um die Homidi ging, wurde es bei den Tschirnaa lustig. Brischa bremste Tschusch, so gut es ging. Mehrfach rief sie »Tschimbuk« – den eigentlichen Namen Tschuschs hatten die beiden Homiden zwischenzeitlich schon wieder vergessen. Das strenge »Tschimbuk« wirkte allerdings immer nur für kurze Zeit. Der Alte war in Fahrt und ließ sich nicht einmal von der Frau, mit der er die meisten Kinder hatte, bremsen. Belas und Euryn hörten so einiges, was alles andere als schmeichelhaft für ihr Volk war.

Nach dem Mahl gab es Musik und Tanz. Naasch erklärte Euryn ausführlich unzählige Tanzschritte. Belas wurde darüber, auf seinem Platz wie festgenagelt, immer mürrischer. Er trank viel. Was immer die Tschirnaa ihm einschenkten, er schluckte es in großen Zügen weg – zur Begeisterung seiner Tischgenossen. Irgendwann drehte sich der Raum um ihn. Er sah nur noch fliegende Tschirniden-Gewänder und Füße, deren Bewegungen er nicht mehr zu folgen vermochte. Und auf einmal ganz nah vor sich Naaschs mitleidige Augen. Kurz darauf fiel ihm der Kopf auf den Tisch. Zwei Männer trugen ihn in ein Zimmer, das für die Gäste bereitet worden war.

*

Naasch und Belas gingen sich in den folgenden Tagen aus dem Weg. Euryn ärgerte sich darüber, aber es gelang ihr nicht, die beiden zusammenzubringen. Sie waren sich eigentlich ähnlich in ihrer Naturverbundenheit, ihrer Unbekümmertheit, ihrer Verträumtheit. Manchmal schien es Euryn, als würden beide fast die selben Sätze sagen. Aber die jungen Männer waren nicht zu gemeinsamen Unternehmungen zu bewegen.

Wenige Tage, nachdem die Gruppe um Tschusch nach Salomosch zurückgekehrt war, zog ein anderer Trupp aus. Diesmal war es eine Gruppe Frauen, die auf Streifzug ging. Die Tschirnaa hatten lange das Leben von Nomaden geführt. Waren herumgezogen durch weite Steppen und entlang großer Flüsse. Dann hatten Tschuschs Vorfahren Salomosch bezogen, ein monumentales »Denkmal aus der alten Zeit«, wie der Tschirnide sagte. Die Angewohnheit, in kleinen Verbänden wochenlang durch das Land zu ziehen oder – einmal im Jahr – die große Prozession durch den Westen, dem »alten Urepi«, anzutreten, behielten sie jedoch bei.

Die kleinen Jäger-Trupps brachten manchmal reichlich Fleisch in die Stadt, manchmal kehrten sie mit leeren Händen heim. Das störte aber niemanden. Jede Heimkehr war ein willkommener Anlass für ein großes Fest. Die Speisekammern in ihrer Festung schienen unerschöpflich, am Fuße des Turms gab es tiefe Brunnen. Die Kinder lebten zufrieden mit ihren Betreuern. Sie wurden von Männern und Frauen in ihrer Sprache und anderen Dingen unterrichtet. Sie lernten sowohl die Regeln der Jagd als auch wesentliches über das Zusammenleben in der Gemeinschaft, über die Erziehung von Kindern und das Leben anderer Völker wie etwa der Homidi.

Euryn kochte nicht nur mit den Frauen, sie nahm auch am Unterricht teil. Belas mochte das nicht verstehen: »Wo machst du das alles hin? Mir schwirrt so schon der Kopf, ohne ein einziges Schriftzeichen ihrer Sprache zu kennen.«

Sie zuckte nur die Schultern.

Belas durchstreifte mit Tschusch und einigen anderen die nähere Umgebung und lernte den Oberlauf der Donaou kennen. Der Wald war dunkler, aber leichter zu durchwandern. Der Fluss schoss nahe Salomosch wild über dicke Felsbrocken hinweg. Ein Stück abwärts aber wurde er tiefer und ruhiger. Die Donaou führte vom alten Urepi weit in den Osten ans mittlere Meer.

Bei einem ihrer Streifzüge ließ sich Tschusch auf einem der Felsen nieder, schaute hinaus auf das wilde Wasser und erzählte Belas von der Turmstadt und dem Leben der Tschirniden. »Einige hundert von uns leben in Salomosch, wenn du kannst zählen so weit. Weiter in Osten gibt mehr. Dort Ebenen zwischen junger Donaou und große Flüsse, die gehen in endlose Wasser. Dort leben unsere Brüder und Schwestern.«

Tschusch kaute auf einem Grashalm. »Nicht musst böse sein, wenn Tschusch dir sagt dies: Deine Heimat schlechtes Land. Verseucht. Voller Gift im Boden. Männer aus Norden, wir kennen auch schon ihre Art. Sind nicht gute Leute, wenn du fragst mich. Suchen überall nach gefährlichen Dingen, die nicht gut. Für ihr *Elektrikding* oder was. Besser ist, nichts machen mit ihnen.« Seine Abneigung gegen die Nordländer schien mindestens so groß wie gegen eine Rotte hungriger Raschoar.

Belas wollte dem Alten erzählen, warum genau er und Euryn auf dem Weg in den Osten waren. Die Tschirnaa hatten sich mit dem Gedanken begnügt, die beiden seien, wie andere Homiden vor ihnen, auf dem Weg in den Osten, um dort ein neues Leben zu beginnen. Doch gerade, als er den Mund öffnete, sprang Tschusch auf und wies mit einem schiefen Grinsen ins Wasser vor ihnen. Dort waren große Fische. Er hielt den Finger an den Mund und bedeutete seinen Leuten, ihre spitzen Stöcke aufzunehmen, mit denen sie im flachen Wasser jagten.

Euryn lernte ihre zweite Schriftsprache, Belas hingegen die Kunst, ein gutes Floß zu bauen. Zuweilen allerdings zog er die Linien in den Boden, die er in den Bergen gelernt hatte. Belas und Euryn – er wollte die Schriftzeichen dafür nicht vergessen.

Zwei Wegstunden unterhalb Salomoschs öffnete sich die Donaou so weit, dass eine sichere Passage möglich war. Dort ging er fast täglich mit Tschusch und einigen anderen hin, um Bäume zu fällen und vorzubereiten. Die Tschirnaa hatten gutes Werkzeug. Die Arbeit kam rasch voran. Dennoch wurde Belas ungeduldig. Er wollte weiter.

Tschusch hatte Belas erklärt, ein Wanderer könne sein ganzes Leben laufen, um an das große Meer im fernen Osten zu gelangen. Aber er würde den Weg durch die wilden Landschaften wohl kaum überleben. Zum Glück gab es noch die alte Transportroute. Er selbst war damit schon tief in den Osten gereist, aber nie bis ans Meer. Dass Belas darüber kaum etwas wusste, amüsiert den Tschirnaa: »Homidi manchmal wirklich so dumm, wie in Späßen wir machen, he?«

Belas nickte frustriert. Er hatte aufgegeben, für die Homiden-Ehre zu kämpfen. Die Tschirnaa wussten wirklich weit mehr von der Welt.

*

Der nächste schwere Sturm ließ nicht lange auf sich warten. Belas war mit Tschusch am Wasser, als das Wetter plötzlich umschlug. Der Himmel nahm rasch ein giftiges Grün an, in Stößen fegten Winde über das Tal. Tschusch wechselte Blicke mit Simitsch, der gerne mit an den Fluss kam und half.

»Nix gut«, sagte er dann zu Belas. Der Homide fühlte sich gleichermaßen unwohl. Auch in seiner Heimat war jeder lieber an einem sicheren Platz, wenn ein Unwetter aufzog. Der Sturm ein paar Tagesmärsche vor ihrer Ankunft in Salomosch hatte ihn gelehrt, dass das Wetter in dieser Gegend Überraschungen bereithielt.

Die drei ließen ihre Arbeit liegen, griffen sich nur das Werkzeug und traten schnell den Rückweg zur Königsstadt an. Entlang des Wassers kamen sie gut voran, sie machten bald schon die beiden Spitzen Salomoschs aus. Als sie aber vom Fluss abbogen, um auf möglichst direktem Weg zu dem sicheren Ort zu gelangen, wurde der Wind zum Sturm. Über ihnen türmten sich dunkle Wolkengebilde. Blitze tauchten den Wald in ein unwirkliches Licht, Donner entlud sich in schmetterndem Lärm. »Dicht beisammen bleiben jetzt«, rief Tschusch gegen den heulenden Wind und drückte Belas mit einem Hauch von einem Lächeln die Hand, »Grauschädel gut festhalten, ehe bisschen Denken wird weggeblasen.«

Simitsch folgte hinter Belas wie ein Schatten. Er sagte kein Wort und behielt sein regloses Gesicht. Belas mochte es sich nicht anmerken lassen, aber er fürchtete sich vor dem Unwetter.

Ein Hirsch, dessen Geweih im noch jungen Frühling gerade wieder zu wachsen begonnen hatte, schoss an ihnen vorbei.

»Was für schöner Braten da läuft, he? Und wir keine Zeit haben, ihn zu bitten mitkommen nach Hause.«

Gerade drehte er den Kopf wieder nach vorne, da schlug ein Blitz in eine alte Tanne keine zehn Schritte vor ihnen ein. Mit einem trockenen Geräusch riss der mächtige Stamm. Rinde splitterte, Äste flogen umher. Ein Teil der Krone knickte ab. Die drei duckten sich, während der Donner ohrenbetäubend hallte. Die sturmerprobten Bäume bogen sich tief unter den Orkanböen, die jetzt in kurzen Abständen über das Land fegten. Trockene Äste flogen wie Wurfgeschosse umher. Es begann heftig zu regnen.

Tschusch richtete sich auf. Er wollte Belas etwas ins Ohr schreien, hielt aber inne und stieß den Jungen zur Seite. Ihr dritter Mann lag am Boden. Irgendetwas hatte Simitsch am Kopf getroffen. Er lag ausgestreckt, das alte, faltige Gesicht zur Seite gedreht. Aus einer Platzwunde an der Schläfe sickerte Blut. Tschusch ging neben dem Alten in die Knie und griff behutsam unter den Kopf. Er tupfte mit dem Ärmel seines Umhangs die Wunde. Belas stand gebeugt über ihm.

»Müssen tragen ihn, müssen beeilen, kein Unterschlupf hier. Sitzen auf Teller. Da oben die über uns Messer und Gabel schon in der Hand, uns zu verschlingen.«

Belas nickte. Tschusch horchte nach Simitschs Herzschlag. Derb schlug er dem alten Mann mit der flachen Hand rechts und links ins Gesicht. Ein Stöhnen. Verwirrt öffnete Simitsch die Augen. »Komm hoch, Mann«, schrie ihn Tschusch an. »Kein Zeit zum Ruhen jetzt.«

Er bedeutete Belas, einen Arm des Verletzten zu nehmen. Sie richteten ihn gemeinsam auf. Seine Arme über ihren Schultern, machten sie sich mit dem hageren Kerl an das letzte Stück Weg. Der Boden war vom Regen glitschig, Blitz und Donner jagten einander. Sie kamen schlecht voran. Simitschs Kopfwunde blutete stark. Belas fühlte es über das eigene Gesicht rinnen. Der Alte war tapfer, aber schwach. Der Wald um sie herum war tobendes Chaos.

»Halt durch, Junge«, schrie Tschusch.

Belas fragte sich, ob er ihn oder Simitsch meinte. Aber selbst Tschusch sah mittlerweile so aus, als könne er eine Pause vertragen. Das ewige Lächeln seines leicht schiefen Mundes war verschwunden. Tschusch richtete sich unerwartet auf. Belas machte noch einen Schritt nach vorne, mit dem das Dreier-Gespann in Schieflage geriet. Dann wusste auch er, warum sein Begleiter so abrupt gestoppt hatte. Durch das Gemisch aus Schweiß, Wasser und Blut in seinen Augen sah er undeutlich eine große Masse aus dunklem Fell. Der Wind trug ihm einen starken Geruch in die Nase. Er blinzelte, um genauer zu sehen. Das zottelige Wesen richtete sich an einem schwankenden Baum auf und entblößte scharfe Eckzähne. Tief aus seinem Innern drang ein dunkler Ton, ähnlich dem Donnergrollen um sie herum. Dampf stand vor seinem Maul. Von seiner Lefze tropfte Wasser.

Der Bär richtete sich zu voller Größe auf. Er mochte mit zwei, drei Sätzen bei ihnen sein. Ein kräftiger Hieb seiner breiten Tatzen würde jedem der drei die Knochen brechen. Tschusch stand wie angewurzelt. Simitsch bekam nicht mehr viel mit. Belas hörte das Gebrüll und fühlte sich viel zu benommen, um in irgendeiner Weise zu reagieren.

Tschusch nestelte an seinem triefend nassen Umhang. Ein dicker Ast krachte neben dem gewaltigen Tier auf den Boden und lenkte seine Aufmerksamkeit für einen Moment ab.

Tschusch trug immer seine Wurfscheibe mit sich. Sie war in einer Innentasche des Umhangs sicher verborgen. Zu sicher für diesen Moment. Er wollte Simitsch nicht fallen lassen und versuchte, die Waffe mit der Rechten im Innern seines Überwurfs zu finden. Aber er war nervös. Tschusch fluchte. Das Tier wandte sich wieder seiner Beute zu. In diesem Moment drang von irgendwoher ein Schrei an Belas Ohren. Auch der Bär horchte auf. Eine Wurfscheibe schlug in seine Schulter. Er brüllte auf und ließ sich auf die Vorderpfoten fallen. Das Metall in seinem Fleisch schien ihn allerdings mehr zu ärgern als zu quälen. Er machte einen Schritt auf die drei Männer zu. Zwischen den Bäumen tauchte Naasch auf.

Der Junge schrie wie von Sinnen, stürmte auf das Tier zu und sprang ihm auf den Rücken. Tschusch wand sich unter Simitschs Schulter heraus, griff nach einem Stück Holz auf den Boden und stürmte vor. Während über ihnen ein weiterer Blitz den Himmel in zwei Teile spaltete, nahmen Vater und Sohn den Kampf mit dem mächtigen Gegner auf.

Als wische er eine Fliege von der Nase, schüttelte der Bär Naasch von seinen Schultern. Der Junge fiel rücklings zu Boden. Seinem Vater erging es nicht besser. Ein Prankenhieb zerschmetterte das Holz in seiner Hand. Tschusch verlor das Gleichgewicht und stürzte ebenfalls. Das Raubtier wandte sich Belas zu. Ihm stockte der Atem. Doch dann spürte der Homide Hitze in seinem Innern aufwallen. Er kannte dieses Gefühl. Auf der Brücke, die Raschoar auf Armeslänge entfernt, hatte es ihn zuletzt überflutet.

Euryn stand einen Schritt hinter ihm, reglos wie Stein. Ihr Blick fixierte den Bären. Ihre Nasenflügel bebten. Der Bär fauchte und baute sich zu ganzer Größe auf, aber das furchterregende Gebrüll ging mit einem Schlag in einen klagenden Laut über. Er ließ sich auf die Vorderpfoten fallen, wiegte den Schädel hin und her, als sei er unschlüssig, was zu tun war. Dann brach er seitlich aus und flüchtete. Belas sah zu Euryn. Sie nahm ihn nicht wahr. Ihr Brustkorb hob und senkte sich in schnellem Rhythmus, während dicke Regentropfen von ihrer Nasenspitze tropften. Belas ließ Simitsch zu Boden gleiten und trat dicht vor sie. Er wollte sie berühren. Aber er wagte es nicht.

»Euryn. Er ist weg. Er ist weg.«

Drei Tschirnaa tauchten hinter ihr auf. Sie behielten die Umgebung im Blick. Der Orkan schüttelte die Bäume. Belas empfand keine

Angst mehr. In ihm breitete sich eine seltsame Mischung aus Freude und Trauer aus, ähnlich wie damals, als Euryn in der Höhle ihre Sachen gepackt hatte.

Sie stand dicht vor ihm, immer noch wie betäubt. Der Sturm in ihrem Innern ebbte ab. Sie hatte den Bären in die Flucht geschlagen. Euryn schloss die Augen. Ein vages Lächeln umspielte ihre Lippen.

*

Euryn wich nicht von Naaschs Seite. Der Junge lag, mit dickem Verband um den Kopf, auf seinem Lager. Er sprach wirres Zeug und das so undeutlich, dass Euryn nichts davon verstand. Doch sie kannte dieses eine Wort, das sie noch verstanden hätte, wenn es ein Wispern zwischen zwei Ameisen gewesen wäre. Dschemtschusch, Perle.

Nie hatte sie Tschusch in den Tagen, die sie jetzt bei den Tschirnaa gewesen war, so aufgeregt und reizbar gesehen. Er hielt es zwar nie lange am Lager seines Sohnes aus, aber er kam dafür häufig. Sein zerfurchtes Gesicht war nach der Auseinandersetzung mit dem Bären um eine breite Schramme reicher. Auch Brischa war oft bei ihrem Sohn. Sie behandelte Euryn seit dem Vorfall mit besonderer Achtung.

Aber ihr Gast machte sich Vorwürfe. Denn sie war es gewesen, die trotz des gefährlichen Wetters unbedingt aus dem sicheren Turm heraus gewollt hatte. Ihr Gefühl hatte ihr gesagt, Belas schwebe in Gefahr. Natürlich war Naasch mitgegangen. Er hatte auf ihren zaghaften Einwand nur kurz gelacht und seinen Umhang über die Schultern geworfen. Jetzt lag er verletzt da.

Die Tschirnaa verließen bei einem solch starken Sturm ihren Turm nicht. Männer, Frauen und Kinder sammelten sich dann im Erdgeschoss. Nur einige Halbwüchsige stiegen weit hinauf in die oberen Stockwerke Salomoschs, wo das Bauwerk hin und her schwankte. Das schlanke Gebäude hatte eine besondere Konstruktion. Während die Außenhaut aus Kunststoff war, verbarg sich darunter ein flexibles metallnes System, das durch unzählige Scharniere so biegsam wie ein junger Ast blieb. Ob Stürme oder Erdbeben, Salomosch wankte zwar, fiel aber nicht.

Naasch erholte sich rasch. Aber nach einer unmissverständlichen Mahnrede seiner Mutter musste er einige Tage Ruhe halten.

Simitsch war ebenfalls schnell wieder auf den Beinen. Er trug einen Verband am Kopf, noch größer als der des Jungen. Und er nahm schon zwei Tage später wieder sein Werkzeug zur Hand, um mit Belas an dessen Floß zu arbeiten.

Immerhin, dachte Belas, hatte er wenigstens in dem alten Simitsch jemanden, der auch einmal für ihn so etwas wie Bewunderung zeigte.

*

Die Tage wurden wärmer, das Floß war bald startklar. Die Tschirnaa feierten im Schoß Salomoschs ein rauschendes Fest, um ihre Gäste zu verabschieden. Belas vertrug nun auch die starken Getränke. Wenn Naasch nicht gerade mit Euryn tanzte, führte Belas sie auf die freie Fläche zwischen den Tischreihen. Die fröhlichen wie die melancholischen Melodien waren ihm trotz der kurzen Dauer ihres Aufenthalts mittlerweile vertraut. Er hatte sogar ein paar Tanzschritte gelernt. Naasch sollte Euryn nicht für sich alleine beanspruchen.

Spät am Abend setzte sich Naasch zu ihm. Ohne Umschweife kam er auf den Punkt: »Komme mit euch, Belas. Muss beschützen deine Schwester und dich. Was du sagst?«

Belas traute seinen Ohren nicht. Er sagte gar nichts.

Als Tschusch sich am nächsten Morgen von Belas und Euryn verabschiedete, ruhte sein Blick lange auf ihnen. Ein Schatten lag auf seinem Gesicht. Der sanfte Wind bewegte die jungen Blätter und unzähligen Blüten an Büschen und Bäumen am Fluss. Schwerer süßlicher Duft mischte sich mit dem frischen Geruch, der vom Wasser kam. Das Floß schaukelte leicht auf den Wellen. Mit seinen schwieligen Händen packte er beide an den Schultern, seine Pranken gruben sich in ihre Muskeln. Tschuschs Art, Zuneigung zu äußern. Er schien nach den richtigen Worten zu suchen für den Abschied. Dann blitzten seine Augen auf und der Mund verzog sich zu einem schiefen Lächeln. Euryn wusste, was jetzt kommen würde. Sie hatte sich trotz der vielen Wochen, die sie bei den Tschirnaa geblieben waren, nicht daran gewöhnt. Tschuschs Witze waren in den seltensten Fällen gut. Doch das störte ihn wenig.

»Was ist Unterschied zwischen Homidikopf und kleine Makroni-Frucht?« Er schaute sie einen Moment erwartungsvoll an. »Makroni harte Schale, Kern lecker, ist nicht so? Homidikopf auch harte Schale, aber drinnen nix Kern!« Er stieß Belas in die Rippen und lachte, bis ihm die Puste wegblieb. Sein dunkles Gewand bauschte sich im Wind. Bei diesem Anblick hatte Euryn im Herbst zuvor noch unbändige Angst empfunden.

Dann rief Tschusch seinen Sohn zu sich. Euryn wusste nichts von dessen Plänen und runzelte die Stirn. Tschusch hob den Zeigefinger und ließ keine Worte zu: »Drei Gründe, warum Naasch wird euch begleiten mindest bis zu Transporti. Erstens: Er kann Sprache, ihr nicht. Zweitens: Verwandte von uns leben dort in Stadt Misnigliou, was kann helfen euch auf Weg. Drittens: Nordländer sind unterwegs. Fragen nach euch, hört Tschusch von seinen Leuten, die gerade kommen heim von Handelsfahrt. Ist nicht so, he? Meine Leute mir erzählen, gibt Ärger bei Homidi. Vielleicht nicht ganz so, so – «, er suchte nach dem richtigen Wort, »na vielleicht ihr habt altem Tschusch nicht alles erzählt, warum ihr wollt auf andere Kontinent. Gibt Ärger, was? Nix gut mit Nordländer Ärger. Gefährliche Leute. Wenn kommen zu nah an unser Land, wir prügeln sie wieder raus.«

Er sah die Homiden durchdringend an. »Ist vielleicht besser, Tschusch weiß, worauf muss achten? Muss bestimmt nicht alles erzählen, wenn kommt als Fremder. Aber kann Herz leicht machen, wenn spricht als Freund zu Freund heute.«

Belas und Euryn wollten gleichzeitig antworten und verstummten wieder. Der Tschirnaa nickte aufmunternd.

Euryn erzählte ihm von der unterirdischen Lagerstätte, die junge Homiden gefunden hatten. Und von den Nordländern, die nicht viel später aufgetaucht waren. Sie musste nicht viel mehr sagen. Tschusch schien nichts anderes erwartet zu haben. Gelbe Fässer, eingeschmolzene Stoffe, die offensichtlich für die Händler einen großen Wert hatten. Ihr Gastgeber nickte.

»Ist ganz schlecht, dass Tschirnaa und Homidi nur machen Folklore miteinander. Schlecht, dass nicht reden wie Nachbarn, auch wenn liegt viel Wald zwischen uns und Berge. Auf unsere Reisen wir haben schon hier und da Kontakt, hören dies und das. In Norden von Kontinent leben Leute mehr wie in alten Zeiten. Immer noch versuchen alles zu machen wie vor tausend Jahren. Sind dumm, wenn du fragst mich. Nordaa suchen bei Homidi alte Lager von Plutonik und andere Dinge, die vielleicht in ihre Anlagen können brauchen. Haben auch bei uns viel früher Nase reingesteckt. Nase war ab hinterher.« Er lachte glucksend und fuhr sich mit der braunen Hand über die Stirn. Naasch stand ungeduldig neben ihm. Er trat von einem Fuß auf den anderen und schaute immer wieder auf das Wasser hinaus.

»Nein, kommen nicht mehr gerne zu Salomosch, obwohl vielleicht auch hier kannst finden alte Speicher von Energie. Ihr nicht wisst richtig was von Plutonik und andere Stoffe in alte Lager unter Erde, he? Wohl auch besser so.«

Belas begann von den Nooren zu erzählen, nicht ohne einen bösen Blick von Euryn zu ernten. Denn er machte keinen Hehl aus der Verwirrung, die unter den gelehrten Frauen herrschte. Er sprach von der Bibliothek, die so viele Schriften und andere Wissensquellen bereithielt, deren Sinn aber nur noch in Teilen oder gar nicht verstanden wurde. Vom Allbios, dessen Regeln besonders für die Jungen keine Verpflichtung mehr waren.

»Bibliothek gut. Tschusch würde gerne sehen Bilder von alter Welt. Wir haben nur ganz wenig aufgeschrieben von alte Tradition. Aber –«, er grinste schon wieder, »wir haben gut Kopf, der weiß, was wichtig zu merken aus Vergangenheit.«

Tschusch kannte Geschichten von giftigem Abfall in großen, unterirdischen Kammern. Die Nordländer waren nach seiner Überzeugung aber nicht nur in der Lage, daraus Energie zu erzeugen. Auch tödliche Waffen ließen sich daraus machen.

Belas zeigte Tschusch Perkils handtellergroßes Gerät. Tschusch drückte auf den Knopf und besah sich die bläuliche Flamme. »Musst immer legen in Sonne. Dann bleibt durchsichtig Klinge gut. Macht Schock, wenn dich trifft und brennt wie Feuer.«

Belas und Euryn staunten, was der Tschirnide alles wusste. Belas legte ihm schließlich beschämt offen, dass sie losgezogen waren, um in der anderen Welt Hilfe zu holen. Tschusch wiegte den Kopf bedächtig hin und her.

»Nicht viel weiß Tschusch von jenen hinter dem Meer. Aber glaube, nicht unbedingt besser als Nordländer. Muss aber auch sagen dir: Wenn Nordländer sind sicher, gibt was sie nennen Plutonik zu holen bei euch, werden kommen mit viele Kämpfer. Dann werden auch Tschirnaa nicht können helfen. Dann Homidi besser flüchten aus ihren Hügeln.«

Aber Belas und Euryn kannten die Ihren gut genug. Eine Gefahr, die nicht vor dem Höhleneingang stand, schlug in den Schieferbergen niemanden in die Flucht – bis es dafür zu spät wäre.

7. Misngliou

Die Tage waren sonnig und mild. Belas und Euryn gewöhnten sich rasch an das fremde Gefühl des Reisens auf Wasser. Der Fluss hatte sich in den ersten Tagen schnell verbreitert. Blieben sie in seiner Mitte, waren sie für niemanden ohne Weiteres zu fassen. Ein beruhigendes Gefühl nach der Nachricht, Nordländer seien hinter ihnen her. Belas wollte nicht wissen, was geschehen würde, wenn er mit Perkil zusammenträfe. Der Händler verfolgte ihn bis in seine Träume. Seine größte Sorge war allerdings viel näher.

Naasch erzählte viele Geschichten über das Land, das sie durchquerten. Aber auch von den Fischen unter dem Holz, das sie trug. Er riss dabei den Mund auf und schnappte zum Spaß nach Euryn. Sein Lachen klang wie das seines Vaters. Rau, aber auch herzlich. Sie solle sich in Acht nehmen, mahnte er. Zu nah am Rand der Holzfläche würden junge Frauen zu leicht die Beute der Monster des Gewässers.

Euryn lachte. Sie lachte viel in diesen Tagen. So ausgelassen hatte Belas sie nie zuvor erlebt. Die Albernheit machte ihn mürrisch. Er ließ seine Gedanken treiben, ging im Geist ihre Reiseroute durch. Sie würden Wochen auf diesem Fluss verbringen. Die Donaou spülte sie in ein Binnenmeer. Jenseits des kleinen Meeres wartete dann eine Strecke, die seine Vorstellungskraft überschritt. Ihr Ziel, der andere Kontinent, war in westlicher Richtung eigentlich schneller zu erreichen. Aber der trennende Ozean im Westen war gewaltig. Nicht zu passieren für einen Homiden. Die Nooren hatten erzählt, die großen Schiffe, die einst die weiten Gewässer durchpflügten, gäbe es nicht mehr.

Belas kannte Abbildungen aus Folianten, die ihm einen Eindruck vermittelt hatten. Ihre Vorfahren waren göttliche Konstrukteure gewesen. Sie waren mit Vorliebe in kleine Metallkäfige gestiegen, mit denen sie auf breiten Straßen unterwegs waren. Sie hatten Vögel nachgebaut und Schiffe zu Wasser gelassen, in die ein ganzer Homidenstamm hineingepasst hätte. Die Welt war für sie in alle Himmelsrichtungen nur ein Spaziergang weit gewesen. Es war schier unvorstellbar, wie ihr Leben ausgesehen haben musste.

All diese Bilder brauten sich in Belas Verstand zuweilen zu kuriosen Phantasien zusammen. Er überlegte etwa, ob jene Menschen eines Tages ihre ganze Welt, alle ihre Bewohner in ein stählernes Gefäß gesetzt hatten und mit ihm zu einem fernen Ort aufgebrochen waren. Schauten sie ihm womöglich zu, wie er mit Euryn und diesem Naasch unterwegs war? War er nicht mehr als eine Ameise, ein Krabbeltier, das den Blick seines Schöpfers gar nicht wahrnahm? Daheim legten die Kleinen den Waldameisen gerne kleine Zweige in den Weg und verfolgten freudig, wie die Tierchen versuchten, darüber hinweg oder daran vorbei zu kommen. War da jemand, der auf gleiche Weise mit ihm Schabernack trieb?

Wenn er solchen Gedanken nachhing, verstand er auch die Nooren besser. Ging es ihnen nicht wie ihm? Sie wussten viel. Aber doch zu wenig. Und mit jedem kleinen Bruchstück an Wissen stießen sie – zumindest die Interessierten unter ihnen – in etwas Neues vor, das noch größer und unübersichtlicher war als das vorangegangene. Manchmal wünschte er sich, er säße wieder vor der Tür seiner Höhle in der Sonne, ein Schälchen Laafs in der Hand. Und kein Naasch weit und breit, der Euryn umschwirrte wie eine Motte das Licht.

Die Reise war Belas Anker in der stürmischen See seiner Gedanken. Der Weg allerdings war weit. War je ein Homide quer über den Kontinent gezogen? Sie kannten nur ihre Füße als sicheres Fortbewegungsmittel. Jetzt saß er auf diesem Floß, und einen vollen Mond später wollten Euryn und er in einem Transportmittel sitzen, das schneller fuhr, als ein Vogel flog. Hätte Genar ihm früher eine solche Reise vorgeschlagen, Belas hätte ihn ausgelacht.

»He, Belas! Nicht nur träumen. Komm, Naasch hat Spiel mit. Machen zu dritt. Vertreibt Zeit und bringt bessere Laune.« Naasch sah spitzbübisch zu Belas hinüber. Er hatte es sich mit Euryn im vorderen Teil ihres Floßes bequem gemacht. Es war ein heißer Tag für die Frühlingszeit. Zum Glück wehte eine leichte Brise auf dem Wasser. Belas lehnte auf der anderen Seite an dem kleinen Aufbau, in dem Proviant und Gepäck verstaut waren. Er verzog das Gesicht.

»Hast du nicht von einer Angel gesprochen? Ich möchte lieber ein paar Fische fangen.«

»Kannst machen später. Jetzt komm her. Will nicht beiden einzeln erklären, wie geht.«

Wenn Naasch gut gelaunt war – und das war er so ziemlich immer – dann funkelten seine dunklen Augen und auf den Wangen bildeten sich kleine Grübchen.

Er drehte kleine Karten in der Hand und betrachtete sie eingehend. Euryn rollte mit den Augen. Sie stand etwas unsicher auf, räusperte sich und ging mit vorsichtigen Schritten nach hinten. Wie ein Gespenst stand sie mitten auf dem Floß, unter den ausgebreiteten Armen bauschten sich die Ärmel des weiten Tschirniden-Umhangs in der sachten Brise.

Während Belas weiter seine alte Kleidung bevorzugte, hatte sie für die Reise die Tracht ihrer Gastgeber angelegt. Immerhin hatte sich Belas dazu überreden lassen, ebenfalls einen Überwurf mitzunehmen. Mit dem würde er in den östlichen Ländern weniger auffallen.

Euryn setzte sich vor ihn. »Spiel nicht den Beleidigten. Naasch ist ein netter Kerl. Du bist mein Bruder.«

»Mein Bruder.« Belas gefiel die Bezeichnung mittlerweile nicht mehr. Er wusste zwar nichts zu entgegnen, aber er wusste genau, dass er nicht für einen netten Nachmittag zu dritt zu haben war. Irgendetwas schnürte ihm die Brust zu. Auf diesem Boot war seiner Meinung nach einer zu viel. Entweder er oder Naasch. Ein Teil von ihm fand den Kerl gar nicht mal so übel. Aber sobald er sich Euryn näherte, verwandelte sich der Tschirnide für ihn in eine böse Kreatur.

Euryn nahm einen weiteren Anlauf: »Wir werden einige Wochen gemeinsam reisen. Du und ich, wir können von Glück sagen, ihn bei uns zu haben. Oder willst du unsere weitere Reiseroute mit fremden Leuten besprechen, deren Sprache du gar nicht mächtig bist?«

»Die Tschirnaa sprechen auch unsere Sprache.«

»Das ist erstaunlich genug. Je weiter wir uns von zuhause wegbewegen, um so weniger wird man uns verstehen.«

»Du kannst doch schon diese Sprache.« Belas vermied es, sie anzusehen. Interessiert betrachtete er ein Tau, das neben ihm zwischen zwei Stämmen lag.

»He, was ist das?« Naasch sprang behände auf und wies mit der ausgestreckten Hand auf das Wasser. Er schaute zu seinen Begleitern und forderte sie mit der anderen Hand auf, zu ihm zu kommen. Da sie ihm nicht sofort Folge leisteten, machte er einen Satz und brachte das Floß zum Wippen. Euryn hielt sich erschrocken fest. Belas stand auf und sprang so hoch in die Luft, wie er konnte. Naasch riss die Augen auf und lachte amüsiert. Aber Belas, der schwerer war als er, löste eine kräftigere Bewegung in dem kleinen Gefährt aus. Die vordere Seite hob sich aus dem Wasser und senkte sich wieder mit einem lauten Platsch. Naasch ruderte einen Moment mit den Armen, dann fiel er in die Donaou.

»Naasch«, rief Euryn und kletterte auf allen vieren nach vorne.

Belas tastete sich an den linken Rand. Von dem Jungen war nichts zu sehen. Er schaute auf der anderen Seite nach. Nichts. Ihm wurde heiß. Er rief erst halblaut, dann schrie er den Namen ihres Begleiters übers Wasser.

»Naasch!«

Keine Antwort. Nichts war zu sehen von dem Tschirniden. Konnten die überhaupt schwimmen? Belas ging nach hinten und suchte mit den Augen hektisch die Wasseroberfläche ab. Er wagte es nicht, zu Euryn hinüberzuschauen. Neben ihm war ein Plätschern. Etwas fasste sein Fußgelenk. Er schrie laut auf. Im nächsten Moment verlor er den Halt und landete im Wasser. Die Wellen schlugen über ihm zusammen. Er verschluckte sich. Ein dünner Arm fasste ihn um den Brustkorb. Gemeinsam kamen Belas und Naasch an die Oberfläche zurück. Sie schnappten nach Luft. Naasch johlte vor Vergnügen. Euryn starrte die beiden vom Floß aus an.

»Wirf Seil«, rief ihr der Tschirnide zu.

Er juchzte und planschte. »Kannst schwimmen, he?«, grölte er Belas ins Ohr.

»Klar.« Belas röchelte mehr, als dass er sprach.

Kaum ließ der Junge den Homiden los, verschwand der wieder unter der Oberfläche. Naasch amüsierte sich prächtig. Er griff mit der Linken das Tau und patschte mit der anderen Hand im Wasser. Einen Augenblick später hatte er Belas Kleidung zwischen den Fingern. Der Homide kam wieder nach oben, schnappte nach Luft.

»Schwimmst lieber wie Fisch, he? Homidi-Grauschädel schön unter Wasser bleiben in Kühlem.«

Belas prustete ihm Wasser ins Gesicht. Beide Arme auf Naaschs Schultern, zog er sich mit aller Kraft an dem Jungen hoch. Naasch tauchte blubbernd ab.

Nach wenigen Minuten war Belas fast so ausgelassen wie Naasch. Als sie beide keine Kraft mehr hatten, legten sie sich auf den Rücken, jeder mit einer Hand an dem Tau. Die langsam dahingleitende Holzfläche nahm sie mit. Die Sonne wärmte ihre Gesichter. Euryn saß auf dem Aufbau und schaute ihnen zu. Sie verstand nicht, was in den Kerlen vor sich ging.

Die Tage vergingen langsam. Der Fluss wurde kaum noch breiter, floss träge dahin. Wald bis an die Ufer versperrte meist die Sicht auf das Land dahinter. Ab und an glaubten sie, Bauwerke der alten Zeit hinter den Wipfeln zu sehen. Wo die Uferkante unter dem dichten Bewuchs in kerzengerader Linie verlief, waren alte Promenaden und Straßen versteckt. Büsche, Bäume, rankende Pflanzen hatten die alte Zeit längst unter sich begraben. In größeren Abständen durchfuhren sie Auengebiete oder Areale, in denen die Frühjahrsstürme so heftig gewütet hatten, dass nur Baumstümpfe aus der Erde ragten.

Mit langen Stöcken beschleunigten Belas und Naasch zuweilen die Reise. Sie hielten sich dafür nahe am Ufer. Wenn sie müde wurden, setzten sie sich und betrachteten still die sich verändernden Landschaften oder unterhielten sich. Sie kamen an mehreren alten Staustufen vorbei. Über Nebenarme des Flusses, die die Sperren umflossen, konnten sie ihre Fahrt ungehindert fortsetzen.

Am siebten Tag willigte Belas ein, das Kartenspiel zu lernen. Sie vertrieben sich die Zeit unter einem meist sonnigen Himmel. Nur Belas Launen sorgten bei Euryn immer wieder für Verdruss. Mal verstand er sich mit ihrem Begleiter, mal wollte er nichts von ihm wissen. Der Tschirnide nahm das mit großer Gelassenheit. Er lernte rasch, die Sprache der Homiden flüssiger zu sprechen. Immerhin: Belas übte sich daraufhin im Kilisch, wie die Tschirnaa ihre Sprache nannten, die weit bis in den Osten verstanden wurde.

Eines Morgens tauchten in einer langgezogenen Flussschleife Ruinen in großer Zahl am linken Ufer auf. Zusammengefallene Häuser drängten bis dicht ans Wasser. Es war nicht abzuschätzen, wie weit sich diese Steinwüste, aus der Bäume und Büsche herauswuchsen, erstrecken mochte. Es musste eine große Stadt gewesen sein, was jetzt als leeres Gerippe vor ihnen lag.

»Lass uns hier halten«, rief Belas Naasch zu. »Ich habe so einen Ort noch nie betreten.«

»Du wirst noch viele sehen auf deinem Weg. Ich mag das nicht. Gibt schlechtes Gefühl mir.«

Der Tschirnide sah skeptisch zum Flussufer hinüber. Die Erbauer der Stadt hatten eine Promenade entlang des Ufers gezogen, die in weiten Teilen abgebrochen war. Verbogene Eisenstreben ragten aufs Wasser hinaus. Zwischen Häuserzeilen führten breite Straßen in die Ferne. Aus dem aufgerissenen Belag wuchsen Bäume. Manche Wände fanden nur noch Halt durch das Gehölz in ihrem Inneren. Wo einst Dächer gewesen sein mussten, ragten Baumkronen in den Himmel. Mancherorts türmten sich nur noch Haufen aus Geröll und Metall, auf deren Oberfläche Gras wuchs. Besonders im weiteren Verlauf des Ufers waren die Strukturen der Stadt stark beschädigt. Regelmäßig wiederkehrende Überschwemmungen hatten sie fast dem Erdboden gleichgemacht.

»Warum gibt es bei uns solche Städte nicht mehr?«, fragte Belas. Er kannte Plätze in den umliegenden Wäldern seiner Heimat, besonders am Ufer der Sarou, an denen Reste vorangegangener Zivilisationen zu sehen waren. Aber dort stand keine einzige Mauer mehr. Wenige Straßen waren die einzigen sichtbaren Überbleibsel der alten Zeit.

Homiden nutzten sie selten. Ihre Nahrung fanden sie im Wald, abseits der Steinpisten. Die Händler wiederum kamen mit ihren Waren über die Wasserwege.

»Unsere Vorfahren hatten sie überall erbaut.« Naasch lenkte ihr Boot auf die Promenade zu.

»Ich weiß«, entgegnete Belas. »Aber du findest in meiner Heimat nirgends einen solchen Ort.«

»Weil sie alle zerstört«, entgegnete Naasch und blickte düster drein.

Euryn, am Rand des Floßes sitzend mit den Füßen im Wasser, sah zu ihm auf. »Was weißt du darüber?«

»Was wisst ihr darüber? – Warum ihr wisst so wenig darüber?«

Naasch stemmte das Ruder in die Strömung. Ihr Floß war hier nur schwer zu lenken. Von einem zum anderen Ufer zu wechseln war nicht nur eine Frage von Geschick, sondern gleichermaßen von einer günstigen Wasserbewegung. »Ich meine, ihr lebt doch dort. Ihr müsst doch wissen, wie sich hat verändert eure Welt.«

»Wir haben eine große Bibliothek«, sagte Belas trotzig.

»Gut, dann berichte mir, mein Lieber. Was sagt Bibliothek? Warum all die Städte verschwunden in einem Gebiet, dass du kannst durchlaufen in einer Mondphase?«

Belas kratzte sich am Kopf. Er machte ein ratloses Gesicht. Warum sagte Euryn nichts? Sie hatte ihm gegenüber doch immer auf alles eine Antwort.

Naasch antwortete für ihn: »Habt vergessen. Seid dumm geworden. Vielleicht ist sogar besser so.«

Belas brummte vor sich hin, entgegnete aber nichts. Er versuchte mit einer langen Holzstange, das Floß zum linken Ufer zu bewegen. Er fand keinen Halt und geriet ins Straucheln. Naasch ließ das Steuer los und sprang behände zu ihm. »Vorsicht jetzt. Hier kannst du nicht schwimmen gehen. Da sind Strudel unter der Oberfläche, die dich mitnehmen, wohin sie wollen.«

Die beiden standen am Rand, einander fest mit einer Hand am Unterarm des anderen haltend. Belas war erschrocken. Er dachte nicht an Untiefen in der gemächlich dahinfließenden Donaou.

Ein gutes Stück unterhalb erreichten sie das linke Ufer. Von der Promenade war hier fast nichts mehr zu sehen. Der Wald hatte sich bereits den größten Teil des Geländes zurückgeholt. Bei den regelmäßigen Überschwemmungen hatte das Wasser hier mehr Druck entwickelt. Sie vertäuten ihr Gefährt und gingen an Land.

Es war Mittag. Die Luft war voller Vogelgezwitscher. Langsam zogen am blauen Himmel kleine weiße Wolken entlang. Sie kletterten über Berge von Geröll, ehe sie auf einen einigermaßen ebenen Weg kamen, der vom Fluss weg in die alte Stadt führte. Die Straße mündete auf einen großen Platz, etwas höher als die Donaou gelegen. Zwischen den Ruinen sahen sie auf sanfte Wellen, auf denen sich das Licht in immer wechselnden Mustern brach. Im Zentrum des Platzes lag eine zersplitterte Statue. Der Kopf lag einige Spannen entfernt von den Überresten des Rumpfes.

»Kein schöner Ort«, sagte Naasch.

»Hast bald genug gesehen, he? Das geht immer so weiter. Du kannst laufen, bis dir die Füße wehtun und wirst finden nichts als Stein und Stein und Stein. Und vielleicht noch Meute Raschoar.«

Euryn sah sich ängstlich um. »Ich habe auf nichts weniger Lust als auf die. Belas, lass uns gehen.«

Belas machte ein beleidigtes Gesicht. »Dann geht doch zurück. Ich möchte mich nur ein wenig umsehen. Schau dir das doch mal an. Wie riesig das hier alles ist. So haben sie gelebt. Auf solchen Wegen und hinter solchen Mauern sind Menschen gewesen. Hier sind sie mit ihren Maschinen rumgefahren. Haben ihre Stahlvögel in die Luft erhoben oder landen lassen. Was weiß ich, was die hier alles getrieben haben. Da können wir doch nicht einfach dran vorbeifahren.«

Euryn schnaubte vor Wut. »Dickschädel.« Es war für die nächsten Stunden das einzige Wort, das ihr über die Lippen kam.

Naasch empfand weniger Begeisterung für die Haarigen, wie er die Menschen nannte. »Haben viel kaputt gemacht«, brummte er. »Was glaubst du, was Nordländer wollen holen bei euch? Müll, den sie unter Erde gegraben. Müll, der dich und mich und Euryn kann töten.«

Belas dachte nach. »Aber sie konnten so viel. Dinge, die ich mir gar nicht vorstellen kann. Sie müssen ein wunderbares Leben geführt haben.«

Naasch zuckte die Schultern. »So schön, dass irgendwann von einem zum anderen Horizont war alles kaputt.« Der Tschirnaa war sich nicht sicher, was damals geschehen war. Schließlich lag es viele Jahrhunderte zurück. Aber in seinem Volk gab es noch ein Wissen um den Untergang ihrer westlichen Nachbarn. Die Nordländer, sagte er, seien den Alten noch viel näher. Mit ein Grund, sie zu hassen.

»Wir haben oft gegen sie gekämpft. Deshalb wagen sie sich nicht mehr in unser Land. Zu euch kommen sie auch nur, weil sie die alten Stätten suchen, wo Vorfahren ihr Gift vergraben haben.«

Belas ging zur Mitte des Platzes Das Gesicht der Statue hatte einen breiten Riss über die Stirn hinweg. Eine Wange war herausgebrochen. Die Augen hatten keine Pupillen. Euryn und Naasch standen abseits, unschlüssig, ob sie zurück zum Fluss gehen oder Belas weiter begleiten sollten. Er achtete nicht auf sie. Trotzig sah er sich um und schritt auf eine der Straßen los, die vom Wasser wegführte. Die Gebäude waren hier teilweise noch recht gut erhalten. Fassade reihte sich an Fassade, manchmal gab es sogar noch Fenster mit intakten Glasscheiben. Er betrat aufs Geratewohl eines dieser Häuser.

In dem Moment, da er durch eine hohe Tür trat, hörten die Vögel auf zu zwitschern. Es fiel ihm nicht auf. Nur die Rufe seiner Begleiter drangen an sein Ohr. Er achtete nicht darauf. Ihr ängstlicher Ton verschaffte ihm ein Gefühl von Genugtuung.

Das Treppenhaus war teilweise eingestürzt. Die Decke zeigte Risse. Es war sehr kühl. Nach rechts und links ging es in weitere Räume. Neben den Türen waren kleine Schilder mit einem Schriftzug darauf. Belas stellte sich vor, er hätte einst mit Euryn hinter einer solchen Tür gewohnt. Der alte Rasinus womöglich auf der anderen Seite. Er schlüpfte durch den Spalt, den der verkeilte Zugang offen ließ. Ganz leise bewegte er sich. Die Nordländer-Waffe hielt er in der Rechten. Vielleicht liebten Raschoar tatsächlich einen solchen Ort. Es war muffig und halbdunkel. Von einem kleinen Flur führten weitere Türen in andere Räume. Sein Herz pochte schneller und lauter.

»Komm da raus.«

Naaschs Stimme hallte im Eingang, brach sich an den mit Spinnweben übersäten Wänden. Sie klang seltsam dunkel und verschluckt. Belas wollte nur einen Blick in die einzelnen Kammern erhaschen. Mehr nicht. Er schob vorsichtig eine Tür auf. In dem Raum waren die Umrisse eines Tisches zu erkennen. Dahinter verlor sich im Schatten etwas anderes. Er trat in den Raum. Es war so etwas wie ein Bett mit einer hohen Lehne auf der Rückseite. Vorsichtig strich er mit den Fingerkuppen über den Bezug. Die Baumwolle zerbröselte. Ihm schauderte. Gedämpft drang Euryns Stimme an seine Ohren.

Er ging auf die hintere Wand zu. Dort hingen Bilder. Menschen waren darauf zu sehen. Menschen in enganliegenden Anzügen. Menschen mit dichtem langen Haar auf dem Kopf. Mal mehrere zusammen, mal nur einzelne Gesichter. Teilweise waren die Farben so stark verblasst, dass die Personen wie Schatten ihrer Selbst wirkten. Seltsam, dachte er, diese Wesen sind lange tot und lächeln doch von dieser Wand, als wären sie gerade erst weggegangen. Hatte dieser Raum auf ihn gewartet, um noch einmal seine Geschichte zu erzählen?

Belas wollte nach einem der Bilder greifen, als ihn eine Gänsehaut überlief. Die Gesichter an der Wand gerieten in Bewegung. Über sich hörte er ein leichtes Vibrieren. Durch das ganze Gebäude schien eine Welle zu gehen. Die Bewegung schwoll an.

Ein Erdbeben! Er musste raus. So schnell wie möglich auf die Straße, auf das Floß. Er schnappte sich ein kleines Bild, das zwei erwachsene Menschen mit drei Kindern zeigte, die dicht beieinander die Köpfe zusammensteckten. Der Rahmen brach auseinander. Zu seinen Füßen splitterte das Glas. Belas hob rasch das Bild auf.

Das Zittern unter seinen Füßen schwoll an. Belas hielt die Arme vom Körper weg wie ein Trunkener. Er taumelte zur Tür, hinaus auf den Flur. Über sich hörte er in anderen Wohnungen weiteres Glas zerspringen. Ein dumpfes Rauschen drang von draußen herein. Alles vibrierte jetzt. Er hastete zur Eingangstür. Sie war nur einen Spalt offen. Er griff nach ihr und wollte sie aufreißen. Sie bewegte sich kein Stück. Aus der Decke rieselte Staub auf ihn herab. Belas schrie auf. Wohin? Er hastete in ein Zimmer, das zur Straße führte. Rieselnder Mörtel und aufwirbelnder Staub standen in Schwaden in der Luft. Auf einmal stand Naasch vor ihm. Er packte ihn ohne ein Wort fest am Arm. Sie rannten durch einen halbrunden Bogen in einen hellen Raum. Ein Fenster ohne Scheibe tauchte vor ihnen auf. Belas hustete.

»Spring«, schrie Naasch und setzte ohne sich umzusehen zu einem Satz an. Belas kam aus dem Gleichgewicht, weil sein Begleiter erst spät seinen Arm losließ. Den Oberkörper schon im Freien, blieb er mit den Beinen am Fensterrahmen hängen. Er schlug hart auf einen Stein vor dem Haus auf. Von weit oben kamen Fassadenplatten wie Geschosse herabgesaust. Sie schlugen mit ohrenbetäubendem Lärm auf. Naasch war schon auf der Straße. Belas zog sich unter Schmerzen hinter ihm her.

Mit einem Schlag war es völlig still. Staubwolken standen in der Straße. Ein Stück weiter unten in Richtung Wasser war eine Fassade völlig in sich zusammengebrochen. Durch die Staubschwaden waren die Einrichtungen verlassener Wohnungen zu erkennen.

»Ich hasse diesen Ort. Zum Glück holen Beben nach und nach alles auf den Boden – geht kaputt und ist weg für immer«, zischte Naasch zwischen den Zähnen hindurch. Euryn standen Schweißperlen auf der Stirn. Benommen wandte sie sich zum Gehen. Belas dagegen starrte auf das aufgerissene Gebäude.

»Los, weg hier jetzt. Wenn zweite Welle kommt, alles bricht über uns zusammen.« Naasch fasste den jungen Homiden am Ärmel.

»Wenn du deine Schwester weiter begleiten willst, kommst mit. Wenn du in toten Welt willst zugrunde gehen, dann bitte schön.« Grimmig sah er drein, die dunklen Augen voller Entschlossenheit.

Belas blickte noch einmal zurück. Was war das für eine Welt, in der die Menschen gelebt hatten? Warum waren sie so anders gewesen? So majestätisch? Er fühlte sich klein, lächerlich. Wie Tiere lebte sein Volk in den Schieferbergen.

Er riss sich von dem Anblick des Gebäudes los. Euryn war die Straße schon ein gutes Stück voran. Naasch, der die Kapuze seines Umhangs über den Kopf gezogen hatte, folgte in einigem Abstand. Belas humpelte den beiden hinterher. Die Erde blieb ruhig. Aber der Himmel verfinsterte sich, als die drei wieder auf ihrem Floß waren. Sie hatten sich gerade vom Ufer abgestoßen, als der Regen in dicken Tropfen zu fallen begann. Die Grenze zwischen Himmel und Erde löste sich auf. Die Oberfläche der Donaou verwandelte sich in ein tanzendes Meer von Wassertropfen. Manchmal wurde der Regen so heftig, dass die Ufer nur noch schemenhaft auszumachen waren.

Als sich das Grau des Tages in vollkommene Dunkelheit auflöste, ankerten sie am südlichen Ufer. Nass bis auf die Knochen suchten sie an Land nach einem etwas trockenen Ort. Ohne Erfolg. Der Boden in Ufernähe war grasbewachsen und morastig. Dahinter schloss sich eine Ebene an, von der nicht viel zu erkennen war. Schließlich entschlossen sie sich, auf dem Floß zu bleiben. Sie warfen eine Plane über den Aufbau mit ihren Vorräten und dem übrigen Gepäck und stellten dicke Äste darunter. In dieser klammen Höhle wechselten sie die Bekleidung und aßen etwas Brot. Immerhin wärmte sich der Raum um ihre Körper ein wenig auf. Lange starrten sie schweigend auf den kleinen Ausgang ihres provisorischen Zeltes zum Ufer hin. Belas brach das Schweigen.

»Was weißt du genau über die alten Zeiten, Naasch?«

»Was willst du wissen, Grauschädel?«, gab der Tschirnide zurück.

»Na ja, wenn ich dich richtig verstehe, sind wir alle doch mehr oder weniger vom selben Schlag. Nordländer, Tschirnaa, Homiden, die Leute im tiefen Osten. Warum sehen wir unterschiedlich aus, warum reden wir andere Sprachen, warum weiß nicht jeder das gleiche von den Zeitaltern, die dem unseren vorangegangen sind?«

»Viele Fragen auf einmal«, brummte Naasch. Er seufzte. »Kann ich dir auch nicht alles beantworten. Hab nicht so gerne gelernt, als ich klein war, wenn du verstehst. Wollte immer mit Tschusch auf Jagd. Wozu soll auch alles gut sein Wissen über dies und das?«

»Dafür gibt es viele Gründe«, warf Euryn ein. Sie strich sich mit der Hand ein paar Tropfen von Stirn und Nasenrücken, die von der Plane auf sie herabtropften. »Alleine, um nicht von seinen Nachbarn verspottet zu werden, sollte man wissen, woher und wohin der eigene Weg führt. Glaubst du, es macht Spaß, als verblödet betrachtet zu werden?«

Naasch streckte sich. »Musst nicht so ernst nehmen. Ich dich halte gar nicht für so dumm.«

»Oh, *nicht so dumm*. Das darf ich wohl als Kompliment auffassen. Da danke ich.« Ihre Augen funkelten.

Naasch kicherte. »Ist doch normal, wenn man macht Späße über andere. Machen wir untereinander, macht ihr untereinander, he?«

Er schaute zu Belas hinüber. Der wollte lieber Antworten auf seine Fragen, nickte aber doch mechanisch.

Draußen tobte jetzt ein richtiges Unwetter. In einiger Entfernung hörten sie einen Baum umstürzen. Irgendwo jaulte ein Tier, vielleicht ein Wolf. »Sind wir weit genug vom Ufer entfernt?«, fragte Euryn.

»Wind treibt uns hin und her wie er will«, antwortete Naasch wenig ermutigend.

»Ich weiß über eure Geschichte nur so viel«, griff der Junge den Faden wieder auf, »vor vielen Hundert Jahren nicht nur Meer viel von eurem Land weggefressen, sondern auch Kämpfe ganze Länder verwüstet. Viel hin und her, wer weiß warum. Die Haarigen sind gegangen und haben viele Horizonte weit alles aufgegeben. Was aus ihnen ge- worden, weiß ich nicht. Woher Homidi stammen, weiß niemand von uns. Unsere Vorfahren haben sie bei ihren Streifzügen in den Westen entdeckt. Unsere eigentliche Heimat weit im Osten. Von dort wir ausgezogen, haben einen Teil der unbewohnten Lande wieder besiedelt. So weit uns das sicher erschien. Denn wo ihr lebt, viel Schlechtes ist passiert. Und dort suchen Nordländer nach alte Giftkammern von Haarige. Sind verrückt, wenn du mich fragst, und unfreundlich dazu.«

Für Naasch war damit alles gesagt, er schwieg. Euryn zog sich den Umhang fester um den Körper. Sie fröstelte. Belas konnte nicht aufhören, über die vergangenen Zeiten nachzugrübeln. Es war ihm unbegreiflich, wie sich die Dinge so ändern konnten.

*

Das Wetter blieb die kommenden Tage unberechenbar. Auf heiße Tage folgten Regengüsse. Immerhin, die Witterung gestattete immer mal wieder, die Kleidung zu trocknen. Zwei Mal bebte die Erde wieder, aber nur für Sekunden. Die Drei erlebten diese beängstigenden Momente vom Wasser aus. Dennoch fühlten sie sich dabei nicht wohl. Irgendwie war es, als wolle die Welt aus den Fugen geraten.

Naasch hatte nicht gelogen. Entlang der Donaou fanden sich immer öfter verlassene Städte. Doch je weiter sie kamen, umso öfter stießen sie auch auf Siedlungen, die auf den Trümmern der Vergangenheit gründeten. Girgani, gedrungene Leute mit breiten Gesichtern und schmalen Augen, nannte Naasch die Stämme, die östlich der Tschirniden an der Donaou lebten. Die Wälder, die sich in nördliche und südliche Richtung erstreckten, waren nach seinen Worten meist undurchdringlich. Während im Norden viele Seen auf dem Weg zum Meer lagen, ging die Landschaft im Süden in eine lebensfeindliche Wüste über. Niemand interessierte sich dafür, dorthin zu gehen. Die Homiden wussten nicht viel vom Norden und Süden, aber auch Belas und Euryn hatten in ihrer Heimat von Ländern gehört, in denen es nichts gab außer Sand von Horizont zu Horizont. Das Leben, so hieß es, habe sich vor langer Zeit zurückgezogen, da die Sonne alles verbrenne, was sich dort aufhielt.

Die Donaou war jetzt ein breiter und ruhiger Strom, der in gemächlichen Windungen dahinfloss. Belas spürte Aufregung in sich wachsen. Nach seinen Karten mussten sie bald das kleine Meer erreichen. Drei Mondphasen war es her, seit sie ihre Heimat verlassen hatten, und sie kamen gut voran.

Naasch liebte es, von großen Raubtieren zu berichten, die es in den östlichen Landen geben sollte. Katzen gleich, aber zehn mal so groß. »Passt kleiner Homidischädel wunderbar zwischen Zähne«, sagte er und riss den Mund auf, so weit er konnte. »Die haben immer Hunger. Und freuen sich, wenn sie mal was anderes als langweiligen Girgani bekommen.« Euryn streckte ihm die Zunge heraus. Belas schaute demonstrativ unbeteiligt zum Ufer.

»Was machst du, wenn du uns in die Stadt am Meer gebracht hast?«, fragte sie Naasch. Der hob die Schultern. »Muss schauen, wie ich wieder nach Salomosch komme. Vielleicht Leute von uns dort, die wieder in die Heimat wollen. Alleine möchte nicht zurück.«

»Oho«, sagte Belas, die Augen auf das nördliche Ufer gerichtet.

»Warum oh oh?« Naasch sah zu ihm herüber. »Würdest du gerne alleine diesen Weg entlang verlassener Städte nehmen?«

Belas verzog das Gesicht. Euryn sah genervt zu ihm hinüber und antwortete für ihn: »Belas würde sich in einem dieser merkwürdigen

Steinhäuser einrichten und darauf warten, dass ihm die Decke auf den Kopf fällt.«

Sie fühlte einen großen Abstand zu ihrem Bruder. Einen Sommer zuvor hatten sie noch in ihrer Höhle weit oben in den Schieferbergen gewohnt. Alles hatte sich verändert. Und auch wenn Euryn immer das Gefühl hatte, nicht zu der Gemeinschaft der Homiden zu gehören, so hatte sie doch einen Platz gehabt. Keinen schönen, aber für ein Findelkind doch passabel.

Ihr altes Leben lag weit hinter ihr. Selbst die Frage, ob sie eine Noore sein wollte oder nicht, hatte momentan kein Gewicht. Sie war unterwegs in einer fremden Welt, auf der Suche nach einer ungewissen Hilfe. Belas Zuversicht schien ihr abenteuerlich. Besonders die fliegende Rettung ein Hirngespinst. Aber sie behielt jene nächtliche Vision im Gedächtnis, in der sie einen gedrungenen Mann wahrgenommen hatte, der mit ihnen an jenen verbotenen Ort gegangen war. Sie hatte ihm nicht vertraut, aber sie hatte keine Alternative gesehen. In einem beneidete sie Belas: Sein Feuereifer war beeindruckend. Sie selbst war voller Zweifel. Aber auch wenn sie nicht so recht wusste, was sie ausrichten konnten, sie versuchten wenigstens, Hilfe zu holen. Und sie konnte diesen Sohn eines Digdo nicht alleine gehen lassen. Er hätte sich doch niemals zurechtgefunden. Und wäre er alleine auf Naasch und dessen Leute gestoßen – die beiden jungen Kerle hätten sich gegenseitig die Köpfe eingeschlagen.

Naaschs Hände dicht vor ihrem Gesicht brachten sie wieder zurück auf das Floß. »Schau«, sagte er und wies zum Ufer. Eine Hirschkuh stand am Wasser und trank. »Ein prächtiges Tier«, sagte Naasch, »und Nahrung für eine große Familie.«

»Du willst doch nicht –«

»Nein, wir könnten mit ihr jetzt nichts anfangen. Aber wenn Tschusch sie so sehen würde, Finger hätten schon die Kaderr wurfbereit. Er kann einfach nicht anders.« Naasch grinste sie an. An sein offenes Lächeln und die klugen Augen hatte sich Euryn mittlerweile so gewöhnt, dass sie sich nicht vorstellen wollte, er verließe sie bald. Doch sie näherten sich rasch ihrem gemeinsamen Ziel.

Der Frühling ging in den Sommer über. Eine bleierne Hitze stand über dem Land und machte selbst den immer kühlen Fluss zu einem Brett, über dem sich dicke Luft staute. Die Hitze machte alles und jeden schläfrig. Belas war ungeduldig und studierte stundenlang seine Karten. Auch das Bild der Menschenfamilie hielt er immer wieder in Händen. Oft saßen die drei Reisenden schweigend nebeneinander und ließen die Landschaften an sich vorbeiziehen. Belas wusste nicht mehr, wie lange sie schon unterwegs waren, als Naasch an einem elend überhitzten Mittag aufsprang.

»Das Meer. Da vorne liegt das Meer.« Er strahlte unter der Kapuze, die er gegen die sengende Sonne übergezogen hatte. »Wir sind bald da. Oh, und da draußen wir können ganz andere Fische fangen als auf ewig dummem Fluss.«

»Was heißt, da draußen?«, fragte Euryn.

»Na, wenn überqueren das kleine Meer.«

»Du willst da raus? Ich dachte, wir fahren am Ufer lang.«

Naasch runzelte die Stirn. »Das dauert aber viele Tage länger. Wolltet ihr nicht schnell euren Weg gehen?«

Euryn sah Belas an. Ihr war auf dem Fluss schon nicht wirklich behaglich zu Mute. Aber hinaus auf ein Wasser, das noch viel tiefer war als die Donaou? Er sah ihre Verzweiflung.

»Lass uns den Umweg nehmen. Wir sind schnell vorangekommen. Und wenn du recht hast mit diesem Zauber von Transit, dann sind wir schon in ein paar Tagen in der anderen Welt.«

»In der anderen Welt –« Naasch sah hinaus auf das Wasser. Die sanften Wellen, die sich vor ihnen kräuselten und sich am Horizont verloren, waren ihm offensichtlich andere Welt genug. Die beiden Homiden schauten ihn an. Er war einen Moment ganz in seinen Gedanken versunken. Dann zuckte er die Schultern unter seinem dunklen Überwurf. Das schelmische Lächeln kehrte in sein Gesicht zurück.

»Wenn Homidi meinen, dann bleibe ich noch ein paar Tage länger bei euch. Freut mich, Belas, wenn hast viel Lust zu sein mit deinem guten Freund Naasch.«

»Du willst wohl wieder ins Wasser.«

Belas richtete sich auf und ging unsicher auf dem leicht schwankenden Floß, das jetzt schneller aufs offene Wasser hinausgezogen wurde, zu Naasch. Der klatschte in die Hände.

Euryn sah erschrocken zwischen ihren Begleitern hin und her. »He, ihr. Ihr bleibt schön, wo ihr seid. Ihr wollt mich doch jetzt nicht hier auf diesem Holz sitzen lassen?«

Die beiden lachten.

»Komm doch mit uns«, hörte sie, ehe die Stimmen von einem Platschen verschluckt wurden. Ihre Überhänge lagen am Rand des Floßes, das ordentlich schwankte. Belas hatte in den vergangenen Wochen nicht nur Karten spielen gelernt, er konnte mittlerweile auch passabel schwimmen. Euryn beschattete mit der Rechten die Augen und sah hinaus auf die glitzernde Fläche, in die sich die Donaou ergoss. Hoffentlich würden die beiden Kerle rasch wieder auf die zusammengebundenen Hölzer zurückklettern.

*

Sie blieben in Reichweite des Ufers. So konnten sie am Abend festen Boden betreten und sich ein warmes Essen zubereiten. Naasch bestand darauf, Nachtwachen einzuteilen. Die Ufer waren besiedelt und man wusste nicht, welcher Gesinnung die Bewohner waren.

Die Homiden sahen zum ersten Mal in ihrem Leben Sandstrände. Die Vegetation war anders als in ihrer Heimat und auf der Fluss-Reise. Es war, als zwänge die Hitze Bäume und Sträucher an die Erde. Kleine gewundene Bäume, die wunderbar nach Harz dufteten, wuchsen bis nahe ans Wasser. Sie sorgten kaum für Schatten über den Tag. Aber am Abend ließ es sich herrlich zwischen ihnen liegen und ausruhen. »Ich liebe dieses Plätschern«, sagte Euryn am dritten Abend. Naasch hatte sie darauf vorbereitet, dass es nicht mehr weit bis zu der Stadt war. Das hatte sie bestürzt. Fast hatte sie vergessen, warum sie mit Belas und Naasch unterwegs war. Mochte die Fahrt auf dem Floß doch nie enden. Aber schon mit dem nächsten Sonnenaufgang, hatte ihr Begleiter gemeint, sollten sie ihr gemeinsames Ziel erreichen.

Sie lagen im Sand. Der Abendhimmel über ihnen war klar. Es wurde nach dem Abendessen mit frischem Fisch schnell dunkel. Aber die Luft blieb wunderbar warm.

»Wenn wir hier so liegen, ist das ein bisschen wie in den Schieferbergen.« Belas beugte sich zu Euryn hinüber. »Weißt du – diese Wärme im Rücken.«

»Aber es war nie so schön zu Hause. Ich meine, wie mit dem Wasser und diesen kleinen Bäumen um uns.«

»Ich fand es bei euch eigentlich immer ganz gut«, warf Naasch ein. Er saß noch kauend am Feuer. Die Kapuze seines Überhangs hatte er nach hinten geworfen. Sein Kopf sah über dem wallenden Stoff viel zu klein aus.

»Du warst bei uns?«, fragte Belas.

»Ja, ich habe mehrmals die Fahrt in den dunklen Westen mitgemacht. War immer ein großer Spaß.«

»Dunkler Westen –«, Belas schüttelte den Kopf, »für euch ist bei uns alles entweder dunkel, verblödet oder lustig. Ihr nehmt euch selbst zu wichtig.«

»Mag sein«, räumte der Tschirnaa ungerührt ein und spuckte mit lautem Geräusch aus. »Aber so ist das nun mal. Wie schaut ihr auf uns, wenn durch euer Tal ziehen? Wie auf Gleiche? In euren Bodenhütten versteckt, wenn wir euer Tal streifen. Als wären wir ansteckende Krankheit. Aber gut, hat Spaß gemacht.«

Euryn hob die linke Hand. »Da!«

Ein heller Strahl zog über den Himmel. Er glühte noch einmal auf und war dann verschwunden.

»Der Himmel hat Feuer – du darfst dir wünschen was.«

Naasch nahm ihre Hände in die seinen. »Nicht laut sagen, nur denken.« Er grinste sein schelmischstes Lächeln. So einnehmend konnten also die Züge eines Tschirniden wirken, dachte Euryn und vermied es, zu Belas hinüberzuschauen.

Der bekam nichts mit. Er hatte es sich in einer Sandkuhle gemütlich gemacht. Das Wasser plätscherte leise, das kleine Feuer vor seinen Füßen war warm und behaglich. Er dachte an seine Heimat. Daran, wie seine Schwester sich voller Angst an ihn drückte, wenn der Zug der Gesichtlosen, der Heimatlosen durch das Tal zwischen den Schieferbergen zog. Er hatte nie Angst vor diesen merkwürdigen Leuten gehabt, war aber, den allgemeinen Sitten folgend, ihrem Zug aus dem Weg gegangen. Wie leichtgläubig die Homiden doch waren. Wie einfältig in ihren Erdlöchern. Für andere Völker mussten sie tatsächlich wie Kaninchen wirken. Doch das lag alles hinter ihm. Er war jetzt in der Welt, hatte ein Ziel vor Augen. Konnte sogar schon ganz leidlich eine fremde Sprache sprechen. Er fragte sich, ob Rasinus überhaupt wusste, dass es andere Sprachen gab.

Die Sterne am Himmel begannen vor seinen Augen zu verschwimmen. Naaschs Lachen drang wie von Ferne an sein Ohr. Irgendwie mochte er diesen Kerl. Aber er sollte die Finger von Euryn lassen.

*

Die Stadt Misnigliou war überwältigend. Nie in ihrem Leben hatten Belas und Euryn so viel Leben auf solch engem Raum gesehen. In den schmalen Gassen, die vom Hafen leicht bergan führten, sich verzweigten und mit dem Auge bald nicht mehr zu verfolgen waren, drängten sich Einwohner, grüßten Bekannte oder wechselten Worte mit denjenigen, die aus den Fenstern der Häuser auf das Treiben unter ihnen schauten. Der Boden unter den Füßen war mit bunten Steinen gepflastert. Prachtvolle Muster lösten einander ab, griffen ineinander, verwirrten die Sinne auf eine betörende Weise. Eng waren die Gassen, eng und kühl. Dafür sorgten die mit Lehm verputzten hohen Hauswände.

Häuser wie bei den Menschen, dachte Belas. Er konnte es kaum fassen. Diese Leute hier wohnten hinter den aufstrebenden Mauern, die ganz ähnlich aussahen wie die toten Städte der Vorzeit. Achtzehn Religionen gab es in Misnigliou. Schon vom Wasser aus hatten sie verschiedene religiöse Stätten gesehen, die in der Regel auf kleinen Hügeln zwischen den Wohnungen herausragten. Naasch hatte seinen Begleitern von den verschiedenen Riten berichtet, mit denen die Einwohner der Stadt ihrem Bedürfnis nach einer über ihre Existenz hinausweisenden Sinnhaftigkeit huldigten. Belas amüsierte es, von Gebetsformen zu hören, bei denen die Mitglieder der Religionsgemeinschaft einander bei den Händen hielten und im Kreis tanzten. Oder sich in den Staub warfen, um ihrem Gott die eigene Nichtigkeit und Unterwürfigkeit zu beweisen. In den Straßen sah man den Bewohnern allerdings nicht an, welchen Weg zu einem Allmächtigen oder einer anderen Offenbarung sie wählten.

Naasch ging zielstrebig vor ihnen her. Die Leute hier trugen Umhänge ähnlich der ihren. Sie waren stämmig wie Tschirniden, ihre Augen aber waren mandelförmig, die Gesichter breiter, die Lippen voller, die Köpfe kahl. Die Frauen trugen halb durchsichtige Schleier.

Belas vermochte kaum den Blick von ihnen zu nehmen. Euryn stieß ihn in die Seite: »Glotz nicht so.«

Er zog die Stirn in Falten, antwortete aber nicht.

Es war kühl in den Gassen, während der blaue Himmel über ihnen schon am Morgen die Hitze des frühen Sommers verhieß. Naasch verstand es, den sich drängenden Einwohnern und anderen Hindernissen unmerklich auszuweichen und schnell seines Weges zu gehen. Seine Begleiter blieben oft stehen, fanden sich in dem Gedränge kaum zurecht und mussten dann wieder fast laufen, um ihm auf den Fersen zu bleiben.

»Trödelt nicht«, rief Naasch ihnen belustigt auf Kilisch zu, »wir haben einen ziemlich weiten Weg. Und wir wollen doch vor der Nacht dort ankommen.« Von den Bewohnern des Ostens umgeben, verfiel er für einen Moment in seine Muttersprache. Belas brauchte einen Moment, bis er verstand.

In den Gassen verloren die Homiden schnell die Orientierung. Sie sahen nichts mehr vom kleinen Meer, wussten nicht, wohin Naasch mit ihnen wollte.

Sie kamen an einen kleinen Platz, auf dem Marktstände mit Obst und Gemüse aufgebaut waren. In tiefschwarzen Mänteln verborgen standen große Gestalten an allen Zu- und Abgängen des Platzes.

»Sie passen auf.« Naasch wies auf die Stadtbewohner, die zwischen den Ständen hin und her wuselten, und wechselte wieder in den Dialekt der Homiden. »Viele Leute hier auf engem Raum. Wenn einer will stehlen, die Schwarzen ihn packen schnell am Kragen.« Er legte den Kopf schief und rollte mit den Augen.

Belas schaute irritiert zu den vermummten Gestalten. »Bei dir zu Hause leben doch auch viele Tschirniden dicht beisammen.«

Naasch schüttelte den Kopf. »Das kannst du nicht vergleichen, Belas. Hier sind zehn mal so viele unterwegs. Unterschiedliche Völker treffen sich, um zu tauschen Waren. Die Städte des Ostens haben überall Aufpasser und einen Rat, der Streit schlichtet und Stadt vertritt.«

»So etwas haben wir auch«, entgegnete Belas. »Wir treffen uns auf unserem Versammlungsplatz im Tal, wenn das nötig ist. Das geht ohne solche Gestalten.«

»Und was ist mit euren Nooren? Auch komische Gestalten, oder?«

Euryn zuckte zusammen.

Naasch bemerkte es sofort. »Oh, entschuldige. Ich habe vergessen. Du anders bist.«

»Und doch bin ich eine Noore«, sagte sie kühl.

Sie gingen weiter. Belas musste dem Drang widerstehen, seine Füße nach dem bunten Muster auf dem Boden auszurichten. Um sie herum waren viele fremde Stimmen und Sprachen. Kehlige Laute, wie sie die beiden Homiden noch nie zuvor in ihrem Leben gehört hatten. Und sie waren selbst so klein und schmächtig, dass sie eingeschüchtert den Blick senkten.

Euryn hatte am Hafen über all dies gestaunt – die großen bunten Lehmhäuser, die schönen Straßen, die engen Gassen, die vielen aufgeregten Stimmen und fremden Gesichter. Zuerst ließ sie sich von der Stimmung tragen. Doch mehr und mehr beschlich sie ein Unbehagen.

Die Bürger der Stadt waren an ihren bunten Tüchern, die sie um den Kopf gewunden oder über die Schultern geworfen trugen, leicht zu erkennen. Die meisten Fremden waren in grauen Umhängen unterwegs. Allen gleich war, dass sie ihre Köpfe mit Mützen, Tüchern oder Kapuzen bedeckten. Wer seine Haut länger der Sonne aussetzte, der riskierte Verbrennungen. Die drei fielen deshalb in ihrer Kleidung nicht weiter auf.

Auf dem kleinen Platz sahen sie in den Auslagen viele unbekannte Früchte, ebenso gab es Töpfe und Pfannen, Becher und Teller zu kaufen. Rundherum waren auch die unteren Geschosse der Häuser ein Ort des Handels. Bunte Tafeln wiesen in fremder Schrift auf Stoffe, Geschirr, Gewürze und anderes hin. Hatte Salomosch die Homiden schon zutiefst beeindruckt wegen der großen Zahl von Tschirniden, die dort in diesem schwindelerregenden Turm zusammenlebten, mussten sie sich jetzt an eine noch viel größere Menge an Leibern gewöhnen. Euryn betrachtete verstohlen, wie Frauen und Männer Waren in die Hände nahmen, drehten und wendeten, daran rochen, sie wieder weglegten und über Preise debattierten. In den Schieferbergen wäre so etwas nicht möglich gewesen. Die Händler aus dem Norden waren mürrisch und wiesen die Homiden schnell zurecht, wenn sie sich zu eingehend mit dem beschäftigten, was ihnen angeboten wurde.

Als sie den Platz an seinem nördlichen Ende verließen, kamen sie nahe an einem der Schwarzgekleideten vorbei. Belas erhaschte einen Blick auf den Mann. Er sah blass und wenig freundlich aus. Seine Finger spielten auf einem kleinen Gerät in seiner Hand herum.

Belas erschrak. Es war eine Waffe, wie er sie Perkil im Wald abgenommen hatte. Der Schwarze schien Belas Angst zu bemerken. Er sah ihn mit einem Mal durchdringend an. Belas schlüpfte zwischen einer Familie hindurch, die gestikulierend in der Straße stand. Er schloss schnell zu Naasch auf, der wieder ein paar Schritte vor ihm war und leichtfüßig durch das Gewühl hindurchfand.

»Naasch«, rief er. Der Tschirnide drehte sich zu ihm um.

»Tragen die Wachen hier so etwas?« Er hielt seinem Begleiter die Waffe hin.

Naasch zog die Augenbrauen zusammen. »Nein, das ist ein Gerät der Nordländer. Steck es weg. Die Kerle sind hier nicht sehr beliebt.«

Belas griff nach seiner Schulter. »Warte.« Er wies hinter sich. »Da steht einer, der hat so ein Ding dabei.«

»Sicher?«

Er wartete nicht auf eine Antwort. Sofort begann er, die vielen Gesichter in ihrer näheren Umgebung zu mustern. Naasch fasste Euryn bei der Hand und griff nach Belas Schulter.

»Lasst uns in stille Seitengasse abbiegen und schauen, ob jemand folgt. Wenn stimmt, ist böse Nachricht.«

Ohne ein weiteres Wort zog er sie weiter. Belas warf noch einen verstohlenen Blick über die Schulter. Er hatte das Gefühl, der Kerl beobachte ihn genau, wenngleich er nicht zu ihnen hinübersah.

Naasch legte ein unglaubliches Tempo vor. Sie nahmen noch einige Schritte bergan, ehe sie in ein Labyrinth von Seitenstraßen einbogen. Es wurde schnell stiller um sie herum. Allen drei stand der Schweiß auf der Stirn. Es wurde jetzt am Nachmittag auch in den engen Gassen schwülwarm.

Naasch sprang auf einen Treppenabsatz und schaute zurück. Die hölzerne Tür hinter ihm war wie die Straßen und Wege über und über mit kleinen bunten Steinen belegt, die schöne Muster bildeten.

»Hm«, Naasch reckte sich, »kann keinen Verfolger sehen. Bist wirklich sicher, Belas?«

Der nickte nur. Naasch blies die Backen auf. »Eines weiß Naasch. Schockwaffen nicht erlaubt in diese Stadt. Niemand, nicht einmal Hüter darf sich mit so was lassen sehen. Laufen hier auch schon mal Nordländer herum, aber nie in diese Kleidung.« Er sah sich wieder um. Nur ein paar spielende Kinder waren in der Gasse.

»Wir machen uns auf Weg zu Unterkunft, Tschirnaa werden freundlich uns aufnehmen und freuen, den kleinen Naasch einmal wieder zu sehen.« Er machte schon wieder ein schelmisches Gesicht und zog seine Begleiter weiter in eine andere Gasse.

Ein paar Häuser weiter kamen zwei Schwarzgekleidete auf sie zu.

»Bei allen Göttern!« Naasch blieb abrupt stehen. »Wo kommen her die denn jetzt?«

»Digdo«, murmelte Euryn. Sie sah abwesend aus. Belas kannte diese Haltung. Aber er war sich nicht sicher, ob sie es mit solch großen breitschultrigen Kerlen aufnehmen konnte. Seine Augen wanderten zu Naasch. Auch von der anderen Seite der Straße näherten sich jetzt große Männer in dunklen Umhängen.

»Hier rein«, rief der Tschirnide und drehte den Knauf an einer der hölzernen Eingangstüren.

Belas stieß Euryn in den Eingang und folgte hastig. Die Tür fiel hinter ihm schwer ins Schloss. Naasch sah sich kurz um.

»Hoffen wir auf Fluchtweg hinter Haus. Leider oft hohe Mauern hintenraus. Dicht hinter mich, Homidi.«

Er stürmte vorneweg, durch einen langen, dunklen und kühlen Gang. Belas musste an die großen Häuser in der Stadt denken, wo sie das Erdbeben überrascht hatte. Dieses Haus erschien ihm irgendwie viel behaglicher. Doch ihm blieb keine Zeit, weiter darüber nachzudenken.

Die Tür zur Straße flog auf, gerade als er das Haus auf der anderen Seite wieder verließ. Er hörte Stimmen. Kurze Befehle. Er kannte diese Art des Sprechens nur zu gut.

Belas hielt die Nordländer-Waffe fest umklammert in der rechten Hand. Ihn behinderte der weite Umhang beim Laufen. Euryn hatte die Säume angehoben, als wate sie durch flaches Wasser. Naasch war flink wie ein Wiesel vorneweg. Sie schossen ins Freie. Ein Schwall Hitze empfing sie. Drei Bäume standen auf einer kleinen Wiese, die ein Steinweg in zwei Hälften teilte. Rund um den kleinen Garten war eine hohe Mauer. Naasch lief unter die Bäume.

»Gütige Geister«, murmelte er und sah sich ratlos um. Belas hielt den hinteren Ausgang des Hauses im Auge. Jeden Moment konnten die Verfolger kommen.

Über ihnen räusperte sich jemand.

»Spielt ihr verstecken?« Ein Mädchen saß eine Armeslänge über ihren Köpfen in den Ästen. Sie hatte ein kluges Gesicht und wache Augen.

Euryn reagierte als erste. In der Sprache des Ostens sagte sie: »Ja, so ungefähr. Wir müssen hier ganz schnell weg. Aber nicht durch das Haus.«

»Seid ihr nicht zu alt zum Versteckspielen?«

Keine Antwort.

»Na, ist ja auch egal. Mir nach.«

Mit einem weiten Satz sprang sie federnd zu Boden. Sie hatte die bunte Bekleidung der Stadtbewohner an und trug Hosen. Um ihren Hals baumelte eine Kette mit glitzernden Perlen. Die Kleine legte einen Finger auf den Mund und winkte mit der anderen Hand. Lautlos huschte sie in den hintersten Teil des kleinen Geländes. Belas blieb hinter Euryn und Naasch und schaute immer wieder zurück. Ihre Verfolger waren noch nicht zu sehen. Aber er hörte Stimmen in dem Gebäude, laut, aufgebracht.

Das Mädchen rannte an die linke hintere Ecke der Gartenmauer. Wie die Häuser war auch die Mauer mit einer ockerfarbenen Lehmschicht überzogen. Das Kind zog an einer Schnur, die kaum zu erkennen war. Eine Strickleiter purzelte von der Mauer herab. Behände kletterte sie gut vier Spannen in die Höhe. Euryn verhedderte sich in ihrem Mantel, als sie ihr folgen wollte.

»Zieh aus«, sagte Naasch.

Er stieß Belas gegen die Schulter. Beide ließen sie ihre Umhänge fallen. Mit der engen Kleidung darunter und den Säcken mit ihren Habseligkeiten auf dem Rücken waren sie beweglicher. Naasch wollte Belas den Vortritt lassen. Aber der schüttelte energisch den Kopf. Naasch rollte mit den Augen und kletterte los. Belas sah noch einmal zurück. Noch immer kein Kopf zu sehen. Er griff nach dem Seil. Oben saß die Kleine auf der Mauerkante und sah ihm amüsiert zu. Es war nicht einfach, die schwankenden Tritte zu erklimmen.

»Sie sehen uns«, rief Naasch von oben.

Das Mädchen klatschte aufgeregt in die Hände. Naasch griff nach Belas und zog an seinem Hemd. Aus dem Garten hörte Belas erregte Stimmen und schwere Schritte auf Stein. Aber er war oben. Schnell zog er auch die Leiter an dem dünnen Seil in die Höhe. Doch ihm drehte sich der Magen um, als er nun auf der Mauerkrone wie auf einem schmalen Steg entlanglief. Auf einem Grat balancieren war nicht seine Sache. Zwischen den Gärten der Häuser verliefen die Mauern in einer langen Linie. Belas sah kein Ende, aber er sah, wie schmal die Mauerkrone war und wie tief es rechts und links hinab ging. Sicher, es war nicht mal tief genug, um sich ein Bein zu brechen, aber er hasste dieses Gefühl von Höhe. Sein Herz pochte hart. Er versuchte, nicht hinabzusehen. Das Mädchen war dicht hinter ihm.

»Da kommt einer«, rief sie erschrocken.

Einer der Schwarzgewandeten zog sich mühsam an der Mauerkante hoch.

Die Kleine rief nach vorne zu Euryn: »Du musst gleich da vorne links und dann direkt das kleine Treppchen hinab.« Euryn tat, wie ihr geheißen. Es war grauenvoll heiß. Die Nachmittagssonne war in ihrem Rücken. Auf dem unbedeckten Kopf brannten ihre Strahlen.

»Ich bin froh, wenn wir hier runterkommen«, sagte Belas mehr zu sich selbst. Naasch drehte sich vor ihm um und lief ein paar Schritte rückwärts.

»Bist du wahnsinnig?«, schrie Belas entsetzt. Er erntete nur ein amüsiertes Lächeln.

»Wollte nicht verpassen, angestrengtes Grauschädel-Gesicht zu sehen.« Er zwinkerte und machte einen Luftsprung.

Belas stöhnte auf. Dieser Angeber. Aber er würde ihm nicht den Gefallen tun und stürzen. Euryn verschwand schon auf der Treppe. Jetzt bog auch Belas im rechten Winkel auf eine seitlich abzweigende Mauer ein. Er wagte einen Blick zurück. Zwei Vermummte waren ihnen auf den Fersen. Noch waren sie weit entfernt.

Der hintere Verfolger griff unter seinen Umhang. Metall blitzte in seiner Hand auf.

»Schnell«, schrie Naasch Belas atemlos zu. Er sprang auf die Stufen. Belas machte unvermittelt halt. Das Mädchen hinter ihm sah nicht mehr so fröhlich aus. Sie schien den Tränen nah.

»Das ist kein schönes Spiel«, sagte sie.

Belas verstand ihre Worte nicht, packte sie aber an beiden Schultern und hob sie auf die Treppe. Sie erkannte erst jetzt seine fremden Gesichtszüge, die graue ledrige Haut. Ängstlich tippelte sie die Treppe hinunter, beide Arme ausgestreckt, um die Balance zu halten. Ein Knall zerriss die schwüle Luft. Vögel flatterten erschrocken in mehreren Gärten auf. Fast zeitgleich spürte Belas einen stechenden Schmerz im rechten Bein. Er griff nach der Stelle, während sein Körper unter ihm wegsackte. Er fiel nach vorne, auf die schmalen Stufen hinab in den Garten. Mehrere Köpfe schauten aus den rückliegenden Fenstern. Die beiden Schwarzgewandten kümmerten sich nicht um das Aufsehen, das sie erregten. Sie wollten wenigstens einen der Drei erwischen.

Belas überschlug sich und blieb benommen auf einer der unteren Stufen liegen. Sein Hosenbein färbte sich dunkel von Blut. Etwas hatte seinen Oberschenkel durchschossen. Er rang nach Atem.

»Beiß auf die Zähne, mein Freund«, raunte ihm Naasch zu. Der Tschirnide warf ihn sich über die Schulter wie einen Sack. Belas entwich so schnell die Luft aus der Lunge, dass er fürchtete, die Besinnung zu verlieren. Sein Bein brannte.

Das kleine Mädchen lief schluchzend zu einer Tür im hinteren Teil des wild überwucherten Geländes. Euryn zog sie an der Hand mit sich. Diese Pforte bestand aus massiven Eisenstäben. Und im Schloss steckte ein Schlüssel.

»Hier müssen wir durch. Und dann gibt es einen kleinen Gang zwischen zwei Häusern hindurch, der ebenfalls an einer solchen Tür endet.« Die Kleine war außer Puste, aber sie musste reden, um ihre Angst zu unterdrücken. »Wenn mich die Jungs aus der Straße ärgern und mir nachlaufen, hänge ich sie hier immer ab.«

Euryn lächelte zaghaft und nickte.

Das Mädchen öffnete das Tor. Blitzschnell zog sie den Schlüssel ab. Naasch, unter der Last auf seiner Schulter keuchend, war direkt hinter ihnen.

»Schnell, schnell«, rief die Kleine. Sie war schon wieder den Tränen nahe beim Anblick der blutenden Wunde an Belas Bein. Ängstlich schaute sie durch die Stäbe. Ihre Verfolger kamen die Treppe herunter. Aber die Tür war jetzt wieder versperrt. Die beiden dunklen Gestalten stießen die groben Hände gegen die Pforte und fluchten. Sie verloren wertvolle Zeit.

»Müssen verstecken sofort«, rief Naasch. »Fallen hier ziemlich auf.«

Euryn sah sich um. Zum Glück hatten sich die Bewohner der Stadt über die drückend heißen Nachmittagsstunden in ihre Wohnungen zurückgezogen. Niemand beobachtete sie. Nur das Mädchen stand noch unschlüssig neben ihnen und betrachtete verstohlen Euryn.

»Lass mich runter«, presste Belas zwischen zusammengebissenen Zähnen hervor. »Ich will auf meinen Beinen stehen.«

»Nichts lieber als das«, antwortete Naasch.

Belas stöhnte auf, als er wieder auf beiden Füßen stand. Er konnte das rechte Bein nicht belasten. Naasch wickelte ein Tuch fest um die Fleischwunde und schob sich unter die Achselhöhle des schwankenden Homiden.

»Lauf nach Hause«, sagte Euryn zu dem Mädchen. »Danke für deine Hilfe.«

Die Kleine nickte. Aber sie bewegte sich nicht von der Stelle.

»Was ist denn?« Euryn beugte sich zu ihr hinab.

»Ihr«, sie sprach leise, »ihr habt so dicke Haut. Und du bist so ganz anders.«

»Was meinst du damit, ich bin anders?«

»Ich hab's gefühlt, als du an mir vorbei in die Gärten geschaut hast. Da war was komisches.«

Euryn nahm das Mädchen zärtlich bei der Schulter. »Ich glaube, du bist auch anders. Du hast nicht so eine graue Haut wie ich und Belas. Aber du hast einen klugen Kopf. Ich würde dich gerne wieder treffen, wenn wir nochmal hier vorbei kommen. Aber jetzt geh.«

Sie nickte und schaute verstohlen zu Belas hinüber. In der Gasse war es totenstill. »Wird er sterben? Habt ihr was angestellt?«

»Nein, wir haben nichts angestellt. Aber das waren böse Leute, die uns verfolgen. Lauf jetzt heim auf einem deiner geheimen Wege, damit sie dich nicht sehen. Wir haben das Spiel mit knapper Not gewonnen.«

Ein Lächeln huschte über das Gesicht der Kleinen. Pfeilschnell verschwand sie in einem anderen Hauseingang.

»Wurde auch Zeit«, sagte Naasch ungeduldig. Er strich sich den Schweiß von der Stirn. »Keine Zeit für Schwätzchen. Weiß ungefähr, wo wir sind. Gibt hier hübsche Gassen, die uns an unser Ziel bringen. Nordländer brauchen mehr Zeit, sich zurechtzufinden.«

Zwischen den Häuserreihen gab es immer wieder kleine Durchlässe. Manche hinter Büschen fast verborgen. Von Ranken überwuchert, sorgten sie nicht nur für kühle Luft und lauschige Plätzchen, sondern auch für Orte, die den Blicken entzogen waren.

»Du hast nicht zu viel versprochen.« Belas keuchte. »Hier ist es wirklich ganz anders als an allen Orten, die ich bislang in meinem Leben gesehen habe. Und sehr schön.«

Naasch grinste. »Du warst allerdings noch nicht an allzu vielen Orten, was?«

Euryn war schweigsam und konzentriert. Die Unruhe hatte kurz nachgelassen, aber sie fühlte schon wieder eine Bedrohung. Sie bogen unter einer schlanken, pflanzenüberwucherten Pagode nach rechts ab, wieder bergauf. Euryn schaute in die hinter ihnen liegende Straße. Sie sah keinen Verfolger. Die Straßen lagen still in der Nachmittagshitze, kein Schritt war auf den reich verzierten Böden zu hören. Aus den Häusern drang hin und wieder ein fröhliches Kinderlachen. Die Bewohner von Misnigliou mussten ein glückliches Leben führen.

Der Weg durch die Gassen der Stadt erschien Belas unendlich weit. Jeder Schritt versetzte ihm einen Stich in den Oberschenkel. Seine Hose sah zum Fürchten aus. Eine Frau kam ihnen in einem der engen Durchlässe entgegen, ein kleines Kind auf dem Arm. Finster schaute sie auf die beiden jungen Kerle. Sie sagte aber kein Wort.

»Die Leute kommen wieder vor die Türen. Es wird Abend. Das Leben auf der Straße beginnt jetzt erst richtig.« Naasch schaute sich um. Sie standen an der Ecke einer größeren Straße, die schnurgerade bergauf führte. Euryn kam atemlos hinterher. »Ich habe Stimmen gehört in den Gassen. Klang nach den Nordländern. Sie sind nicht weit.«

Naasch nickte. »Wir dürfen nicht auf diese Straße. Sie bietet keinen Schutz.«

»Hast du nicht davon gesprochen, gleich dort zu sein, wo auch immer du uns hinführen wolltest?« Belas sprach stoßweise. Euryn legte ihm eine Hand auf die Schulter.

Naasch kniff die Augen zusammen. Er war unsicher, welchen Weg sie nehmen mussten.

»Wäre besser, ich würde mich ein bisschen alleine umschauen. Ich kenne diese Straßen. Aber es ist gewiss drei, vier Sommer her, dass war in dieser Stadt. Da noch ein kleiner Junge war Naasch.« Der schelmische Gesichtsausdruck war schon wieder da.

»Wir müssen diesen blutigen Homidi kurz verstecken.«

Er zwinkerte Euryn zu. »Kannst du handeln?«

»Handeln?«

»Ja, guten Preis ausmachen für irgendwas.«

»Ich weiß nicht.« Sie sah zu Boden.

»Also nicht.«

Der Tschirnide seufzte und förderte ein Säckchen unter seinem Hemd zu Tage. »Hier, Silbermünzen. Dafür bekommst du alles in Misnigliou. Geh mit ihm in das Haus hier um die Ecke und besorge dir einen verschwiegenen Ort für einen Augenblick.«

Er sah sie flehend an: »Auch wenn du nichts vom Handeln verstehst, lass' es nicht zu teuer werden. Wir brauchen noch eine Menge Münzen.«

Ein aufmunterndes Lächeln, und er ging raschen Schrittes über die breite Straße davon. Euryn sah im verdutzt hinterher. Belas stieß sie an. Er konnte kaum noch stehen.

*

Sie saßen in einem abgedunkelten Raum. Er war sehr klein, hatte aber eine hohe Decke. Durch ovale Fenster fiel von weit oben diffuses Licht. Belas hatte eine Hand auf dem Verband liegen. Er atmete jetzt ruhiger. Euryn saß ihm gegenüber, näher bei der Tür. Sie traute der Stille nicht. Eine Frau mittleren Alters, einen guten Kopf größer als sie selbst, hatte auf ihr zaghaftes Klopfen an der Tür geöffnet. Ein Blick auf Belas Bein hatte genügt, um alles zu erklären. Die vier Silbermünzen, die Euryn der Frau hingehalten hatte, wechselten ohne weitere Worte die Besitzerin.

Euryn war überrascht, wie ordentlich es in der Wohnung aussah. Und nicht nur auf den Straßen frönten die Einwohner farbenfrohen Ornamenten. Die Holzschränke, an denen sie Belas vorbeigeschleppt hatten, waren reich verziert mit kleinen, eingelassenen Steinchen.

In allen Zimmern roch es süßlich-rauchig. Das rührte von kleinen Stäbchen her, die über goldenen Schalen verbrannt wurden. Am Kopfende des schmalen Flures hatte Euryn eine metallene Figur auf einem Tisch an der Wand ausgemacht. Ein dicker Glatzkopf mit geschlossenen Augen. Recht lustig anzuschauen. Vor dieser Figur brannten besonders viele der Rauchstäbe.

Der Geruch drang in den kleinen Raum, in dem sie jetzt saßen. Er hatte eine beruhigende Wirkung. Euryn betrachtete ihren Bruder, der mit geschlossenen Augen an einer Wand lehnte. Es war eine merkwürdige Mission, zu der sie da aufgebrochen waren. Ob ihm klar war, wie gefährlich es war, quer über den Kontinent zu reisen? Jetzt vielleicht schon.

Im Schlaf sah sie manchmal die Schieferberge vor sich. Die Nooren bauten ihre Grotte zu einer Festung aus. Konnten sie die Kolonie schützen? Ein Blick auf Belas Bein und der Gedanke an die Waffen der Nordländer, die über viele Spannen hinweg trafen, raubten Euryn jede Hoffnung.

Die Homiden waren in eine Sache geraten, mit der sie besser nichts zu tun gehabt hätten. Siras hatte bereits mit dem Leben für sein Übertreten der Regeln gezahlt. Jetzt saß Belas mit einer schweren Verletzung neben ihr.

Eine Weile blieb sie mit ihren Gedanken alleine. Ab und an hörte sie Stimmen hinter dem Vorhang, der den Raum von der restlichen Wohnung trennte. Sie konnte verstehen, was die Bewohner sprachen. Es beruhigte Euryn zu erfahren, dass sie nach einem Arzt schickten, der möglichst unauffällig kommen sollte. Erstaunlich war die unaufgeregte Art, wie die Leute mit der Situation umgingen. Ob so etwas hier öfter vorkam? Schließlich schob eine zarte Hand den Vorhang zur Seite. Ein junges Gesicht sah in die Kammer.

»Darf ich?«

Euryn nickte. Das Mädchen war wohl kaum älter als sie selbst, aber einen guten Kopf größer. Sie hatte mandelförmige dunkle Augen, eine gerade zarte Nase und einen vollen Mund. Gewiss eine Schönheit in ihrer Stadt, dachte Euryn. Sie beugte sich zu Belas hinunter. Der schlug die Augen auf und schaute ihr überrascht ins Gesicht. Die Haut seiner Wangen verfärbte sich. Euryn verbarg ihr Lächeln hinter der Hand.

»Wer um alles in der Welt – « hob Belas in seiner eigenen Sprache an. Das Mädchen lächelte und sagte: »Entschuldige, ich wollte dich nicht wecken. Verstehst du meine Sprache?«

Belas nickte. »Einigermaßen«, murmelte er in der Sprache der Tschirnaa. Er richtete sich auf.

»Nenn mich Halin«, sagte das Mädchen.

»Belas«, sagte er mit etwas festerer Stimme.

»Ich heiße Euryn.«

»Was ist mit ihm geschehen?«, fragte Halin.

»Ein Zusammentreffen mit unangenehmen Leuten.«

»Böse Waffen haben die Nördlichen.« Halin sah bekümmert auf die Wunde. »Mein Vater hat nach einem Arzt gerufen. Er sollte bald hier sein.«

Belas hing an ihren Lippen. Ihm schien es wie ein Gesang, wenn dieses Wesen den Mund öffnete.

»Ihr habt ein merkwürdiges Äußeres.«

Halin fuhr dem Jungen unbekümmert durch das Gesicht. An ihrem Handgelenk sangen eine Unzahl feiner goldener Armreife. Ihre Hände waren so schlank wie die von Euryn. Und ihr Gesicht gleichermaßen würdevoll. Aber die Wangenknochen traten stärker hervor als bei der Homidin, die Augen wirkten dadurch flacher. Es durchlief Belas heiß, als ihr Blick den seinen traf.

»Ihr stammt aus dem Westen?«, fragte das Mädchen.

Euryn nickte.

»Nur selten verirren sich Bewohner der toten Welt in unsere Region.«

»Tote Welt?« Euryn reckte sich. Die Freundlichkeiten der östlichen Nachbarn ärgerten sie immer mehr.

»Entschuldige, ich will nicht unhöflich sein. Ich habe noch nie mit jemandem wie euch gesprochen. Wir lernen das so. Viele sagen, die Lande jenseits der Tschirnaa seien so vergiftet, dass niemand dort existieren könne. Und die wenigen, die es dennoch tun, sollte man meiden, um sich nicht selbst zu vergiften.«

»Und warum sitzt du dann bei uns?« Euryn verbarg ihren Ärger nicht.

Belas räusperte sich.

»Ich finde –«, er stotterte leicht im Bemühen, die ihm wenig geläufige Sprache korrekt zu sprechen, »ich bin der Meinung, es ist sehr freundlich von dir.« Er wagte ein leichtes Lächeln. Die graue Haut seiner Wangen hatte sich dunkel verfärbt. Euryn machte große Augen. Sie zog es nun vor zu schweigen.

*

Spät am Abend kam Naasch. Er hatte noch eine Weile auf der Straße gewartet, nachdem er Euryn mit Belas in einem dunklen Hausflur hatte verschwinden sehen. So war er sicher, wo er nach ihnen suchen musste. Und in dem Haus musste er nicht lange fragen. Vermutlich wusste jeder in dem Gemäuer, wo die Fremden untergekommen waren.

Das übliche breite Grinsen im Gesicht, stand er plötzlich da und deutete eine Verbeugung an, die rechte Hand vor der Brust. Euryn war erleichtert. Die Müdigkeit, die sich ihrer bemächtigt hatte nach einem üppigen Mal, das Halin und ihre Eltern den unerwarteten Gästen aufgetragen hatten, war wie weggeblasen. Belas lag lang ausgestreckt auf einer Bastmatte, den Kopf auf einem weichen Kissen gebettet. Er schlief tief und fest.

Naasch hatte sich erkundigt. Die Nordländer, wusste er von einem Großonkel, hatten ihre Agenten über die ganze Stadt verteilt. Die Oberen der Stadt hatten ihren Drohungen nachgegeben.

Unter eingeweihten Misngliouten war die Empörung über dieses Vorgehen groß. Aber der Rat der Stadt wollte vor allem eines: Ruhe und gute Geschäfte. Auch wenn die Nordländer nicht gerne gesehen waren – anlegen wollte sich niemand mit ihnen.

»Das überlassen sie lieber uns«, sagte Naasch, in dessen Stimme ein gewisser Stolz nicht zu überhören war.

»Und die suchen tatsächlich nach Belas und mir?« Euryn mochte das immer noch nicht glauben.

»Ihr kleinen Grauschädel werdet noch richtig berühmt.« Naasch zog die Mundwinkel nach unten und nickte bedächtig. Seine schwarzen Augen funkelten.

Euryn rammte ihm den Ellbogen in die Seite, wie sie es früher gerne bei ihrem Bruder gemacht hatte. Er zuckte zurück und lachte leise.

»Sind wir hier sicher?« Sie ließ ihren Arm einen Moment zu lange in seiner Seite verweilen.

»Momentan sind wir hier besser aufgehoben als bei jedem Tschirnaa in der Stadt. Das hier war ein glücklicher Zufall. Die Misngliouten sind gewiss freundliche Zeitgenossen. Aber diese Familie ist mehr als zuvorkommend. Du hast gut gewählt.« Er drückte ihre Hand, Euryn schlug verlegen die Augen nieder.

Sie schwiegen lange Zeit. In der Wohnung gab es viele fremde Geräusche. Halins volle Stimme war oft zu hören. Sie hatte vier Geschwister. Drei jüngere Mädchen und einen Bruder, der gerade erst das Laufen gelernt hatte. Der kühlere Abend machte die Familie lebendiger. Sie lachte viel. Der Vater, Nosrim, übertönte dabei alle anderen mit seinem tiefen Bass. Spät kam Halin noch einmal mit einem Krug Wasser und fragte, ob sie noch etwas bräuchten. Euryn lehnte dankend ab. Sie war so müde wie selten zuvor. Bald schlief sie ein. Naasch lag an ihrer Seite.

*

Naasch war in den kommenden Tagen viel unterwegs. Eine kleine Gemeinde Tschirnaa lebte in Misngliou und trieb dort Handel. Unter ihnen war ein Onkel seiner Mutter. Über die weitläufigen Verwandtschafts- und Bekanntschaftsbeziehungen in der Stadt war es fast unmöglich, etwas geheim zu halten. Der oberste Rat duldete zwar das Treiben der Nordländer, er unterstützte sie aber nicht. Insgesamt wurde die Tatsache, dass Interesse an zwei Homiden bestand, als unerfreuliches Zeichen gewertet. Natürlich hatte sich die Verfolgungsjagd in den Hinterhöfen herumgesprochen. Dem Rat, berichtete Naasch

Belas und Euryn, war an einer schnellen Weiterreise der Gäste gelegen. Ganz offensichtlich ohne Begleitung durch die Nordländer.

Belas verletztes Bein ließ das aber zunächst nicht zu. Zudem ließ er sich gerne von Halin versorgen und bemühte sich redlich, die fremden Worte über die eigenen Lippen zu bringen. Die junge Frau wiederum wurde nicht müde, ihren Gast nach seiner Heimat zu fragen, die sie eigentlich für eine unwirtliche Gegend ohne zivilisiertes Leben gehalten hatte. Euryn, die sich als störendes Element fühlte in den Gesprächen der beiden, war empört über Belas Lügen zum Leben in den Schieferbergen. Gewiss ließ sich auch Positives finden, aber die Beschreibung öffentlicher Bibliotheken und verschiedener Bäder unter freiem Himmel, in denen man in prachtvollen Wannen voll warmem Wasser saß, von heißen unterirdischen Quellen gespeist, waren dreist. Belas log zwar nicht, aber wie er die schönsten Orte der Nooren zum Allgemeingut homidischen Lebens erhob, das war schon atemberaubend. Euryn stellte sich schlafend, wenn ihr Bruder derart prahlte.

Die Hitze lag wie eine Glocke über der Stadt. Der Hochsommer kündigte sich an. Mit ihm kamen Waldbrände. Der Transit war dann oft über ganze Mondphasen hinweg nicht zu nutzen. Belas, der mittlerweile am Abend mit Halin vor der Gebetsecke kniete und wie eine Räucherbude roch, drängte nicht zum Aufbruch. Euryn hätte ihrem Bruder gerne etwas mehr Ruhe gegönnt, aber sie hatte in der Nacht schlimme Dinge gesehen.

Die Intensität der nächtlichen Vision war so stark gewesen, dass sie schreiend aus dem Schlaf gefahren war. Sie hatte Ludmila vor Augen gehabt. Die Noore war abgemagert, ihr Gesicht von Schweiß bedeckt. Sie stand auf dem Langen Berg und sah hinab ins Tal. Dort waren Homidenfamilien auf der Flucht vor Nordländern. Die schossen mit ihren Waffen auf die Fliehenden, warfen brennende Fackeln in Höhlen und lachten dabei rau. Ludmilas Mundwinkel bebten. Sie zog sich zurück. Wir haben schon so viele verloren, hörte Euryn ihre Stimme, aber wir halten sie diesen Sommer von ihrem Ziel entfernt. Für diesen Sommer kommen sie nicht in die unterirdischen Stätten. Selbst wenn wir alle dafür sterben. Euryn spürte den Schmerz in ihr, und sie spürte ihn in ihrem eigenen Körper. Der Kampf gegen diese groben Kerle aus dem Norden war ohne Hilfe von außen nicht zu gewinnen.

Euryns nächtliche Visionen hatten abgenommen, je weiter sie sich von den Schieferbergen entfernten. Ludmilas Hilferuf kam umso härter in ihrem Inneren an. Die Homiden hatten den Tod vor Augen, so wie es der Allbios gesagt hatte. Grabe nicht unter der Erde – es ist dein Untergang.

Die Nordländer schreckten vor nichts zurück, das war Euryn bewusster denn je, wenn sie Belas durch die Wohnung humpeln sah. Aber zum einen war sie mehr als unsicher, ob ihre Reise die erhoffte Hilfe bringen würde, zum anderen schien ihnen die Zeit davonzurennen. Einige Tage gingen ins Land. Belas kam wieder auf die Beine. Mit seiner treuen Begleiterin wagte er sich bald wieder in den Hinterhof. Am Abend traf sich dort die ganze Nachbarschaft. In Tontöpfen, die auf glühende Holzkohle gestellt wurden, schmorten dann Fleisch und verschiedene Sorten Gemüse. Es wurde gesungen und gelacht. Die Gäste ernteten zunächst interessierte Blicke, aber niemand fragte nach ihren Zielen und Absichten.

Belas lernte die östliche Sprache immer besser. Es war erstaunlich, was in seinen Kopf passte, wenn ihm nur die Art des Unterrichts zusagte. Er berichtete Euryn von den vielen Religionen, die es in der Stadt gab. Nosrims Familie war dem Buddhismus zugewandt. Ein Bekenntnis, wie Belas voller Ehrfurcht bemerkte, das über fünftausend Jahre alt war. Welchen Glauben hatten sie selbst? Unausgesprochen stand die Frage zwischen den beiden. Keinen. Ja, bei den Homiden gab es den Allbios, aber das war keine richtige Religion. Mehr eine Anleitung, was in ihrer Welt zu tun und zu lassen war. Für die meisten in den Schieferbergen war die Natur voll göttlicher Kraft. Für Euryn – fand zumindest Belas – gab es nur einen Gott: Digdo.

Ein Volk ohne Glauben, ohne Vergangenheit, ohne Zukunft. Belas und Euryn dachten beide für sich darüber nach, wie es nur möglich gewesen war, dass ihre östlichen Nachbarn eine viel intensivere Verbindung zu den vorangegangenen Zeitaltern behalten hatten. Sie selbst lebten – einmal abgesehen von den Nooren – wie gerade aus der Erde geboren.

Naasch kam mit schlechten Neuigkeiten. »An der Transit-Station sind täglich Nordländer«, berichtete er. »Sie wissen, dass ihr beide weiter wollt.«

Seine sonst so strahlenden Augen waren unruhig, er war voller Sorge. Er schwieg eine Weile. Halin kam in den Raum mit einem Kännchen Tee, der nach Blütenblättern roch.

»Ich dachte, ihr könntet etwas Wärmendes vertragen.«

Naasch machte ein langes Gesicht: »Na klar, ich schwitze seit Tagen wie ein Hühnchen auf 'nem Spieß. Was Warmes wäre da wirklich erfreulich.«

Das Mädchen grinste. Sie setzte die Tassen ab. Sie ist größer als Euryn, dachte Naasch, aber so viel größer dann auch wieder nicht.

Plötzlich huschte ein Lächeln über sein Gesicht. »Bei Salomosch. Mir kommt da eine Idee.« Die anderen sahen ihn erstaunt an.

»Du lässt deinen Tee abkühlen, bevor du ihn trinkst«, schlug Belas vor. Halin und Euryn lachten laut auf. Halin schlug dabei die Hände vors Gesicht. Doch Naasch ignorierte die anderen, so als wolle er seinen gerade gefassten Gedanken nicht wieder verlieren.

»Wie wäre es, wenn wir diesen verkleideten Raschischi eine kleine Überraschung bereiten würden?«

Die anderen schauten überrascht auf. Schweigen breitete sich im Raum aus. Euryn starrte Naasch an. »Nein«, sagte sie nach kurzer Pause, »das tust du nicht.«

Naasch war perplex. Halin sah von einem zum anderen. Belas räusperte sich. Bei allen guten Geistern, er hasste solche Situationen. Euryn schien einfach in die Köpfe der anderen hineinzuschauen.

»Kein Lockvogel. Das ist zu gefährlich.« Euryn sah flehentlich zu Naasch. Der war immer noch verwirrt.

»Ich, ich hab doch noch gar nichts gesagt. Kannst du meine Gedanken lesen?«

»Nein, das kann ich nicht.«

Euryn bemerkte erst jetzt, wie sich die eben noch entspannte Stimmung jäh ins Gegenteil verkehrt hatte. Sie selbst saß kerzengerade.

»Ich kann nur eins und eins zusammenzählen. Dein Blick zu Halin – du bist ein verwegener junger Tschirnaa, aber ich kann nicht zulassen, dass du dich und sie in Gefahr bringst.«

Naasch sah sie lange an.

»Entschuldige, ich hatte ganz vergessen. Du hast mir einmal das Leben gerettet. Die Kraft deiner Gedanken haben dazu genügt. Aber du musst auch mir erlauben, einen kleinen Teil dieser Schuld wieder abzutragen.«

»Es gibt keine Schuld und nichts abzutragen«, entgegnete Euryn hitzig. Ihre schmalen Nasenflügel bebten. »Wir kommen hier auch anders raus.«

»Kommt ihr nicht.« Halin schüttelte bedächtig den Kopf. »Eure Worte sind zwar etwas rätselhaft, aber auch ich kann schon bis zwei zählen.«

Euryn sah sie feindselig an.

Das Mädchen ließ sich davon nicht beeindrucken. »Wenn ich dich richtig verstehe, junger Mann der Tschirnaa, dann sollen du und ich als Belas und Euryn auftreten, damit sie selbst unerkannt in den Transit kommen.«

Naasch nickte und grinste wieder breit übers ganze Gesicht. »Ganz recht. Wir werden uns etwas ängstlich in die Station stellen und flüchten, sobald sie uns greifen wollen. Ihr beide betretet die Halle, am besten einzeln, wenn die Luft rein ist. Meine Verwandten kennen jemanden, der kommende Woche an Neumond den Transit nimmt. Er könnte die Abfahrt ein wenig verzögern, damit ihr rechtzeitig am Gleis seid. Mein Onkel meint sowieso, diese Fahrt solltet ihr unbedingt nehmen. Danach weiß niemand, wann die nächste sein wird.«

Belas schwieg, Euryn schnaubte. Aber Halin war außerordentlich geschmeichelt ob der Aufgabe, die ihr zufallen sollte.

»Diese Nordländer sind nicht zimperlich, Naasch.« Euryn strich sich mit der Hand durchs Gesicht. »Sie könnten euch töten.«

Der Junge schüttelte bedächtig den Kopf. Er sah von einem zum anderen. Lange ruhte sein Blick auf Euryn. Ihre Augen verengten sich. Der junge Tschirnide genoss ihre Besorgnis.

»Digdo«, murmelte sie leise.

»Nein, sie werden ganz schnell die Finger von uns lassen. Der Transit ist nicht irgendein Hinterhof. Dort pulsiert das Leben. Dort sind immer wichtige Leute der Stadt. Dort beginnen nicht mal die eine Schießerei. Wir müssen ein paar wichtige Leute der Stadt zusammentrommeln. Mein Onkel kann das organisieren, da bin ich sicher. Und sobald die Nordländer sehen, dass sie den Falschen hinterherhetzen, seid ihr schon unterwegs.«

Über den Flur tippelten die kleinen Füße von Halins Geschwistern. Die Tür sprang auf und ein kleines spitzes Gesicht rief in den Raum: »Kommt runter. Das Nachtmahl wartet nicht mehr länger.«

*

»Ich werde für dich beten.« Halin schluckte und senkte den Blick. Ihre kleinen Schwestern kicherten. Dreizehn kurze Tage und Nächte hatten Belas und Euryn bei der Familie zugebracht.

»Ich werde auch für dich beten«, erwiderte Belas und wechselte die Farbe. Er verbeugte sich leicht vor der jungen Frau, wie das in der Stadt Sitte war. Euryn rollte die Augen, lächelte dann aber, als Halins Blick auf sie fiel.

»Danke für die Gastfreundschaft. Ich fürchte, wir haben sie über Gebühr beansprucht.«

Halins Vater Nosrim schüttelte den Kopf. »Gewiss nicht. Wen die Nördlichen verfolgen, der kann nur ein gutes Wesen sein, sagen wir

Misnigliouten. Ihr seid jederzeit bei uns willkommen. Mögt ihr euren Weg – und was noch wichtiger ist – eure Mitte und euren Platz in diesem Leben finden!«

Sein frommer Wunsch hallte in Euryns Herzen nach.

*

Sie standen in einer engen Gasse etwas abseits der Transit-Station. Von dort oben hatte man eine wunderbare Sicht auf die Stadt und das dahinterliegende Kleine Meer. Der Tag war drückend heiß. Über den Wegen flimmerte die Luft schon am Morgen. Die Passanten waren alle in unzählige Lagen leichter schöner Stoffe verhüllt gegen die sengende Sonne.

Nosrim betrachtete die beiden Homiden.

»Nun seht ihr schon fast aus wie echte Misnigliouten. Diese Gewänder stehen euch gut, möchte ich meinen.«

Seine mandelförmigen Augen hatten eine ungeheuer beruhigende Wirkung. Vielleicht, dachte Euryn, tat Belas gut daran, sich der Religion dieser Familie zu nähern. Vielleicht wies sie ja einen Weg, durch das Dickicht des Lebens zu finden.

Die Köpfe der beiden Homiden waren unter bunten Turbanen – ein warmes Rot und ein tiefes Blau war neben vielen Schattierungen hervorstechend – kaum zu erkennen. Dennoch hatten Halin und ihre Schwestern die Haut mit einem Beige-Ton heller gefärbt. Am Körper trugen sie die leichten Sommergewänder, wie sie die Bewohner der Stadt bevorzugten. Durchscheinend lagen die Stoffschichten übereinander. Die bunten Karos und Rauten formten bei jeder Bewegung neue Muster. An Hand- und Fußgelenken waren die Kleider eng gefasst mit Bändern, deren lange Enden herabbaumelten. Auch Hände und Füße der Homiden hatten die Mädchen von der auffällig grauen Hautfarbe befreit. Sie sahen jetzt aus wie der Sand am Meeresstrand.

Nosrim hatte lange gezögert, ehe er sich bereiterklärt hatte, seine Tochter der Gefahr auszusetzen. Letztlich hatte er sein Ja gegeben unter der Bedingung, selbst in der Nähe zu sein. Am Transit waren an diesem Morgen auch auffallend viele Tschirniden. Zwei Mitglieder des Rates der Stadt standen ebenfalls vor dem Portal der Halle, um angeblich einen wichtigen Gast der Stadt zu verabschieden. Die Nordländer sollten gar nicht erst in Versuchung geraten, ihre Waffen zu verwenden.

»Los geht's.« Naasch richtete sich auf, drückte Euryns Hand und schob sich die Kapuze über den Kopf. Halin tat es ihm gleich. Belas und Euryn blieben bei Halins Vater. Erst als die beiden Lockvögel die Stufen zu dem großen Gebäude erreichten, schlenderten auch sie los.

In der hohen Halle des Transits war es überraschend kühl und zugig. Händler und andere Reisende standen in kleinen Grüppchen beisammen und unterhielten sich laut.

Naasch verschaffte sich rasch einen Überblick. Der Transit aus dem Osten war schon eingetroffen. Die Türen zu den Abteilen standen offen. Naasch beneidete seine Freunde ein wenig für die Fahrt in diesem Gefährt. Es war flach und langgestreckt, seine Außenhaut bestand aus einem harten Kunststoff, ähnlich Salomoschs Wänden. Er hätte gerne die ungeheure Geschwindigkeit gespürt, mit der man in diesem Transportmittel dahinsauste. Das Unglaubliche daran: Der Transit berührte nicht einmal den Boden. Er schwebte einfach auf Magnetfeldern dahin.

Naasch sah mehrere Schwarzgewandete in der Halle. Aber wer davon war ein Nordländer? Mit seiner Begleiterin musste er einmal quer durch den Raum. Und sie mussten lange genug unerkannt bleiben, damit ihr Schwindel nicht zu früh aufflog.

Ein Gong wurde geschlagen. Köpfe hoben sich, die ersten Eiligen nahmen ihre Bündel vom Boden auf und bewegten sich rasch Richtung Transit. Halin flüsterte Naasch ins Ohr: »Mein Vater ist mit den beiden jetzt in der Halle.«

Naasch nickte. Er machte drei Schwarzgekleidete aus, die sich in den hinteren Teil der Halle zurückzogen und aufmerksam beobachteten, wer sich dem Transit näherte. Keine leichte Aufgabe bei dem Gewimmel. Da waren sie also. Zumindest diese drei. Ob noch andere dazugehörten, war unklar. Egal, für Zaudern blieb jetzt keine Zeit. Er nahm Halins Hand und schob sich schnell durch die Menge. Die beiden sahen sich unsicher hierhin und dahin um. Die großen Gestalten bemerkten sie und drängten in ihre Richtung.

Ohne Gepäck kamen sie rasch voran. Die Luft war erfüllt von Stimmen und Gerüchen. Sie waren etwa fünfzig Fuß vom Transit entfernt. Die drei Nordländer kamen näher, hoben die Arme und gestikulierten, weil einige Reisende sie nicht durchlassen wollten. Naasch sah einen kleinen Tumult und noch zwei andere Vermummte, die sich auf sie zubewegten.

Naasch drängte sich noch ein Stück weit vor. Halin war ihm dicht auf den Fersen. »Groschnitsch!« Ein unschönes Schimpfwort aus dem Mund eines stämmigen Mannes, der wohl tief aus dem Osten kam. Naasch mochte in diesem Moment keine Entgegnung geben. Die vermummten Gestalten bewegten sich schnell auf sie zu. Wieder legten sich Reisende mit ihnen an, fluchten. »Groschnitsch«, hallte es durch den Raum und noch derbere Worte fielen.

»Naasch!« Halin zerrte an seinem Arm. Nur wenige Fuß blieben zwischen ihnen und ihren Häschern. Der junge Tschirnaa grinste und neigte den Kopf. Geduckt änderte er die Richtung und gab seiner Begleiterin ein Zeichen, es ihm gleich zu tun. Dem Mädchen stand der Angstschweiß auf der Stirn. Die Nordländer hielten abrupt inne. In der bunten Menge war ihr Ziel plötzlich verschwunden. Augenblicke später aber tauchten sie weiter außerhalb der dichten Traube, die auf den Transit zusteuerte, wieder auf.

Naaschs Finger berührten die Wurfscheibe, die er immer am Körper führte. Hier drinnen konnte er sie nicht benutzen. Dennoch vermittelte ihm das kalte Metall ein Gefühl der Sicherheit. Alles lief nach Plan. Bislang zumindest. Er hatte fünf auf die falsche Spur gelockt. Mehr sollten nicht in der Halle sein. Naasch ließ sich erneut auf ein Abteil zutreiben. Passagiere duckten sich durch den niedrigen Zugang.

Die Verfolger waren nicht mehr weit entfernt, aber er wollte sie so lange es ging im Glauben halten, sie seien den Richtigen auf der Spur. Er neigte den Kopf zu Halin. »Ein dummes Volk ist das. Sie sind nur gut, wenn sie sich ihrer Waffen bedienen können.« Das Mädchen war nicht mal halb so begeistert wie er. Sie nickte flüchtig und sah hinter sich.

Ihre Verfolger waren ihnen dicht auf den Fersen. Nur wenige Körper waren noch zwischen ihnen, der Transit fast erreicht. Direkt neben dem Zugang hatte sich schon einer der Feinde postiert. Darauf hatte Naasch gewartet. Halin und er waren mitten im Gewimmel aus Armen, Beinen, Gepäckstücken und Sprachen. Glatt wie ein Aal schlüpfte er durch eine Gruppe von Abschiednehmenden und schoss in die andere Richtung davon, Halin fest an der Hand.

»Stopp«, rief ihnen eine raue Stimme hinterher. Er konnte jetzt nicht mehr beobachten, ob alle Nordländer auf ihrer Spur geblieben waren. Belas und Euryn mussten es jetzt alleine schaffen.

Die beiden Lockvögel rannten auf einen Seitenausgang zu, die Säume ihrer Gewänder hielten sie gerafft in einer Hand. Die Verfolgung sorgte mit einem Schlag für Aufsehen.

Was für ein Schauspiel, dachte Naasch. Tschusch wäre stolz auf ihn. Im gleichen Moment prallte er gegen einen Misniglouten, der mit einem Begleiter durch das Portal ins Innere trat.

*

Es ging ganz schnell. Die Reisenden stellten sich in je einer Schlange vor den Türen des Transit an. Dort prüften stämmige Kerle ihre Belege. Belas und Euryn hielten nervös die kleinen Scheine in der Hand, die sie bekommen hatten. Von Naasch und Halin war nichts mehr zu sehen. Das letzte, was sie mitbekommen hatten, waren einige verärgerte Rufe auf der gegenüberliegenden Seite der Halle.

Sie rückten in der Schlange schnell nach vorne. Die Kontrolle war kurz. Sie wurden von der Menge weitergeschoben. Euryn hatte ein flaues Gefühl im Magen. Durch die Flügeltüren betraten sie einen engen, niedrigen Raum. Selbst die beiden kleinen Homiden mussten den Kopf einziehen. Ein schmaler Gang führte an den Sitzplätzen vorbei. Viele waren bereits besetzt.

Euryns Herz schlug heftig, als sie sich setzte. Eine Stimme, die aus den Wänden zu tönen schien, sagte etwas. Sie konnte es nicht richtig verstehen. Die Türen schlossen sich. Die Stimme zählte von zehn rückwärts und wünschte eine angenehme Reise. Bis zum Sonnenuntergang sollten sie mehr Längen zurückgelegt haben, als ihr Zahlensystem kannte. Auf drei Etappen schließlich den gesamten Kontinent durchmessen.

Ein leises Summen, dann zog der Transit an. Euryn schloss die Augen. Belas murmelte hinter ihr etwas. Auch er hatte ein aschfahles Gesicht. Er wollte aus dem Fenster an seiner Seite schauen, als die Kapsel mit einer Wucht beschleunigte, dass es ihn fest in die harte Sitzschale presste. Er röchelte und schloss die Augen. Hinter sich hörte er ein kehliges Lachen.

8. Feuer und Wasser

»Wer zahlt für diese Affen?«, fragt der Hundegesichtige, »die haben doch nix in den Taschen.«

Naasch baut sich vor ihm auf.

»Ich zahle für sie.« Seine Stimme ist voller Ärger.

Der große Girgiene, ein grobschlächtiger Kerl aus dem tiefen Osten, wie sie in Misnigliou selten zu sehen sind, schaut abschätzig zu ihm herunter. »Das ist ja mal was ganz Neues. Ihr macht euch doch sonst nur über diese Elefantenhäute lustig.«

Euryn kann es nicht mehr hören. Elefantenhaut.

Das Hundegesicht taxiert sein Gegenüber. »Was hast du als Bezahlung zu bieten? Glaub nicht, du kannst mich über's Ohr hauen. Euch Scheibenwerfern traut niemand.«

Naaschs Miene ist wie aus Stein. Belas schaut zwischen beiden hin und her. Er versteht den Schlagabtausch nur mühsam, da der Girgiene einen grauenvollen Dialekt spricht.

»Ich zahle mit Silber«, zischt Naasch. Ein Beutel mit Geldstücken kommt unter seinem Umhang hervor. Sein Gegenüber brummt zufrieden. Er nimmt einige Münzen in die Hand. Dabei öffnet er leicht den Mund. Die Zähne darin sind an vielen Stellen schwarz.

»Schön, schön, dann kommen wir wohl ins Geschäft.«

Er greift in seine Tasche. Aber anstelle einer Papierrolle befördert er eine Waffe hervor.

»Nein«, schreit Euryn.

Der Girgiene zeigt noch mehr faulige Zähne. Der Daumen drückt auf einen Knopf. Ein bläuliches Licht schießt aus dem Knauf. Eine schnelle Bewegung. Ohne einen Laut bricht Naasch zusammen.

»Aufwachen, aufwachen. Geht weiter.«

Ein großes Girgienen-Gesicht beugte sich über Euryn, die zusammengekrümmt am Boden lag, Belas neben sich. Es war kalt im Morgengrauen. Schweigend sammelten sich dunkle Gestalten am Transit. Dessen Transportkabinen öffneten sich lautlos für eine weitere rasende Fahrt in den tiefen Osten, wo die Girgienen zu Hause waren. Belas bekam kaum die Augen auf. Er kratzte sich am Kopf.

»Digdo«, murmelte er, »niemand hat uns gesagt, wie elend dieses Reisen ist.« Er zog den Tschirniden-Mantel, den er über den bunten Gewändern trug, fest zusammen. »Machst du uns ein schönes Laafs?«

»Mach dir selbst eins, wenn du hier irgendwas dafür findest.«

Euryn war kurz angebunden. Beide klaubten ihre Sachen zusammen.

»Du siehst aus, als hättest du kein Auge zugemacht«, sagte Belas nach einer Weile.

»Danke. Du auch.«

Sie schwieg und schaute den anderen Reisenden zu, wie sie ihre Habseligkeiten zusammenrafften. Belas sah sie fragend an.

»Was ist los?«

»Ich habe von Naasch geträumt. Wie wir mit ihm in der Stadt diese Fahrscheine gekauft haben, weißt du noch? Aber er hat es in meinem Traum nicht mehr geschafft, den Preis zu zahlen. Er war vorher schon tot.« Sie deutete auf die Stelle an seinem Mantel, wo er Perkils Licht-Waffe verbarg. »So ein Ding hat ihn niedergestreckt.«

»War doch bloß ein Traum, wir haben die Scheine ja bekommen.«

Sie sah ihn eine Weile ausdruckslos an. Dann fuhr sie sich mit ihren schmalen Fingern über die Augen.

»Ja, haben wir.«

Es war eine wilde Gegend, die sie durchquerten und in der sie für einen kurzen, unruhigen Schlaf Rast gemacht hatten. Die Halte- und Umsteige-Station für den Transit bestand aus nichts weiter als ein paar windschiefen Häuschen. Ein Teil der Reisenden hatte sich von hier aus auf Pferden in den Süden aufgemacht. Es hieß, nicht weit liege eine kleine Stadt. Für die anderen ging die Reise nach kurzer Unterbrechung weiter. Die Girgienen, die den Transit begleiteten, scheuchten die Leute zusammen. Euryn warf ihr Bündel über die Schulter und schwankte zur offenen Tür.

Kaum waren sie auf ihren Plätzen, meldete sich die vertraute Stimme aus der Wand – inzwischen war Belas und Euryn klar, dass es sich um einen technischen Trick handelte, der die Weiterfahrt ankündigte. »Na dann viel Glück«, flüsterte Belas ihr von hinten zu.

Ihr Körper wurde in die harte Sitzschale gedrückt. Durch die Scheiben sah sie Nebelfetzen vorbeisausen. Sie schloss die Augen. Naaschs Gesichtszüge tauchten vor ihr auf. Ging es ihm gut? Sie hätte viel gegeben, nur ein Wort aus seinem Mund zu hören. Ab und an öffnete sie die Augen und schaute aus dem Seitenfenster. Sie bereute es sofort. Das flaue Gefühl im Magen griff auf ihren ganzen Körper über und verursachte einen grauenvollen Schwindel im Kopf.

*

Am Abend waren die beiden Homiden wacklig auf den Beinen. Zwei Stopps hatte es unterwegs gegeben an Orten, an die sie sich schon nicht mehr erinnerten, kaum dass sie wieder auf ihren Plätzen saßen. Immerhin entstieg die Reisegruppe dem Transit an diesem Abend in einer Halle, die fast so freundlich aussah wie die Transitstation in Misnigliou.

Euryn fühlte so etwas wie Heimweh nach der Stadt am großen Wasser. Auch Salomosch ging ihr durch den Sinn. Diese riesige Skulptur, in deren Innern ein ganzes Volk von Scheibenwerfern wohnte.

Von Scheibenwerfern, die sich einen Spaß daraus machten, im Sommer durch die Lande zu ziehen und bei ahnungslosen Homiden angeblich um Nahrungsmittel zu betteln. Für einen Augenblick schoben sich fröhliche Bilder vor ihre Angst um den Jungen. Ein Lächeln umspielte ihre Lippen. Tschusch, Naasch – wie verrückt und lebensfroh die Tschirnaa doch waren.

Die Reisenden aßen, ruhten und mussten nach ein paar Stunden weiter. Euryn hörte von einem Waldbrand reden, der sich mit rasender Schnelligkeit nicht weit entfernt in alle Richtungen ausbreitete.

Die Händler, die im Transit unterwegs waren, machten unbeeindruckte Gesichter. Allerdings drängte alles auf eine schnelle Weiterfahrt. Am Abend des dritten Tages hatten sie schließlich die Endstation Kolkosk erreicht.

»Willkommen am Ende der Welt«, riefen sich einige im Abteil zu und lachten rau. Die Homiden fühlten sich elend und schmutzig. In der Empfangshalle erwartete sie ein Durcheinander von Leibern und Stimmen. Stämmige junge Männer schrien durcheinander und gestikulierten wild. Sie hatten breite Gesichter, platte Nasen und schmale Augen. Sie waren bei den Girgienen angekommen. Zwei rannten auf Belas und Euryn zu und sprachen sie hektisch mit den Händen fuchtelnd an. Es dauerte eine Weile, bis sie halbwegs verstanden, worum es ging. In einem Karren konnten sie sich zur Stadt bringen lassen.

Naasch hatte ihnen einige geprägte Silbermünzen gegeben. Euryn sah Belas fragend an. Sie hatten nicht viel und mussten sich Nahrung und Unterkunft besorgen.

Als habe er ihre Gedanken erraten, raunte ihnen einer der Jungen zu: »Nicht teuer, keine Angst. Nicht teuer. Bringe euch zu gutem Platz für die Nacht. Seid müde von der Reise. Natürlich, das seid ihr.«

Euryn hielt ihm eine Münze hin. Er schaute begehrlich in ihren Beutel. Aber sie stieß ihn zurück. Da lachte er auf, nahm die Münze und forderte sie mit einer Armbewegung auf, ihm zu folgen.

Die Luft roch nach Feuer in Kolkosk, der »äußersten Stadt der Welt«, wie man im weiten Osten zu sagen pflegte.

Der Junge bedeutete den erschöpften Passagieren, auf einer Holzbank Platz zu nehmen, die auf einem Karren mit zwei großen Rädern montiert war. Er selbst zog das Gefährt. Unter dem dünnen Hemd – auf dem Kopf trug er eine dicke Mütze – zeichneten sich kräftige Muskeln ab. Auf seinen eher kleinen Füßen kam er trotz der Trippelschritte rasch voran.

Vom Transit, dessen Stationshaus in dieser Stadt längst nicht so prachtvoll war wie in Misnigliou, führte eine schnurgerade Straße nach Kolkosk hinein.

Im Gegensatz zu Misnigliou mit seinen Stein- und Lehmfassaden, den überall mit bunten Fliesen ausgelegten Wegen und Wänden war die Umgebung hier in Kolkosk um einiges trostloser. Manche Bauten schienen kurz vor dem Zerfall, andere wirkten wie ein Provisorium.

Die Luft war kalt so weit oben im Norden und von Aschepartikeln geschwängert.

Schon im Transit hatten die Homiden erfahren, dass erst wenige Tage zuvor ein Wirbelsturm über Stadt und Land hinweggezogen war. Ein trockener Sandsturm, in dessen Gefolge nicht selten Feuersbrünste ausbrachen. Stürme, Überschwemmungen und Erdbeben kannten Belas und Euryn aus ihrem Teil der Welt. Aber sengendes Feuer und verheerende Wirbelstürme waren ihnen neu. Die Girgienen, die in Kolkosk lebten, schienen jedoch nicht sonderlich beunruhigt, auch wenn ein Geruch in der Luft lag, als wollten die Götter die Stadt über glühender Kohle rösten.

*

Über holprige Straßen, auf denen viele Karren gezogen wurden, kamen sie zu einem windschiefen Haus, das einen ungepflegten Eindruck machte. Der Junge wies auf die Eingangstür. Er schien es vorzuziehen, nicht weiter mit den Fremden zu reden und sich stattdessen per Zeichensprache zu verständigen. Belas griff ihr Gepäck. Euryn blieb auf der Pritsche sitzen.

»Was ist?«

Sie zuckte die Schultern. Er stellte sich auf den Tritt und legte seine Hand auf ihren Unterarm.

»Du wirst doch jetzt nicht im Freien übernachten wollen, wo wir das behagliche Leben zwischen dicken Mauern kennengelernt haben und hier etwas ganz Großartiges auf uns warten könnte?«

Der Anflug von einem Lächeln umspielte ihren Mund. Die großen Augen ruhten auf ihrem Begleiter.

»Die Welt ist so groß, Belas. Und auch wenn wir jetzt schon weiter gekommen sind, als ich mir je hätte vorstellen können, wird unser Weg doch immer ungewisser.«

»Oh nein. Ich habe Karten. Ich weiß, wo wir sind, und ich weiß, wo wir hinwollen.«

»Möge Digdo dir mehr mitgegeben haben, als auf den ersten Blick zu vermuten ist.« Sie gab ihm einen freundschaftlichen Klaps und stieg schwerfällig von dem Holzgestell herunter.

Der Junge führte sie durch einen dunklen Flur in eine Stube mit vielen Tischen und Stühlen. Der Herr des Hauses war dem Gesicht nach zu urteilen sein Vater. Der Girgiene kam auf seine Gäste zu. Er musterte sie aufmerksam.

»Verstehen die Reisenden unsere Sprache?«, sagte er in einem groben Dialekt. Er schaute ihnen dabei nicht ins Gesicht, sondern über sie hinweg, als ginge es um jemand anderen. Die kleinen schmalen Augen flackerten.

Euryn nickte. Sie musste unwillkürlich an Raschoar denken. Die gleichen verschlagenen Augen. Ihr wurde schon wieder flau im Magen. Alles, was sie wollte, war schlafen. Noch lieber wäre es ihr allerdings gewesen, diesen Ort direkt wieder zu verlassen. Aber das war unmöglich. Die irrwitzige Fahrt mit dem Transit steckte ihr in den Knochen. Und irgendwie auch im Kopf. Sie fühlte sich seltsam verwirrt. Alleine der Gedanke, binnen dreier Sonnenaufgänge in einem Land angekommen zu sein, das so unvorstellbar weit weg lag, machte sie ganz konfus. Wenigstens für einen Tag wäre sie gerne wieder bei den Nooren gewesen.

»Schön«, hob der Wirt nach kurzer Pause wieder an, »sie brauchen ein Zimmer, darf ich annehmen. Teuer sind die leider im Moment. Viele Gäste, muss man sagen. Woher kommen die beiden denn eigentlich?«

»Aus dem Westen«, entgegnete Euryn ausweichend. »Hat er denn ein freies Zimmer?«

Sie fand diese indirekte Anrede völlig idiotisch, hatte aber von Halin gelernt, im Osten sei ein solcher Umgang üblich.

Der Girgiene nickte lächelnd. »Wie lange brauchen sie es denn?«

Euryn schaute zu Belas. Der schlief fast im Stehen.

»Eine Nacht dürfte genügen«, entschied Euryn.

Der Wirt nannte einen Preis. Euryn bot ihm die Hälfte. Nach einigem zähen Verhandeln zählte sie ihm einige Silberstücke auf die Hand. Sicher zu viel, aber immerhin weniger, als er aus ihr herausquetschen wollte.

Ein Bursche eilte herbei und brachte die beiden über eine Treppe und verwinkelte Flure zu einer Kammer, deren ganzer Komfort aus etwas Stroh auf dem Boden bestand. Euryn schnaubte. Dann drehte sie sich zum Erstaunen des Jungen und Belas zur Seite und stieß eine andere Tür auf. In diesem Zimmer lagen dicke Matten, niemand schien darin zu wohnen. »Das ist unser Platz«, sagte sie bestimmt. Der Junge wollte etwas erwidern. Aber als sich ihre Augen leicht verengten, hob er abwehrend die Hände. Er nickte eilfertig, murmelte etwas und verschwand.

»Ihr versteht euch ohne Worte, das ist doch viel besser als alles merkwürdige Gebrabbel in dieser seltsamen Sprache.« Belas sah sich um. An den nackten Wänden zeichneten sich Wasserflecken ab. In einer Ecke schimmelte die Wand. Ein kleines Fenster gab den Blick frei auf ein Meer von schäbigen Häusern.

Er ließ sich auf die Matten am Boden fallen.

»Eben habe ich dich noch überzeugen müssen, weil ich unbedingt in dem Gasthaus übernachten wollte, jetzt finde ich es selbst grauenvoll. Verzeih mir.«

Euryn ging nicht darauf ein, sondern sagte stattdessen: »Warte. Wir müssen die Dinger vor die Tür ziehen, bevor du einschläfst.«

»Warum?«

»Die Tür geht nach innen auf. Ich will mitbekommen, falls hier jemand rein will.«

Belas nickte träge. »Wie du meinst. Glaubst du, die Nördlichen sind hier?« Er hatte den Begriff von Halin übernommen.

»Die Nordländer«, betonte Euryn, »könnten überall sein. Aber ich habe nicht das Gefühl, sie würden gleich hier vor der Tür stehen, falls du das meinst.«

Belas grinste. Er fuhr sich mit der Hand über das verheilte Bein und rutschte von den Matten herunter. »Wenn du das sagst, kann ich beruhigt schlafen. Auch an der Stelle, wo ich jetzt sitze.«

»Es gibt nicht nur Nordländer auf der Welt«, entgegnete Euryn. »Ich würde mich einfach sicherer fühlen.«

Sie zogen ihre Unterlage direkt vor die Tür, dann ließen sie sich auf die Matten fallen. Ohne etwas gegessen oder getrunken zu haben schliefen sie ein.

*

Aufgeregte Stimmen drangen durch das Fenster herein. Belas wachte mit einem grauenvoll trockenen Mund und starken Kopfschmerzen auf. »Was, bei allen Göttern, ist das für ein Lärm in meinem Kopf?«

Euryn neben ihm fuhr hoch. Sie schaute aus dem Fenster. Von draußen drang ein unangenehmer Geruch in ihre Kammer. Harzig, stickig. Sie sah eine milchige Sonne hoch am Himmel, fast verdeckt von dichten Rauchschwaden.

»Es brennt«, rief sie erschrocken.

Im Haus war Bewegung. Auf dem Flur wurde an die Türen geklopft. Aufgeregte Stimmen riefen durcheinander. Die Homiden zogen die Matten von der Tür weg, griffen nach ihren Bündeln und eilten hinaus.

»He«, der Wirt kam mit schweißnassem Gesicht auf sie zu, »die Graugesichtigen haben eine Nacht bezahlt. Die ist ja wohl schon ein paar Stündchen vorbei. Wollen sie dann gefälligst noch einen zweiten Tag zahlen, ehe sie sich aus dem Staub machen?« Er baute sich drohend vor ihnen auf, während mehrere Gestalten das Haus verließen und auf die Karren sprangen, die vor der Tür warteten.

»Wie lange haben wir geschlafen?«, fragte Belas unsicher.

»Na, gestern Mittag sind sie gekommen. Haben nicht mal was Gutes aus unserer Küche genossen. Und jetzt wollen sie einen armen Gastwirt, der sowieso in seiner Existenz bedroht ist, um das ihm zustehende Entgelt bringen?«

Seine Pupillen schossen unruhig hin und her. Die fleischigen Pranken stützte er in die Seiten. Während um ihn herum alles in heller Aufregung floh, wollte er noch etwas herausschlagen.

»Was prasselt und knistert hier so?«, fragte Belas.

»Die Bäume brennen, Elefantengesicht.«

Euryns Nasenflügel bebten.

»Nenn uns nicht so, Fleischberg.«

Der Girgiene sah erstaunt auf sie herab, wenngleich er nicht wesentlich größer war. »Wenn ich so eine schäbige dürre Erscheinung wäre, würde ich mich anders benehmen.«

»Euryn, sieh nur«, sagte Belas erstaunt.

Hinter ihnen, am Ende der staubigen Straße, standen über den Dächern Baumwipfel in Flammen. Es knisterte wie an einem Lagerfeuer. Dunkle Wolken stiegen auf.

»Verflucht«, murmelte der Girgiene. »Sie sind tot. Das Feuer wird uns alle verschlucken.«

Ohne ein weiteres Wort drehte er sich von den beiden weg, rannte ins Freie und sprang, für sein Körpergewicht erstaunlich behände, auf einen Karren, den ein Junge eilig davonzog. Belas dagegen stand wie angewurzelt. Hinter den Dächern war jetzt eine komplette Feuerwand zu sehen, die sich immer weiter vorwärts fraß. Eine unglaubliche Hitze machte sich in der Straße breit. Ein Maultier rannte die Straße herunter, genau auf sie zu. Niemand war mehr zu sehen. Schwarze Wolken stiegen über den nahegelegenen Gebäuden auf.

»Wir müssen weg. Das Feuer ist ganz nah.«

Euryn schrie ihn an, doch Belas rührte sich nicht, so erstaunt war er über die Naturgewalt. Erst als sie ihn fest anstieß, sah er sie an.

»Belas, halt das Tier da auf.« Sie wies mit dem Kinn nach vorne. Die Arme weit ausgebreitet, lief er einige Schritte auf den grauen Vierbeiner zu, der ängstlich schnaubte. Das Maultier machte zwar einen Bogen um den Homiden, verlangsamte aber das Tempo. Euryn hob die Hände und rief ihm Worte zu. Das Maultier blieb vor ihr stehen. Es ließ sich packen.

»Spring auf seinen Rücken«, rief Euryn. Sie hustete heftig.

Kaum war Belas oben, schwang sie sich hinter ihn, von einem Hustenanfall geschüttelt. Das Tier setzte sich in Bewegung. Zuerst langsam, nach einem flachen Schlag auf die Flanke in raschem Tempo.

Die Luft war jetzt so stickig, dass sie kaum atmen konnten. Immerhin entfernte sich der staubige Weg in gerader Linie von der Feuerwand, die bereits am Saum der Stadt leckte. Wenig später hatten die Homiden den dicken Wirt dank des Maultiers bald ein- und überholt. Er schimpfte hinter ihnen her und drohte mit der Faust. Anscheinend hatten die Bewohner seines Hauses lange gewartet, ehe sie flohen. Außer der kleinen Meute war weiter niemand auf den Straßen zu sehen.

Sie bogen in eine Gasse, die sich in Richtung Nordosten zog. Obwohl sie den Abstand zu dem lodernden Wall vergrößerten, war die Luft noch immer so dick, dass sie kaum atmen konnten. Auch das Tier schnaufte. Belas sprang ab.

»Ich laufe neben euch her, sonst bricht uns der Esel zusammen.« Euryn erwiderte nichts. Sie sah immer wieder zurück. Wie eine schwarze Wand stand der dichte Rauch der Feuersäule hinter ihnen. Die Häuser schienen zwar nicht so viel Nahrung zu geben wie die trockenen dürren Bäume rundum, aber es war kaum noch auszumachen, wo der Brand auf Beutezug ging.

Die Gasse machte einen Bogen. Das Feuer war nun zu ihrer Rechten. Die Stadt lag in einer weiten Ebene am Meer. Das Wasser musste nahe sein, aber sie hatten keinerlei Orientierung. Ihre Augen tränten.

»Ich sehe Leute«, keuchte Belas.

Er wies mit dem Zeigefinger geradeaus. Die andere Hand hatte er auf Euryns Knie gelegt. Sein Atem ging stoßweise.

»Das ist gut«, flüsterte Euryn tief herabgebeugt. Der Himmel war jetzt dunkel von Rußpartikeln. Das Maultier wurde langsamer. Sie ließ sich von seinem Rücken gleiten und nahm ihn an dem Strick um seinen Hals. »Komm schon, wir müssen hier weg, sonst bringt uns entweder das Feuer oder die verpestete Luft um.«

Die Homiden holten die Flüchtenden vor sich ein. Eine steinalte Girgienin saß auf einem Handkarren. Ein älterer Mann und zwei Kinder mühten sich, das knarrende Gefährt vorwärts zu bringen. Wie durch ein Wunder war die Luft hier etwas klarer. Die Straße machte mehrere Windungen bergab. Doch dabei schien sie wieder auf den jetzt in Flammen stehenden Stadtrand zuzulaufen. Die Girgienen hatten sich Tücher vor den Mund gebunden. Der Mann beäugte das Tier. Er wies auf den Karren. Belas und Euryn schleppten sich zu ihm. Arme und Beine fühlten sich bleiern an. Durch die Schwaden sahen sie Dächer in Flammen aufgehen. Sogar das Knallen und Knacken des trockenen Holzes in den Flammen war schon zu hören. Es klang, als habe ein Riese ein Lagerfeuer entzündet. Der Mann winkte sie heran. Auf dem Karren, zwischen den Füßen der Alten, stand ein Fass. Wasser!

Er reichte ihnen erst eine Kelle, dann gab er ihnen feuchte Lumpen, die sie sich vors Gesicht binden sollten. Euryn besah sich den Fetzen mit Widerwillen. Er sah nicht gerade sauber aus. Aber sie nahm ihn.

Mit derselben Kelle gab der Mann dem Tier zu trinken.

»Festbinden?«, rief er in einem seltsamen Dialekt.

Euryn sah Belas an. Der schaute auf den Karren und zuckte die Schultern. »Vielleicht schafft er es ja. Er hat jedenfalls noch mehr Kraft als wir.«

An der Gabel des Holzkarrens baumelte Geschirr. Der Girgiene legte es dem Tier mit geübtem Griff an. Er gab ihm noch mehr Wasser. Ein Klaps, dann ging es weiter.

Euryn fürchtete, brennende Trümmer könnten jeden Moment auf sie niederprasseln. Sie hatte die Orientierung verloren, da die Straße mehrfach nach rechts und links abgebogen war. Immer wieder hatte sie das Gefühl, sie liefen den Flammen in die ausgebreiteten Arme. Nicht weit entfernt hörte sie Explosionen.

Der Girgiene schreckte sie aus ihren Gedanken. Er nahm das Tuch von ihrem Gesicht und zog es durch den Wasserbottich. Dann bedeutete er ihr, es erneut umzubinden. Das Maultier und die schwankende Gruppe bog in eine winzige Gasse ein. Die Kinder setzten stolpernd Fuß vor Fuß. Belas nahm sie und drückte sie der Alten in die Arme.

Ihr Weg führte an windschiefen Türen vorbei. Eine frische Brise kam von irgendwo her.

»Ist da unten das Meer?«, rief Belas über den Rücken des Tieres. Er bereute die lauten Worte sofort. Ihn schüttelte ein heftiger Hustenanfall. Der Alte stützte ihn und deutete nach vorne. Irgendwo dort unten musste der Strand sein.

Undeutlich machte Belas andere Gruppen von Flüchtenden aus. Sie hatten dank des Mannes den richtigen Weg eingeschlagen. Es ging weiter sanft bergab. Das Feuer war jetzt hinter ihnen. Hier unten teilten sie das Pflaster mit anderen Bewohnern der Stadt, die Gefäße auf ihren Köpfen trugen.

Der Girgiene hieß sie anzuhalten und verteilte an alle Wasser, auch der Esel bekam aus der Kelle seine Ration. Euryn verzog das Gesicht. Belas grinste, als sich ihre Blicke kreuzten.

Die Luft war hier unten viel besser. Die Wand aus Rauch und Flammen stand in einigem Abstand hinter ihnen.

»Pistschusch«, rief der Alte ein unflätiges Schimpfwort, die Augen zu Schlitzen verengt. Das Tuch hatte er sich vom Mund genommen. Er fuhr sich damit über den kahlen Schädel und verschmierte so die Rußschicht auf seinem Kopf.

Als die Sonne in einem düsteren Schleier irgendwo hinter dem nach Westen abziehenden Feuer verschwand, hatten sie die Küste erreicht. Überall saßen Flüchtlinge in kleinen Gruppen beisammen. Während die Erwachsenen größtenteils schweigsam auf die stille See hinausstarrten, schwammen die Kinder, obwohl das Wasser kalt war, im Meer und spritzten sich lachend gegenseitig nass.

Auch am Abend war es für diese Breiten ungewöhnlich warm. Immerhin trieb eine leichte Brise Ruß und Rauchgase jetzt weiter ins Landesinnere.

Die beiden Homiden und ihre Begleitung machten nur kurz Rast. Der alte Mann stellte sich mit einem Händedruck vor.

»Finsal!«

Das musste fürs Erste genügen. Die Alte blieb auf dem Karren sitzen, während sich die anderen wuschen. Dann ging es nach Norden weiter, entlang der steinigen Küste.

*

Die Landschaft war karg und trostlos. Aber die Luft wurde von Tag zu Tag besser. Das Feuer hatte eine andere Richtung eingeschlagen oder war gänzlich erloschen. Nach ein paar Tagen erreichten sie ein kleines Dorf am Meer. Eine Rast gab es für die beiden Homiden dort allerdings nicht.

Belas zeigte Finsal auf seinen Karten ihr Ziel. Der alte Mann runzelte die Stirn und gab den Homiden ein Zeichen, ihm weiter zu folgen. Die Frau und ihre beiden Enkel blieben in dem Dorf. Zu dritt ging es auf dem klapprigen Karren weiter. Das Maultier hatte schwer zu arbeiten, denn der schmale Weg führte vom Wasser hinauf auf Felsen weit über der See. Schließlich kamen sie zu einer kleinen Fischerhütte. Finsals Zuhause. Von dort oben, bestimmt zweihundert Spannen über dem Meer, bot sich eine phantastische Aussicht.

Der schweigsame Fischer verstand die Hochsprache des Ostens, nutzte sie aber wenig. Er wägte die Worte bedächtig und sprach langsam. So konnte ihm auch Belas gut folgen.

Finsal lebte allein auf seinem Felsen. Die Hütte war aus groben Holzstämmen gezimmert. Kleine Fenster ließen wenig Licht in den quadratischen Raum. Ein Bild neben der Tür zeigte das Gesicht eines Mannes, lächelnd, genauso vom Wind und Wasser gezeichnet wie Finsal selbst. »Habe halbes Leben mit ihm hier zusammen gelebt. Hätte gerne auch die andere Hälfte dazugenommen«, sagte Finsal, als er die Blicke seiner Gäste auf das Porträt sah. Er wandte sich ab. Sie hörten von ihm kein weiteres Wort dazu.

Es roch nach geräuchertem Fisch in der Hütte. Euryn hatte auf der Schwelle die Nase gerümpft, Belas dagegen Hunger bekommen. Während seine Schwester noch immer über Kopfschmerzen und Übelkeit klagte, ging es ihm besser. Er fühlte sich außerhalb städtischer Mauern wohler und war neugierig auf die fremde Umgebung. Finsal lächelte ein mehr oder weniger zahnloses Girgienenlächeln, als er den Jungen vorsichtig in den Felsen herumspazieren sah.

*

Blutrot ging die Sonne in den kommenden Tagen über dem Meer auf. Belas eilte sich jedes Mal, beim ersten Grau des neuen Morgens auf die Beine und vor die Tür zu kommen. Er saß, trotz dicker Jacke frierend, in der frischen Brise auf einem Fels und sah den Seevögeln zu, die mit spitzen Schreien den Tag begrüßten. Erhabene Flugkünstler, die sich mit atemberaubender Eleganz kopfüber von hohen Klippen stürzten. Manchmal war ihm, als sähe er große Fische den Rücken aus dem schäumenden Wasser heben. Aber wenn er sich auf die Stelle konzentrierte, war alles wieder von der Gischt verschluckt. Das Meer tief unter ihm war riesig, betörend und drohend zugleich.

Er entwickelte einen guten Appetit auf geräucherten Fisch, den es bei Finsal morgens, mittags und abends gab. Diese einseitige Ernährung trug allerdings wenig dazu bei, Euryns Kräfte schnell zurückkehren zu lassen. Ihr Gastgeber gab sich dennoch große Mühe.

Finsal war ähnlich groß wie die Homiden, aber deutlich stämmiger. Er hatte breite Hände und von der Arbeit gestählte Muskeln. Belas, für einen Homiden durchaus kräftig, wirkte zart im Vergleich zu dem Fischer.

Euryn fühlte sich noch immer schwach. Nachts verfolgten sie Bilder von Nordländern, die in den Schieferbergen patrouillierten, während die Homiden in die Wälder geflohen waren. Sie sah auch Ludmila, die tapfer lächelte. Die Giftfässer in den tiefen Stollen waren ihrer Meinung nach sicher verwahrt. Was Ludmila aber entweder nicht wusste oder einfach verschwieg, sah Euryn in ihrem unruhigen Schlaf: Auf die kleine Vorhut der Nordländer folgte bereits eine gut bewaffnete Schar. Grimmige Gesichter auf großen Flößen. Sie waren nahe. Und sie würden alles zerstören, was sich ihnen in den Weg stellte.

Wenn sie, von solchen Bildern gequält, nachts wachlag, versetzte sich Euryn mit den Übungen der Nooren in eine Art Trance. Aber es gelang ihr nicht, mit ihren Gedanken Ludmila zu erreichen. Sie hatte viele Atem- und Konzentrationsübungen gelernt in der kurzen Zeit im Berg. Ihre Lehrerinnen hatten sie für ihre Auffassungsgabe gelobt. Doch jetzt war sie nicht in der Lage, Ludmila zu erreichen. So wachte sie morgens in der Fischerhütte schweißgebadet auf, fühlte sich elend und verzweifelt. Die beiden Männer betrachteten sie mitleidig, Finsal bereitete ihr Kräutertees, um sie wieder auf die Beine zu bringen. Aber er wusste nicht, was sie quälte.

Finsal zeigte großes Interesse an Belas Karten. Gemeinsam mit dem jungen Homiden saß er nach den Mahlzeiten an dem groben Tisch, die Köpfe eng beisammen. Er sei einmal auf der anderen Seite gewesen, erzählte der alte Fischer, und die hellen Augen im breiten Gesicht funkelten. – Aber von den Menschen, wie Belas sie beschrieb, habe er nichts gesehen.

»Was hast du nur immer mit deinen Menschen? Was ist so besonders? Sind wir doch alle, Menschen, nur jeder bisschen anders, oder? Du, Euryn, Nördliche oder Girgienen. Haben alle zwei Arme, zwei Beine, einen Kopf.«

Finsal lachte rau und glucksend, die wettergegerbte Haut spannte sich über den hohen Wangenknochen. Dann wurde er wieder ernst. Auch er, bekannte er seinen überraschten Gästen, habe den »Weltensprung« gewagt. – »War nicht viel älter als du heute.«

Es gab so viele Geschichten über ungeheure Tiere, hoch wie ein Felsen, und Wesen, die ähnlich wie Girgienen aussahen, aber kaum sprachen und alles töteten, was ihnen in den Weg kam. So gruselig das alles klang, er wollte mehr darüber wissen, mit eigenen Augen diese andere, sagenumwobene Welt sehen.

In früheren Generationen, nach dem Zusammenbruch der alten Welt, gab es Wachen, die niemanden über die Meeresenge auf die andere Seite ließen. Doch das war lange vor seiner Zeit gewesen. Der alte Fischer legte seinen Zeigefinger auf den Kartenausschnitt, der beide Kontinente eng beieinander zeigte.

»Sieht aus wie ein Katzensprung. Ist es aber nicht.«

Finsal ging bedächtig zu einer Truhe, die unter dem Fenster stand, das aufs Meer hinauswies. Er kramte eine Weile und förderte aufgerollte Papierbögen zu Tage. Er rollte sie auf dem Tisch auseinander und legte Besteck auf die Enden. Belas entdeckte viele kleine Inseln, die es auf seiner Karte gar nicht gab. Und dazwischen Wasser. Viel Wasser.

»Mein Großvater hatte mir von großen Schiffen mit vielen Seeleuten an Bord erzählt, Kolosse aus Stahl. Er selbst wusste von ihnen nur aus Erzählungen. Die kreuzten auf allen Meeren dieser Welt. Ich weiß nicht, ob es sie noch gibt und wer damit unterwegs sein könnte. Hier fahren sie jedenfalls nicht mehr.«

Er stach mit seinem breiten kurzen Zeigefinger auf einen Fleck an der Küste im linken Teil der Karte.

»Hier sind wir.« Die schrullige und vernarbte Hand fuhr den Küstenabschnitt ein Stück hinauf. Belas sah die Verbindung zwischen den Kontinenten, ein schmaler Strich, der sich vom Festland zu zwei Inseln mitten in der Meeresenge und von dort auf die andere Seite zog.

Draußen kreischten Seemöwen. Belas schaute durch das kleine Fenster zu ihnen hinaus. Sie hingen förmlich in der Luft. Ihre Flügel weit gespannt, den Kopf geneigt, ließen sie sich vom kalten Wind landeinwärts tragen.

»Es ist nicht mehr alles da, was du hier siehst. Einiges fehlt oder ist ziemlich kaputt.«

Eine hohe Brücke hatte einst den Osten mit den beiden Inseln mitten in der Baringasch-Straße verbunden. Unter dieser Brücke hindurch war der Schiffsverkehr vom Polarmeer in den Süden und umgekehrt verlaufen. »Diomiden«, las Belas schwerfällig den Namen der kleinen Inseln, die ziemlich genau auf der Mitte zwischen den Kontinenten lagen. »Oh, ganz alter Name. *Domedai* sagen wir heute. Siehst du: eine ist bisschen größer, die andere ganz ganz klein. Dort ist nichts außer Stein.«

Draußen hörten sie schwere Wellen gegen die Küste rollen.

»Die Brücke hier«, Finsals Finger zeigte auf die Verbindung zu ihrer Landseite, »gibt es nicht mehr. Da stehen ein paar Pfeiler aus dem Wasser, sonst nix.«

Belas sah den Alten besorgt an.

»Kein Problem. Wenn du willst rüber, ich bringe dich mit dem Boot bis zur großen Domedai. Sind gut zwanzig Seemeilen, das fahren wir mit Segel an einem Tag.«

Euryn stöhnte. Belas dachte, sie sei wach geworden und äußere sich dazu, in einer Holzschale hinaus auf See zu müssen. Aber als er zu ihr hinübersah, hatte sie die Augen geschlossen. Sie schlief unruhig.

»Mit deinem Boot bis zu dieser Insel.« Seine Stimme klang dünn. Finsal schaute ihn aus den Augenwinkeln belustigt an.

»Und dann, wie geht es von der Insel aus weiter?«

»Oh, das kommt dir Landratte bestimmt entgegen. Gibt noch Brücke zur kleinen Domedai und dann auf anderer Seite einen Weg knapp über dem Wasser. Ist wie ein Wall.«

Dann presste Finsal die Lippen zusammen.

»Was ist mit diesem Wall?«

»Das ist der schwierigere Teil. Früher war da eine Straße wie Tunnel. Du musst wissen, das Meer ist sehr flach hier oben. Du kannst fast bis an den Boden tauchen an manchen Stellen. Sie hatten dort ganz flache Strecken aufgeschüttet, dazwischen, wo zu tief, ging die Straße auch ganz niedrig über Wasser. War damals egal. War Röhre. Ob See nun ruhig war oder wütend – du konntest immer durch.«

»Und heute?«

»Tunnel gibt es nicht mehr. Nur noch Weg über Wasser. Oft ist Nebel, du siehst kaum Hand vor Augen. Oft ist Sturm. Dann hohe Wellen schlagen über Landbrücke. Du musst diesen Weg am richtigen Tag nehmen, schnell sein und Hoffnung haben.«

Finsals Finger fuhr die Strecke ab. »Du musst Glück haben«, sagte er mehr zu sich selbst.

Dann streckte er sich und zog eine Schale mit herben Kräutern heran. »Nicht alles auf einmal durchdenken, sonst Kopfschmerz.«

Er zündete die Kräuter an und steckte die Nase darüber. Nach ein paar kräftigen Atemzügen schob er sie zu Belas hinüber. Der schaute verstohlen zu Euryn. Sie schlief. Er zog den Dampf ein. Eine warme Erinnerung an die Wassermusik der Nooren durchrann seinen Körper. Er seufzte. Vielleicht waren sie ja wirklich alle gleich. Zumindest, was gewisse Angewohnheiten betraf.

»Nicht zu viel«, sagte der Fischer. »Weiß nicht, ob du das gut verträgst.« Belas nickte. Sein Kopf fühlte sich schwer und leicht zugleich an, die Gedanken flogen. Er sah sich in einem stählernen Vogel auf dem Langen Berg landen. Nordländer flohen vor seinem Anblick, die Homiden jubelten ihm zu.

Am nächsten Morgen war sein Kopf eine Sumpflandschaft, über die ein Mückenschwarm hinwegzog. Euryn, die noch immer wackelig auf den Beinen war, sah ihn prüfend an. Auf dem groben Tisch inmitten der Hütte sah sie die Holzschale. Mit einem kurzen Blick auf den Alten und Belas hielt sie die Nase darüber. Und zog sie angewidert zurück. Ihre Augen blitzten.

»Teufelszeug«, murmelte sie. Der Alte, gerade dabei, das Frühstück zu bereiten, grinste. Belas räusperte sich betreten.

»Deine Freundin ist streng.« Der Fischer stand über ein Brett gebeugt und schrotete Korn. Seine hellen Augen strahlten.

»Sie ist meine Schwester«, entgegnete Belas müde.

Euryn baute sich vor ihm auf. »Drei Tage möge sich der Inhalt deiner Gedärme gegen dich wenden, Sohn eines Digdo.«

Die Tür knallte, als sie den Raum verließ auf dem Weg zu dem kleinen Verschlag abseits der Hütte, den sie Belas als Daueraufenthalt an den Hals wünschte.

Das Frühstück nahmen die drei wenig später wortlos ein. Belas fühlte sich an die Morgende erinnert, wenn er nach der Wassermusik etwas übermüdet und schlapp war. War sie nicht selbst eine Noore? Würde nicht auch sie eines Tages die Kräuter mischen?

Finsal lud ihn ein, mit zum Fischen zu kommen. Zum ersten Mal machte er seinem Gast diesen Vorschlag. Der Himmel war verhangen, die See ruhig. Als sie gemeinsam den schmalen Pfad hinab zum Strand nahmen, war Belas mulmig.

»Da fahren wir raus?«

Der Girgiene nickte. »Deine Sorge ist nicht unbegründet. Das Meer ist unsere Wiege und unser Grab zugleich.«

Am Kieselstrand lag, zwischen großen Steinen vertäut, ein kleines Boot. Der Morgen war noch eisig, aber es konnte ein halbwegs warmer Tag werden.

»Ruhiges Wasser. Gut für einen wie dich, der Erde unter den Füßen braucht.«

Finsal schlug Belas mit der breiten Hand aufmunternd zwischen die Schulterblätter. Sein Lachen klang kehlig wie das Heulen eines Wolfes. Sie drückten den Kahn ins seichte Wasser und sprangen über einen Felsbrocken hinein. Belas verhedderte sich in dem Netz, das am Boden lag. Der Fischer lachte schallend. Eine Möwe setzte sich auf die Bugspitze. Sie legte den Kopf schief und besah sich den Fremden, der so tollpatschig war.

Zwei Paar Ruder lagen unter dem Fischernetz, das Segel war eingerollt. Finsal zog sie heraus und steckte die schweren Hölzer in ihre Ruderdollen. Sie knarrten bei jedem Armzug. Den Rücken dem Meer zugewandt, manövrierte er seine Nussschale zwischen den hohen Felsen hinaus.

Belas krallte sich an den Bootswänden fest. Sein Herz schlug schnell. Ihm lag die Frage auf der Zunge, wie weit sie hinausfahren wollten. Aber er schluckte sie herunter. Finsal sollte nicht noch mehr Grund zum Lachen bekommen.

Von oben herab hatte das Meer vollkommen still gewirkt. Jetzt hob und senkte sich alles um ihn herum.

Der Alte pfiff gut gelaunt durch die wenigen Zähne. Sonnenlicht glitzerte auf den Wellen.

»Wenn ihr auf die andere Seite wollt, müsst ihr hier durch.« Er wies mit dem Kopf auf die offene See in seinem Rücken.

Belas hatte etwas Mühe, die Erkenntnisse des Vortages zusammenzubekommen. Brücken, Boote, Stürme, die Inseln inmitten der Meeresenge. »Hast du nicht von einer Brücke gesprochen?«

»Die Vergesslichkeit gebührt dem Alter«, antwortete Finsal. »Oder hast du eine Flasche Girgienen-Schnaps geleert?«

Belas schüttelte den Kopf. Der Alte brummte. »Würde ich dir auch nicht raten. Ich rühre dieses Zeug überhaupt nicht an. Deine Freundin hat keine Ahnung, wenn sie sich wegen ein bisschen Dampf aufregt. Leute, die dieses Schnaps-Zeug trinken, bis sie nicht mehr stehen noch gehen können, tun sich keinen Gefallen. Ich kannte einige, die daran gestorben sind.«

Dann kam Finsal wieder auf den Weltensprung zurück.

Belas dämmerte es langsam. Die erste Hälfte mit Finsal, die zweite alleine. Dazwischen würde mindestens eine Nacht auf den Domedai, den Inseln des Morgens, liegen.

Die steinerne Brücke östlich der Domedai war, von Wind und Wasser über die Jahrhunderte beharrlich bedrängt, an vielen Stellen eingebrochen. Was blieb, war ein zerfledderter Steinwall knapp über der Wasserlinie. Es bedurfte guten Wetters über viele Stunden, um die andere Seite zu erreichen.

Finsal hatte von Glück gesprochen. Das klang nicht eben ermutigend. Aber sie hatten es bis hierhin geschafft. Sie würden auch den Rest hinter sich bringen.

Schweigsam sah er hinaus auf die sich hebenden und senkenden Wellen. Alles schaukelte. Belas wurde schlecht. Er versuchte, seine Gedärme zu beruhigen, in dem er den Blick fest auf die Küste hinter sich richtete. Finsal stand auf und wollte das Netz über die Bordwand gleiten lassen. Plötzlich wirbelten neben dem Boot verklumpte Brocken an die Oberfläche.

»Was ist das?«, fragte Belas erschrocken. Das Zeug erinnerte ein bisschen an die Seealgen, die überall am Ufer lagen, aber doch auch wieder nicht.

Finsal sah an ihm vorbei ins Wasser. »Ternaschuk – künstliches Zeug, das nicht vergeht, so wie alles vergehen sollte in dieser Welt. Treibt in großen Mengen im Wasser. Darfst nicht kommen in ein Feld von Ternaschuk, sonst kommst du kaum von der Stelle.«

Belas griff vorsichtig nach einem Klumpen, der neben ihm im Wasser trieb. Er fühlte sich glitschig an, und als er ihn in die Höhe zog, sah er viele ineinander verwobene und verknotete Einzelteile.

»Tötet die Fische. Schlimmer Dreck.« Der Fischer fluchte. »Wenn hier ein großes Feld treibt, wird es nichts mit dem Fischen heute. Die Strömung spült es hierhin und dorthin. Das meiste liegt am Grund des Meeres, du kannst es im flachen Wasser sehen, aber es gibt auch große Teppiche auf der Oberfläche.«

Er drückte einen Brocken der zähen Masse mit dem Ruder unter Wasser. Auf den Wellen trieben jetzt viele verklumpte Ballen.

Finsal sah mürrisch drein. »Auch Seevögel sterben manchmal daran. Habe schon welche am Strand gefunden, denen das Zeug im Schnabel hing.«

Der Himmel riss auf, es wurde strahlend blau über ihnen. Einige Male blieben die Ruder in zähen Klumpen stecken. Sie kamen nur mühsam voran. Finsal machte viele Pausen und sah sich um. Auch Belas hatte jetzt die Ruder vor der Brust und zog sie nach den Anweisungen des Fischers durch das Wasser, wann immer das ging.

»Warum wollt ihr auf die andere Seite?«

Finsals Frage überraschte Belas. Bisher hatte ihn der alte Mann nie danach gefragt. Aber Belas hatte Vertrauen zu ihm. So erzählte er von den Schwierigkeiten, in denen die Homiden in den Schieferbergen steckten. Jetzt war Finsal überrascht. Dass seine Gäste nicht einfach mal in die andere Welt wollten, hatte er sich gedacht. Aber Hilfe holen in den Städten auf der anderen Seite? Es gab immer mal wieder Girgienen, die hinüber und wieder zurück gelangt waren, »doch die Städte der Menschen dort drüben hat bisher niemand gefunden«, meinte Finsal, »die Leute auf der anderen Seite wollten offenbar nichts mit ihnen zu tun haben.«

»Aber die Karten!«, rief Belas verzweifelt. »Du hast doch auch die Orte gesehen, an denen ihre Städte sind.«

Ihr Kahn schaukelte sanft auf den Wellen. Finsal nickte bedächtig. Um seine Augen spielten Lachfältchen.

»Es soll eine Stadt geben dort, stimmt schon. Wenn du läufst so viele Tage und Nächte, wie du Finger und Zehen hast. Aber sie ist nicht zu finden. Ich habe sie nicht gefunden. Andere, die ich kenne, auch nicht. Vielleicht gibt es sie nur in Geschichten.«

Sie schwiegen. Träge klatschten die Wellen gegen ihr Boot, das Wasser glitzerte im Sonnenlicht. Ein Mal musste Belas ein Ruder einholen, weil es umwickelt war von dem seltsamen Zeug. Aber danach waren immer weniger Klumpen im Wasser zu sehen.

»Nun gut. Ich bin als junger Mann da rüber. Ihr wollt es jetzt auch wagen. Glück werdet ihr schon brauchen. An manchen Tagen ist die See so friedlich wie ein Schaf auf der Weide. Doch das sind leider die wenigsten Tage. Ist nicht immer wie gerade jetzt. Dieses Wasser kann sich auftürmen, dass selbst ich Angst davor habe. Du musst immer wissen, was du tust hier draußen, sonst ist es deine letzte Fahrt. Und bist du auf dem Wall unterwegs, wenn Sturm kommt, kannst du dich von deiner Schwester verabschieden.«

»Verabschieden?«

»Ja, für immer.«

»Für immer.«

Belas kratzte sich am Kopf. Die Küste lag ein gutes Stück hinter ihnen. Mit dem Floß über die Donaou – das war schon mehr gewesen, als er in ruhigen Schieferberg-Tagen verkraftet hätte. Dann hatte er

Salomosch und Misnigliou gesehen. Nie hätte er geahnt, dass es so etwas geben konnte. Die Nordländer wollten sie töten. All das und auch die Tortur im Transit hatten sie überstanden. War das nicht genug für ein Homidenleben? Jetzt sah er sich einem Element gegenüber, das dunkel und schwer seinen Rücken hob und senkte wie ein gewaltiges, schlafendes Tier. Er hatte Bilder gesehen von großen Schiffen, auf denen Menschen fröhlich winkten. In seiner Phantasie war er gleichermaßen fröhlich über das Meer gefahren, um auf der anderen Seite Leute zu finden, die ihm helfen würden, das Lager unter der Erde auszuräumen und dem Treiben der Nordländer ein Ende zu setzen.

Ein schmatzendes Geräusch zu seiner Rechten schreckte ihn auf. Er wandte den Kopf in die Richtung.

»Finsal«, schrie er laut auf. Eine Flosse tauchte aus dem Wasser auf. Der Rücken eines großen Meeresbewohners folgte. Belas ließ seine Ruder los.

Finsal bog sich vor Lachen. Tränen rannen ihm über die wettergegerbten Wangen. Belas riss sich zusammen. Er räusperte sich. Das Wasser war einen Moment ganz ruhig. Dann sah er etwas weiter entfernt erneut eine Bewegung. Eine Flosse hob sich aus der See und tauchte wieder ab. Belas wies nur stumm hinaus.

»Ja, ja. Wunderschöne Tiere sind das. Und klug.«

»Wie heißen sie?«

»Delphine. Hast du nie von ihnen gehört? Nein, wohl nicht. Sind keine Fische, die Eier legen. Das sind Tiere, die ihre Kleinen säugen – wie Tiere an Land. Sehr interessante Lebewesen.«

»Aber der Fisch ist doch so groß wie dein Boot. Oder größer.«

»Nein, das nun auch wieder nicht. Aber ist größer und schwerer als du oder ich, richtig.«

»Was ist, wenn er uns angreift?«

»Wenn er wollte, würde er unser Boot mit seiner Schnauze zertrümmern. Aber keine Angst, er will nicht. Er will guten Tag sagen und paar Fische vor der Nase wegfressen.«

Finsal ließ sein Netz über Bord. Der Alte pfiff zufrieden durch die Zähne. Er war die Ruhe selbst und stand sicher auf den schaukelnden Holzplanken.

Als sie Stunden später wieder festen Boden unter den Füßen hatten, murmelte Belas Worte des Dankes an das Wasser und die Luft. Gewiss, er liebte die Natur. Aber Wald und Wiese, vielleicht auch noch das Treiben auf einem Fluss waren ihm wesentlich lieber als das, was er gerade hinter sich gebracht hatte.

Euryn ging es besser, und sie schien auch ihren Groll wegen der Kräuter überwunden zu haben. Sie hatte mit den dürftigen Vorräten, die es in Finsals Hütte gab, ein kleines Essen zubereitet. Über die Eimer voller Fisch, die die beiden mitgebracht hatten, ließ sie sich alles erklären, was Finsal dazu einfiel. Erst am Abend überkam sie wieder Erschöpfung. Sie legte sich früher zur Ruhe als die beiden Männer. Dennoch blieb Belas standhaft, als Finsal lächelnd auf die Schale wies, in der er seine Kräuter entzündete.

Der Fischer versprach an diesem Abend, seine Gäste hinauszufahren auf jene Inseln, sobald das Wetter beständig genug schien. Wie schnell sich das ändern konnte, erlebte Belas noch in der gleichen Nacht. Nach einem wunderschönen Tag und einem milden Abend schreckte er aus dem Schlaf, als ein heftiges Donnern in der Holzhütte widerhallte. Die Läden vor den kleinen Fenstern schlugen, heftig prasselte Regen auf das Dach. Finsal stellte einen großen Eimer mitten im Raum auf. Schon wenig später hörte Belas, wie Wassertropfen in ihn hineinplatschten. Der Fischer hatte keine ruhige Nacht. Mehrfach schüttete er Wasser vor die Tür. Draußen tobte ein Unwetter. Das Meer schlug mit solcher Wucht gegen die felsige Küste, dass Belas im Dämmer träumte, sie würden mit einem Stück Fels von der Küste abgesprengt und trieben immer weiter hinaus, verfolgt von wilden Delphinen, die auf eine fette Mahlzeit warteten. Euryn bekam nichts von dem Unwetter mit. Ihr stand der Schweiß auf der Stirn. In ihren nächtlichen Visionen sah sie junge Homiden, die von Nordländern verschleppt wurden.

9. Weltensprung

Nur wenige Tage später machte Finsal sein Versprechen wahr. Wenn sie den Weltensprung wagen wollten, sei die Zeit jetzt günstig. Je länger sie warteten, umso kälter würde es werden im Herbst. Euryn, die nicht mit ihm draußen auf der offenen See gewesen war, nickte bedenkenlos. Belas holte tief Luft. Er hatte die Idee gehabt, diese Reise anzutreten. Jetzt sollte er raus, bis er nur noch Wasser von einem Ende bis zum anderen sehen würde.

»Heute?«, fragte er zaghaft.

Der Fischer nickte bedächtig.

»Meine Knochen sagen mir, die kommenden Tage sind gut. Wie lange das hält – weiß nicht. Gefährlich ist es immer. Aber jeder Schritt raus aus deiner Hütte ist gefährlich, ist es nicht so? Fast so gefährlich, wie immer drinnen zu bleiben.«

Sie waren nur wenige Tage auf dem kargen Fleckchen Erde gewesen, der Finsals Heimat war, aber Belas schien es ein friedvoller Ort, den er nicht gerne hinter sich ließ. Wieder hinauszuziehen in die Ungewissheit, fiel ihm schwer. Aber er dachte an die großen eisernen Vögel, die bis zu den Sternen flogen. Und an die Menschen, die sie konstruiert hatten und vielleicht einen Rat wussten, wie mit den gefährlichen Lagern unter der Erde seiner Heimat umzugehen war.

*

»Wir müssen da raus?«

Euryn klammerte sich wie Belas an die Reling, als sie zwischen den großen Steinen hinaus aufs offene Meer fuhren. »Ich sehe gar nicht, wo wir uns hinwenden müssen.«

Der Fischer spuckte ins Wasser. »Kein Problem. Das Meer weiß, wo die Reise hinführt.«

Euryns Gesicht verlor jede Farbe.

»Du musst dich nicht ängstigen. Das Meer und ich, das ist fast eins.« Mit kräftigen Ruderschlägen brachte er sie schnell vom Land weg. Dann setzte er das Segel an dem kleinen Mast. Die Sonne stieg rasch am Firmament. Schließlich stand er unvermittelt auf und bedeutete Belas, seinen Platz einzunehmen. Finsal setzte sich nicht neben Euryn, sondern nahm im Bug Platz. Sie waren eine Weile parallel zur Küste Richtung Norden gesegelt. Jetzt wollte der Alte hinaus auf die offene See.

»Prächtiges Wetter heute«, nuschelte er, schob seine Mütze hoch und wischte sich den Schweiß von der Stirn.

*

Euryn saß kerzengerade. Sie hatte den bunten Umhang der Misnigliouten übergezogen, um sich vor Sonne und Wind zu schützen, der in den nördlichen Breiten auch in den Sommermonaten kalt blies. Belas ruderte, da der Wind abgeflaut war. Er legte erst den Umhang, dann sein Hemd ab. Immer wieder glitt ihm ein Ruder aus der Hand und er fluchte. Finsal dagegen war die Ruhe selbst und meinte, der junge Homide mache seine Sache sehr gut.

Der Girgiene war während ihrer gemeinsamen Tage nicht allzu neugierig gewesen, aber jetzt, draußen auf der offenen See, legte er seine Zurückhaltung ab und wollte mehr über die Heimat der beiden wissen.

Belas erzählte ihm ausführlich die Geschichte von den Fässern unter der Erde. Und von den Nordländern, die sich einfach nehmen wollten, was in jenen Stollen lagerte.

Finsal konnte sich auf die Sache keinen Reim machen. Aber er schimpfte über Nordländer wie auch über jene, die es drüben auf der anderen Seite noch geben sollte. So abgelegen der Zipfel der Welt auch war, an dem er lebte, böse Geschichten fanden ihren Weg auch an den nördlichen Polarkreis. Und so erzählte auch er von jenen aus dem Norden und den Verborgenen aus der anderen Welt – das war sein Name für die Menschen jenseits der Meeresenge. Er berichtete von Kriegen, die sie während der Blüte der Zivilisation gegeneinander geführt hatten und in die viele Länder verstrickt gewesen seien, von denen man heute nichts mehr wüsste.

Belas war erstaunt, wie viel auch Finsal zu erzählen vermochte von einer Zeit, die so märchenhaft klang, und die er erst in der Noorenbibliothek kennengelernt hatte. Finsal hatte zwar keine Bücher, aber was sich die Girgienen über Generationen weitererzählt hatten, schien Belas recht ähnlich mit Teilen dessen, was in seinem Teil der Welt noch an Wissen bestand. Aber er erlebte, wie schon bei Naasch und den Seinen, doch auch einen gewaltigen Unterschied: Die östlichen Völker erinnerten sich besser der vorangegangenen Zeiten, die selbst den Nooren unbekannt waren, da es über sie keine Bücher mehr gab, die ihnen eine Hilfe gewesen wären. Seltsam, dachte Belas, irgendwie war es, als ob in den Schieferbergen der Faden des Lebens gänzlich abgerissen war, bevor die Homiden auftauchten.

Das schmale Boot hob und senkte sich, Gischt sprühte von Zeit zu Zeit in feinen Schauern über die Reling.

»Vielleicht leben die dort drüben gar nicht mehr, wenn niemand etwas von ihnen weiß?« Euryn sah Belas fragend an, aber Finsal antwortete. »Doch, sie leben, da bin ich sicher. Manchmal siehst du etwas am Himmel fliegen wie ein Vogel. Kleine Maschinen. Sind von ihnen.«

Euryn drehte den Kopf zu dem alten Fischer. Finsal nickte bedächtig. Wenn er sich einer Sache sicher war, ließ er sich nicht aus der Ruhe bringen.

Später, als der Wind wieder auflebte, erzählte er ihr von seinem eigenen Weltensprung und dem Wunsch, den Leuten zu begegnen, von denen so sagenhafte Geschichten erzählt wurden. Er erzählte ihr aber auch von wilden Horden, deren Haut dunkler war als die der Girgienen und auch der Homiden. Vor denen musste man sich in Acht nehmen, denn sie hatten nichts im Kopf als Kämpfen und Töten.

Davon hatte Belas noch nichts gehört. Er tastete nach der Waffe unter seinem Mantel.

Euryn lächelte ihm vage zu. »Wir müssen da hin. Ich weiß auch keinen anderen Rat. Die Nordländer werden alle Homiden töten, um an ihr Ziel zu gelangen. Sie sind schon dabei.«

Finsal schob die Unterlippe vor. »Von den Nordländern hört man nicht viel gutes. Das steht fest. Aber die da drüben, die Verborgenen? Weiß nicht, was von denen zu erwarten ist, falls ihr sie findet.«

Eine frische Brise blähte ihr Segel auf. Der Fischer klatschte in die Hände.

»Ha! Was braucht man, um auf dem Wasser nicht zu verhungern?«

Die Homiden sahen ihn ratlos an.

»Na klar. Wind brauchst du, um wieder an Land zu kommen.«

Belas entdeckte weiter draußen einen Delphin. Er wollte Euryn schonend auf das Tier aufmerksam machen, aber sie reagierte ganz anders, als er es wenige Tage zuvor getan hatte. Sie sah kurz verblüfft auf. Dann streckte sie eine Hand ins Wasser. »Das sind ganz besondere Wesen«, sagte sie zu Belas. »Ich kann ihre Gedanken fühlen. Sie sind schon eine ganze Weile in der Nähe.«

Finsal runzelte die Stirn. »Gedanken? Klug sind sie schon. Aber Gedanken?« Euryn ließ ihre Stirn auf die Knie sinken. Ein feines Lächeln bildete Grübchen auf ihren Wangen.

Zwei Delphine, die in einiger Entfernung zum Boot geschwommen waren, kamen nun mit eleganten Bewegungen heran. Sie näherten sich Euryns Hand. Belas wich ein Stück zurück. Sein Herz pochte heftig. Er fragte sich, ob die Meeresbewohner so etwas wie Schwestern der Nooren waren. Die Delphine stießen neben dem Boot aus dem Wasser und ließen sich auf ihre Rücken klatschen. Euryn lachte. Finsal sah sie misstrauisch an. Womöglich waren die Homiden ja doch genauso undurchsichtig wie Nordländer und Verborgene.

Das Festland war nur noch eine vage Idee am Horizont, die Welt bestand aus Wasser. Nicht gerade das, wofür sich die Homiden geschaffen fühlten. So interessant diese im ewigen Takt balancierende Unendlichkeit auch war, sie hatte etwas Bedrohliches. Belas sehnte sich die Insel herbei, um wieder festen Boden unter die Füße zu bekommen. Euryn hingegen war seit der Begegnung mit den Delphinen sichtlich entspannt. Die Tiere waren lange in Reichweite des Bootes geblieben.

»Ihre Gedanken sind wie Musik«, murmelte sie. Die ungeheuren Mengen an Wasser, die sie umströmten, waren vergessen.

*

Die Insel war letztlich nichts anderes als ein einziger karger Fels. Auf seiner Südseite hatte er eine Bucht, die eine Landung möglich machte. Der Seegang war um einiges stärker geworden, das kleine Holzboot wäre an jeder anderen Stelle des schroffen Eilandes am Fels zerschellt.

»Ist nicht ganz ungefährlich. Ich war lange nicht mehr auf diesem Stück Land.«

Finsal kletterte behände vor ihnen eine in den nackten Fels geschlagene Treppe hinauf, nachdem sie sein Boot vertäut hatten. Die Sonne war bereits am Untergehen. Der Fischer hatte Decken, Proviant und einige Tierhäute mit auf die Reise genommen. Sie bauten sich, ein wenig unterhalb der höchsten Erhebung, ein provisorisches Zelt für die Nacht. Von hier oben sahen sie östlich vier kleinere Felsen aus dem Wasser ragen, von Gischt umschäumt. Von einem zum anderen führte ein schmaler Weg. Was weiter draußen lag, war im Dunst des frühen Abends nicht zu erkennen. Bei klarer Sicht ließen sich in westliche Richtung Reste der Pfeiler im Meer ausmachen, die einst die große Brücke getragen hatten.

Finsal war schweigsam. Ihn schien das Schicksal seiner Gäste stärker zu beschäftigen, als er selbst dies wohl für möglich gehalten hatte. Nachdem sie ihr Lager bereitet und etwas gegessen hatten, zog er sich bald seine Decken über Beine und Körper.

»Zeit für mich zu schlafen«, sagte er mehr zu sich selbst. »Morgen früh nehme ich den Weg zurück. Vielleicht wollt ihr wieder mit. Eine Nacht habt ihr noch, darüber nachzudenken. Was haben die Delphine dir denn erzählt, junge Meerfrau?«

»Erzählt? Nein, erzählt haben sie nichts. Ich glaube kaum, dass sie sich in ihrem Element so ausdrücken wie wir.«

»Nein? Ich habe sie draußen auf dem Meer oft beobachtet. Sind klug. Hatte immer das Gefühl, ihre Geräusche sowas wie Unterhaltung. Außerdem hast du gelächelt, als sie zu dir kamen. Ich dachte, ihr redet miteinander.«

»Stimmt«, warf Belas ein, »ich dachte, gleich springst du zu ihnen.«

»Ich muss euch enttäuschen. Wir haben keine Worte gewechselt.«

»Was dann?« Belas kämpfte mit den Decken, die sich um seine Beine verwickelt hatten. Es war keine schöne Vorstellung, auf dem harten und kalten Untergrund die Nacht zu verbringen.

»Es war besser als reden«, sagte Euryn, die halb sitzend in einer Felsnische Platz genommen hatte. »Da war ein warmes und verständnisvolles Gefühl. Etwas, das ich mit ihnen teilen konnte, wenn du verstehst, was ich meine.«

Belas sah sie fragend an. Aber Finsal nickte bedächtig. »Das Leben kommt aus dem Meer. Diese Kreaturen sind uns ebenbürtig.«

»Und warum essen wir sie dann?« Belas ließ sich auf seine harte Unterlage fallen.

»Nein, ich habe noch nie in meinem Leben das Fleisch eines Delphins gegessen. Und die Fische, die ich aus dem Wasser hole, behandele ich mit Respekt. Fressen und Gefressen werden ist Kreislauf. Wir müssen auch mit dem Feuer leben, das alle paar Jahre im Landesinnern wütet. Es zerstört – und schafft Raum für Neuanfang.«

Die Drei schwiegen. Schwere Wellen klatschten gegen das kleine Eiland. Über ihren Köpfen pfiff ein rauer Wind. Belas suchte nach einer halbwegs vernünftigen Position, in der er schlafen konnte. Aber die gab es einfach nicht.

*

Finsal verabschiedete sich im Morgengrauen. Er schnürte sein Bündel aus Decken und sagte, sie sollten die anderen, zwischen denen sie selbst gelegen hatten, behalten. Schließlich hatten sie eine weitere Nacht auf dem kleinen benachbarten Eiland vor sich, ehe es hinausging auf den steinernen Weg über das offene Meer. Den längeren Teil der Reise über die Meerenge hatten sie bereits hinter sich.

Jetzt waren sie auf sich selbst gestellt. Der Sprung auf den anderen Kontinent würde einen weiteren ganzen Tag brauchen.

Der Alte fasste mit seinen wettergegerbten Händen nach ihren Schultern.

»Geht schnell, und hofft auf gutes Wetter. Sonst werdet ihr ein Teil des Meeres.«

»Sehr aufmunternd«, murmelte Euryn, als Finsal den Rückweg zu seinem Boot antrat.

»Na komm schon. Die Delphine lassen dich nicht ertrinken. Wir gehen hinüber, nehmen uns vor allen Unholden in Acht und kehren mit einem fliegenden Vogel heim. Stell dir vor, was los ist, wenn wir auf dem Langen Berg landen.«

Sein Blick war etwas unsicher, aber doch von einer Hoffnung, die Euryn ein Lächeln entlockte. Dieser junge Homide, gerade den Kinderschuhen entwachsen – woher holte er nur seinen Optimismus?

Belas strich ihr mit den Fingern sanft über die Wangen. »Die werden Augen machen! Und die Nordländer vor Angst fliehen.«

»Ich fürchte, es wird niemand mitbekommen, wenn wir tatsächlich wie die Vögel zurückkehren. Ich glaube, sie sind alle in die Wälder geflohen.«

Belas Lächeln verschwand. »Brauchen wir zu lange?«

»Ich weiß es nicht.«

Blutrot ging die Sonne über dem Meer auf, setzte den Horizont in Flammen. Finsal hatte ihnen einen Rucksack mit Proviant mitgegeben. Erfreulicherweise bestand der nicht nur aus Fisch, sondern auch aus kleinen Brotfladen und Obst. Schweigend marschierten sie über die intakte Brücke zu der kleineren Insel.

»Weißt du, was richtig gut ist?«

Euryn zuckte die Schultern. »Du siehst schon die andere Seite?«

»Nein, viel besser. Hier gibt es keine Raschoar.«

»Schweig. Würde mich nicht wundern, wenn gleich eine Meute vor uns auftaucht. Oder ein Loch im Boden und du willst nicht weitergehen.«

Belas brummte etwas Unverständliches. An diesen Teil ihrer ersten Brückenüberquerung vor vielen Monden wollte er sich nun wirklich nicht erinnern.

Sie gingen eine Weile schweigend. Euryn war in Gedanken bei Naasch. Dann kamen sie auf der kleineren Insel an. Die sah wie ein kahler Kopf aus, der aus dem Wasser ragte. Sie marschierten zum höchsten Punkt des Eilandes. Vor ihnen lag im Osten nur noch offene See. Ein Wall aus Stein zog sich in gerader Linie hinaus und verlor sich im Dunst.

»Da sollen wir raus?« Euryn ließ sich zu Boden gleiten. Die zarten Hände verschatteten ihre Augen. »Belas, sag, das ist nicht dein Ernst.«

»Das ist nicht mein Ernst.«

Er ging neben ihr in die Hocke und legte einen Arm um ihre Schulter. »Nein, ich habe es mir gerade anders überlegt. Wir gehen zurück, schwimmen das letzte Stückchen an Land und fragen Finsal, ob er uns auf einem Karren in die Heimat zieht.«

»Da bin ich beruhigt, Sohn eines Digdo.«

»Siehst du, schon regen sich deine Lebensgeister wieder. Jetzt breite ich dir hier vor dieser wunderschönen Aussicht ein nettes kleines Mahl aus und dann willst du nichts mehr, außer weiter zu spazieren auf diesem hübschen Wall da unten über den Wellen.«

Belas dachte laut darüber nach, ob sie nicht doch bei diesem hervorragenden Wetter gleich weiter sollten. Schließlich war es noch später Sommer, und die Tage waren lang. Ein strenger Blick Euryns brachte ihn abrupt zum Schweigen. Sie streiften ein wenig über das Eiland und fanden Reste einer Hütte, deren Boden mit feinem Sand ausgestreut war. So wurde die zweite Nacht zu einem wahren Vergnügen – jedenfalls im Vergleich zur vorangegangenen Nacht.

*

»Dann also los.« Euryn fasste Belas Hand. Der Sonnenaufgang kündigte sich an. Möwen zogen kreischend ihre Kreise am Himmel, die Meeresoberfläche hob sich kaum vom Firmament ab. Belas stand schlaftrunken neben seiner Schwester. Der Boden war so wunderbar weich gewesen, er wollte sich am liebsten noch einmal hinlegen. Warum musste Aufbruch immer bedeuten, in aller Frühe durch die Kälte zu stapfen?

Euryn sah ihn von der Seite an.

»Na? Für einen Weltenspringer siehst du aber sehr verschlafen aus. Stell dir vor, Halin würde dich jetzt so sehen.«

Belas kratzte sich den Schädel unter dem Tschirnieden-Umhang.

»Es ist viel zu früh, um gut auszusehen. Kann ja nicht jeder eine immer frohe Nooren-Priesterin sein.«

Seine Schwester verzog das Gesicht und ging los.

»Digdo« rief sie über die Schulter und winkte ihm, ihr zu folgen. Sie schaute zurück. Belas schnitt ihr eine Grimasse. Da musste sie lachen. Es war ein schönes, warmes Geräusch, das sich aus ihrer Brust hob. Belas war, als habe er sie so seit ewigen Zeiten nicht mehr gehört. Er trottete hinter ihr her und ließ seine Gedanken treppab, wie er gerade von dem Fels auf den Wall hinaus aufs Wasser unterwegs war, in seine Erinnerung gleiten. Er sah die zarte Euryn, immer etwas kleiner als die anderen Mädchen ihres Alters, sah seine Eltern und Geschwister. Die Welt war um so viel einfacher und wohlgeordneter, als er noch ein Knabe gewesen war.

Sie waren noch nicht weit gekommen, als ein frischer Wind aufkam. Er blies aus ihrer Marschrichtung und bauschte die Kleidung mächtig auf.

Der Wall sah ganz anders aus, als sie erwartet hatten. Teils war er gut zu begehen wie eine Straße, nur einen Steinwurf über dem Meeresspiegel. Dann mussten sie bergan und liefen wieder über Brücken-Teile, die sich flach übers Wasser spannten. Stahlbögen erinnerten an die Tunnelröhre von einst. An manchen Stellen steckten in den Halterungen noch abgebrochene Teile der Röhre. Andere Passagen sahen wir hingeworfene Felsblöcke aus. Dort sprangen sie wie Wasserflöhe von Stein zu Stein. Um sie tänzelte die See in leichtem Auf und Ab. Eine gewaltige Wasserfläche in ewiger Bewegung. Sie hatten zunächst gute Sicht und klaren Himmel. Genau richtig, um über den Steinwall auf die andere Seite, in die andere Welt zu gelangen. Aber sie wussten von Finsal, dass das Wetter hier draußen schnell umschlug. Sollte ein Sturm kommen, dann brachte er Wellen wie Berge, fünfmal so hoch wie die Hütte des Fischers.

Es war beschwerlich, auf den großen Brocken aus dunklem Stein voranzukommen. Sie waren voller Algen und glitschig. Zwischen den Quadern schwappte Wasser, mal gurgelnd, mal sanft plätschernd. Belas hatte am Morgen noch seine Späße getrieben über das, was unter ihren Füßen lauern mochte. Er war still geworden. Nach und nach kam Wind auf. Beißend, pfeifend. Der Himmel, am Morgen von strahlendem Blau, wurde mehr und mehr von dunklen Schleiern überzogen. Belas ging einen Schritt vor Euryn. Mit einer Hand raffte er den Umhang vor der Brust. Die andere hielt er vom Körper weggestreckt, um das Gleichgewicht zu halten. Manchmal rutschte er ab und fluchte vor sich hin. Der steinerne Wall war zwar so breit, dass ein kleiner Homide nicht ins Wasser fallen konnte. Aber zwischen den Felsblöcken waren an manchen Stellen gefährlich tiefe Spalten.

»Wie weit wird es noch sein?« Euryn brüllte gegen den Wind an.

Schon einen Wimpernschlag später war ihr die Frage peinlich. Belas blieb stehen. Nur das hatte sie gewollt.

»Zu weit wohl, um sich schon Gedanken über das Abendessen zu machen.«

Belas sah müde aus. Der Fischer hatte sie gewarnt. Es war ein beschwerlicher Weg. Die Strecke war nicht besonders weit, aber voller Mühen und Wagnisse.

Euryn war mulmig zu Mute. Nichts als Wasser um sie herum und ein beißender Wind. Sie schenkte Belas dennoch ein Lächeln. »Wie gefällt es dir hier draußen. Ist mal was anderes, oder?«

Er nickte und strich sich den Schweiß von der Stirn. »Was glaubst du denn, warum ich hierher wollte.«

Der Ozean hatte sie eingeschlossen. Träge, majestätisch, unberechenbar. Wie ein Raubtier, das sie aus schläfrigen Augen beobachtete. Auch wenn der Anblick nach den Tagen in der Fischerhütte nicht mehr so ungewohnt war, das Meer war den beiden Homiden fremd. Und unheimlich. Der kalte Wind, der ihnen ins Gesicht blies, verhieß nichts Gutes. Am Horizont verschwamm die Linie zwischen Himmel und Wasser. Ihr Weg schien irgendwo da draußen zu versinken. In schnurgerader Linie zog sich der Steinwall seit einiger Zeit vor ihnen hin, mal flacher, mal höher über der Meeresoberfläche. Belas hielt Euryn die Trinkflasche hin. Eine Windböe zerrte an ihm. Er machte unbeholfen einen ausgleichenden Schritt.

»Vielleicht legt sich das ja wieder.« Belas schaute nach Osten, wo beide einen Streifen Land erhofften.

Sie setzten sich hinter ein Stück der alten Tunnelhülle, das am Boden in seiner Halterung steckte, schoben das Gepäck unter die Hintern und streckten die Beine aus.

»Hättest du gedacht, einmal mitten in einem Meer zu sitzen?«

Belas kratze sich hinterm Ohr. »Nein. Genauso wenig hätte ich gedacht, einmal in einer Kapsel zu sitzen, die mich über den Boden schießt, bis mir schwindlig wird.«

Sie lächelte. Er liebte diesen versonnenen Ausdruck in ihren Zügen. Möwen kreisten über ihren Köpfen und schrien in den Dunst hinein, der sich mehr und mehr bildete. Die feuchte, salzige Luft bildete einen Film auf ihrer grauen Haut. Zwischen den Felsen schwammen kleine Fische. Sie fraßen Algen vom Gestein.

»Wäre gut, die andere Seite zu sehen«, sagte Belas, »die Hälfte des Tages ist vorbei. Wenn es dunkel wird, möchte ich nicht mehr hier draußen stehen.«

»Im Moment sitzt du.«

Er grinste. »Stimmt. Wir sind gelaufen und gelaufen und gelaufen. Irgendwann braucht auch der stärkste Homidenfuß mal eine Pause.«

»Tatsächlich? Auch so ein trefflicher Fuß wie der deine?«

Belas nickt nur. Er wühlte in seinem Rucksack. »Was hat Finsal denn noch Gutes eingepackt?«

»Ich fürchte, alles, was nicht aus dem Meer stammt, haben wir schon im Bauch.«

Also aßen sie geräucherten Fisch und Brot. Belas sprach von dem anderen Kontinent. Sie hatten auch dort noch einen Fußmarsch von mindestens einer Mondphase vor sich. Wenn den Karten zu trauen war, folgten sie der Küste, die einen sanften Bogen nach Süden beschrieb, bis zu einem Fluss. An diesem breiten Gewässer mussten sie ins Landesinnere. Und würden direkt auf die nächstgelegene Stadt stoßen. Die Nooren glaubten, es gebe mehrere große Menschenstädte hoch oben im Norden des Kontinents. Weiter südlich sollte das Land – wie auch bei ihnen – unwirtlich und wüst sein.

Die Sonne war jetzt hinter der grauen Wand verschwunden. Euryn zog ihren Mantel fester zu. Die matte Sonnenscheibe gab nicht mehr viel Wärme. Sie setzten ihren Weg fort. Er veränderte sich. Der Steinwall ragte nun ein Stück höher über den Meeresspiegel als zuvor. Er war jetzt wieder glatt und einigermaßen eben, wie eine Straße. Ein harter Mörtel füllte die Löcher zwischen den Felsbrocken, schwarz und voller Rillen, wie die faltige Haut eines alten Homiden.

Sie kamen deutlich schneller voran. Die beiden liefen nebeneinander her, so rasch ihre Füße dies zuließen. Ab und an wechselten sie ein paar Worte. Belas malte sich den Strand auf dem anderen Kontinent aus. Er wünschte sich ein trockenes Plätzchen, frisches Wasser und Obst, das ihm von den Bäumen in die Hände fiel. Euryn wollte nicht mehr, als unentdeckt weiterzukommen. Der scharfe Wind, er traf sie jetzt in Böen von der Seite, trieb ihr immer wieder Tränen in die Augen. Kleine Salzstraßen bildeten sich in ihrem Gesicht. Ihre Wangen brannten vom ständigen Ansturm des Meereswindes. Und das Wasser zu beiden Seiten der Brücke, wie sie ihren Weg lieber nannte, war dunkel und drohend.

Sie musste den Gedanken, in die Wellen zu stürzen, aus ihrem Kopf verbannen, denn er machte sie unsicher und langsam. Was mochte alles in der Dunkelheit zwischen den Felsen leben? Belas schien das alles wenig zu interessieren. Seit der Weg gangbarer geworden war, eilte er vorneweg.

Dennoch verflog die Zeit. Der sehnsüchtig erhoffte Küstenstreifen ließ auf sich warten. Sie marschierten auf dem Wall, während das Wasser unter ihren Füßen plätscherte. Nach einer Weile waren sie so erschöpft, dass sie eine weitere Pause machen mussten. Mit dem Rücken zum Wind, packten sie die letzten Lebensmittel aus. Von Sonnenaufgang bis jetzt, zu den späten Stunden des Nachmittags, hatten sie sich kaum eine Rast gegönnt. Selbst für einen zähen Homiden war das eine Leistung.

»Ich wäre erleichtert, wenn die andere Seite endlich auftauchte.« Euryn verzog das Gesicht und massierte ihre schmerzenden Waden.

»Meinst du, Finsal hat uns nur ein bisschen Mut machen wollen?«

»Mut machen? Der sitzt jetzt daheim und lacht sich kaputt über die Unbekümmertheit unseres Schlags.« Sie zog ihren Umhang fest um sich, um den kalten Böen keine Angriffsfläche zu bieten.

Belas reichte ihr Brot. »Wir sind mit festem Schritt gelaufen, es kann nicht mehr weit sein.«

»Eigentlich schon. Oder haben wir eine Abzweigung verpasst?«

Belas verschluckte sich. Er prustete kleine Brotstückchen in ihre Richtung. »Wie wahr. Davon hat der Alte gar nicht gesprochen. Wo bitte ist hier die richtige Kreuzung? Da Wasser, dort Wasser, überall Wasser.«

Zwischen zwei Windböen war plötzlich ein feines Surren in der Luft zu hören.

»Was ist das?«

Euryn rieb sich die Nase und sah hoch.

»Da fliegt was.«

Sie deutete mit der Hand über ihre Köpfe. In einigem Abstand sauste etwas über sie hinweg. Es sah aus wie ein Vogel, hatte aber kein Gefieder, sondern eine glatte Oberfläche.

»Was ist das denn?«, fragte Euryn, mit der flachen Hand die Augen beschattend.

»Ein Vogel, dachte ich«, antwortete Belas.

»Seltsamer Vogel. Schau ihn dir an. Er fliegt im Kreis und kommt zu uns zurück.«

Das seltsame Etwas sauste mehrere Male über sie hinweg. Belas sprang begeistert auf.

»Schau nur, schau. Finsal hat doch von den kleinen Maschinen gesprochen, die die Menschen bauen und fliegen lassen. Siehst du – ihre Maschinen! Sie leben! Sie sind dort drüben auf der anderen Seite. Wir werden sie finden.«

Er klatschte in die Hände, jubelte, griff nach Euryns Kopf und tätschelte sie. Seine Begleiterin sah dem Gerät, das schließlich in östliche Richtung davonsauste, skeptisch hinterher.

»Hoffentlich bereiten sie jetzt schon alles für einen freundlichen Empfang vor. Eine Sänfte am Strand etwa, die uns in die Stadt der Menschen bringt, wäre schön.«

Belas war aufgeregt. Er drängte Euryn zum Aufbruch. Das Meer wiegte in seinem ewigen Rhythmus hin und her. Einmal sahen sie Delphine. Aber ihre Rücken durchpflügten die See in großer Entfernung. Euryn vermochte ihre Anwesenheit nicht zu spüren. Das Plätschern der Wellen gegen den Stein machte die Wanderer müde.

Immerhin: Sie kamen nach wie vor gut voran. Doch noch immer fanden ihre Augen am Horizont kein Land. Da die Sonne hinter grauen Schleiern verborgen blieb, konnten sie die Zeit nicht bestimmen. Aber der Tag, das war ihnen klar, neigte sich langsam seinem Ende entgegen. Weiter und weiter zog sich ihr Weg vor ihnen hin, jetzt auch manchmal in langgezogenen Schleifen mal nach links oder rechts ausgerichtet, dann wieder schnurstracks geradeaus. Ölig umspülte das Meerwasser die Steine einige Spannen unter ihren Füßen. Belas stieß einen erschreckten Ruf aus, als rechts von ihm ein kleinerer Fisch aus dem Meer schoss. Euryn hob öfter den Kopf zum Himmel. Nicht, weil sie die kleine Flugmaschine wieder über ihren Köpfen glaubte – die verwaschenen Farben am Firmament gefielen ihr nicht.

Plötzlich wurde der Himmel dunkel, fast violett. Dann ging alles ganz schnell. Regen setzte ein, erst leicht, bald mit dicken Tropfen. Der Wind zerrte an ihnen und wurde mehr und mehr zu Sturm. Euryn zog Belas in die Hocke. »Wir müssen eng beisammen bleiben.«

Er sah Angst in ihren Augen. Wasser lief ihm vom Rand der Kapuze in den Mund. Schwefelgelbe Schwaden zogen über das Wasser hinweg. Die Luft wurde plötzlich seltsam warm, während der Regen hart auf sie einschlug. Ein Blitz zerteilte den Himmel. Gewaltiger Donner folgte.

Das Meer, den ganzen Tag über friedlich, hob und senkte sich mit schwerem Ächzen. Euryn klammerte sich an Belas. Hier draußen wollte sie nicht ihren letzten Atemzug tun. So lächerlich der Gedanke sein mochte, er gab ihr die Herrschaft über den eigenen Kopf zurück.

»Es kann nicht mehr weit sein. Halt mich fest, Belas. Halt mich fest.«

Er nickte stumm. Wieder blitzte und donnerte es über ihnen. Es war ein ohrenbetäubender Lärm. Hand in Hand kämpften sie sich weiter.

Gischt spritzte den Wall hinauf. Vom Tageslicht war nicht mehr viel zu sehen. Belas und Euryn stolperten, eng aneinandergeklammert, geduckt vorwärts. Fast unmerklich senkte sich der Wall wieder etwas zur See hinab. Schwere Wellen rollten fast bis auf seine Krone. Sie kamen kaum noch voran, versuchten nur, nicht vom Weg gedrückt zu werden. Bald schlugen die ersten Wellen über den Wall hinweg. Euryn schrie auf. Das Salzwasser fasste nach ihren Knöcheln. Belas sagte etwas, aber sie verstand kein Wort. Er deutete vor sich und wollte lauter reden. Da griff ihn das Wasser. Er sah nicht, wie eine Welle über den Wall donnerte, weil er sich zu ihr gebeugt hatte. Unvorbereitet traf ihn die Welle.

Nein, nicht in diese grauenvolle Kälte, schoss Euryn durch den Sinn. Sie streckte die Hand nach ihm aus. Dann kam der Schmerz. Sie schlug hart auf Stein auf, als eine Woge auch sie erfasste. In ihren Ohren klingelte es. Instinktiv klammerten sich ihre Finger um einen Vorsprung. Sie war halb vom Steinwall heruntergespült, lag zwischen Felsblöcken, die aus dem Wasser ragten.

Belas, wo war Belas? Wieder kam von der anderen Seite des Walls eine Welle über die Krone geschossen. Sie klammerte sich, nach einer schnellen Drehung auf den Bauch, auch mit der Linken an den Stein. Den Kopf presste sie auf die Brust und hielt die Luft an. Sie fühlte sich wie eine Maus, die zwischen den Pfoten der Katze hin und her geworfen wird. Das fremde Element spielte mit ihr. Packte sie mal härter, mal sachte, als wolle es sein Spielzeugs nicht zu schnell an den Tod verlieren.

Belas, bei allen Göttern, wo war Belas? Immer wieder griff die nasse Bestie nach ihr, schüttelte sie. Die Homidin krallte sich an Stein, der ihr die Finger blutig riss. Immer wieder verlor sie den Halt, schluckte vom salzigen Wasser, als sie nach ihrem Bruder rief. Wenigstens saß sie in einer Mulde, das meiste Wasser schlug über sie hinweg und konnte sie nicht greifen.

Die Wellen verloren schließlich an Kraft. Sobald das Wasser etwas von ihr abließ, schrie sie wieder nach Belas. Ihre Stimme klang dünn in dem Getöse. – »Belas?«

Keine Antwort. Da war nur pfeifender Wind, knisternde Blitze und dumpfer Donnergroll. Wo war ihr Bruder? Warum antwortete er nicht? Stück für Stück arbeitete sie sich hoch auf den Weg. Das Wasser brach sich ein Stück unterhalb der Deichkrone. Der Regen ließ nach.

Euryn sah sich nach allen Seiten um. Keine Spur von ihrem Bruder. Sie hatte gefürchtet, seinen leblosen Körper zu finden, sollte sich der Sturm ein wenig legen. Aber er war wie verschluckt. Wie hatte Finsal gesagt: Wir kommen aus dem Meer, wir gehen in das Meer. So oder so ähnlich. Auf den dunklen Wellen, die sich zurückzogen, trieb Holz. Das war alles. Euryn sank in sich zusammen und weinte.

Der Himmel klarte auf. Die Dunstschleier verzogen sich nach und nach. Und da sah sie es. Am Horizont war eine dunkle Linie zu erkennen. Ihr schauderte. Sie hatten es fast geschafft, die andere Welt fast erreicht. Die Stadt der Menschen, der Flugmaschinen – das, was Belas diese Hoffnung gegeben hatte. Es war so nahe. Monate waren sie unterwegs gewesen. Jetzt war Belas tot und sie alleine. Sie hatte nie so recht an seine Idee geglaubt, die Menschen könnten zu ihnen in die Schieferberge kommen und die Glaskugeln in den Himmel schießen. Dennoch war sie mit Belas gegangen. Warum? Weil sie ihn nicht alleine ziehen lassen wollte? Oder weil sie sich nicht als Noore, vielleicht nicht einmal als Homidin fühlte? Wieder rannen ihr die Tränen übers Gesicht. Ihr Bruder war fort, und in ihr brandete ein Chaos an Gefühlen auf, wie sie es nie zuvor erlebt hatte.

Sie zitterte vor Kälte. Die Sonne sank, es würde bald dunkel werden. Die Luft hatte jetzt einen anderen Geruch. War schwerer, satter. Es wurde rasch dämmrig um sie. Sie stand mühsam auf. Ihr Rucksack lag zwischen Felsen eingekeilt. Sie zog ihn zu sich hinauf. Alles war triefend nass. Sie schleppte sich weiter. Aus dem Streifen am Horizont wurde eine Baumreihe. Bald entdeckte sie einen schmalen Strand. Kein Lebewesen weit und breit.

Dennoch bewegte sich Euryn vorsichtig. Vielleicht behielt ja jemand die Brücke im Auge. Finsal hatte dazu nichts zu sagen gewusst. Mit Belas hatte sie abgesprochen, in einiger Entfernung vom Strand bis zum Einbruch der Nacht warten zu wollen. So machte sie es jetzt auch. Wieder rollten ihr Tränen übers Gesicht. Sie schmeckten salzig. So salzig, wie das Wasser war, das träge zu ihren Füßen gegen Stein und Fels brandete.

*

Der fremde Kontinent machte Euryn Angst. Warum, das wusste sie selbst nicht. Die erste Nacht hatte sie am Strand verbracht, den Blick hinaus aufs Meer gerichtet. Schwere Wellen waren ans Ufer gerollt. Belas brachten sie nicht zurück. Belas, ihren Bruder. Belas, den oft verträumten Kerl, der sich um nichts Gedanken machen wollte. Mehr ein Sohn denn ein Bruder. Belas, ihren Freund, ihren einzigen Freund in einer Welt, die ihr nicht wohlgesonnen war. Sie hatte ihn verloren an dieses Meer. An diese wahnwitzige Idee, in eine fremde Welt zu wandern und einen metallenen Vogel zu finden.

Sie hatte ein wenig im Sitzen geschlafen in dieser Nacht. Im Morgengrauen war sie losmarschiert Richtung Süden. Es schien nach den Karten, die Belas ihr so oft gezeigt hatte, so einfach: Nach Süden bis zu einem großen Fluss, dem sie ins Landesinnere folgen musste. Ein paar Sonnenaufgänge, oder besser eine ganze Reihe von Sonnenaufgängen später würde sie vor den Toren der Stadt der Menschen stehen – wenn es sie denn gab. Sie war nun schon einige Tage unterwegs. Ein großer Teil ihres Proviants war durch das Meerwasser verdorben worden. Das tat nichts. Sie mochte nicht essen.

Frisches Wasser floss reichlich aus kleinen und größeren Bächen ins Meer. Sie ging im Schatten der Bäume, die teilweise bis zweihundert Spannen ans Wasser heranreichten. Es war warm über Tag. Ungewöhnlich für die nördliche Breite. Obwohl ihr kaum ein Lebewesen begegnete, blieb ihre Furcht. Die einzigen Tiere, die sie regelmäßig durch die Bäume huschen sah, waren Eichhörnchen. Ihr Fell war heller und das Fellhaar länger als in Euryns Heimat.

Einmal sah sie am Nachmittag draußen auf dem Ozean Delphine. Oder besser: Ein warmes Gefühl durchfloss sie und sie schaute hinaus. Da sah sie ein paar Rückenflossen, die sich im Bogen aus dem Wasser hoben und wieder verschwanden. Dann schossen die Tiere mit dem ganzen Körper aus den Wellen. Euryn hatte das Gefühl, sie wollten sie trösten. Aber sie verstand ihre Sprache nicht.

Sie zählte die Tage nicht, die sie unterwegs war. Belas Name stand für den Schmerz, der sie begleitete. Jeder Tag trug seinen Namen. Sie sah keinen Sinn, den Weg, den sie zusammen begonnen hatten, weiterzugehen. Aber sie ging. Der Rückweg war zudem fürs Erste abgeschnitten. Finsal hatte zwar versprochen, ein kleines Boot aufzutreiben und auf die Insel zu bringen, aber er hatte auch gesagt, sie sollten nicht zu schnell zurückkommen, sonst müssten sie erst einmal auf dem kargen Fleckchen Erde ausharren.

Also lief Euryn weiter. In Gedanken bei Belas. Es war, als müsse sie sein Vermächtnis weitertragen. Trauer und Zweifel wechselten einander ab. Sie konnte sich kaum vorstellen, dass diese Menschen ihr helfen würden – was würde sie das Schicksal der Homiden scheren? Was diese Fässer im Boden mit giftigen Glaskugeln? Womöglich waren die Menschen hier sogar den Nordländern ähnlich, auch wenn die Nooren das für ausgeschlossen hielten. Was wussten die Nooren schon, dachte Euryn bitter. Was wusste sie selbst schon? Die Welt war so groß. Die Vorstellungskraft der Homiden so beschränkt. Ihnen war nicht einmal klar, dass die Tschirniden sich nur einen Spaß machten, wenn sie in ihren dunklen Gewändern durch das Tal zogen. Ein Hokuspokus während der Jagdzeit. Was musste Naasch für einen Spaß gehabt haben.

Euryn dachte auf ihrem einsamen Weg oft an die Floßfahrt auf der Donaou. An Belas Eifersucht und Naaschs etwas raue Aufmerksamkeit, mit der er sie umworben hatte. Auch wenn es nicht gerade leicht gewesen war mit den beiden Kerlen – es waren vielleicht die schönsten Wochen ihres Lebens gewesen. Nein, es waren ganz gewiss die schönsten gewesen. Doch das alles lag weit zurück.

Zehn Tage zog sie am Meer entlang Richtung Süden. Das Branden der Wellen war ihr Pein und Trost zugleich. In diesem Wasser war Belas ertrunken. Von der brutalen Gewalt des Elements einfach weggezogen und verschluckt. Zugleich konnte sie mit dem Rauschen des Ozeans im Kopf alles um sich vergessen. In gewisser Weise schenkte es ihr einen Frieden, den sie zuvor nicht gekannt hatte.

Der feine Sand unter ihren Schuhen machte sie langsam. Aber sie wollte nicht durch den Wald laufen. Wer wusste, was dort lauerte?

Sie fand es bald heraus.

Am Morgen hatte Euryn ein paar Früchte gegessen. Sie fühlte sich elend. Ihre Vorräte waren zur Neige gegangen, ihre einzige Speise war das, was sie am Waldesrand fand. Der Strand war breiter als zuvor. Wegen der großen Hitze ging sie nahe der Bäume. Ihre Gedanken waren bei den Nooren. Sie hatte von ihnen geträumt, sie zwischen gelben Fässern gesehen. Grabe nicht in die Tiefe, sagte der Allbios. Hätten sich die jungen Homiden doch an den alten Ritus gehalten. Aber Riten und Gesetze verblassten, so war es wohl. Sie war in Gedanken versunken, als die Erde erzitterte. Euryn blieb stehen. Holz krachte. Etwas kam auf sie zu.

Die Bäume vor ihr bogen sich, und durchs Geäst brach eine Kreatur, wie sie noch nie eine gesehen hatte. Dieses merkwürdige Etwas war riesig. Wohl drei Mal so groß wie ein Bär.

Euryn war so überrascht, dass sie nicht reagieren konnte. Sie stand starr und sah dieses Ding auf sich zulaufen, grau und schuppig wie eine ungeheuer große Echse. Den dicken Körper trugen vier kurze Beine, der kleine Kopf saß auf einem albern langen Hals. Das Vieh krächzte und sah aus einem kalten Reptilienauge auf sie herab. Ein Schnaufen, und es schoss an ihr vorbei. Doch sein langer Schwanz, der aufgeregt hin und her pendelte, traf Euryn mit voller Wucht am Kopf. Sie fiel mit dem Gesicht nach vorne in den Sand.

Als sie wieder zu sich kam, nahm sie zunächst einen fremden, unangenehmen Geruch wahr. Sie versuchte, den Kopf zu heben, aber sie war schwach und benommen. Doch ihre Regung löste um sie herum Stimmengewirr aus, heiser und kehlig.

Euryn öffnete die Augen. Vor ihr saß in der Hocke ein Wesen, nicht minder absonderlich wie dieses Ungetüm, das sie gestreift hatte, aber doch auch wieder ganz anders. Es war ähnlich groß wie sie selbst. Die Haut war noch dicker als die der Homiden, genauso grau, aber schorfig dazu. Seine Augen flackerten unstet. Es trug nicht mehr am Leib als einen Lendenschurz und ein grobes Hemd ohne Ärmel. An den Handgelenken hingen silberne Armreife. Das Wesen öffnete den Mund mit breiten Lippen und grinste schief. Ein glucksender Laut. Dann hob es den Kopf wie ein Wolf und stieß einen hellen Ruf aus. Andere Stimmen antworteten. Euryn wagte nicht, sich zu bewegen. In ihrem Gesichtsfeld tauchten andere seines Schlages auf, die dem ihr am nächsten Kauernden an Hässlichkeit in nichts nachstanden. Die Gesichter waren alle von Narben übersät, die Nasen platt, die Wangenknochen breit. Wild und ungeordnet waren ihre Gedanken, Euryn fühlte sie. Ihr Herz beruhigte sich ein wenig. Sie bewegte sich. Der Brustkorb schmerzte. Das Riesentier hatte ihr einen harten Schlag verpasst.

Eine Hand, der drei Finger fehlten, drückte sie nieder. Sie spürte ihre Füße und Hände, sie konnte sich bewegen, aber das tat weh. Besser, sie verzichtete auf viel Bewegung. Die Kreatur vor ihr brummte. Sang sie? Euryn fühlte einen stechenden Schmerz, als sie auf einer Unterlage hochgehoben wurde. Der Trupp setzte sich in Bewegung. Die fremden Stimmen riefen sich Unverständliches zu, lachten, scherzten anscheinend miteinander. Waren das die Wesen, vor denen Finsal gewarnt hatte? Dann waren sie den Homiden gar nicht so unähnlich. Abgesehen davon, dass sie Haare auf dem Kopf hatten. Mehr, als sie bislang an irgendjemandem gesehen hatte.

Die Trage schwankte hin und her, sie konnte kaum atmen, so sehr brannte es in ihrem Brustkorb. Über ihr war blauer Himmel und das Grün hoher Bäume. Das alles verschmolz zu einem Brei. Sie schlief wieder ein.

Tage vergingen. Euryn hatte keine Ahnung, wo sie hingebracht wurde. Sie staunte über die fremden Gerüche im Wald. Über das tiefgrüne Moos an den Baumstämmen, die ihr wahnsinnig hoch schienen. Der Trupp zog mit ihr durch die Wildnis. Bald lernte sie, Gesichter zu unterscheiden.

Es gab neugierige Gesichter, aber auch dumpfe, feindselige. Euryn schien der Umgang der Gruppe untereinander ruppig, aber doch von klarer Struktur. Es gab eine Rangordnung, der sich jeder unterwarf.

Man fütterte sie mit einem Brei, der gallig schmeckte. Das Aufstehen fiel ihr schwer. Eine Frau half ihr, wenn sie sich erleichtern musste. Euryn hatte eine Weile gebraucht, bis sie entdeckte, dass zweierlei Geschlechter in der Gruppe waren. Sie wirkten alle hart und kriegerisch. War das vielleicht eine Gruppe Jäger und Jägerinnen, die sie aufgelesen hatten? Und was hatten sie mit ihr vor?

Die Schmerzen in ihrer Brust hatten endlich nachgelassen. Der Transport auf der Trage war nicht mehr notwendig. Euryn trottete inmitten der Gruppe einem unbekannten Ziel entgegen. Es musste ihr niemand sagen, dass sie eine Gefangene war. Sie sollte irgendwo hingebracht werden, das verstand sie wortlos. Ihre Begleiter behandelten sie mit neugierigem Respekt. Aber sie hatten keine ausgefeilte Sprache, sondern nur kehlige Laute, um sich auszutauschen. Mit ihnen zu sprechen war wohl unmöglich. Doch Euryn war es auf eine merkwürdige Art einerlei. Die Trauer um Belas war wie ein umhüllender Kokon, der alle Empfindungen dämpfte. Selbst als sie nachts schweißgebadet wach wurde, weil sie Ludmila und andere Nooren im Kampf mit mächtigen Feinden gesehen hatte, blieben diese Bilder etwas Fernes.

Ihre Gedanken waren über Tag meist bei ihrem Bruder. Sie erinnerte sich der Zeit, als sie Kinder waren, wie sie heranwuchsen – und sie erinnerte sich auch der letzten Tage in ihrer Höhle, nachdem der Ruf der Nooren zu ihr vorgedrungen war. Belas kindische Eifersucht auf Naasch trieb ihr im Rückblick Tränen in die Augen. Dieser Sohn eines Digdo, er war doch ein Junge voller Freundschaft und Liebe. Wenn Euryn die hohen alten Bäume um sich herum sah, stellte sie sich Belas staunendes Gesicht vor. Ihm war die Natur immer näher gewesen als alles andere. Der fremde Kontinent hätte ihm gefallen und ihn staunen lassen.

Die hässlichen Eingeborenen hatten sie vom Meer weggeführt. Euryn befiel starke Unruhe, als sie nach einigen Tagen an einen breiten Strom gelangten. Sie zogen weiter ins Landesinnere. Genau diesen

Weg hatte Belas vorgesehen. Sollten diese Kreaturen ...? Nein, das war nicht möglich. Natürlich konnten die Nachfahren der Menschen anders aussehen als jene, die vor Tausenden von Sommern gelebt hatten, deren Antlitz sie in den alten Büchern gesehen hatte. Dennoch: In den Nordländern war das Erbe jener Vorfahren deutlich erhalten. Ihre wilden Begleiter wirkten hingegen wie aus den alten Bildgeschichten, die sich Belas unter dem Berg gerne angeschaut hatte.

Wann immer sie an ihren toten Bruder dachte, stiegen ihr Tränen in die Augen. Eigentlich waren erst wenige Tage vergangen, seit ihn das Meer geholt hatte. Dennoch fühlte sich Euryn, als wandere sie schon ein Leben lang ziellos durch die Fremde ohne ihn.

Sie hatte kein wirkliches Ziel mehr. Kein Fluggefährt würde sie in die Schieferberge zurückbringen, keine Streitmacht die Homiden vor der Plünderung durch die Nordländer schützen. Sie würden sich die Fässer nehmen. Vielleicht hatten sie ja Möglichkeiten, ihre Körper vor dem Gift zu schützen. Vielleicht würden sie aber auch genauso schnell wie die Homiden, wie Siras im vorangegangenen Herbst, an den Folgen ihrer Habgier sterben. Wer wollte das aufhalten? Sie wohl nicht.

Euryn trottete verloren in ihren trüben Gedanken über weichen Waldboden. Der harzige Geruch in der Luft machte sie leicht benommen. Die Sonne stand hoch am Himmel. Am Boden aber war es unter den ausladenden Baumkronen schattig und kühl.

Plötzlich streifte etwas Fremdes, Urwüchsiges ihre Gedanken. Im gleichen Moment stoppte der ganze Trupp. Die Wachen sahen sich um. Sie streckten die Nase in den Wind und stießen aufgeregt kurze, knurrende Laute aus. Ein feines Vibrieren ging durch den Boden. Es wurde schnell stärker. Die Erde bebte.

Der Anführer stieß einen Pfiff aus. Seine Gefolgsleute zogen ihre Waffen. Sie sahen ähnlich aus wie die der Nordländer, waren aber größer und gröber. Holz krachte. Die Zweige der Bäume zitterten. Eine der Frauen packte Euryn am Arm. Mit einer kurzen Kopfbewegung wies sie den Weg.

Zwischen schwankenden Baumwipfeln tauchten zwei Köpfe riesiger Echsen auf. Euryn stöhnte. Nicht schon wieder! Ihr Brustkorb schmerzte bei der Erinnerung an das erste Zusammentreffen mit einem dieser Tiere. Dennoch starrte sie die Fleischberge an, die zwischen den Bäumen zu erkennen waren. Wo kamen solche Wesen her? Ihre Begleiterin zog sie unsanft fort. Der Trupp verteilte sich zwischen den hohen Bäumen, die stabil genug wirkten, den Ansturm der Kreaturen auszuhalten.

Euryn wurde weitergeführt auf dem schmalen Pfad, dem der Trupp gefolgt war. Ihre Bewacherin drängte zur Eile und sah sich immer wieder um. Ihre Artgenossen waren nicht zurückgewichen. Zwischen den hohen Bäumen tobte der Kampf. Kurz darauf erzitterte der Boden unter ihren Füßen mächtig. Die Kämpfer mussten eine der Echsen zu Fall gebracht haben. Deren raue Todesschreie hallten durch den Wald. In die gurgelnden Laute mischte sich kehliges Triumphgeheul.

Euryn war völlig außer Atem. Das Tempo war zu schnell für sie. Der Wald lichtete sich. Zwischen Stämmen sah sie eine weite Ebene. Zu ihrer Rechten glitzerte etwas. Der Fluss! Sie waren wieder am Fluss. Euryn blieb keuchend stehen, ihre Begleiterin ließ es geschehen.

Die Ebene hatte etwas Seltsames. Euryn kniff die Augen zusammen. Ihr war, als würde sie nicht recht sehen. Eine milchige Trübung war in der Luft, als ziehe an einem klaren Sommertag ein Unwetter auf. Dann hörte sie ein Geräusch über sich. Noch bevor sie hochschaute, wusste sie, was über ihr war. Das kleine Etwas sah aus wie ein Vogel, aber es blitzte metallen im Licht. Auf der Brücke zwischen den Welten hatten Belas und sie bereits eine Begegnung mit so einem Gerät gehabt.

Die Flugmaschinen stammten aus der Stadt der Menschen, hatte Finsal gesagt. Euryns Herz begann zu hämmern. Diese Ebene vor ihr ... die Menschen verbargen sich, so hieß es. War sie angekommen? Waren sie irgendwo hier in dieser Ebene?

Ihre Begleiterin griff sie am Unterarm und zog sie vorwärts. Sie wirkte jetzt genauso unsicher wie Euryn selbst. Langsam tasteten sie sich weiter, so, als könnten sie dem Boden unter ihren Füßen nicht trauen. Die Fremde blieb stehen. Sie schnaufte Euryn ins Gesicht und zog die ausgefransten Mundwinkel leicht in die Höhe. Ein Lächeln? Die Homidin wusste es nicht. Aber sie lächelte zurück. Diese Geste musste eine Art Abschied sein. Im nächsten Moment duckte sich die Jägerin weg und rannte zurück Richtung Wald.

10. Tom Verbeek

Ohne einen Blick zurück verschwand Euryns Bewacherin im Wald, der gedrungene Körper war eine Sinfonie von Muskeln und Sehnen. Ihr Auftrag war erfüllt. Euryn blieb keine Zeit, sich zu wundern. Ein auf- und abschwellender hoher Ton dröhnte in ihren Ohren. Sie wandte sich wieder der Ebene zu.

Wie aus dem Nichts gezaubert stand plötzlich, nur wenige Längen entfernt, ein stählerner Torbogen. Zu beiden Seiten flammten Lichter auf. Sie wurden hell und dunkel im Rhythmus des unangenehm lauten Geräusches. Unwillkürlich musste die Homidin an ihre nächtlichen Bilder denken, an Belas und seine Freunde in dem unterirdischen System. An die Angst, die sie um ihren Bruder empfunden hatte.

In der Mitte des Gebildes entstand ein Schlitz. Er wurde breiter, zwei Flügel schoben sich auseinander. Das Tor glitt rasch auf. Ein kühler Luftzug blies Euryn entgegen. Er brachte einen ganz merkwürdigen Geruch mit sich, der mit nichts zu vergleichen war, was sie je gerochen hatte.

Sie trat einen Schritt zurück. In der Ferne erblickte sie jetzt Silhouetten von Gebäuden. Hohen Gebäuden. Der Blick durch das Tor war völlig verrückt. Links und rechts des Tores sah sie nach wie vor nur die grasbewachsene Ebene, und doch gab es keinen Zweifel: Hinter diesem Tor war jene Stadt, verborgen vor den Blicken der Außenwelt.

Die Warnlichter erloschen, das Kreischen erstarb.

Plötzlich sah sie die Gestalt. Euryn blieb fast die Luft weg. Da stand jemand, ganz nahe bei der Toröffnung, mit dem Rücken zu ihr, genau wie sie die ferne Silhouette der Stadt betrachtend. Er war gut einen Kopf größer als sie.

Sie wusste, wie sein Gesicht aussehen würde. Sie hatte es bereits gesehen. Es war der Mann, der ihr in ihren nächtlichen Visionen erschienen war damals, als Belas mit seinen Freunden durch die Wälder gezogen war auf der Suche nach verheißungsvollen Dingen.

Mit einem Ruck drehte sich der Mensch zu ihr um.

»Wow! What the fuck – it's real!«

Er machte einen halben Schritt zurück, öffnete zugleich einladend die Arme und verneigte sich leicht. Ein womöglich spöttisches Grinsen umspielte seine Mundwinkel. Er legte den Kopf ein wenig schief und zupfte sich mit der Rechten aufgeregt den grauen Kinnbart.

»You're alright«, sagte der Mensch und kam vorsichtig auf sie zu.

Jetzt machte sie einen Schritt zurück. Der Fremde hob die Augenbrauen, sah sich in alle Richtungen um. Sie waren allein. Er neigte wieder das sonnengebräunte Haupt und betrachtete sie eingehend, die Hände mit übertriebener Geste gefaltet zum Zeichen seiner Friedfertigkeit.

Der Stadtbewohner war von gedrungener Statur. Kräftige Beine, kräftige Arme und Finger passten zu einem massigen, durchaus muskulösen Oberkörper. Die eng anliegende Kleidung zeichnete seine Konturen nach. Etwas Schalkhaftes lag in seinen Zügen. Der Fremde hatte einen Flaum von Haar auf dem gebräunten Schädel. So grau wie der kurzgeschorene Bart um den Mund. Er schürzte die Lippen und hob entschuldigend die Hände.

»Oh, sorry. Sorry!«

Er sprach sie mit einem Schwall fremder Worte an. Sie wich einen weiteren Schritt zurück. Wieder hob er die Hände und versuchte es mit einem gewinnenden Lächeln. Das machte ihn Euryn keinen Deut sympathischer.

Ihr Gegenüber begriff. Eine Hand mit elegantem Schwung vor die Brust nehmend, stellte er sich vor: »Tom. Tom Verbeek.«

Euryn löste sich aus ihrer Erstarrung.

»Tom Verbeek«, formte sie die Worte in ihrem Mund nach.

Entzückt klatschte der Mensch in die Hände.

»Yeahh, Tom Verbeek.« Er schlug sich auf die Brust und wies dann mit der flachen Hand auf Euryn. Immer wieder sah er in seine rechte Handfläche und zog Grimassen.

Der Kerl war albern. Euryn kniff die Lippen zusammen. Sie war nicht um die halbe Welt gereist, um Eingeborenentänze anzuschauen. Doch sie sagte: »Mein Name ist Euryn.« Tom Verbeek machte große Augen. Er nickte lebhaft und schnippte mit den Fingern. Wie aus dem Nichts schwebte ein flacher ovaler Gegenstand neben ihm in der Luft. Euryn zuckte zusammen. Konnten diese Menschen zaubern? Waren sie tatsächlich so gottgleich, wie sie manch einfältiger Homide sehen wollte? Dann, dachte sie mit einem wehmütigen Gedanken an ihren Bruder, konnten sie auch die Giftfässer aus dem Bauch der Erde fortschaffen. Wie bitter wäre es, wenn Belas verrückte Idee tatsächlich wahr werden konnte, und er dies nicht mehr erlebte.

Der Mann tippte murmelnd etwas auf die Oberfläche des Gerätes, das Geräusche von sich gab. Euryn hatte das Gefühl, diese verrückte Erscheinung würde sich mit dem in der Luft schwebenden Brett unterhalten. Gleichzeitig sprach er in seine Handfläche. Den Göttern gleich oder völlig irrsinnig – sie wusste nicht, was sie denken sollte.

»Tom. Tom Verbeek«, wiederholte er und formte seine Worte, als wolle er einem Neugeborenen das Sprechen beibringen.

»Tom Verbeek«, sprach Euryn ihm nach und fühlte sich wie ein Nachfahre eines Digdo. Gestenreich ermunterte Tom sie, mehr zu sprechen. Er wirkte begeistert.

Sie verdrehte die Augen. »Also gut. Ich bin Euryn und habe einen grauenvoll weiten Weg hinter mir. Den habe ich bestimmt nicht gemacht, um hier zu stehen und deinen närrischen Vorführungen zuzuschauen.« Das war dreist, ohne Frage. Ihr zitterten die Knie, aber genauso stark war in ihr die Wut.

»Wahnsinniger?« Tom schob die Unterlippe vor. »Nicht frendlesch.« Er versuchte noch mehrere Sätze, aber sie klangen seltsam verdreht. Immerhin verstand Euryn nun, worum es ging. Der Mensch versuchte, ihre Sprache zu ergründen. Das Ding vor seiner Brust schien ihm zu helfen.

»Nein?« Er schüttelte dabei bedächtig den Kopf. Euryn tat es ihm gleich. Wenn Belas das hier hätte miterleben dürfen. Seine Begeisterung hätte die des Menschen noch übertroffen.

Tom bat sie mit einer ausladenden und ungemein würdevollen Geste, auf seine Seite der Pforte zu kommen. Die Homidin fügte sich in ihr Schicksal, schritt, mit einem mulmigen Gefühl im Magen, unter dem Tor durch und ließ sich auf dem Boden nieder. Sie war gespannt, ob sie aus einer Gefangenschaft in die nächste stolperte. Andererseits war genau dies das Ziel all der Strapazen gewesen. In die Stadt der Menschen zu gelangen und um Hilfe zu bitten. Sie sah ihr Gegenüber fragend an. Tom ging vor ihr in die Hocke. Seine Beinkleider knisterten wie Schritte auf trockenem Laub. Er forderte sie ein weiteres Mal mit einigen Gesten auf, mehr zu sagen. Sie berichtete über ihre Heimat, über den Grund ihres Aufbruchs und Belas Tod.

»Wir brauchen eure Hilfe.«

Sie sagte dies mechanisch, überzeugt, hier alles zu bekommen außer dem, weshalb sie aufgebrochen waren. Tränen stiegen ihr in die Augen. Er aber lachte und sagte etwas in seiner Sprache. Er wollte sie aufmuntern, so viel stand fest. Aber dieser Sohn eines Digdo wusste ja nicht einmal, worüber sie trauerte.

Über die Frage, ob es am Ziel ihrer Reise eine gemeinsame Sprache mit den Menschen geben würde, hatten sich Belas und Euryn nie Gedanken gemacht. Die Verständigung war in den fremden Ländern auf ihrem Kontinent ganz gut gelaufen. Aber wie sollte sie in dieser anderen Welt mit jemandem in Kontakt treten?

Tom lachte erneut. Mit der flachen Hand schlug er sich auf den Schenkel.

»Na, wir entstehen einander schon gänse fein.« Er legte die Hände ineinander und zwinkerte ihr zu.

»Was für ein Idiot«, murmelte Euryn.

Er wiederholte. »Was für ein Idiot. Oh, *Idiot*« – er betonte das Wort anders, aber sie verstand.

»Idiot?« Tom räusperte sich. Seine weiche, volle Stimme klang gekränkt. »Du bist eine garstige und unfrendliche Junge.«

»Junge?« Euryn sprang auf und schnappte nach Luft.

»Oh my god. Excuse me. Du not Junge. Du Mädchen, Frau.«

Eine ganze Weile ging das so weiter. Die Verbindung zur Außenwelt hatte sich hinter ihr geschlossen. Der Mensch schien vollständig fasziniert von dem Zusammentreffen. Je mehr sie sagte, umso besser antwortete er in ihrer Sprache.

»Keine bekannte Sprache«, resümierte Tom nach einer Weile mit Blick auf das Gerät vor sich, »aber verwandt zu alten europäischen Dialekten. Meine Güte. Das gibt es gar nicht mehr, das Alte Europa. Du bist tatsächlich hier. Ich könnte dich anfassen, wenn ich wollte. Das ist einfach unglaublich.«

Die Sätze, die er in der Sprache der Homiden formte, wurden immer präziser. Tom schien alles um sich herum zu vergessen. Der Dialog mit der fremden Besucherin schlug ihn in Bann. Immer wieder sah er entzückt von seinem Gerät zu Euryn hinüber. Begeistert, als habe er einen Schatz gehoben. Doch mit einem Schlag hob er den Kopf und sah sich um.

»Die Drohnen sollten dich jetzt nicht sehen, nicht hier drin. Ist nicht gut. Wir müssen dich erst einmal verstecken. Und dann zeige ich dir eine Überraschung!«

Er zwinkerte ihr zu wie ein Vater, der wichtigtuerisch die Aufmerksamkeit seines Kindes behalten will.

»Du nimmst mich mit in die Stadt?«

Er nickte.

»Und wenn ich das nicht will?«

Er grinste breit und sah auf die schmächtige Gestalt der Homidin herab.

»Ich fürchte, dann obwohl. Erfreue dich meiner Bekanntschaft. Jemand anders hätte dich womöglich vorsorglich direkt gelegt in Formaldehyd. Die Bionics haben dich nicht umsonst hierher gebracht an dieses Zutritt. Ich bin dein Freund, nicht dein Feind.«

Er hob den Kopf und nahm eine Pose ein, die Respekt einflößen sollte. Euryn öffnete den Mund, um zu protestieren, aber der Mensch schüttelte energisch den Kopf. »You're tough. Aber nicht jetzt. Wir müssen hier weg. Wenn du von falsche Leuten erkennt wirst, du gehst in riesen Ärger.«

Er bedeutete ihr, ruhig zu sein. Der Mensch hielt ihr einen Pfropfen hin, den sie sich ins Ohr stecken sollte. Das Teil, versicherte er, würde ihr seine Sprache möglichst gut in das übersetzen, was man auf dieser Seite der Welt vom anderen nördlichen Kontinent kannte und zugleich jedes ihm mittlerweile von ihr bekannte Wort einspeisen. Euryn erwiderte, sie spreche die Sprache des Ostens fließend. Tom war ausgesprochen erstaunt, nickte aber. Er kommunizierte wieder mit seiner Maschine und reichte ihr dann das Ding. Euryn setzte es vorsichtig ins Ohr. Nun hörte sie den Menschen doppelt: Seine eigene Stimme und mit leichter Verzögerung eine unbeteiligt wirkende Stimme, die ihr einen sauberen Dialekt anbot, wie er in den großen Städten benutzt wurde. Tatsächlich machte sie dies etwas ruhiger. Allerdings blieb Tom so aufgeregt wie zuvor. Er sprach in sein Gerät, aber diesmal anscheinend zu jemand anderem.

»Ja, ja, du musst direkt kommen, Sleepy. Bring große Säcke mit. … Nein, sie ist nicht gefährlich. Auch nicht bakteriell. Kaum jedenfalls. … Stell dich nicht an. Einen Whisky-Panscher wie dich haut nix um. Sie ist ok. Alte Bekannte von mir, die 'ne Weile nicht im Lande war. … Doch, doch, das gibt es, mein Lieber. … Nun rede nicht wie ein Wasserfall. Sonst wirst du keine dreihundert Jahre alt. Sieh zu, sieh zu. Und – zu niemandem ein Wort!«

Tom blies in die Backen und zwinkerte Euryn ein weiteres Mal zu. »Die Menschen sind ängstlich geworden. Schon verrückt, je älter sie werden, um so mehr hängen sie an ihrem Leben.«

Er drückte auf eine Fläche auf der Unterseite seines schwebenden Begleiters und zauberte etwas Neues hervor, nicht größer als das Blatt einer Linde. Mit ihm strich er am Körper Euryns entlang.

»Good god! Du bist voll Bakterien. Grauenvoll. Ich werde Unmengen Pillen schlucken müssen, um deine Gegenwart zu überleben.«

Euryn straffte sich. Auch wenn sie nicht um die genaue Bedeutung der Begriffe *Bakterien* und *Pillen* wusste, war sie doch peinlich berührt.

»Vielen Dank für deine Höflichkeit.«

»Oh, sorry«, entgegnete Tom. »Ich wollte nicht beleidigen. Du bist von etwas anderer Natur als ich. Vielleicht trefflicher: Deutlich mehr Natur.«

Seine Worte schienen ihm gut zu gefallen, denn er lächelte noch breiter als sonst und fuhr sich durch den Bart. Die hellen blauen Augen funkelten.

Er sah auf die Stadt, die sich mit all ihren hohen Gebäuden über das flache Land dahinzog.

»Neu für dich, ja?«

Sie nickte. Die Gebäude, die sich in weit über tausend Spannen Entfernung in die Höhe türmten, mussten wohl selbst Salomosch klein erscheinen lassen. Die Stadt lag in einer Senke, ihre Fassaden verloren sich in der Ferne im Dunst, der über allem lag. Das Sonnenlicht kam etwas diffuser hier drinnen an. Es war sehr warm hinter der Barriere.

»Oh, er kommt«, rief Tom aus. Ein leichtes Surren lag in der Luft. Ein kugelförmiges Gebilde näherte sich mit atemberaubender Geschwindigkeit. Euryn duckte sich hinter Tom. Eine elegante Kurve, schon stand der Gleiter vor ihnen und eine Luke sprang auf. Ein kleiner rundlicher Typ kletterte umständlich daraus hervor.

»Big Tom, was veranstaltest du wieder? Ich saß gerade auf meiner Veranda und ließ mir ein Abendprogramm durch den Kopf gehen. Wollte mal wieder ein Cyber-Acting wagen. So richtig mit allem drum und dran.« Er sah Tom Verbeek mit aufgesetztem Ärger an.

»Ja, ja. Alles richtig«, unterbrach Tom den Redeschwall des Freundes, »wobei ich dich wohl nicht daran erinnern muss, dass Cybern verboten ist. Doch wir müssen uns eilen. – Es ist skandalös genug, dass unsere Robs noch nicht hier sind. Wir müssen schneller sein.«

Sleepy Noise sah ihn entsetzt an. »Aber du hast gesagt, das Exponat ist nicht ansteckend?« Nun schaute er mit verkniffenen Gesichtszügen die Fremde an. »Haben wir nicht schon so ein ... ?«

Tom schnitt ihm das Wort ab: »Wir dürfen keine Zeit verlieren. Alles bestens, glaub mir. Ich nehme sie mit zu mir. Aber du weißt selbst, wie ausgesprochen kleinlich der Club ist, wenn jemand mal von draußen reinschaut. Also, wo hast du die Säcke?«

Sleepy zog die Augenbrauen hoch. Euryn beobachtete ihn genau. Es war interessant, wie diese Wesen mit den paar Haaren über ihren Augen ihren Gefühlen Ausdruck verliehen, ohne ein Wort zu sagen.

Sleepy griff hinter sich in sein Transportmittel und zog dunkle, knisternde Säcke hervor. »Schnell jetzt«, sagte Tom. Er wollte Euryn die Öffnung über den Kopf stülpen. Sie wich zurück.

Tom schüttelte den Kopf. »Dir geschieht nichts. Du kannst darin atmen, glaub mir. Aber wenn wir noch mehr Zeit verlieren und du in einen Scan gerätst, kann ich nichts mehr für dich tun.«

Euryn spürte, wie ihr Geist in Aufruhr geriet. Ihre Augen fixierten den Fremden, den sie schon lange zuvor gesehen hatte, in dunklen Nächten auf einem harten Lager. Es war genau die Szene gewesen, die sie jetzt erlebt hatte. Sein Hinterkopf, die Drehung, diese strahlend blauen Augen und die spöttische Art, sein Gegenüber zu mustern. Eigentlich war er hübsch, dieser Tom Verbeek, und von gewisser Eleganz. Aber das war nicht alles, warnte sie eine innere Stimme.

Die Schieferberge lagen so weit hinter ihr. Sie vertraute diesem Menschen nicht. Aber es gab wohl keine andere Möglichkeit, als den eingeschlagenen Weg zu Ende zu gehen. Tom zuckte unter ihrem Blick zusammen. Erstaunt sah er sie an.

»Man muss sich vor dir ein wenig in Acht nehmen, ist es nicht so? Du hast mehr Kraft, als deine dünnen Arme vermuten lassen.« Er nickte und zwirbelte seinen Bart. Euryn las so etwas wie Anerkennung in dem Gesicht des Menschen. Sie atmete tief ein, stellte sich vor Sleepy Noise und schloss die Augen.

Während sie in dem Transporter verstaut wurde wie ein Paket, hörte sie Tom mit seinem Freund schimpfen: »Hör auf mit dem Cyber-Interacting. Du weißt, dass dir das nicht bekommt. Wie oft warst du schon zum Entzug, um nach deinen Heldentrips wieder realen Boden unter die Füße zu bekommen?«

Sleepy antwortete entrüstet und gekränkt: »Hey Tom. Nun mach einen Punkt. Das ist Jahrzehnte her. Rühr nicht die alten Geschichten auf. Ich mach' ganz harmlose Sachen. Nur ein paar Stunden am Tag.«

»Teufelszeug!«, entgegnete Tom, »die halbe Stadt kommt da nicht mehr von weg. Ich hätte das damals nicht nur ver...«. Eine Tür schlug zu, so dass Euryn nichts mehr hörte, es wurde finster um sie und vollkommen still.

*

Als Euryn am nächsten Morgen aufwachte, hatte sie einen grauenvoll trockenen Mund. Sie konnte kaum schlucken und fühlte sich wie eingeschlossen in einem Kokon. Die Luft war schlecht. Unnatürlich. Kein Luftzug zu spüren, kein Geruch. So musste es sich anfühlen, tot zu sein.

Ihr fiel der Mensch ein, der sie vor den Toren der Stadt aufgelesen hatte. Einen Sack hatte er ihr übergestülpt. Wie ein Gegenstand war sie transportiert worden. Was hatte er mit ihr angestellt? Euryn hob die Arme. Die konnte sie bewegen. Doch es war stockfinster.

Ein feines Summen drang an ihre Ohren. Es wurde lauter. Ein gedämpfter Glockenton erklang. Eine blecherne Stimme sagte in die Stille: »Guten Morgen, Euryn. Keine Angst, Tom ist jeden Moment hier. Er lässt mich dir das ausrichten.«

Sie hörte Schritte, die sich rasch näherten.

Ein trällerndes Pfeifen mischte sich unter die Geräusche. Tom? Dieses Gesicht, das ihr schon erschienen war, als sie noch in ihrer Höhle geschlafen hatte. Dieses Gesicht war nicht so freundlich gewesen, wie es glauben machen wollte. Sie erinnerte sich nicht mehr recht, aber sie hatte dieses Gefühl zurückbehalten. Eine Ahnung, dass nicht alles so schön und leicht war. Sie versuchte, diesen Gedanken zu verdrängen. Belas hätte nicht gleich so schlecht gedacht. Und welche Alternativen hatte sie denn, als auf diesen Menschen zu bauen?

Eine Tür schwang auf. Kaltes Licht drang zu ihr herein.

»Hey. Guten Morgen. Entschuldige die unglückliche Unterbringung im Keller. Doch das ist der einzige Ort, an dem nicht gleich die Sicherheitssysteme ausflippen, wenn sie deine Nähe registrieren. Aber ich habe eine gute Nachricht: Du kannst jetzt mit hoch. Ich habe die ganze Nacht mit Sinn gefeilscht und ein paar Umprogrammierungen in meiner Behausung vorgenommen.«

Er drückte ihr eine Flasche aus einem weichen Material in die Hand. Dann zeigte er ihr, wie sie eine Emulsion herausdrücken konnte, mit der sie ihre Haut einrieb. Das würde schon mal ihre Haut gegen die trockene Luft in der Stadt schützen, sagte der Mensch zuversichtlich.

Tom Verbeek sprach wie ein Wasserfall. Euryn verstand nicht die Hälfte davon. Auch wenn er ihre Sprache über Nacht gelernt hatte, sie war durchsetzt mit Begriffen, die es in ihrer Welt nicht gab. Da half auch das Übersetzungsgerät nichts.

Schließlich fiel ihm etwas besonders Entzückendes ein. »Oh, hey! Ganz vergessen. Wir haben ja noch eine Überraschung für dich. Auf, auf, wir sollten keine Zeit verlieren.«

Tom wedelte mit den Händen. Um seine Augen spielten tausend Lachfältchen. Euryn rappelte sich hoch. Ihr Nachtlager, das zeigte sich nun im Zwielicht, hatte sich zwischen allerlei Gerümpel befunden.

Tom versteckte ihr fremdes Äußeres unter weißem Tuch, das er um sie schlang und mit einem breiten Gürtel an der Taille befestigte. Wo auch immer sie hinkam, schoss ihr durch den Kopf, sie musste sich verstecken. Euryn fühlte sich schlecht bei dem Gedanken. Hatten es die Homiden nicht besser, die kaum etwas kannten außer ihren Höhlen und den weiten Wäldern rundum? Zu allem Elend besprühte sie ihr Begleiter außerhalb des Gebäudes auch noch mit einem Mittel, das ihr einen heftigen Hustenreiz bescherte.

»Ist nur gegen die Bakterien. Wir müssen ja auch woanders reinkommen, was?«

*

Die Homidin wagte kaum aufzuschauen. Sie stand auf einer ebenen Straße, deren Oberfläche so glatt aussah, dass sie am liebsten mit den Händen darübergestrichen hätte. So hatten die Menschen einst ihre Verbindungsrouten gebaut, von denen in Euryns Welt nur ein löchriger, von Büschen durchsetzter Rest übrig war.

Über ihr thronten steinerne Türme, Gebäudekomplexe, hoch wie Berge. Von ihnen ging ein leichter Lichtschimmer aus, der sich veränderte. Die Wände änderten binnen kurzer Zeit ihre Farbe. Es war ein Auf und Ab, ein Hin und Her, wie von Herbstbäumen im Wind. Wenn sie verstohlen an diesen Wänden hinaufschaute, schien sich deren Masse auf sie zuzubewegen. Der Anblick war verwirrend. Tom bekam davon nichts mit. Er amüsierte sich, als sie mit den Fußspitzen über den Straßenbelag strich, mahnte aber immer wieder zur Eile.

Wieder war es Sleepy, der in einem fliegenden, diesmal ovalen Gefährt um eine Ecke bog. Sein pausbäckiges Gesicht sah müde aus. Während Tom den ein oder anderen Scherz auf den Lippen hatte, blieb sein Freund wortkarg und sah nur ab und an flüchtig zu Euryn herüber. Ihr Argwohn meldete sich zurück. Was wollten diese Menschen von ihr? Tom konnte sich jetzt mit ihr verständigen, aber verstand er sie auch? – und ihr Anliegen?

Die Fahrt dauerte nicht lange. Sie stiegen in einer offenen Einfahrt unter einem für diese Stadt erstaunlich niedrigeren Haus aus. Tom ging vor, Sleepy blieb hinter ihm und dicht an der Seite des Gastes. Er sprach gegen eine Scheibe, die in die Wand eingelassen war und legte seine Hand auf eine schimmernde Fläche. Eine Tür glitt auf. Das künstliche Licht, das überall für Helligkeit sorgte, gab dem langen Flur etwas Gespenstiges.

Auf den Türen, die sie passierten, waren fremde Zeichen und Symbole. Warnhinweise, dachte Euryn, und erinnerte sich wieder ihrer nächtlichen Bilder, die sie vor Belas Unternehmungen gewarnt hatten.

Tom hielt vor einer der Türen. Wie wild tippte er auf einer Scheibe herum und fluchte aufgebracht vor sich hin. Sleepy gähnte desinteressiert. Endlich glitt der Durchlass lautlos auf. Dahinter sprangen Lichter an. Eine stählerne Wand mit vielen Griffen lag auf der Rückseite des Raumes. Zielsicher näherte sich Tom einem der Griffe und zog eine Lade auf. Sie war gläsern. Euryn sah zunächst bunte Zeichen auf einer kleinen Platte. Dann entdeckte sie im Innern etwas anderes. Ihr Magen verkrampfte sich jäh. Sie sackte zusammen. Unbändige Wut schoss ihr durch die Sinne. Sleepy zuckte zusammen. Tom sah verständnislos zu ihm hinüber. Und dann zu ihr hinab.

»Oh, schau doch. Es geht ihm gut.«

Belas Körper lag in der Vitrine. Er sah aus, als würde er schlafen. Euryn hatte eine Empfindung, die ihr zuvor unbekannt gewesen war. Sie wollte diese Menschen, die sie folterten, tot sehen. Neben Tom tauchte das kleine Gerät in der Luft auf und sprach eine Warnung aus. Tom schien nicht im Mindesten besorgt, sondern sehr interessiert. Er beugte sich zu Euryn hinab.

»Das ist phantastisch. Hier entsteht gerade ein starkes Magnetfeld. Das muss von dir ausgehen. Bist du so was wie eine Batterie mit ordentlich Power? Ich bin beeindruckt. Aber schau, du musst dich nicht grämen. Du kennst ihn, nicht? Er lebt. Es geht ihm gut. Er ist lediglich in Tiefschlaf versetzt. Als ihn unsere Leute aus dem Wasser fischten, war er fast tot. Aber die Drohnen haben sich in vorbildlicher Weise um medizinische Hilfe gesorgt. Perfekt, wie schnell das ging. Wir haben ihn gleich hierher gebracht. Eine unbekannte Spezies findet man doch nicht aller Tage, was, Sleepy?«

Sein Freund keuchte. Tom sah ihn mitleidig an. »Du immer mit deiner Angst vor allem, was aussieht wie eine Bakterie. Weißt du, wie viele Bakterien selbst heute noch in unserem Körper mit uns leben in wunderbarer Symbiose?«

»Lass gut sein«, knurrte Sleepy.

Euryn hob das tränennasse Gesicht.

»Er lebt?«

Sie brachte die Worte kaum heraus. Ihre Stimme bebte.

»Jepp, natürlich. Ich persönlich habe dafür gesorgt, dass ihm nichts geschieht. Man muss ja nicht immer gleich auseinandernehmen, was man nicht kennt, ist es nicht so? Wir sind doch keine tollpatschigen kleinen Kinder.«

Selbstzufrieden fuhr sich Tom durch den Bart und zwirbelte selbstvergessen die Spitze. Er sah auf Euryn hinab wie ein Vater, der seinem Kind einen Schmetterling zeigt, den er mit den Händen gefangen hat.

»Wir haben ihn aus dem Wasser gefischt. Sehr ungewöhnlich übrigens. Die Delphine sind normalerweise nicht als Rettungsschwimmer unterwegs.«

Euryn sah zu ihm auf. Das Herz hämmerte rasend in ihrer Brust. Sie konnte nicht in die Glasvitrine zu ihrem Bruder schauen.

Tom besah sich seine Fingernägel.

»Ich erkläre es dir. Wir wurden auf euch beide aufmerksam, als ihr auf den Resten der alten Seebrücke herumgeklettert seid. Putzig anzuschauen. Und so gefährlich! Wir achten eigentlich gar nicht mehr auf diese Verbindung zur anderen Seite. Wer uns auf diesem Weg besuchen möchte, ist schneller tot, als er es sich vorzustellen vermag. Selbstmord-Kommando. Macht man heute nicht mehr.«

Er schaute ins Leere, als suche er eine Erinnerung, und spielte auf der Tastatur herum, die auf der Vitrine angebracht war.

»Wo war ich stehengeblieben? Ach ja. Ihr beiden wolltet also zu uns rübermachen. War schon ein Zufall: An den Bildschirmen, auf die uns die Drohnen Bilder schicken, saß tatsächlich jemand. Nancy. Für gewöhnlich hätte sie einfach einen Abschussbefehl an die kleinen fliegenden Maschinen gesandt. Du hast sie sicher schon gesehen – dürfte euch auch da draußen auf dem Wasser aufgefallen sein. Naja. An der Stelle komme jetzt ich ins Spiel. Auch wenn ich kein großes Amt mehr bekleide in dieser Stadt, hab' ich mir doch die ein oder andere Bürde auferlegt. Zuweilen ist das von größtem Nutzen.«

Er zwirbelte wieder den grauen Bart, während er zugleich weiter mit dem technischen Gerät vor sich beschäftigt war. Sleepy Noise stand in einer Ecke und starrte auf einen kleinen Bildschirm. Er hatte offenbar alles um sich herum vergessen. Euryn wischte sich verstohlen ein paar Tränen aus den Augenwinkeln. Immerhin, so etwas bekamen diese Menschen gar nicht mit. Sie gingen ihr gewaltig auf die Nerven.

Tom sprudelte unterdessen weiter Wort für Wort in ihrer Sprache, als habe er nie eine andere benutzt.

»Gut. Ich war also auch dabei und war gleich fasziniert. Ihr saht – und seht – so besonders aus. Und da ich mich nach wie vor um die Katalogisierung unbekannter Arten bemühe, wenn sie sich denn als real existierend herausstellen, habe ich euch beide gleich konfisziert. Naja – Nancy war mir mal sehr zugetan. Sie machte gar nicht erst viel Aufhebens um die Sache. Dummerweise brachte euch der Sturm auseinander. Ich dachte, deinen Freund hier wäre ich los, als ihn die Welle verschluckte.«

»Er ist mein Bruder.«

»Oh, dein Bruder. Gut. Geistesgegenwärtig forderte ich mehrere Drohnen an, um einen Überblick zu behalten. Verdammt anstrengend, wenn ich so überlege. Ich hatte mir für den Abend ein so wunderbares Cinemovetronic zusammengelegt – entschuldige, ein Unterhaltungsprogramm – das war ein Jammer, dass ich das verpasst habe. Was soll's, das Leben ist lang. Wie auch immer. Ich habe deinen Weg verfolgt und bin mehr zufällig auf deinen Bruder gestoßen. Er hing an einem Delphin, der ihn ins seichte Wasser schleppte. Mehr als Glück hatte der Junge, möchte man meinen. Die Drohnen haben die Bionics verständigt. Sleepy ist dann raus und hat den Jungen eingesammelt. Hat der sich angestellt, bis er mal bereit war, mir einen klitzekleinen Gefallen zu tun.« Tom rollte die Augen.

Sleepy Noise sah kurz auf.

»Jeden Tag belämmerst du mich, Tom. Ich hab' keinen Schimmer, warum ich dir immer und immer wieder all die Gefallen tue.«

»Aber ich, mein Freund. Weil du dich nicht zu Tode langweilen willst. Und da tust du ja auch gut daran.«

Sleepy brummte und kratzte sich den speckigen Nacken.

Tom wandte sich wieder an Euryn, die jetzt, mit dem Rücken an die Wand gelehnt, auf dem Boden saß und zu dem Alten aufschaute – jedenfalls war Tom aus ihrer Sicht sehr, sehr alt.

»Du musst wissen, der Rat weiß nix von diesem Gast. Und genauso wenig von dir.«

»Du bist unverbesserlich, Big Tom«, redete Sleepy dazwischen. »Einfach unverbesserlich.«

»Der revolutionäre Geist zwingt die Dummen in die Knie.«

»Davon gibt es hier gewiss genug«, murmelte Toms Begleiter.

Während Tom Euryn – mit manch lobendem Wort für seine eigene Kreativität – schilderte, wie er erst Belas und dann sie in die Stadt geschleust hatte, ohne auch nur irgendeine Genehmigung dafür einzuholen, veränderte sich Belas Hautfarbe. Euryn, die ab und an einen halben Blick auf ihn riskierte, sprang auf die Füße.

Tom lächelte. »Das gefällt dir, was? Wir müssen ihn langsam holen, sonst nimmt sein Gehirn Schaden.«

»Das ist nicht möglich. Er … er wird tatsächlich wieder aufwachen?«

Tom schürzte die Lippen. Ein selbstzufriedener Zug breitete sich in seinem Gesicht aus. Dann vertiefte er sich in seine Arbeit, Belas aus dem Tiefschlaf zu holen.

*

Die Sonne neigte sich im Westen, als sie in Toms Wohnung ankamen. Belas schlief andauernd ein und schien sich nicht im Mindesten über den Verrückten zu wundern, der an ihrer Seite war, noch über die erschreckende Aussicht aus dem einhundertzweiundfünfzigsten Stock des Gebäudes, in dem dieser Mensch lebte. Er wunderte sich nur über Euryns besorgte Blicke und ihre Anhänglichkeit.

Wann immer er die Augen aufschlug, war sie bei ihm, hielt seine Hand, kämpfte mit den Tränen. Ihm schwirrte der Kopf und er konnte kaum einen klaren Gedanken fassen. Aber einer verfestigte sich dann doch: Seine Schwester musste auf dem Weg auf den anderen Kontinent in irgendeiner Weise krank geworden sein. Wobei er verzweifelt versuchte, sich an die Art und Weise ihres Eintreffens zu erinnern.

Tom, der sich von kleinen, verschiedenfarbigen Kügelchen ernährte, verließ später das »Appartement« oder »Flat«, wie er seine Behausung nannte. Er wollte »etwas Grünes« für seine Gäste organisieren, erläuterte er mit dem fast schon gewohnten Grinsen im Gesicht.

Die Wohnung Tom Verbeeks war vollständig leer. Vier Zimmer – drei kleinere und ein großer Raum mit Glasscheiben, die die Straßenzüge in sein Heim hineinzubringen schienen – standen ihm zur Verfügung. Wände, Decken und Böden waren weiß. Alles wirkte unnatürlich. Die Flächen schienen ineinander überzugehen. Euryn tastete sich unbeholfen, fast wie eine Blinde, durch diese merkwürdige Behausung. Sie ging hierhin und dahin, ließ die Finger über Wände und Glas streichen. Alles um sie war merkwürdig, roch fremd und unnatürlich. Belas lag in einer Ecke und schlief. Die Homidin dachte über diesen Menschen Tom Verbeek nach und verstand nicht, wie jemand unter solchen Umständen existieren konnte. Sie setzte sich neben ihren Bruder. Lange sah sie auf ihn herab. An ihrer schmalen Nase liefen wieder Tränen hinab.

Später – sie hatten ein Gelee zu sich genommen, das tatsächlich grüne Farbe hatte und fürchterlich schmeckte – bombardierte Tom seine beiden Gäste mit allerlei Fragen. Belas machte Anstalten, ihre Mission zu erläutern, doch er lallte unverständliches Zeug und gab es nach wenigen Anläufen auf.

Euryn blieb einigermaßen wortkarg. Sie fühlte sich wie ein Stück Holz, das in einem Strudel auf dem Fluss im Kreis geschleudert wird. Ohne Aussicht, aus eigener Kraft seine Position zu verändern. Alles um sie war ihr in einem derart großen Maße fremd, dass es ihre Vorstellungskraft bei weitem überstieg. Irgendwann schlief sie, Toms Worte im Ohr, einfach ein. Ihr Verstand brauchte eine Pause.

*

Ein Vogel stößt immer und immer wieder seinen Ruf aus, zwei Töne in einem monotonen Singsang. Ein zweiter fällt ein mit einem kurzen Zipp-Zipp. Ein Geräusch in der Ferne bleibt unbestimmt. Dann, ganz nahe: ein sanftes Wogen von hohem Gras im Wind. Die Luft riecht nach süßlichen Blüten.

Wie Flieder, dachte Euryn. Aber wo kam dieser Duft her? Wo war sie? Sie rollte sich auf die andere Seite und zuckte zusammen. »Digdo«, entfuhr es ihr. Belas hob schläfrig den Kopf. »Das war nicht für dich«, sagte sie entschuldigend in seine Richtung. Belas sah sie irritiert an. Euryn richtete sich auf. Die Spielereien der Menschen gingen ihr auf die Nerven. Sie saß scheinbar schwebend in der Luft. Tatsächlich aber hielt sie eine weiche Unterlage aus einem durchsichtigen Material drei Fuß breit über dem Boden, so weich, wie sie noch nie zuvor in ihrem Leben gesessen oder gelegen hatte.

»Ist witzig, so zu schlafen, oder?« Belas schnupperte. »Nach was riecht es hier? Was sind das für Geräusche?«

Euryn zuckte die Achseln und schüttelte sich. »Ich finde das alles irgendwie – irgendwie seltsam. Daran könnte ich mich nie gewöhnen.« Unbeholfen tastete sie sich auf die unsichtbare Kante ihres Bettes vor. Immerhin war der Boden unter ihren Füßen, wo sie ihn erwartete. Draußen ging die Sonne auf. Durch die hohen Fensterbänder hatten sie einen atemberaubenden Blick auf die Stadt. Mittlerweile konnte sie hinausschauen, ohne gleich Herzklopfen zu bekommen. Die Fassaden der Gebäude pulsierten an diesem Morgen in verschiedenen Rottönen.

»Also mir gefällt das jedenfalls besser als die muffigen Räume im Berg der Nooren.«

Belas sprang demonstrativ unbekümmert von seinem Lager.

Drei Tage und Nächte hatte er mehr oder weniger fast nichts anderes getan als schlafen. Tom hatte ihm in regelmäßigen Abständen eine klebrige Substanz auf den Oberarm geschmiert. Sie sollte Belas Blutwerte auf ein normales Niveau zurückführen.

Euryn betrachtete alles, was der Mensch tat, mit kritischem Blick. Tom blieb das nicht verborgen. Er sagte in solchen Momenten nichts. Aber in seinem Gesicht stand deutlich die Kränkung geschrieben.

Belas und Euryn mühten sich nach Kräften, den Grund ihres Besuchs anzusprechen. Doch Tom war kein guter Zuhörer. Und auch wenn er aufhorchte bei der Rede über Nordländer und ihr Eindringen in die Schieferberge, er bog diese Gespräche rasch ab. Lieber ließ er sich die Gesetze des Allbios erläutern, fragte bis ins kleinste Detail, wie eine Homidenhöhle eingerichtet war oder was in der anderen Welt bei der ein oder anderen Krankheit unternommen wurde.

»Was hören meine tauben Ohren?«, rief eine sonore Stimme aus dem Nebenzimmer, während Belas Euryn mit dem Leben unter Nooren aufzog. Tom wuselte um die Ecke, ein fröhliches Lächeln im Gesicht. Er nickte den beiden zu, die Arme wieder einmal geöffnet zu einer großen Geste.

»Genießt die Aussicht. Dies ist ein wundervoller Tagesanbruch.« Euryn nickte ergeben. Sie wusste bereits: Widerspruch würde eine lange Diskussion nach sich ziehen. Eine Diskussion, zu der sie sich zu dieser frühen Stunde nicht in der Lage fühlte. Mitten in der Bewegung hielt sie inne. Sie sah zu Tom. Entsetzt schlug sie die Hände vors Gesicht, sprang von ihrem Bett und Tom weg zu Belas.

»Belas, das ist er nicht.«

Ihr Bruder verstand nichts. Er schaute zu Tom Verbeek hinüber. »Was meinst du?«

»Das ..., das ist nicht der gleiche Mann wie gestern und die letzten Tage.« Euryn klammerte sich an Belas fest. Tom zog die Augenbrauen hoch und fuhr sich – wie er es öfter tat – mit der rechten Hand durch den Bart.

Belas begriff nichts.

»Aber – da steht er doch.«

Er deutete vor sich. Seine Schwester schien wirklich den Verstand zu verlieren. Gut, er hatte noch keine große Bekanntschaft mit ihrem Gastgeber schließen können. Aber er sah nur den Mann vom Vorabend. Sie schüttelte stumm den Kopf, schob Belas langsam in Richtung des Alten und flüsterte: »Schau in seine Augen.«

Tom blieb ungerührt in der Tür stehen. Er verharrte in einer Pose, die ihm würdevoll erschien: die Hände vor der Brust, den Kopf leicht zur Seite geneigt, das Körpergewicht auf das linke Bein verlagert. Sein Teint war makellos, die dunklen Hosen aus feinem Stoff und das weite Hemd standen ihm perfekt. Besonders vor den weißen Wänden und Türen seiner Wohnung wirkten sie ausgesprochen harmonisch.

»Tja«, raunte Belas, »seine Augen ...«

Euryn stöhnte auf. »Du siehst es, ja?« In ihrer Stimme lag ein Zittern, das Belas gar nicht gefiel.

»Doch, schon, aber ...« Er wusste nicht weiter. Der Alte stand so harmlos und aufgeblasen in der Tür, was sollte an ihm erschreckend sein?

»Er hatte gestern blaue Augen«, flüsterte Euryn, »und heute sind sie braun. Das ist nicht Tom Verbeek.«

Belas stierte den Mann im Türrahmen verdutzt an. Es war ihm nicht aufgefallen. Aber sie hatte recht. Das Blau seiner Augen war gestern noch strahlend wie das Licht einer Kerze hinter fein geschliffenem Glas gewesen. Belas machte irritiert einen Schritt zurück.

Tom spitzte die Lippen. Er räusperte sich, verlagerte das Gewicht auf das andere Bein. Etwas verlegen hob er die Hände.

»Meine Lieben – ihr müsst entschuldigen. Ich war mir nicht bewusst, dass euch meine Morgentoilette missfallen könnte. Ich pflege meine Bekleidung und meinen Gesamteindruck aufeinander abzustimmen. Einen Moment. Ich bin sofort zurück.«

Er schwang elegant um die eigene Achse und verschwand in einen der Nebenräume. Sie hörten ihn pfeifen und trällern. Dann stand er wieder vor ihnen.

»So besser?« Die Lippen fest aufeinandergepresst stand er starr, die Zeigefinger deuteten auf seine Pupillen.

Euryn reckte den Kopf über Belas Schulter.

»Wie machst du das?«, fragte sie barsch.

Toms Augen waren so blau wie an den Tagen zuvor.

»Linsen, meine Gute, feine Kunststofflinsen schenken deinen Augen die Farbe, die du für den Tag oder die Woche vorsiehst.«

»Und wie sehen deine Augen wirklich aus?«

Tom überlegte. »Sagen wir – blau. Das hat dir doch gut gefallen, oder nicht? Nun lasst uns aber den Tag beginnen. Es gibt so viel zu bereden!«

Für die Homiden hatte er allerhand Dinge besorgt, von denen er annahm, sie könnten sie essen. Über Gras und Seetang war Euryn ausgesprochen empört. Manche Früchte, die sie nicht kannte, schmeckten ihr dagegen sehr gut.

Belas durfte noch keine feste Nahrung zu sich nehmen, hatte ihr Gastgeber verfügt. Er bekam weiter zähe Flüssigkeiten zu trinken, wie sie sie am ersten Tag in dem Hochhaus zu sich nehmen mussten. Zuerst fand er sie widerlich, doch schon die dritte Portion nahm er ohne Murren zu sich. »Was auch immer da drin ist – es gibt mir das Gefühl, Berge versetzen zu können«, sagte er. Allerdings fehlten ihm Berge und Täler sehr. Aus Toms Appartement heraus sahen sie nichts anderes als Straßenschluchten, die sich in der Ferne verloren. Zuweilen war ein Fahrzeug am Boden oder in der Luft unterwegs. Aber für einen Ort, an dem nach Toms Worten an die fünf Millionen Wesen auf engem Raum zusammenlebten, war es gespenstig still. In den Schieferbergen, in denen nur einige hundert Homiden ihr karges Dasein fristeten, war bedeutend mehr los gewesen.

Tom wollte die beiden nach wie vor nicht mit auf die Straße nehmen. Es sei zu gefährlich, sagte er, da jedes öffentliche System ihre Anwesenheit als bakterielle Verunreinigung erkennen und Alarm schlagen würde. Tom selbst war viel unterwegs, obwohl nach seinen Worten niemand in First Fine Unit, wie sich die Stadt nannte, in irgendeiner Form einer Beschäftigung nachgehen musste. Während Völker wie die Girgienen oder Tschirniden hart arbeiteten, um sich zu ernähren, gab es in der Stadt der Menschen offenbar jede erdenkliche Annehmlichkeit umsonst.

Toms Wohnung war nicht wirklich so leer, wie die Homiden zunächst angenommen hatten. Allerdings sahen sie nichts, solange Tom es nicht durch seinen Hausgeist herbeibeorderte. Wie die Betten, die aus Luft zu bestehen schienen, gab es auch Sitzmöbel, Toiletten und Waschgelegenheiten. Das Verrückteste war für Belas und Euryn aber die Maschine, die bewegte Bilder mitten im Zimmer zeigte und Töne dazu produzierte – Bilder und Töne, die ganze Geschichten erzählten, wie sie feststellen mussten. Tom sah sich gerne Geschichten an. Dabei verbrachte er viel Zeit damit, seinem Hausgeist, den er »Sinn« rief, neue Handlungsvorschläge für deren Fortgang zu unterbreiten.

Tom sah nach zwei Versuchen, mit seinen Gästen einen solchen »Film« anzuschauen, leicht entnervt ein, dass alles Gewalttätige außen vor bleiben musste. Denn sobald in dem dreidimensionalen Bildraum ein Kampf zu sehen war, nahmen die Homiden Reißaus. Dagegen waren sie begeistert, das Leben der Menschen kennenzulernen. Belas freute sich wie ein kleines Kind über jedes Auto, jedes Flugzeug, jedes Schiff, das vor ihm auftauchte. Manchmal griff er verträumt danach, als ließe sich die Projektion anfassen. Seine Hand schimmerte dann in den Farben des Objektes, das in den Raum projiziert war.

Tom kommentierte unentwegt die verschiedenen Fabrikate der Fortbewegungsmittel aus mehr als zwei Jahrtausenden Entwicklungsgeschichte, während er nebenbei Filme konzipierte, Musik schrieb und über das Mikrofon in seiner Handfläche mit anderen Bewohnern der Stadt sprach.

Ganz nebenbei erwies er sich als begeisterter Lehrer. Er fütterte seine Gäste mit der Entwicklungsgeschichte der Welt, spannte einen weiten Bogen von der Erdentstehung vor Milliarden von Jahren bis zur Evolution von Tier und Mensch.

Trotzig unterbrach Euryn ihn zuweilen. Manches hatte sie bei den Nooren gelernt. Es gab unter den gelehrten Frauen ein Wissen um die Einteilungen in Erdzeitalter und Entwicklung der Lebewesen, was sie an das erinnerte, das Tom ihnen wort- und gestenreich erklärte.

Der Mensch referierte über das Präkambrium, in dem sich, Jahrmillionen vor ihrer Zeit, das Leben entwickelt habe, von ersten Bakterien und Vielzellern, von ersten Fischen im Meer vor über vierhundertvierzig Millionen Jahren während des Paläozoikums, von Reptilien und wieder Millionen Jahren später Dinosauriern und Säugetieren, zu denen auch sie selbst letztlich gehörten.

Die Homiden duckten sich weg, wenn die von Tom mitten im Zimmer heraufbeschworenen Lebensformen nach ihnen schnappten. Die Illusion war einfach zu perfekt. Der alte Mann freute sich in solchen Momenten diebisch, die Augen funkelten vor Vergnügen.

Belas war begeistert von all den Tieren und Pflanzen, aber er hielt sich den Bauch vor Lachen, als Tom ihm eine Vorstellung zu geben suchte, welche Zeitspanne eine Million Jahre umfasste.

»Dürfte ich erfahren, was so komisch ist?«

»Du erzählst von all diesen Dingen, als wärst du dabei gewesen. Dabei gab es weder dich noch sonst jemanden, der das hätte aufschreiben oder in so eine Maschine stecken können. Du kannst mir den Schädel eines Dinosauriers zeigen. Dann weiß ich, der muss wohl mal auf der Erde gewesen sein. Aber woher willst du wissen, wenn niemand es miterlebt hat und aufschreiben konnte, wann so ein Tier gelebt hat? Ich meine, wenn das alles viel länger her ist als die Zeit der Menschen, Homiden, Girgienen und Tschirnieden zusammen.«

Belas wischte sich Freudentränen aus den Augen, so sehr hatte er gelacht. Tom sah ihn nur kurz abschätzig an. Dann legte er richtig los und dozierte darüber, wie Messungen der feinsten Strukturen eines Wesens Zeitbestimmungen ermöglichten, die exakter waren, als Belas Erinnerung an das gestrige Essen. Dem Jungen stand der Mund offen. Er verstand kein Wort.

Es dauerte eine Weile, bis Euryn ihren Gastgeber in seinem gelehrigen Redeschwall bremsen konnte. Sie berichtete Tom, was die Nooren über den Ursprung und die Entwicklung des Lebens dachten. Und wenn ihre Sicht der Dinge auch nicht ganz mit der von Tom übereinstimmte, gelang es der Homidin doch, ihm ab und an ein anerkennendes Nicken abzugewinnen.

Cyber-Interacting, die mit Abstand beliebteste und zugleich verbotene Variante, sich in der Stadt die Zeit zu vertreiben, stellte Tom den beiden gar nicht erst vor. Er selbst hatte vor Jahren davon Abstand genommen, in selbst ersonnenen oder vom Computer vorgegebenen Welten Abenteuer zu erleben, nachdem ein Freund, Nick, so lange in seiner Geschichte abgetaucht war, bis sein Körper unter dem Nahrungsentzug, sein Geist unter der mentalen Anstrengung zusammenbrach. Sein elektronischer Hausassistent hatte zwar im kritischen Stadium die Sensoren, die Nick das aktive Erleben in der virtuellen Welt vorspiegelten, von seinem Körper getrennt, aber Nick hatte sich, ähnlich eines Patienten im Wachkoma, so weit von sich selbst entfernt, dass er nicht mehr zurückfand. Nach fünf Jahren Intensivversorgung waren die lebenserhaltenden Geräte abgeschaltet worden. So war es in First Unit gesetzlich geregelt. Tom hatte danach nie wieder ein Interacting gemacht, sondern sich auf das passive Betrachten von größtenteils selbstgeschaffenen Filmen, Cinemovetronics, beschränkt. Damit blieb er eine – belächelte – Ausnahme.

Dem Grund ihres Besuches ging Tom weiterhin resolut aus dem Weg. Wann immer seine Gäste das Gespräch in diese Richtung brachten, winkte er – nicht unfreundlich, aber doch energisch – ab und vertröstete sie. »Natürlich – ich weiß...«, »oh ja, wir reden später...«, »lasst mich nur noch...«. Aber auch wenn andauernd Neues auf die beiden einströmte, von Tag zu Tag wurde sein Verhalten für sie unerträglicher.

Tom Verbeek wollte in aller erster Linie die Welt erklären. In zweiter Linie interessierte er sich für den anderen Kontinent. Zumindest sorgte er für diesen Eindruck. Sehen konnte er mit Hilfe seiner Bildmaschine die Welt jenseits der Stadtgrenzen in vielen Details. Euryn wurde es regelmäßig schlecht, wenn die Augen am Himmel, wie Belas dies nannte, aus großer Höhe Adlern gleich auf ein Gebiet herabstürzten und ihnen das Gelände zeigten. Stundenlang suchten sie so auch die Schieferberge. Aber sie fanden nur Salomosch, dessen Krone sich hoch über die Wälder erhob. Und die Stadt der Tschirnaa war weit weg von ihrer eigenen Heimat.

»Viel zu viel Wald da in der alten Welt. Ich sehe zwar die Flüsse, die in Frage kommen, aber nicht euren Langen Berg oder sonst was, wovon ihr redet«, murmelte Tom.

Beinahe das größte Problem mit Tom: Ihm war es viel zu langweilig, seine Konzentration allein einer Sache zu schenken. Immer wieder stellte er Sinn die verrücktesten Zwischenfragen, wollte Musik aus den unterschiedlichsten Jahrhunderten hören und sprach mit Sleepy oder anderen Bekannten über seinen Hausgeist. Echte Begegnungen zwischen den Menschen von First Fine Unit gab es kaum. Es galt bei vielen gar als unschicklich, andere mit ihrer körperlichen Gegenwart zu belästigen.

Während sie gemeinsam nach den Schieferbergen suchten, dachte Tom – statt sich dem Anliegen seiner Gäste zu widmen – auch laut darüber nach, einen epischen Film zu entwerfen, in dem das Alte Europa und die Homiden eine tragende Rolle spielen könnten.

Nur wenn sich Euryns Augen zu Schlitzen verengten, hob er beschwichtigend die Hände und sagte: »Sorry, meine Liebe, ich weiß. Du magst nicht zu viel auf einmal. Aber keine Sorge. Wenn du unsere Technik erst einmal näher kennst, wird es dir auch schnell langweilig, einen Schritt nach dem anderen zu tun. Warum auch trippeln, wenn du Sätze machen kannst wie ein Känguru.«

Belas fragte an einem sonnigen Nachmittag – als Tom sie wieder einmal mit der Entstehung des Lebens auf dem Planeten vor Milliarden von Jahren bombardierte und Ein- und Mehrzeller in seinem Wohnzimmer erstehen ließ – was aus den Menschen geworden war, die einst den ganzen Planeten besiedelt hatten. Immerhin waren es während ihrer besten Zeit über fünfzehn Milliarden Exemplare gewesen, wie er gelernt hatte. Er fand es seltsam, dass die Nooren zwar auch über ein großes Wissen verfügten, die letzten Jahrhunderte der Menschen im Alten Europa aber im Dunkeln lagen.

Tom nickte bedächtig und zwirbelte seinen Kinnbart.

»Unsere Vorfahren, da hast du recht, Belas, fühlten sich in der Tat gottgleich. Nach der Zeit des bäuerlichen Lebens, als die Menschheit den Kinderschuhen entwuchs, erlebten sie eine wirklich rasante Entwicklung. Mit der industriellen Revolution fing das an. Wir haben ja schon darüber gesprochen. Es gelang ihnen, Güter im großen Stil zu produzieren, die Wissenschaften blühten auf und die Zusammenhänge des Lebens wurden ihnen bewusst – na ja, so einigermaßen zumindest. Manche Menschen wurden reich, andere lebten weiter in Armut wie in den Jahrhunderten zuvor. Sie fanden immer neue und tiefgreifendere Möglichkeiten, zu heilen und zu zerstören. Biologische Waffen, chemische Verbindungen ..., selbst die Bausteine des Lebens waren nicht mehr sicher vor ihnen.«

Er hielt kurz inne und sah Belas forschend an.

»Sie nutzten ab dem zwanzigsten Jahrhundert der alten Zeitrechnung auch Atomkraft, spalteten und verschmolzen radioaktive Partikel, um große Mengen an Energie zu erzeugen. Naja, wenig später versuchten sie sich an Wasserstoff und anderen Dingen. Ihr Hunger nach Energie war nicht zu stillen...« – Belas verstand kein Wort.

Doch bevor er Tom unterbrechen konnte, bedeutete Euryn ihm zu schweigen. Sie spürte, dass ihr Gastgeber endlich zu einem entscheidenden Punkt kommen wollte.

»Das mit der Atom- oder Kernkraft gelang ihnen auch insofern ganz ordentlich, dass sie große Produktionsanlagen für die Energiegewinnung schufen. – Auf der anderen Seite nutzten sie ihr frisch erworbenes Wissen aber auch, um sich gegenseitig mit atomaren Waffen zu bombardieren.«

Tom hatte seinen Plauderton tatsächlich abgelegt.

»Ich weiß, ihr habt ein Problem bei euch daheim. Das hat genau hiermit zu tun ...«

In diesem Moment meldete sich Sinn im Flüsterton, es gebe ein holografisches Gespräch für Tom. Er runzelte die Stirn, machte eine Geste des Bedauerns und begab sich mit einem würdevollen Seufzer ins Nebenzimmer.

Als er zu seinen Gästen zurückkam, schien er den Faden nicht wieder aufnehmen zu wollen und redete erneut von allem möglichen. Belas öffnete mehrmals den Mund, um ihn zu unterbrechen. Der alte Mann konnte doch nicht schon wieder vergessen haben, um was es hier ging. Aber ihrem Gastgeber war schließlich eingefallen, dass Belas wissen wollte, was aus den Menschen in seiner Heimat geworden war.

»Es war nicht eine Sache alleine, nicht ein schreckliches Ereignis, das die Menschen damals massiv dezimiert und – bis auf ein paar im hohen Norden – fast komplett aus Europa vertrieben hatte.«

Soziale und kulturelle Probleme sprach Tom an, Umweltverschmutzung und Terrorismus – Belas fragte gar nicht erst, was das war –, religiöse Konflikte und unverantwortlicher Umgang mit den Ressourcen des Planeten. – Es war, wieder einmal, ein einziger Redeschwall. Belas verstand nichts mehr. Außer dass viele Menschen in einer relativ knappen Zeitspanne zu Tode gekommen waren und der Rest schließlich geflohen war.

Hilflos schaute er zu Euryn, die den Menschen mit ihrem Blick fixierte. Ohne Vorwarnung schrie sie zornig: »Was ist mit uns? Mit dem Gift in unserem Boden? Mit den Nordländern, die unser Volk töten?«

Tom hielt mitten im Satz inne, sah sie kurz erschrocken an und lächelte dann leicht irritiert.

»Ach ja, da waren wir eben!«

Er gab Sinn einige Anweisungen und zwirbelte den Bart.

»Wir wissen viel über die Vergangenheit, aber nicht alles. Wir sind angewiesen auf Berichterstatter. Und die haben ihren Blickwinkel. Würdet ihr mit einem Nordländer über all das sprechen, er würde euch die Geschichte anders erzählen.«

Tom hob beide Hände, als er Euryns zusammengekniffene Augen sah. »Das war die letzte Vorbemerkung, versprochen. Aber sie ist wichtig. Denn euer Problem ist auch ein Problem zwischen uns und den Nordländern – vermutlich zumindest. Denn ich möchte genauso wenig wie ihr sehen, wie diese Barbaren womöglich Dinge aus der Erde holen, die sie besser dort belassen würden. Euer Allbios – so hieß das doch? – ist da gar nicht so schlecht.« Erneut sprach er über jene Atomkraft. »Das waren verrückte Zeiten. Die Menschen waren damals wie Kinder, die ein Spielzeug in Händen halten. Ihr müsst euch das nur einmal vorstellen: Schon um das einundzwanzigste Jahrhundert der alten Zeit – und das liegt weit über zwei Jahrtausende zurück – produzierten sie in großen Mengen Strom aus Atomspaltung. Und alleine bei euch im Alten Europa entstanden dabei jährlich fünfzig Tonnen und mehr radioaktiver Müll. Abfälle, deren Strahlung biologischen Spezies wie den unseren gesundheitlich äußerst abträglich ist. Oder um es deutlich zu sagen: Bist du diesen Stoffen längere Zeit ausgesetzt, dann stirbst du. Unsere Vorfahren wussten lange Zeit überhaupt nicht, wohin mit den ganzen Abfallprodukten. Die haben das Zeug einfach durch die Gegend transportiert. In großen Behältern, aus denen die Strahlung nicht herauskommt – für eine gewisse Zeit wenigstens. Hin und her ging es, als wären es Päckchen, die Liebende einander senden.«

Tom gluckste. Er zwirbelte sich den Bart und warf einen Blick auf eine Glasscheibe, die ihn widerspiegelte.

»Irgendwann, nachdem es bereits abertausende Tonnen dieses gefährlichen Materials gab, schufen sie Lager unter der Erde. Dort sollte alles sicher verwahrt sein. Weil niemand den Müll vor der eigenen Haustür haben wollte, geschweige denn unter den eigenen Füßen, suchten sie nach alten Salzminen und Bergwerksstollen möglichst dort, wo wenig Menschen lebten. Ich denke, bei euch dürfte eines der großen unterirdischen Lager sein. Ganz so hört es sich an, was ihr erzählt.«

Eine ungemütliche Pause entstand.

Schließlich schnippte Tom mit den Fingern und präsentierte seinen Gästen kurze Filme und Bilder. Belas und Euryn lernten die verschiedenen Arten des Kohleabbaus kennen, wie sie besonders im 19. und 20. Jahrhundert der alten Zeit in Europa verbreitet waren.

Er zeigte ihnen Salzstöcke und verschiedene wissenschaftliche Abhandlungen, die sich mit der Frage beschäftigten, wie atomare Abfälle, von denen noch für unzählige Generationen eine gefährliche Strahlung ausging, gefahrlos gelagert werden konnten. Oder besser gesagt: wie man glaubte, die Abfälle gefahrlos lagern zu können. Sie sahen Filme über unterirdische Anlagen, die dem Ort nahe der Schieferberge ähnelten, den Siras ausfindig gemacht hatte.

Tom geriet an dieser Stelle etwas aus dem Takt. Er hatte während seiner Erläuterungen nebenbei in einem FFU-Forum, das er über seine Handfläche bediente, einige seiner jüngsten Collagen präsentiert und weniger gute Reaktionen erhalten. Er schnaubte kurz und widmete dann seine Aufmerksamkeit wieder Belas und Euryn, wobei er mehrfach den Faden verlor und sich bei Sinn über die beschränkten Fähigkeiten seiner Mitbürger beschwerte.

Nachdem er sich halbwegs gefangen hatte – ein tiefes Einatmen, die Arme vor der Brust verschränkt, halfen ihm dabei – fassten die blauen Augen wieder nach den beiden Gästen. »Ihr seht, warum uns das gar nicht egal sein kann, was bei euch geschieht. Die Nordländer, wie ihr die Skandinaviens nennt, suchen noch immer nach strahlungsintensivem Material im Alten Europa. Sie behaupten, damit – wie einst – Energie zu erzeugen. Aber sie können auch heute noch versuchen, unsere Städte mit ihren schmutzigen Bomben, die sie mit dem Zeug produzieren können, auszulöschen. Was mich beunruhigt: Wir haben das nicht mitbekommen, was bei euch geschieht. Normalerweise sind unsere Drohnen dem Feind immer auf den Fersen. So gesehen bin ich sehr froh, dass ihr mit eurem Problem zu uns gekommen seid. Im Übrigen waren schon meine amerikanischen Vorfahren zu jeder Zeit glühende Verteidiger der Freiheit.« Tom schaute an ihnen vorbei. Stahlblau glitzerten seine Augen, sein Gesicht wirkte in diesem Moment wie in Stein gemeißelt.

Belas konnte seine Aufregung kaum zurückhalten.

»Ihr helft uns also? Wir schaffen das Zeug mit euren Flugzeugen, die ins Weltall fliegen können, weg?«

Tom kräuselte die Lippen und wiegte den Kopf hin und her.

»Ganz so einfach ist das nicht. So schön deine Idee mit den guten alten Raumschiffen auch scheint, das ist aus vielerlei Hinsicht unmöglich.«

Belas sah ihn fragend an.

»Wir haben hier schlichtweg keine flugtauglichen Weltraum-Transporter mehr. Das ist wohl das schlagendste Argument. Aber selbst wenn wir einen zur Verfügung hätten, wäre das eine immense logistische Herausforderung, so eine Stollenanlage leerzuräumen. Je nach Zustand der Anlage können sich daran auch die Skandinaviens die Zähne ausbeißen. Ich würde es ihnen wünschen, das steht fest. Aber es muss sowieso zunächst geklärt werden, was da bei euch lagert. Ist es waffenfähiges Plutonium oder ein bisschen Schrott aus alten Tagen? Diese Glaskugeln, so klein, wie ihr sie beschreibt, scheinen mir aus der letzten Phase der mitteleuropäischen Atomnutzung. Sie sind eigentlich so gut ausgebeutet, dass mit ihnen nicht mehr viel anzufangen sein dürfte. Aber es gibt sicher dort unter der Erde auch ältere, viel größere Brennstäbe, in Glas eingeschmolzen und in langen Zylindern gelagert, die du nicht mal gerade unter den Arm klemmst. Auf die haben es diese Schurken abgesehen, da bin ich mir sicher. In den vergangenen Tagen habe ich einige Nachforschungen angestellt, was das Ganze betrifft. Aber es ist gar nicht so einfach, Antworten zu finden. Leider ist in den dunklen Tagen, als die Zivilisation in euren Breiten zum Rückzug blies, viel verloren gegangen, auch in unserer Kultur.«

Tom hielt den beiden in einer weiteren Abschweifung einen Vortrag über die verschiedenen radioaktiven Elemente und ihre Verwendung durch den Menschen. Schließlich wurde es Belas zu bunt. Jetzt war er es, der schrie: »Die Nordländer verwüsten womöglich gerade unsere Heimat. Was wirst du tun, um das zu verhindern?«

Tom sah ihn gekränkt an.

»Hörst du mir nicht zu? Seit Tagen rede ich mit vertrauenswürdigen Bewohnern von First Unit über diese Frage – und es ist gar nicht so leicht, hier jemand zu finden, der zum einen vertrauenswürdige und zum anderen bereit ist, sich über Dinge jenseits der Stadtschranke Gedanken zu machen. Wenn ich mit den falschen Leuten über diese Sache rede, dann seit ihr beiden binnen weniger Stunden tot und eure Heimat ist dem Erdboden gleich gemacht. Es bedarf mithin eines diskreten Vorgehens, wenn du weißt, was ich meine, du grauköpfiger Einfaltspinsel.«

Die Homiden starrten ihn an.

Tom räusperte sich, schaute, an den beiden vorbei, aus den großen Fenstern in die leeren Straßenschluchten der Stadt. Dann sprach er für seine Verhältnisse ruhig und ohne sich von irgendetwas ablenken zu lassen. »Natürlich, ihr habt mir erklärt, was euch hierher geführt hat. Und ich habe das durchaus verstanden. Ich kenne eure Sorgen. Und ich möchte euch helfen, aber dafür brauche ich Zeit.

Gut, manchmal bin ich etwas zerstreut. Aber wisst ihr: Wir leben hier ein anderes Leben als ihr da draußen. Und um ganz ehrlich zu sein: Ihr kommt hierher und sagt, Tom, mein Guter, schaff uns mal dieses gefährliche Zeug vom Hals und die Nordländer gleich mit. Das ist ein nicht gerade kleines Anliegen, oder? Ich habe mich da wohl viele Tage drum gedrückt – was gar nicht meiner Art entspricht. Aber ich habe tatsächlich ganz diskret versucht, ein paar Menschen für eure Probleme zu interessieren. Findet mal jemanden hier ... Und das muss ich zu meiner Ehrenrettung auch sagen: Die Drohnen in eurem Teil der Welt liefern mir viele Daten. Es gibt keine großen Truppenbewegungen bei den Nordländern. Würde das geschehen, müssten wir sofort einschreiten. Es dürften nur wenige sein, die sich derzeit in eurer Heimat aufhalten. Was ich brauche, ist Zeit. Denn – auch das ist so eine Sache – ich spaziere nicht einfach mal mit euch aus der Stadt. Genauso wenig, wie du hier einfach so hereinkommst, kommst du gleichermaßen schlecht raus. Ich muss Dinge klären, vorbereiten – ich kann euch das nicht alles im Detail erläutern.«

Euryn stutzte. Gerade noch hatte sie das deutliche Gefühl, vielleicht zum ersten Mal, einen ganz unverstellten, offenen, sozusagen den echten Tom Verbeek vor sich zu haben. Doch dann ging die Tür wieder zu, verschwand mit seinem letzten Satz die Offenheit.

Tom senkte den Blick auf seine Hände und betrachtete eingehend seine Fingerspitzen. Dann stand er auf. Im Weggehen sagte er: »Ich kümmere mich um die Sache, versprochen.«

*

In den kommenden Tagen kreisten ihre Gespräche immer wieder um die Schieferberge und die Nordländer. Belas ließ nicht locker. Warum diese *Raumschiffe* nicht mehr funktionierten, wollte er wissen. Aber auch diese Frage hätte er besser nicht gestellt.

Tom trieb zwei Anzüge für seine Gäste auf, wie sie einst Taucher im Meer getragen hatten. Damit konnten sie die Wohnung gefahrlos verlassen. »Das Material nennt sich Neopren«, erläuterte der Mensch. Er hatte es auf die Größe seiner Gäste angepasst und darüber hinaus mit einigen Mitteln behandelt, die den Sicherheitssystemen vortäuschen sollten, First-Unit-Bewohner vor sich zu haben. Nach einem Test im Gebäude nahm er sie mit hinaus auf die Straße.

Wenn Euryn einen Schwindel beim Blick aus Toms Flat empfunden hatte, war es jetzt, aus umgekehrter Perspektive, keinen Deut besser. Sie mochte gar nicht hinaufschauen, weil der Blick entlang der

Fassaden sie gänzlich aus dem Gleichgewicht brachte. Belas dagegen legte den Kopf in den Nacken und stieß einen Ruf des Entzückens aus.

Tom führte sie durch lange Straßen, die alle völlig gleich aussahen, und sprudelte dabei wie ein Wasserfall Anekdoten aus dem Stadtgeschehen hervor. Sie begegneten niemandem.

Nach einem langen Fußmarsch standen sie vor einem Gebäude, das gedrungen wie ein riesiger Würfel dastand. Tom hielt die rechte Hand vor eine dunkle Fläche am Eingang. Lautlos glitt die makellos wirkende Wand vor ihnen auseinander. Sie betraten das Weltraummuseum von First Fine Unit, kurz FFU-Space-Center genannt.

In der großen Eingangshalle war niemand außer ihnen. Aber Belas blieb schon nach den ersten Schritten stehen. »Das ist es«, raunte er mehr zu sich selbst. Er wühlte aus seiner Bekleidung ein mehrfach zusammengefaltetes Stück Papier hervor.

Tom warf einen interessierten Blick auf das verknitterte Blatt. »Das hast du von daheim mitgebracht?«

Belas nickte stumm. Das Flugschiff vor ihm hing schräg in der Luft und sah genauso aus wie das Bild aus längst vergessenen Zeiten. Seine Hülle war schwarz und weiß, auf der Seite war die Flagge des Landes aufgemalt, in dessen Diensten es einst in den Weltraum geflogen war. Belas erkannte sofort das Feld mit den Sternen wieder. Er stand tatsächlich vor diesem Flugschiff. Das Ding vor ihm war turmhoch. Es war unglaublich.

»Dieser Raumgleiter stammt aus den frühen Tagen der Weltraumfahrt«, sagte Tom, »er war eine großartige Entwicklung für die damalige Zeit, aber leider technisch noch nicht ausgereift.«

Tom verfiel wieder in seinen Vortragston. Aber diesmal hörte ihm Belas gebannt zu. Euryn schlenderte auf einen Seitengang zu. Tom sprach von der Entwicklung und den ersten Flügen des Space Shuttles in den späten Jahren des zwanzigsten Jahrhunderts der alten Zeit, aber auch von den Rückschlägen, die es gegeben hatte.

»Einmal ist ein Shuttle beim Start explodiert, einmal beim Wiedereintritt in die Erdatmosphäre.«

»Was ist mit den Leuten geschehen, die drin waren?«

»Sie waren alle tot, Belas. So etwas überlebt man nicht.« Tom hielt einen Moment inne. Er unterhielt sich mit Sinn.

»Deine Idee war wirklich nicht schlecht«, sagte er dann zu Belas. »Es gab seinerzeit auch Überlegungen, Atommüll ins Weltall zu schießen. Aber das scheiterte an zwei Dingen: Ein Flug war sehr teuer, und es bestand das Risiko, dass der Transporter in der Atmosphäre verglühte. Das wäre eine Katastrophe gewesen. Den Müll hat man deshalb unter der Erde vergraben, was auch nicht ohne Risiko war, doch – damals – eben besser schien.«

»Aber du sagst, das war die Anfangszeit mit diesen Dingern. Ihr habt heute bestimmt viel bessere Möglichkeiten, euch in den Himmel zu erheben?«

Tom verzog das Gesicht.

»Schon, aber die Weltraumfahrt sieht ganz anders aus. Den Weg hinaus haben die letzten von uns mit kleinen Transportern genommen. Raumschiffe wurden außerhalb der Atmosphäre gebaut. Das war sicherer.«

»Warum *war* und *wurde*? Was ist mit heute?«

Tom antwortete nicht sofort. Er besah sich eingehend den historischen Shuttle. Er schluckte laut.

»Wir haben unsere Kosmonauten – also die, die in den Weltraum wollten – verabschiedet. Die, die zurückgeblieben sind, leben hier auf der Erde ein zurückgezogenes und bescheidenes Leben. Wir fahren nicht mehr hinaus zu den Sternen.«

Belas sah ihn verständnislos an. »Was heißt das? Ich meine – du willst doch nicht sagen, die Menschen bleiben immer da oben? Brauchen sie nicht festen Boden unter den Füßen?«

»Brauchen wir immer festen Boden unter den Füßen? Eine interessante Frage. Weißt du, die Menschen haben sich immer weiter entwickelt. Du erinnerst dich, wie es mit dem Leben ging: Von Einzellern im Meer zu kleinen Landlebewesen, dann zu größeren, komplexeren Formen. Irgendwann lernten unsere Vorfahren, aufrecht zu gehen. Eine Zeit später, Maschinen zu bauen. Die Entwicklung bleibt nie stehen.«

Tom zwirbelte seinen Kinnbart. Er sah melancholisch zu dem Space Shuttle hoch, der an alte Zeiten erinnerte, als sich der aufrecht gehende Frühmensch fast in einem Schritt zum Maschinenbauer und zum Weltraumfahrer weiterentwickelt hatte. Das war lange her.

»Wir hier in First Unit und den anderen verbliebenen Städten unseres großen Kontinents sind zurückgeblieben. Die Evolution hat mit den Kosmonauten diesen Planeten verlassen.«

»Und sie kommen nie wieder zurück?«

Tom schüttelte den Kopf. »Ich glaube nicht. Du musst es dir ungefähr so vorstellen: Sie haben da oben eine Stadt gebaut, die durch das Weltall fliegen kann. Als alle an Bord waren, sind sie los, auf und davon. Wir hatten viele Jahre Kontakt, aber der ist schon lange abgebrochen. Die fliegende Stadt ist heute so weit weg, dass selbst eine per

Lichtstrahl abgeschickte Nachricht lange Zeit von uns zu ihnen benötigen würde – oder umgekehrt. Und selbst wenn sie zurückkämen. Ich glaube nicht, dass sie uns noch als Ihresgleichen betrachten würden.«

»Warum? Es sind doch Menschen.«

»Hmm. Nein, nicht ganz. Wenn du willst, nenne mich einen Menschen und dich einen Homiden. Die da oben sind unsere Nachfahren. Wenn du erschrocken warst über die Möglichkeiten, die es in First Unit gibt, wärst du mehr als erschrocken über sie, ihr Erscheinungsbild und ihre Lebensart.«

Belas schüttelte den Kopf. »Aus euch soll mal einer klug werden. Was meinst du mit *Erscheinung* und *Lebensart*? Haben sie etwa drei Beine und gehen auf den Händen?«

Tom schwieg wieder einen Moment und lächelte versonnen. Er schien mit den Gedanken weit weg.

»Der Gedanke hat Charme. Leider kann ich es wirklich nicht genau sagen. Wir sind hier unten auf der guten alten Erde. Sie sind in den Kosmos. Sie haben eine Entwicklung genommen, die wir nicht nehmen wollten.«

Tom schnippte mit dem Finger. Ein Summen und ein kurzes Glimmen in der Luft, Sitzflächen waren für ihn und Belas bereit.

»Ich muss es dir an einem Beispiel erklären. Du weißt, ich benutze Sinn, wenn ich etwas will oder brauche.« Das schmale Gerät tauchte sofort neben seinem Besitzer auf. Tom wehrte mit der Hand ab.

»Ich bin etwas altmodisch, wenn ich mich dieser Technik bediene. Die meisten in der Stadt haben ihren technischen Unterstützer in die Hand implantiert – also eingebaut oder so ähnlich. Du bist damit immer an den Zentralrechner der Stadt angeschlossen. Gut – ich habe auch einen Chip in der Hand, aber der ist nur für Basisbefehle.«

»Das weiß ich«, warf Belas ein. »Aber trotzdem sitzt du vor mir wie ein Mensch, oder nicht?«

»Richtig. Aber das trifft auf mich zu. Oder Sleepy. Oder die anderen hier. Aber nicht auf die von uns, die gegangen sind. Der wesentliche Unterschied ist: Wir hier unten haben Technik implantiert. Du kannst sie auch wieder aus dem Lebewesen herausnehmen. Unsere Nachfahren haben diese Unterscheidung zwischen Mensch und Maschine aufgegeben. Der Mensch wurde Maschine, oder die Maschine wurde Mensch. Eine Symbiose. Es war ein Prozess, der mit dem Bau der Stadt im All – oder des Flugkörpers da draußen – begonnen hat. Ich war noch lange nicht geboren, als die Optimum – so tauften sie das Ding – unsere Umlaufbahn verlassen hat. Ich erinnere mich, wie wütend ich als kleiner Junge war. Ich wollte auch mit hinaus zu den Sternen. Stell dir vor, wie phantastisch das sein muss dort oben.

In den ersten Jahrzehnten hatte die Optimum noch technische Unterstützung von der Erde und es gab einen regen Informationsaustausch. Aber je weiter sie sich entfernte, um so spärlicher wurde er. Ihre Sequenzen über ihr Leben im All wurden zunehmend unverständlicher. Es war so, als würdest du hunderte Jahre Menschheitsgeschichte in einem Zeitraffer präsentieren. Ganz einfach ausgedrückt: Wir kamen bald nicht mehr so richtig mit, was sie uns erzählten. Euch geht es in eurem Berg oder wie das dort aussieht doch ganz ähnlich. Das Verständnis über die alte Welt ist abgebrochen. Gut, in eurem Fall ist es so, dass – verzeih, wenn ich das so sage – ihr euch zurückentwickelt habt. Bei unseren Kosmonauten ist es umgekehrt. Sie sind in einem Zustand, der dem unseren weit voraus sein dürfte.

Eine Weile haben wir uns hier auf dem Planeten mit Optimum noch verstanden. Aber das hat sich verloren, weil die Kommunikation nicht mehr auf gleicher Ebene war. Und schließlich war es fast so, als hätten sie uns und wir sie vergessen. Ich weiß deshalb tatsächlich nicht, wie sie aussehen und was sie treiben. Ich weiß nicht einmal, ob sie ab und an noch an ihre gute alte Heimat denken und uns einen Gruß schicken, jahrelang unterwegs.«

»Wollten wir nicht einen geeigneten Vogel für unsere eigenen Probleme suchen?«

Euryn stand hinter ihnen.

»Ah, so ähnlich«, sagte Tom, »ich wollte euch zeigen, was wir so alles gebaut haben. Heute sind es leider nur noch staubige Museumsstücke.«

Das Museum bestand aus zehn großen Hallen mit unzähligen Verbindungsgängen, auf deren Wänden Filme, Bilder, Zeichnungen und Animationen eine Flut von Information lieferten. Immer wieder kam Belas auf die Frage zurück, ob es, bei all den technischen Errungenschaften, nicht einen Weg gäbe, die Schieferberge zu retten.

Tom reagierte auf seine Fragen ausweichend. So lange er nicht wisse, was in den Stollen lagere, könne er nicht viel sagen. Aber wie an genaue Informationen kommen? Die Drohnen von First Unit könnten jeden Stein auf der Erde beschreiben, aber die Lage der Dinge unter der Erde auszukundschaften sei wesentlich schwieriger. »Du kannst da nicht einfach einen guten alten Roboter reinschicken, Belas, der sich mal umschaut, wieder rauskommt und uns seine Eindrücke in einem Datenpaket über den Ozean schickt. Wenn du eine Maschine reinschickst, braucht sie Instruktionen, Befehle, was sie machen soll. Intell-Robs, die sich ihre Handlungsanweisungen bis zu einem zu definierenden Punkt selbst geben, haben wir für gewöhnlich nicht mehr in Gebrauch. Diese Technik hat die Sternen-Reise mit unseren Kosmonauten angetreten.« Tom hielt kurz inne und zwirbelte an seinem Bart. Er rief Sinn zu sich und gab ihm ein paar unverständliche Anweisungen. »Zudem«, wandte er sich wieder den Homiden zu, »gibt es nach wie vor das kleine Problem, dass wir die Schieferberge noch immer nicht lokalisiert haben.«

Ein zartes Lächeln umspielte die Lippen des Menschen. Er murmelte vor sich hin, wie so oft versunken in einen neuen und plötzlichen Gedanken.

»Was?« Belas sah ihn hoffnungsvoll an.

»Ach nichts, ich denke nur laut nach. Ich muss einfach noch ein paar Dinge klären. Weißt du – es ist alles so ein bisschen eingerostet in FFU. Da sind wir euch gar nicht so unähnlich.«

»Aber wenn wir die Hügel gefunden haben, dann können wir doch mit irgendeiner Flugmaschine hin und uns die Sache selbst anschauen«, beharrte Belas.

»Wenn die Nordländer uns lassen«, sagte Euryn leise.

Tom verzog das Gesicht.

»Natürlich können wir mit einem Flugzeug über den Atlantik. Ihr würdet staunen, wie schnell das geht. Aber so ohne weiteres komme ich da nicht ran. Üblicherweise müsste ich eine Genehmigung einholen bei den obersten Bürgern der Stadt. Und die wollen wissen, wohin ich will und was ich dort mache. Wie gesagt, ich habe in den vergangenen Tagen unaufhörlich mit Vertrauten Kontakt, aber das ist alles nicht einfach. Vor allem nicht für mich.«

Noch ehe Belas fragen konnte, ging Tom mit großen Schritten in eine weitere Halle und rief: »Seht nur, das ist eine Miniatur der Optimum, die irgendwo da draußen durch die Unendlichkeit gleitet und einen Ort sucht, an dem das Leben weitergehen kann.« Er verharrte breitbeinig, die Arme hinter dem Rücken verschränkt und sah an dem haushohen Gebilde hoch, als habe er es selbst entworfen.

*

Die Tage vergingen. Tom Verbeek war ungewöhnlich schweigsam und viel außer Haus. Während Belas gerne in seinem Anzug durch die menschenleeren Straßen strich, verbrachte Euryn ihre Zeit vor dem Holographen. Tom hatte ihr beigebracht, wie sie ihn bedienen musste.

Sie lernte mit einem speziellen Programm die Sprache der Menschen in First Unit, studierte Geschichte aus über vier Jahrtausenden und Naturwissenschaften. Belas verzog das Gesicht, wenn sie sich mit geradem Rücken und konzentriertem Gesichtsausdruck im Wohnraum niederließ. Er studierte dann eine Weile ihre Züge, wie er es früher schon gerne getan hatte, und verließ schließlich die Wohnung.

Euryn war in diesen Tagen abends völlig erschöpft und schlief oft beim Abendessen ein. Sie fand mit jedem Tag mehr über die Möglichkeiten heraus, die der Holograph bot. Unter anderem auch, dass sie die Wege, die Belas unter die Füße nahm, genauso gut in Toms Wohnzimmer nachvollziehen konnte. Dabei stieß sie auf etwas, das sie zutiefst verstörte.

Am nordöstlichen Rand von First Fine Unit gab es eine riesige Anlage. Sie erinnerte Euryn an antike Theater, die sie bei ihren Studien kennengelernt hatte. Aber dies hier war um ein Vielfaches größer. Die unzähligen Kameras, die ihr Bilder aus den Straßen übermittelten, wollten sie zunächst nicht hinter die Mauern schauen lassen. Sie sei »nicht autorisiert«, stand im dreidimensionalen Bildraum. Euryn lächelte. Sie kannte Toms Code, der ihr Zugang zu allem verschaffte, was für normale Einwohner der Stadt offenbar nicht gedacht war.

Ihre Augen weiteten sich, als das erste Bild aus dem Inneren der Anlage vor ihr stand: Sie sah von oben auf einen gewaltigen, über den Boden gleitenden Rotor. Sie kannte die Rotorenblätter aus Filmen über frühere Jahrhunderte. Die Flügel drehten sich im Wind und erzeugten in einer Turbine in ihrem Zentrum Energie. In diesem Fall aber war der Antrieb nicht Wind, sondern die Kraft von Bionics – den Wesen, die Euryn nach First Fine Unit gebracht hatten. Euryn ließ eine Kamera Nahaufnahmen eines Feldes machen. Sie sah, wie Bionics aus Schächten im Boden auf die ebene Fläche liefen. Sie fassten Griffe entlang der Rotoren und schoben sie an. Das musste gefährlich sein, da die Rotoren mit geringem Abstand über den Boden und die Zugänge zu dem Feld glitten. Diese grobschlächtigen Wesen bewachten also nicht nur die Stadt außerhalb ihrer unsichtbaren Schranke, sie arbeiteten auch innerhalb. Wie Tiere, dachte Euryn. Die Menschen hielten sich Bionics für ihre Energieerzeugung wie Tiere.

Sie war außer sich vor Wut. Als Tom am Abend nach Hause kam, konfrontierte sie ihn mit den Bildern.

»Du weißt, was da geschieht. Du bist sogar mit dafür verantwortlich. Wie heißt das noch, was du früher in der Stadt warst? So was wie ein Verantwortlicher jedenfalls. Und ich glaube nicht, dass ihr wirklich so dumm sein könnt in eurer … eurer *perfekten* Welt, dass ihr nicht mitbekommen habt, was vor sich geht. Diese Wesen sind keine seelenlosen Maschinen. Sie haben Kinder. Ich habe das draußen erlebt, als sie mich zu dir gebracht haben.«

Tom wich ein Stück vor ihr zurück und hob abwehrend die Arme. Seinen blauen Augen fehlte der sonst so überzeugende Glanz.

»Ich, ich …«

Er sah sie beinahe ängstlich an. »Wir haben nicht gewusst, wie komplex ihre Strukturen geworden sind. Das war so nicht vorgesehen. Sie sind in den genetischen Labors gezüchtet, einzig dazu da, unseren Schutz zu gewährleisten.«

»So ... *nicht vorgesehen*?«

Euryn hatte die Hände zu Fäusten geballt und in die Hüften gestemmt. Belas mochte jetzt nicht in Toms Haut stecken. Er kannte diesen starren Ausdruck in ihrem Gesicht gut genug. Verstohlen betrachtete er ihre Züge. Die gerade Nase zwischen den hohen Wangenknochen, der volle Mund. Sie war schön, wenn sie so zornig war.

Tom trat noch einige Schritte zurück. Er hielt sich den Kopf.

»Was tust du?«, murmelte er entsetzt.

»Nichts.« Euryn wandte sich von ihm ab. Sie atmete schwer. »Ich will nur die Wahrheit wissen, sonst nichts, *Mister* Verbeek.«

Tom ließ sich schwer in einen im Umriss erkennbaren Sessel fallen, der auf einen Schlenker seiner rechten Hand herangefahren war. Er kaute auf der Unterlippe und suchte nach Worten.

»Ihr müsst bedenken«, hob er an, »etwas wissen, das ist das eine. Etwas wissen *wollen* das andere. Manchmal will man einfach nicht wissen, weil dies bequemer ist. Wir leben nun mal nicht im Paradies.«

»Paradies?« Belas sah ihn fragend an.

»Ach, eine ganz alte Vorstellung von einer Welt ohne Sorge und Leiden«, erklärte der alte Mann müde, den Kopf in die Hand gestützt.

»Ihr wusstet von den Empfindungen eurer Krieger-Maschinen. So ist es doch?« Euryn taxierte den Menschen kühl.

Tom zuckte die Schultern. Seine Rechte zupfte am grauen Bart.

»Es gab hier und da Gerüchte um ihren Zustand. Auch, dass manche nicht mehr unter unserer Kontrolle stünden und draußen ein ganz anderes, ein selbstbestimmtes Leben führten. Ich habe das ebenfalls gehört – Noch in meiner Zeit als Beauftragter des Gemeinwohls. Aber niemand ging der Sache wirklich nach. Und so habe auch ich es darauf beruhen lassen. Mein Gott, das ist alles so lange her. Ich war seit Jahren nicht mal mehr in der Nähe der Turbinen.«

»Das ist grausam«, sagte Euryn leise. »Ihr haltet euch diese Wesen wie Vieh. Und klopft euch auf der anderen Seite selbst auf die Schultern als die Besten auf allen Kontinenten.«

Tom wollte mit Erklärungen seine Sache retten. Nachdem die Entwicklung von lernfähigen Robotern im zweiundzwanzigsten und dreiundzwanzigsten Jahrhundert der alten Zeit trotz aller Fortschritte an ihre Grenzen gestoßen war, schwenkten die Menschen verstärkt darauf um, den eigenen genetischen Code so zu verändern, dass kampftaugliche Varianten ihrer selbst entstanden. Dabei habe sich das menschliche Bewusstsein von Anfang an als fast unüberwindliche Hürde erwiesen. Am Ende eines langen Prozesses standen die Bionics. Einerseits in der Lage, selbstständig zu handeln, andererseits – wie Tom betonte – nicht zu emotionalen Handlungen fähig. Da Energie immer ein Thema blieb und die Entwicklung der Raumstation enorme Reserven verschlang, beschäftigten die Menschen die Bionics in Ruhephasen in den Turbinen. »Schon damals – das war noch vor meiner Geburt – wurde die Grenze zwischen Mensch und Maschine überschritten. Wir haben so viel experimentiert mit technischen und biologischen Maschinen – ich glaube kaum, dass irgendwer den Überblick behalten hat. Die Bionics hatten Chips im Kopf, kleine Steuereinheiten, die sie mit einem Computer verbanden«, sagte Tom und machte dabei einen unglücklichen Eindruck. Euryn sah ihn streng an. Sie dachte an ihre Träume in den Schieferbergen. Dieser Mensch, der sie angeschaut hatte und dem sie nicht vertrauen konnte.

Tom räumte Fehler ein, die sich mit den Jahren bei den Bionics eingeschlichen hatten. Manchmal versagte der Computerchip, und die Menschen verloren die Kontrolle über ihre Kreaturen.

»Was geschah dann mit ihnen?«, fragte Euryn und ihre Nasenflügel bebten.

»Sie wurden eliminiert«, antwortete Tom tonlos.

»Was heißt das nun schon wieder?« Belas runzelte die Stirn.

Euryn erklärte an Toms Stelle: »Sie haben sie umgebracht.«

Sie war aufgestanden und schaute durch die Fensterfront hinaus auf die Straßen der Stadt. Nur ab und an glitt ein Taxi auf tieferer Ebene durch die Straßen. Ansonsten war alles menschenleer. Die Bewohner FFU's beschäftigten sich in ihren Wohneinheiten mit sich selbst. So wie immer.

11. Tower-Sturz

Als am nächsten Morgen eine makellos strahlende Sonne über First Unit aufging, meldete sich ein Summton in Toms Flat, wie ihn die Homiden noch nicht gehört hatten. Tom schaltete den Holographen ein. Eine Frau, deren leicht rötliche Augen die Homiden irritierten, übermittelte ihm eine Nachricht.

Tom sah in seine rechte Handfläche, was er eigentlich fast nie tat. »Hoppla«, sagte er, »da hab' ich doch glatt eine Einladung übersehen, die mir unser guter George gestern zukommen ließ.« Er hörte sich ruhig an, was die Frau ihm sagte. Als sie sich verabschiedet hatte und das Wappen der Stadt – die drei ineinander verschlungenen Buchstaben – vor ihnen in der Luft hing, sah Tom es lange schweigend an.

»Jetzt wird es spannend«, sagte er zu seinen Gästen. »Ich muss euch kurz verlassen für ein persönliches Gespräch mit meinem Nachfolger im Amt, Fat George. Tut mir den Gefallen und verlasst nicht die Wohnung, während ich weg bin. Wir müssen mal sehen, was George von mir will.«

Tom verbrachte eine halbe Ewigkeit damit, seine Garderobe zu richten. Zuerst fragte er die Homiden um Rat, was er anziehen sollte und präsentierte verschiedene Vorschläge. Da die beiden eher gleichgültig reagierten, ließ er es am Ende bleiben. Als er das Flat verlassen hatte, hing noch eine ganze Weile eine Parfümwolke in der Luft.

*

Tom Verbeek war in wenigen Minuten im Central Tower. Er kannte das Gebäude in- und auswendig nach Jahrzehnten als erster Bürger der Metropole. In der großen Halle standen einige Mitglieder des Komitees in gebührlichem Abstand voneinander. Tom neigte leicht den Kopf, als er an ihnen vorüber schritt. Sie sahen ihn nur an. Das ungute Gefühl in seiner Brust verstärkte sich. Warum in aller Welt hatte er diese »Einladung« in den Tower angenommen? Es war klar, dass dies nur eines bedeuten konnte: Sie hatten Wind von seinen Gästen bekommen. Auf der anderen Seite: Was hatte er zu befürchten? Er atmete tief durch und richtete sich die Augenbrauen ein wenig. Big Tom hatte seinerzeit schon kühnere Entscheidungen gegen Bedenkenträger durchgebracht.

Der Aufzug startete die zehnminütige Fahrt mit leichtem Surren. Klassische Klaviermusik lag dezent in der Luft. Mit einer gewissen

Genugtuung dachte er daran, wie er seinerzeit als Haupt des Komitees durchgesetzt hatte, das Tempo zu vermindern, mit dem die stählerne Kabine in die Höhe schoss. Er hatte immer grauenvolle Kopfschmerzen von der Jagd nach oben bekommen. Kopfschmerzen, die seinem Teint bedauerlicherweise ausgesprochen abträglich gewesen waren.

Tom atmete durch. Wieder fuhren seine Finger über die widerborstigen Brauen. Was sollte er First George – das F stand bei manchen für *First*, bei anderen für *Fat* – am besten erzählen, wenn unangenehme Fragen erörtert wurden? Was würde aus den beiden kleinen Grauen werden, wenn er sie einfach opferte? Gewiss würde einer aus der Runde allen Elan aufbringen und die Eindringlinge untersuchen wollen. Nun ja, untersuchen war wohl der wohlmeinendste Begriff in dieser Sache. Sezieren oder auseinanderschneiden träfe es eher. Unschön, sehr unschön. Letztlich aber waren sie nichts weiter als Eindringlinge. Hätte nicht Tom sie gefunden, sie lägen schon zerstückelt in Reagenzien. Die Dummköpfe aus der Sicherheitsabteilung hätten wohl nicht einmal nachgefragt, wo ihre DNA-Proben hergekommen waren. »Unfähig, einfach unfähig. Allesamt«, murmelte der ehemalige erste Bürger der Stadt.

Man würde ihm vorwerfen, sich über die Regeln hinweggesetzt zu haben. Nun gut, das hatte er oft getan in den vergangenen fast zwei Jahrhunderten. Big Tom hatte nicht das Licht der Welt erblickt, um sich sklavisch an alberne, kleinkarierte Regeln zu halten, die angeblich für ein reibungsloses Miteinander sorgten.

Tom konnte ein zufriedenes Lächeln nicht unterdrücken. Er war bekannt für seine kleinen Eskapaden, die er sich zuweilen leistete. Bekannt, verehrt und verhasst. Vielleicht war Letzteres ein Aspekt, der zu ein wenig defensivem Verhalten riet. Tom setzte den rechten Fuß nach vorne und in einer schnellen Bewegung hob er den Körper über den Fußballen hinweg, die Arme seitlich weggestreckt, einem Tänzer oder Kämpfer gleich. Tom Verbeek zwingt man nicht in die Knie. Das hatte noch keiner geschafft. Sollte sich George, die wandelnde Tonne, nur an ihm versuchen.

Ein zarter Glockenton kündigte die Ankunft im zweihundertzweiundfünfzigsten Stock an, dem höchsten Punkt über der Stadt, knapp unter der Hülle. Der Aufzug öffnete sich. Tom richtete sich auf, setzte ein strahlendes Lächeln auf und stieg aus. Ein langer, gleißend weißer Gang. Am Ende eine Tür, die halb offen stand. Goldenes Tageslicht flutete in den Flur. Mit großen Schritten nahm er diesen schier endlosen Gang. Jeder Psycho-Trick ließ sich in sein Gegenteil verwandeln, wenn man nur wusste, wie. Tom malte sich in Gedanken Gesichter an die Wände, die ihn mit bewundernder Ergriffenheit musterten. So erreichte er die Tür in heiterer Zufriedenheit.

So, Fettkloß, dann wollen wir mal sehen, ermunterte er sich.

Eine Hand im Türrahmen, die andere auf die Klinke gedrückt, schob er den Oberkörper in den Raum. Das großzügig bemessene Flat, gänzlich mit Glas umgeben, blendete ihn.

»Jemand daheim?«, rief Tom in einem ungezwungen-heiteren Ton, die Augen gegen die Helligkeit zusammengekniffen.

»Oh, nur herein, nur herein.«

Eine melodiöse kräftige Stimme kam aus der Mitte des Saales.

»George!«

»Tom!«

Die beiden gingen mit weit geöffneten Armen aufeinander zu. Kurz bevor eine Umarmung unausweichlich wurde, fassten sie sich an den Schultern und drückten einander kraftvoll die Gelenke.

»Wie lange ist es her – lass dich anschauen. Respekt, mein lieber Tom. Du hältst dich auch ohne den ganzen Stress in der Führungsebene ganz tapfer.«

»Aber George. Doch nur, weil ich weiß, in welch guten Händen mein Werk liegt.«

Wie zwei Ringer standen sie sich gegenüber, strahlend weiße Zahnreihen fletschend.

»Aber nimm doch Platz«, sagte der beleibte George und schnippte mit den Fingern. Ein Summen, dann bauschten sich die Umrisse eines Sofas mit großen Kissen hinter Tom. Er ließ sich mit einer übertriebenen Geste des Dankes hineinfallen. George nahm kurzatmig in seinem Sessel Platz. Er brauchte eine Weile, bis er sich an die Rückseite anlehnen konnte. Die beiden Flügel, die er sich zum Ausdruck seiner Erhabenheit in die Schultern implantiert hatte, störten ein wenig. Die weißen Federn wollten sich nicht so recht an seinen ausladenden Rücken schmiegen. Er ächzte und lächelte ein bezauberndes Raubtierlächeln. Als er es sich gemütlich eingerichtet hatte, bewegten sich die Sitzmöbel kaum merklich durch den Raum. Sie hielten in einer Position, die die Sonne seitlich durch die Fenster fallen ließ. Georges Gesicht war dadurch ein wenig verschattet, Tom musste blinzeln, wenn er den Ersten des Komitees direkt anschauen wollte.

»Du hast mich rufen lassen. Gibt es ein Problem, zu dem du meine bescheidene Einschätzung hören möchtest?«

»Problem? Wo denkst du hin, mein guter Tom. Meinst du, uns gefriert der Strom in den Leitungen?«

George lachte und hustete röchelnd.

»Na, womöglich haben die Skandinaviens ja wieder Eis auf die Polkappen gebracht.«

»Du Romantiker. Die Skandinaviens sind doch nicht mal in der Lage, Eis im Kühlschrank aufzubewahren.«

Beide lachten ausgelassen, während Tom dachte: »Du hast dich ganz schön gehen lassen.«

George war immer ein attraktiver Mann gewesen, wohl etwas stämmig, aber mit seinem kantigen Gesicht, der langen, geraden Nase und diesem durchdringenden Blick ein Mann, den die Frauen begehrten und die Männer fürchteten. Davon war nicht mehr viel übrig. Wie lange hatten sie sich nicht gesehen? Ein paar Jahre höchstens. Ein Jammer. Und diese kleinen Flügelchen waren recht lächerlich.

»Tom. Big Tom! Schön, dich zu sehen. Manchmal bin ich fast der Meinung, du fehlst dem Komitee ein wenig. Weißt du – die vielen schrägen Ideen, der unbändige Widerspruchsgeist – was hast du die alten Säcke doch durcheinander gebracht. Es ist etwas öder geworden ohne dich.« First George setzte eine Kunstpause, ließ den Blick über die Stadt gleiten. Nur wenige Lufttaxis waren zu sehen. Tom hatte den Kopf ein wenig in den Nacken gelegt, fixierte sein Gegenüber. »Ach, möchtest du eine Erfrischung? Nein. Nun gut. Wo war ich stehen geblieben? – Etwas öde – zu öde dann natürlich auch wieder nicht.«

Nur ein kleiner Lacher.

»Weißt du, trotzdem gehst du den Leuten ja nicht aus dem Kopf. Was man da alles hören kann. Die wildesten Gerüchte.«

»Gerüchte. Wow. Meinst du den Harem mit einhundertdreiunddreißig Jungfrauen oder die Natur-Cannabis-Plantage, die ich jüngst unter der Brücke des Friedens angelegt habe?«

George lachte wieder etwas herzhafter. »Natur-Cannabis? Um Himmels willen, du willst dir doch nicht die Lunge schädigen?«

»Nein, nur Spaß, du brauchst keine Securitys loszuschicken. Unter der Brücke ist kein Gräschen, das uns Bakterien hier reinschleppt.«

Hoppla – hatte er gerade nicht aufgepasst und das Gespräch in eine völlig falsche Richtung gedrängt?

George griff den Faden dankbar auf.

»Ja, wir sind alle sehr stolz auf die keimfreie Umgebung, die wir in First Fine Unit geschaffen haben. Ich glaube nicht, dass die anderen Metropolen auf dem Kontinent uns da das Wasser reichen können. Um so irritierender sind Nachrichten aus dem Sicherheitssystem, in deinem Flat gebe es Besuch, der vollkommen verseucht sein soll.«

»Naja, einhundertdreiunddreißig junge Frauen ...«, setzte Tom zu einem weiteren möglichst geschmacklosen Scherz an. Aber First George war offensichtlich nicht mehr an Plaudereien interessiert.

»Nein, keine einhundertdreiunddreißig Frauen. Zwei Wesen, die gar nicht zuzuordnen sind. Was weiß ich, wo du sie her hast und was sie bei dir treiben. Illegale auf jeden Fall, da du für deren Haltung eine besondere Erlaubnis bräuchtest. Und zwar vom Komitee höchstselbst.«

Georges Stimme hatte einen gereizt-fauchenden Klang angenommen. Es entstand eine unschöne Pause.

»Was hast du dazu zu sagen?«

»Ich habe ein paar chemische Experimente gemacht und das hat meine hausinterne Sicherheitssoftware etwas irritiert. Diese Maschinen über...«

»Tom!«, kläffte der Komitee-Chef und schob sich in seinem Sitz schwerfällig vor, »du willst mich doch sicher nicht verarschen! Was sind das für Gestalten, die du da versteckst? Du weißt, es gibt in unserer Verfassung immer noch den Paragraphen, der die Kollaboration mit dem Feind unter Todesstrafe stellt.«

»Herrja – der Feind! Den hab ich ja ganz vergessen. Hast du zufällig einen gesehen in den letzten zehn Jahren?«

First George hatte die Lippen gekräuselt und zog die kleinen Augen zu Sehschlitzen zusammen. Den massigen Körper schob er in seinem Sitz nach vorne, die Flügel breiteten sich aus. Er schnippte mit der Hand. Sofort war seine Service-Station, ein Kubus mit dem Stadtwappen auf allen Seiten, zu seiner Seite. Leise und bedrohlich sagte er: »Tom, du hast dir vielleicht etwas zu lange in der Rolle des Clowns gefallen. Ich kann dich nicht zwingen, uns ernst zu nehmen.«

»Findest du nicht, wir nehmen uns alle viel zu ... «

»Halt die Klappe. Du hörst zu! Ich bin das Komitee. Und du lauschst dem, was das Komitee dir zu sagen hat. Wir schicken jetzt die Secs los. Zu deiner Wohnung. Du verrätst mir den Code zu deinem Flat. Die müssen ja nicht gleich die ganze Hütte in die Luft sprengen, oder?«

First George hatte sich wieder etwas gefangen und lächelte lauernd.

»Du hast ja völlig recht, George. Wir unterhalten uns jetzt mal ganz unaufgeregt. Lass mal deinen elektronischen Staatsdiener hier einen Augenblick offline. Du musst jetzt nicht gleich ahnungslosen Männern das Adrenalin in die Adern jagen, weil da Besuch in meiner Bude sitzt.«

George grunzte. Aber er faltete die Hände vor der Brust. Der Kubus, über den er mit einem Wort die ganze Stadt in Ausnahmezustand versetzen konnte, hing reglos in der Luft.

Tom berichtete in tausend verwirrenden Details von einem Händler außerhalb der Stadt, der immer mal wieder mit ihm in Kontakt trete und ihm allerhand Kuriositäten anbiete. Und der sei vor ein paar Tagen mit zwei kleinen Wesen aufgetaucht, die angeblich aus dem Alten Europa stammen sollten.

»So ein Quatsch«, brummte George, »da ist doch alles vergiftet und platt. Außer fetten Ratten haben unsere Sonden da noch nichts gefunden.«

Tom ließ sich nicht beirren. Er war ein ausgesprochen guter Geschichtenerzähler, und erst einmal in Fahrt, lief er zu Form auf. Die beiden Besucher hatte er demnach aufgenommen, um zu verhindern, dass Nordland-Söldner womöglich ihrer habhaft wurden und sie zu biologischen Waffen umfunktionierten. Er habe sie natürlich sofort intensiv befragt über Kontakte zum Feind, habe sie verschiedenen Tests unterzogen.

»Sie sind völlig harmlos«, endete Tom und fuhr sich mit dem Zeigefinger über die Augenbrauen. Seine blauen Augen strahlten.

»Prima, dann können wir sie ja der National Save übergeben.«

»Damit die sie in Scheiben schneiden?«

»Was spricht deiner Meinung nach dagegen, Tom?«

»Ihr Nutzen ist lebendig viel größer. Du musst nämlich wissen, sie stammen tatsächlich aus dem Alten Europa.«

George gluckste. »Das gibt es seit vielen hundert Jahren nicht mehr. Aber schön, wir haben uns ausgesprochen, jetzt brauche ich den Zugangscode.«

Tom zögerte. Seine Mission wurde heikel. Er entschied sich für den Schock der Wahrheit. »George, wir brauchen sie lebendig. Ich wäre sowieso dieser Tage zu euch, nein, zu dir gekommen. Die Skandinaviens haben bei ihnen Uran oder Plutonium in einem Lager gefunden. Sie wollen es ausräumen.«

»Was?«

First George sprang, so gut es seine Körpermasse erlaubte, aus dem Sessel. Seine trägen Wangen wackelten.

»Du erzählst mir hier Kindergeschichten und kommst dann nebenbei mit so was? Du machst dich strafbar, mein Junge. Das kann ich nicht einfach durchgehen lassen. Die Skandinaviens suchen immer und überall nach atomarem Müll, um uns mit schmutzigen Bomben zu bewerfen. Da weißt du von ihrer jüngsten Schweinerei und kommst damit nur unter massiven Drohungen aus der Deckung. Weißt du, wie ich das nenne? Staatsverrat!«

First George starrte staatstragend durch die großen Glasfassaden hinaus auf die Stadt. Weit unten in der Straße der Freiheit war eine Gruppe Menschen unterwegs. Sie waren nicht mehr als kleine Punkte. »Die Komitee-Mitglieder sind alle im Hause. Ich berufe sie in den großen Konferenzsaal. Du rührst dich hier nicht von der Stelle.«

»Sunny«, rief er in den Raum.

»Sir«, erwiderte eine monotone Computerstimme aus dem Kubus.

»Sunny, mein Gast Tom Verbeek möchte hier verweilen. Er ist nicht autorisiert, den Aufzug zu nutzen. Du hast seine Scans. Lass ihn nicht durch eine dieser Türen nach unten, was auch immer er dir erzählt.«

»Aber George – sehe ich aus, als ob ich es so eilig hätte?«

Tom hatte sich ebenfalls erhoben.

»Schweig!«

First George verließ mit großen Schritten den Saal. Die Federn auf seinem Rücken zitterten im Takt.

Tom hörte sein Herz bedrohlich laut schlagen. Er hatte die Karten auf den Tisch gelegt. Die richtige Entscheidung? Natürlich. George wusste von den beiden. Es war jetzt alles gleich. Und immerhin hatte der Erste Bürger in seiner Aufregung vergessen, gleich die Kommandos loszuschicken. Toms Puls raste noch immer. In seinem Alter jenseits der Hundertachzig sollte er sich deutlich mehr Ruhe gönnen. Aber wozu? Um sich zu beruhigen, suchte er nach einem alten Song, den er schon lange nicht mehr gepfiffen hatte. Das half immer. Ihm blieb nicht viel Zeit. Er musste aus dem Regierungsgebäude heraus.

»Sunny?«

»Ja, Sir.«

»Wann gab es den letzten Selbstmord in First Unit?«

»Selbstmord, Sir? Das haben wir gleich. Im Jahr Tausendneunundzwanzig der Stadtgründung war das, Sir.«

»Ah ja. Vielen Dank für die Auskunft. Das liegt ja schon wieder eine Weile zurück. Sehr beruhigend. Nur leider ist die Luft hier sehr schlecht. Welches Fenster lässt sich öffnen?«

»Zu ihrer Rechten, Sir. Noch ein Fenster weiter, bitte.«

Tom fand den in den Kunststoff eingelassenen Druckknopf. Der Flügel sprang auf. Eine Woge Luft drang in den Raum. Tom schob das Fenster so weit wie möglich auf und kletterte in den Rahmen. Ihm wurde leicht übel, als er hinuntersah.

»Sir?« Sunny klang irritiert.

»Ja, es geht mir nicht nur um frische Luft. Deine Gefahrenanalyse ist durchaus richtig. Ich möchte meinem Leben ein Ende setzen. Denke, in ein, zwei Minuten ist das auch geschafft.«

»Nein, Sir. Das ist keine gute Idee. Das ist ein irreversibler Vorgang.«

»Richtig, deshalb macht man das ja auch. Du kannst nur deinen Notfallplan aktivieren. Sonst bleibt dir nichts.«

»Aber Sir, ein Rettungsfahrzeug könnte gut fünfundzwanzig Sekunden zu spät eintreffen.«

»Hast du denn schon eins alarmiert?«

»Natürlich, Sir!«

»Auch auf die richtige Seite des Gebäudes?«

»Auf die östliche Seite, sehr wohl.«

»Dann sinkt das Risiko ja mit jeder Sekunde.«

»Derzeit liegt es leider noch bei vierundachzig Prozent.«

»Nur Mut, je länger ich hier im Fensterrahmen klemme, um so besser wird es. Ich finde jedenfalls, du hast einwandfrei und schnell reagiert.«

»Danke, Sir. Sie nutzen nicht den Aufzug.«

Tom sah erstaunt auf. Hätte die Maschine ein Gesicht, hätte er wetten können, darin jetzt ein Augenzwinkern zu sehen. Konnte aber nicht sein, es war schließlich ein Computer.

»Sie können jetzt wieder reinkommen, Sir.«

»Warum sollte ich das denn tun?«

»Das Rettungsfahrzeug ist in Reichweite. Ihr Todesrisiko ist auf unter fünf Prozent gefallen.«

»Fünf Prozent? Das ist aber viel.«

»Aber nein«, entgegnete Sunny. Die Stimme begann aufzuzählen, welch banale Konstellationen ein ähnlich hohes Risiko aufwiesen.

»Ich glaube, es reicht. Mehr will ich gar nicht mehr hören. Grüß mir das Komitee. Richte bitte aus, ich hatte es eilig. Ich konnte leider nicht länger warten.«

Tom ließ den Fensterrahmen los und machte einen seiner Meinung nach ausgesprochen beherzten Sprung, um nicht ein paar Meter tiefer gegen einen Fassadenvorsprung zu klatschen.

Es war grauenvoll tief. Sein Magen schlug einen Salto und er hatte das unangenehme Gefühl, er müsse sich noch in der Luft übergeben. Von dieser Situation würde er jahrelang Alpträume bekommen. Er breitete die Arme aus und versuchte, sich zu stabilisieren. Der Boden kam rasch näher. Scheiß Gefahrenanalyse, dachte Tom. Wenn nicht gleich ein Fahrzeug aufkreuzt ... – eine Sirene ertönte.

Eine kleine Ewigkeit später schob sich ein Taxi unter ihn. Er fühlte sich von einem Auffangkissen wie in Watte gepackt. Dennoch schlug er in die Decke des Flugmobils ein, als dieses seine Abwärtsfahrt scharf ausbremste. Sein Gesicht traf auf etwas Hartes. Sofort hatte er den Geschmack von Blut im Mund.

»Was für ein Mist.«

Er hielt sich die Nase und fluchte leise.

»Sir, haben Sie gerade einen Selbstmord-Versuch gemacht?«, meldete sich eine Stimme aus dem Inneren des Taxis.

»Quatsch, wie sollte ich auf diese Idee kommen? Aber meine Nase blutet. An der Cross Road ist ein Krankenhaus. Bring mich dort hin.«

»Sir, ich bin verpflichtet, Sie umgehend in die zentrale Psychiatrie zu verbringen. Mit einer Situation, wie Sie sie gerade erlebt haben, ist wahrlich nicht zu spaßen.«

»Bist du nicht programmiert, das Wichtigste zuerst zu machen? Ich blute. Ich habe womöglich ein Hirntrauma. Jede Sekunde zählt.«

»Ich überprüfe das, Sir.«

Tom keuchte. Ein kleines Gerät erschien neben seinem Kopf. Es näherte sich seinem Gesicht. Mit einer schnellen Bewegung griff er danach und schleuderte es gegen die Karosserie des Rettungstaxis.

»Na siehst du«, sagte er dann, »das Ding hat eine Störung. Wir verlieren Zeit.«

»Ich fürchte, für die Störung haben Sie gesorgt.«

»Wo denkst du hin. Ich spüre die Blutung in meinem Kopf wachsen. Komm schon, wir sind ganz angenehm nah am Erdboden. Nochmal springen kann ich jetzt nicht. Aber meine Wunden müssen versorgt werden. Fahr dahin, ich liege gemütlich auf dem Auffangkissen. Die Psychiatrie kann noch eine Weile warten.«

Die Maschine setzte sich nahe am Boden in Bewegung. So ganz einverstanden schien sie nicht mit der Entwicklung, doch war ihr oberster Programmzweck, dem Menschen dienlich zu sein. Ein paar Stadtbewohner auf dem Weg zu einer Veranstaltung waren auf den Straßen. Tom erntete besorgte bis entrüstete Blicke. Er lag blutend auf dem Auffangkissen, als sei er betrunken gegen eine Wand gelaufen. Aber das war ihm egal. Sein Herz frohlockte, als er seinen Gebäudekomplex auftauchen sah.

»Freund«, rief er, »mach mal langsam«.

»Warum?«

»Weil in diesem Haus ein weiterer Selbstmordversuch angekündigt wurde.«

»Woher wissen Sie das?«

»Ich wohne darin und kenne seine Bewohner. In genau zwanzig Minuten will jemand aus dem einunddreißigsten Stock springen.«

»Da haben wir ja noch Zeit, Sie ins Krankenhaus zu bringen.«

»Stopp. Du könntest nicht alle Parameter bedacht haben. Rechne noch einmal nach. Und mach dich auf das Schlimmste gefasst.«

»Was ist das Schlimmste, Sir?«

»Dass gleich mehrere Sicherheitsleute hier auftauchen werden und rumballern, wobei auch deine Software beschädigt werden könnte.«

»Woher wollen Sie das wissen?«

»Ich weiß eine ganze Menge Dinge, die du nicht wissen kannst. Rechne die Ereignisse mal kurz durch und warte hier so lange.«

»Aber es gibt keinen Anlass«, beschwerte sich das Rettungstaxi.

Tom schrie nach Sinn. Das Gerät stürzte aus dem Fenster und flog in einer atemberaubenden Kurve hinunter auf die Straße. »Sinn, wir müssen jetzt schnell sein. Da laufen Leute rum, als Security verkleidet. Es sind Feinde unseres stolzen Vaterlandes. Sie wollen unsere Gäste töten. Wir müssen so schnell wie möglich raus. Nimm Medikamente und den enzyklopädischen Helfer mit. Wir werden beides brauchen. Und ruf sofort Sleepy her. Er muss in drei Minuten mit seiner schnellsten Maschine oben vor der Wohnung sein. Ach ja, ich muss auch noch von diesem Rettungstaxi runter.«

»Schützen wir Recht und Ordnung, Sir?«

»Noch besser, Sinn. Wir sind Recht und Ordnung.«

Sinn, der unberechtigterweise noch Administrationsrechte aus der Zeit hatte, da Tom Erster Bürger der Stadt war, legte das Rettungstaxi kurzerhand lahm. Tom sprang auf die Straße und stürmte zu seinem Wohnblock. Er zog im Aufzug die Konsole aus der Wand und griff in die Kabel.

»Was für ein Spaß. Dir werd ich es zeigen, Fat George.«

Er kreuzte verschiedene Stränge, ehe er die richtige Kombination fand. Der Aufzug schoss mit einer Wucht nach oben, die Tom den Kopf zwischen die Schulterblätter drückte.

*

»Was ist los?«, fragte Euryn am Eingang. »Überall blinken Lichter in deiner Wohnung.«

»Freunde, wir müssen jetzt direkt los. Mein Haushalt sucht die nötigsten Sachen zusammen. Packt eure Habseligkeiten. In zwei Minuten geht unser Shuttle zum Flughafen. Das weise Gremium unseres Stadtstaates hat den heldenhaften Entschluss gefasst, mich mit euch in eure Heimat zu entsenden. Ohne Umwege.«

In Belas Gesicht breitete sich ein Lächeln aus. »Das ist prima. Sollten wir ihnen da nicht danken?«

»Gar nicht nötig, mein Junge. Sie haben vollstes Verständnis für die Eile, die geboten ist. Schließlich wissen wir nicht, was die Skandinaviens gerade unternehmen. Und wir Nachfahren der freien Amerikaner haben noch nie in unserer glorreichen Geschichte zugesehen, wenn irgendwo in der Welt ein Völkermord anstand.«

Tom stand der Schweiß auf der Stirn. Aber er war in seinem Element. Er hatte viele Vorbereitungen getroffen, die Rädchen mussten nun ineinandergreifen. Der Boden unter seinen Füßen glühte. Es gab kein Zurück.

»Tom«, warf Belas zaghaft ein, »du hast Blut an der Nase und an deinem Mund.«

»Und deine Gedanken sind in fürchterlichem Aufruhr«, sagte Euryn. »Bist du sicher, dass alles in Ordnung ist?«

»Bestens«, rief Tom außer Atem. »Aber macht jetzt, was ich sage. Wenn ihr mir nicht vertraut, haben wir keine Chance.«

Die Stadt lag schläfrig und still wie jeden Tag. Die Sonne zog heute, so sah es der Quartalsplan vor, ohne jedes Wölkchen über den unechten Himmel First Fine Units. Für den Nachmittag war im River-Stadion ein Konzert anberaumt. Wie üblich würden wohl nur ein paar Jüngere daran teilnehmen. Und Menschen unter einem Alter von hundert Jahren gab es nicht viele in der Stadt. Die meisten Bewohner lagen auf ihren Liegen, sahen sich Unterhaltungsprogramme im Holographen an oder waren illegal in Cyberwelten unterwegs. Für einen selbst zusammengestellten Film war es noch zu früh am Tag. Nur die wenigsten registrierten etwas, als drei Sondereinheiten der Stadt-Security durch die Straßen rasten.

»Sleepy, altes Haus!« Tom öffnete mit einem Befehl an die Haustechnik die Flügel des großen Wohnzimmerfensters. Sleepy Noise war mit einem rasanten Gefährt unterwegs. Es hatte die Form eines Eis, auf beiden Seiten waren feurige Blitze aufgedruckt.

»Sinn, an meine Seite. Auf deine leistungsstarken Batterien kommt es jetzt an.« Tom tätschelte den kleinen Plastikkasten. Er warf Sleepy einen alten Seesack zu, der ihn in seinem Gefährt verstaute.

»Tom, du Durchgeknalltester aller Uniten, wird das jetzt nicht ein wenig zu dick?«

»Sleepy, du bist der einzige Mensch, dem ich wirklich traue. Lass mich später erklären. Auf geht's!«

Sleepy schob sein Kaugummi zwischen die Vorderzähne. Er zeigte mit der linken Hand auf Tom. »Du hältst dich an unsere Abmachung, klar? Sonst ...«

Tom sah sich nach den Homiden um.

»Sleepy, du bist ein guter Junge, und ich habe durchaus verstanden. Du darfst versichert sein, ich bin nicht lebensmüde. Wir machen das wie abgesprochen. Aber jetzt kein weiteres Wort.«

Tom Verbeek hatte es sich nicht nehmen lassen, noch einmal seine Garderobe zu überprüfen. Er hatte nun enge Stiefel und enge Hosen aus einem knisternden dunklen Stoff an den Beinen. Über dem Hemd mit vielen Taschen trug er eine weite Lederjacke und auf dem Kopf eine passende Ledermütze. Er schob Belas und Euryn, die ihre Tschirniedenmäntel übergeworfen hatten, vor sich in Sleepys Kiste. Die Lachfältchen um seine Augen schienen Purzelbäume zu schlagen. Er griff Sleepy Noise an der Schulter und flüsterte ihm ins Ohr: »Flieg tief – und schnell. Nach Osten. Wir wollen kein Aufsehen erregen.«

»Oh, aber natürlich, Eure Ex-Komitee-Führerschaft. Das ist doch das einfachste von der Welt. Wir gleiten durch die Straßen wie auf einer Besichtigungstour und machen dreihundert Sachen in der Stunde. Na was denn sonst.«

Er kniff sich in die lange Nase und schaute nach hinten. »Dann schauen wir mal, wie wir die beiden vor Ärger bewahren, was?«

Belas und Euryn sahen angespannt zu Tom.

»Ach was – Ärger. Nein, wir haben einen Auftrag. Wir müssen einen Plan aushecken, wie wir eure Schieferberge retten, ist es nicht so?« Seine blendend blauen Augen versprühten Zuversicht. Belas und Euryn nickten stumm. Sie waren verwirrt über den plötzlichen Aufbruch.

Sleepy steckte sich ein neues Kaugummi in den Mund und schob die Sonnenbrille auf die Nase. Dann drückte er den Hebel neben sich nach vorne und schrie wie ein Verrückter: »Festhalten, Leute. Wir machen jetzt 'ne Sause.«

Tom sah ihn erstaunt an.

»Du bist ja ganz schön in Fahrt, mein Junge!«

Sein Freund machte einen Schmollmund.

»Ich habe einfach zu viel gehabt in letzter Zeit, weißt du. Hab 'nen kleinen Entzug gemacht, gestern.«

Während sie redeten, schoss das Gefährt durch die breiten Straßen davon.

*

Das Gebäude, in dem Tom lebte, war Minuten später von der Security abgeriegelt. Ein Betreten oder Verlassen des Wohnblocks war unmöglich. Aber keiner der Bewohner hegte den Wunsch nach einem Gang ins Freie. Und niemand war auf dem Weg in den Wolkenkratzer hinein. Genau genommen hatte niemand vor Ort etwas mitbekommen von der Flucht.

Die Secs hatten dunkle Kleidung und kleine, unauffällige Laser-Waffen in ihren Jackentaschen. Ob am Boden oder in der Luft, sie gaben sich lässig und gelangweilt, während sich ihre Computer in die Haus-Software einwählten und die Situation abklärten. Toms Flat war voller Bakterien, aber es war niemand drinnen. Im Treppenhaus waren ebenfalls Verunreinigungen festzustellen, die schon wenige Etagen unter Toms Behausung deutlich zunahmen. Im einhundertzwanzigsten Stock lokalisierte das System die Quelle. Sie bewegte sich die Treppe nach unten. Allerdings war es nicht möglich, genaue Angaben zu bekommen. Die Computer registrierten eine ungewöhnliche Störung.

Der Leiter des Kommandos, Typhonis Limpidas, war ein besonnener Mann, der auf die Hundertfünfzig zuging. Da er nur für innerstädtische Aufgaben zuständig war, hatte er seine Dienstzeit im Auftrag der Allgemeinen Sicherheit meist damit verbracht, über den extrem leistungsfähigen Zentralrechner der Stadt kosmische Explosionen in Musik umzubauen. Er war einigermaßen irritiert, in dieser gottverlassenen Straße einen Realeinsatz zu fahren. Besonders, wo es um Wesen ging, die nach der Analyse des Gerätes in seiner Handfläche als nicht zur Stadt gehörend bezeichnet wurden. Gleichermaßen seltsam fand er die Anweisung, er solle den ehemaligen Komitee-Leiter und ersten Bürger FFU's, Tom Verbeek, festsetzen. Das Ganze schien ihm irgendwie ein Programmfehler oder eine etwas geschmacklose Übung.

Typhonis hielt die Hände über dem voluminösen Bauch gefaltet. Er sah die beiden Secs an, die etwas träge neben ihm standen und mit ihren Helfern in der Handfläche sprachen. Die Typen nervten Typhonis. Es gab hier ein Problem zu lösen, und die hatten nichts besseres zu tun, als irgendeinen Tratsch mit irgendjemandem auszutauschen. Er selbst hätte lieber an der phantastischen Melodie weitergearbeitet, die ihm am Morgen gekommen war. Aber jetzt waren sie vor diesem Gebäude und hatten einen Job zu erledigen.

Immerhin brachte ihn der Blick auf seine Männer auf den Gedanken, die linke Hand vors Gesicht zu führen und seinen Helfer nach einer Strategie zu befragen. Was da im Treppenhaus unterwegs war – warum gab es in dem Gemäuer noch ein Treppenhaus? – bewegte sich nach unten. Es waren wohl die gesuchten Wesen. Ob Verbeek dabei war, ließ sich nicht genau sagen. Die Fremdwesen, sagte Typhonis integrierter Computer, waren hochgradig verschmutzt und ein massives Gesundheitsrisiko. Es sei nicht ratsam, sich länger in ihrer Nähe aufzuhalten. Aber das Festsetzen und Verbringen in resorbierenden Folien wäre problemlos. – Was für eine gottverdammte heilige Scheiße war das, in die er da hineingeraten war?

Typhonis sah zum strahlend blauen Himmel auf. Die Straße war so breit, dass trotz der enormen Höhe der Gebäude noch ein schöner Streifen Himmel zu erkennen war. Zwei Gleiter mit jeweils zwei Secs waren oben, in Höhe von Verbeeks Flat. Der Einsatzleiter überlegte kurz, ob er sie dort andocken lassen sollte. Das wäre der kürzeste Weg gewesen. Aber ihm wurde schon schwindelig, wenn er von unten nach oben schaute. Wenn da oben einer seiner Leute abschmierte, wäre die ganze Aktion noch komplizierter geworden. Rettungstaxis, Meldung, Befragung vor dem Komitee, warum es zu einer solchen Gefährdungssituation kommen konnte – nein, wenn diese Tiere sich nach unten bewegten, konnte man ihnen in aller Ruhe von unten begegnen. Und dann hatte Typhonis einen wahrhaft lichten Moment.

Er räusperte sich. »Ok, Männer, jetzt geht's los.« Er musste es noch einmal sagen, diesmal deutlich lauter. Dann sahen die beiden Secs zu ihm, während Stimmengewirr aus ihren Händen schallte.

»Jetzt konzentriert euch mal auf das, was ansteht«, schnauzte er sie an. Die Secs, zwei drahtige Männer mit kahlen Schädeln, machten ein teilnahmsloses Gesicht, schalteten aber auf lautlos.

»Pat«, wandte sich Typhonis an den Mann zu seiner Rechten, »du gehst jetzt da rein. Da muss ein Treppenhaus sein. Weißt du, zu Fuß von Stockwerk zu Stockwerk.«

»Von wann ist denn das Ding hier?«, fragte Pat.

»Keine Ahnung. Ist jetzt auch egal. Du gehst rein, paar Stockwerke hoch, und baust eine Laserschranke auf. Dort wartest du. Sie laufen dir in die Arme, weil sie von oben runterkommen. Mach sie auf die Gefahr aufmerksam. Wenn sie weitergehen, kannst du sie in Scheiben schießen und einsammeln. Wenn sie Einsicht zeigen, naja, dann sollen sie sich verdammt nochmal mit dem Gesicht an die Wand stellen und du schockst sie.«

»Ich schocke sie?«, fragte Pat erstaunt. Das war eine Kampfhandlung, und für so was waren die Bionics zuständig. Kein Bewohner von First Unit hatte in diesem Jahrhundert eine Waffe wirklich benutzt. Klar, sie übten solche Situationen in Simulationen. Aber mehr auch nicht.

Typhonis baute sich auf. Er versuchte, seinem Gesicht einen resoluten Ausdruck zu schenken.

Pat zeigte Interesse. »Kann ich das Ganze mit ein paar Kameras einspielen für ein kleines Cinemovetronic-Spektakel?«

»Meinetwegen.« Typhonis lief zu großer Form auf.

»Sam«, sein Kopf ruckte nach links, »du fährst mit dem Aufzug in den Hundertsten, du bist dann auf alle Fälle ein paar Stockwerke über ihnen. Hol dir noch zwei von den Jungs da oben mit. Ihr macht euch an sie ran. Erst auffordern, stehen zu bleiben. Wenn sie flüchten, sind Waffen erlaubt.«

Wow, dachte Typhonis begeistert, das hier war fast so gut wie ein Cyber-Interacting. Der Schweiß stand ihm in dicken Perlen auf der Stirn. Ein Zustand, den er für gewöhnlich zu vermeiden suchte. Aber in diesem Moment fühlte er sich groß und wichtig. Und das schien sich nun auch auf seine Männer zu übertragen, die seine Kommandos plötzlich demutsvoll zu inhalieren schienen. Die Sache begann Spaß zu machen.

Sam tippte auf seinen Helfer und sprach ihn an. Von oben kam einer der beiden Gleiter.

Typhonis jagte seine Jungs ins Haus. Er wollte alles von außen koordinieren. Außerdem wollte er sich noch mit seinem Hausgeist verbinden und ihm auftragen, für den Abend ein ordentliches Entspannungsprogramm vorzubereiten.

Und dann hatten die Secs einen Echt-Einsatz, der es in sich hatte. Nach einer Viertelstunde war im zweiundsechzigsten Stock Feindkontakt eingetreten: Ein quietschender Servier-Rob, wie er seit Generationen nicht mehr benutzt wurde, trug auf einem Tablett, schwankend und schlotternd, Stofffetzen in den Keller. Da er trotz mehrfacher Aufforderung nicht stehenblieb, zerstörten ihn die Sicherheitsleute mit so vielen Salven, dass das gesamte Treppenhaus von Rauchschwaden durchzogen wurde. Von den Stofffetzen blieb nichts als etwas Asche übrig. Zu dem Zeitpunkt, als der Widerhall der letzten Salve gerade verklungen war, hatten sich Sleepy, Tom, Belas und Euryn längst mit hoher Geschwindigkeit Richtung Osten verabschiedet.

12. Grünland

Tom sah starr vor sich auf die Straßen, in seinem Innern bebte er. Euryn konnte es spüren. Sie sah zu Belas hinüber, der geduckt in seinem Sitz kauerte. So viel stand fest: Niemand hatte zu Tom Verbeek gesagt, er solle seine Gäste auf sicheren Wegen zurück in ihre Heimat bringen und am besten gleich noch ihre Probleme lösen. Sie waren auf der Flucht. Belas und Euryn hatten dabei die Rolle von Kaninchen, die im Verschlag ihres Besitzers saßen und nur hoffen konnten, dass der wusste, was er tat. Der Flughafen befand sich am nördlichen Ende der Stadt. Er hatte für First-Unit-Verhältnisse Miniaturmaße. Die flachen Hallen waren komplett verglast. Belas reckte den Hals, während Sleepy mit zusammengekniffenen Augen über eine ausgedehnte Freifläche hinweg auf die Gebäude zuraste.

Die Fluggeräte, deren Umrisse Belas hinter den großen Scheiben auszumachen glaubte, ließen ihn erschauern. Er hatte wieder den Shuttle aus den Gründertagen der Raumfahrt vor Augen. Mit dem würden sie nicht in die Luft aufsteigen. Aber der Gedanke an das, was ihnen nun bevorstand, elektrisierte den Homiden.

Auf dem Flughafen gab es eine beachtliche Zahl an Gleitern. Sie boten nur einer kleinen Zahl von Personen Platz. Benutzt wurden sie allerdings ohnehin nicht mehr. Die Bürger FFU's setzten sich nicht mehr der Gefahr aus, die schützende Glocke um ihre Stadt zu verlassen. Trotzdem schätzte sich der ein oder andere glücklich, über einen eigenen Gleiter zu verfügen, selbst wenn der für den Stadtverkehr nicht zugelassen war.

Sleepy hielt auf den linken Teil der Hallen zu und vollführte eine rasante Wende. Tom dirigierte ihn vor das Eingangsportal. »Wir haben es gleich.«

Der ehemalige Beauftragte war angespannt wie selten. Sleepy, der bislang nur genuschelt hatte, meldete sich wieder mit ganzen Sätzen zu Wort: »Tom, du glaubst tatsächlich, du bekommst sie hier raus?«

Tom fiel seinem Freund ins Wort: »Sie verlassen unbeschadet den Kontinent. Ja, das glaube ich.« Sleepy richtete sich in seinem Sitz auf, so weit es sein unförmiger Körper zuließ. »Und du passt auf dich auf, so wie wir es abgesprochen haben?«

»Du sollst jetzt nicht plappern. Es ist alles so, wie wir es besprochen haben. Alles ist bereit.«

Sleepys schwabbelige Backen rangen sich zu einem Grinsen durch. »Und du denkst, das halten die Dinger tatsächlich durch?«

»Mit den richtigen Brennstoffzellen und ein bisschen Sonne kommst du fast überall hin.«

Der Fahrer kräuselte die Lippen. »Wenn ich das früher gewusst hätte – dann hätte ich mal eines der Flugzeuge ausprobiert.«

»Nun übertreib mal nicht.«

»Übertreiben?« Sleepy warf resigniert einen Seitenblick auf Tom.

Ein kurzer Ruck, dann standen sie nahe dem Eingang.

»Und los geht's«, rief Tom.

Belas und Euryn kletterten aus dem Fahrzeug. Euryn wünschte Sleepy in seiner Sprache alles Gute. Der Fahrer nickte den beiden zu und hielt Tom am Arm. »Pass auf dich auf, verrückter Mann.«

Tom öffnete den Mund, klappte ihn aber ohne ein weiteres Wort wieder zu. Er kniff ein Auge zu, die Lachfältchen in seinem Gesicht kamen hervorragend zur Geltung. Dann erwiderte er Sleepys Druck und machte sich los.

*

»Immer wieder eine Freude, dich zu sehen, Trinit«, rief Tom, den Seesack über der Schulter.

»Ganz meinerseits«, erwiderte die Frau. Sie musterte die beiden Homiden unverhohlen und nicht gerade freundlich.

»Du kennst die beiden ja schon«, sagte Tom. Dann erklärte er seinen Begleitern: »Sie hat euch über die Kameras unserer Drohnen auf der Alten Brücke entdeckt und im Auge behalten. – Ohne Trinit hätten wir uns nie kennengelernt.« Schließlich wandte er sich wieder an die Frau: »Ist das Flugzeug startklar und alles andere vorbereitet?«

Trinit sah Tom durchdringend an. »Natürlich, auch wenn die Zeit viel zu knapp war – aber es gibt ein unvorhergesehenes Problem.«

Tom sah die schlanke Frau, deren makellose Haut in der Morgensonne fast durchsichtig erschien, aufmerksam an.

»Wir sind nicht alleine?«

Sie nickte. In ihrem Blick mischten sich verschiedene Gefühle von Traurigkeit bis Wut. Euryn griff nach Belas Hand. Sie standen wenige Schritte hinter Tom. Trinit wies mit einer knappen Kopfbewegung auf die Glasfront. Dort stand eine Reihe schwerbewaffneter Männer.

»Pass auf dich auf. Das ist kein Spaß mehr.«

»Das habe ich heute schon mal gehört.«

Tom ließ einen kleinen Gegenstand aus dem Ärmel rutschen. Er streckte den Arm nach hinten aus, ohne sich umzudrehen.

»Nimm das, Euryn. Du drückst auf die helle Schaltfläche und bleibst eng bei deinem Bruder. Ihr seid dann geschützt, – es ist wie eine Stadt in der Stadt, wenn du mich verstehst.«

Ein tiefes Summen verließ den ovalen Defender, als die Homidin ihn anschaltete. Belas verzog das Gesicht, fühlte sich aber doch so sicher, dass er den Nordland-Schocker wieder wegsteckte.

Tom zwirbelte sein Kinnbärtchen. Er zog tief Luft ein, als könne er die Hundertschaft der FFU-Security einfach aus dem Weg pusten, die den Weg zu den Fluggeräten in der Halle versperrte. »Sorry, Trinit, wenn ich dir Ärger verschafft habe. Ich kläre das jetzt. Ist Fat George schon da?«

Sie nickte.

Tom ging mit energischen Schritten an ihr vorbei. Er hatte das Eingangsportal noch nicht erreicht, als sich der massige Körper Georges aus der Halle schob. Der Boss hatte sich eine große Sonnenbrille aufgesetzt und einen Stöpsel im Ohr, von dem ein feiner Draht in ein Mikrofon vor seinem Mund endete. Schweißperlen standen ihm auf der Stirn, aber der Erste Bürger der Stadt gab sich alle Mühe, den souveränen Krisenmanager zu geben.

»Tom, mein guter Tom.« George breitete die Arme aus mit einer großen, weltumspannenden Geste. Tom Verbeek blieb zwei Schritte vor ihm stehen. Er wirkte, wenn auch von fast gleicher Körpergröße, klein und zerbrechlich im Vergleich zu seinem Nachfolger im Amt.

Der Auftritt Georges zauberte ein Lächeln auf seine Lippen.

»George, mein Guter, du bist in den vergangenen dreiundzwanzig Jahren hervorragend in dein Amt hineingewachsen. So muss sich ein Beauftragter präsentieren.«

Georges Mimik fror für ein paar Sekunden ein. Er bedachte Tom mit einem abschätzigen Blick. Dann schaute er über ihn hinweg auf die Stadt. »Wunderbar, nicht wahr? Wir leben hier friedlich in einem harmonischen Gefüge. Die Krone der Schöpfung.«

Es folgte eine kleine Kunstpause, in der er sein Körpergewicht nach vorne verlagerte. George wiegte sich in evolutionärer Überlegenheit. »Ja, es ist wunderbar«, antwortete er sich selbst, da Tom schweigend vor ihm ausharrte.

»Mir scheint, du bist dabei, einen kleinen Ausflug vorzubereiten. Wo soll es denn hingehen, wenn ich – von Amts wegen – danach fragen dürfte?«

Die Hände im Rücken verschränkt, brachte er seinen Körper ein zweites Mal in Schwingung. Sein Gegenüber zog es auch diesmal vor zu schweigen, während ein kleiner, für die Stadt ungewöhnlicher Luftzug der Szenerie zusätzliche Dramatik verlieh.

»Ins Alte Europa wirst du dich ja wohl nicht aufmachen wollen mit diesen – mit diesen Kreaturen. Dort lebt doch bis kurz vor das Schwarze Meer nichts mehr außer wildem Getier. Verbrannte Erde dort, über die dichter Wald erbarmend seine starken Wurzeln geschlagen hat.« Die Worte kamen Tom bekannt vor. Fat George musste am Vorabend irgendeinen alten Film gesehen haben. Ihm wollte einfach nicht einfallen, was es gewesen sein könnte.

Der Erste Bürger der Stadt lauschte seinen Worten hinterher. Er warf einen Seitenblick auf Belas und Euryn, die nur schemenhaft in ihrer schützenden Energiehülle zu erkennen waren. »Ich glaube, wir müssen reden«, sagte Tom unvermittelt. Er zeigte strahlend weiße Zähne. George hatte seinen Auftritt gehabt, fand Tom, jetzt ging es ums Ganze.

»Aber das versuche ich doch die ganze Zeit«, entgegnete George mit gespielter Empörung. »Das versuche ich doch. Wir sind schließlich zivilisierte Menschen. Sollte es ein Missverständnis gegeben haben, so lässt sich das rasch aus der Welt räumen.«

Wieder machte er eine kunstvolle Pause und setzte sonor hinterher: »Lieber Tom!«

»Lieber George!«

Beide bedachten einander mit einem breiten Haifisch-Grinsen. Tom schaute zurück zu seinen Begleitern und zwinkerte. Dann verschwanden die beiden im Inneren der Halle, um in einem schalldichten Raum zu reden.

Zwischen Belas und Euryn tauchte Sinn auf und ließ ein künstliches Räuspern hören. »Für den jetzt eingetretenen Fall hat Tom mir aufgetragen, euch zu dem Fluggleiter zu bringen. Er sollte geöffnet und für die Reise vorbereitet sein. Da wir den Haupteingang leider nicht benutzen können, müssen wir uns um die Halle herumbewegen. Da diese Bewegung allerdings von der Security beobachtet würde, bedarf es eines kleinen Ablenkungsmanövers. Tom lässt euch ausrichten, er habe dank seiner hervorragenden Kontakte ein unvorhergesehenes Wetterereignis für den heutigen Mittag auf den Tagesplan bringen können. Ich gebe jetzt den Startimpuls.«

Belas sah verständnislos auf die flache Konsole, die vor ihm in der Luft schwebte. »Ich freue mich langsam schon darauf, hier wieder rauszukommen. Aber ohne Tom?« Euryn legte ihm die Hand auf die Schulter. »Warten wir es ab. Zumindest hat er sich eine Menge Gedanken gemacht, wie wir hier rausfinden.«

Der blaue Himmel veränderte rasch seine Farbe. Schleierwolken zogen auf, die sehr schnell zu dunklen Wolkenbänken mutierten. Schlagartig verdunkelte sich der Himmel. Kurz darauf zerriss ein greller Blitz das eben noch so friedliche Firmament. Sinn dirigierte seine Schutzbefohlenen an der Hallenfront entlang.

Trinit, die unschlüssig und gedankenverloren vor dem Gebäudeeingang verharrt hatte, sah zum Himmel. Es sah so aus, als zögen schwere Gewitterwolken in großer Geschwindigkeit über die Stadt. Sie hatte verschiedene Filme im Holo gesehen, die Tornado-Stürme vergangener Tage zeigten. Die gab es wohl auch heute noch, aber nicht in FFU. Sie kräuselte die Lippen und murmelte eine Verwünschung. »Tom, du kannst es einfach nicht lassen«, sagte sie zu sich selbst und ging zurück in die Halle, ohne die Homiden weiter zu beachten.

Dort unterhielten sich die Secs angeregt über das Wetter. Ihr Chef, Loofs Trowinsky, versuchte mit Hilfe seines elektronischen Assistenten herauszufinden, wann es zuletzt ein unangekündigtes Unwetter mit Regen gegeben hatte. Der Mann mit der auffallend großen Nase war etwas ungehalten, da er noch während der Morgentoilette unvermittelt mit der höchsten Alarmierungsstufe aus seiner Wohnung gerufen worden war. Eine Zumutung, wie er fand. Und das alles, um auf dem alten Flughafengelände zu landen, wo seit Jahren niemand mehr den Tunnel geöffnet hatte, um die Stadt zu verlassen. Nicht wenig erstaunt war er, sich im Kreis von hundert speziell ausgebildeten Security-Kräften wiederzufinden, die seinem Kommando unterstanden.

Das höchste Maß an Verwunderung erreichte Loofs jedoch, als wenige Minuten später Tom Verbeek mit zwei nicht näher zu identifizierenden Gestalten vor der Halle auftauchte. Der Mann war sein halbes Leben Erster Bürger der Stadt gewesen, genoss einen untadeligen Ruf. Ob das Wetter mit der Geschichte zu tun hatte? Jedenfalls hielten die gewaltigen Blitze am Himmel seine Leute bei der Stange. Big Tom und Fat George würden sicher erklären, warum sie die Truppe so überfallartig zusammengetrommelt hatten.

Das Gewitter löste sich so rasch auf, wie es gekommen war. Die Sonne stand wieder hoch am Himmel, die Prachtstraße, die von den Hallen über ein freies Feld zur Stadt führte, dampfte.

Loofs Trowinskys Blick fiel auf das Fleckchen Asphalt, auf dem Tom Verbeek mit seinen Begleitern angekommen war. Dort war niemand mehr. Das provozierte die Frage in seinem Gehirn, was aus den beiden Gestalten geworden war. Er hatte zwar keinerlei Instruktion, aber dennoch war er in dieser Situation Einsatzleiter. Loofs wurde ein wenig mulmig zumute. Er murmelte eine Anfrage in die Hand, ob es

Informationen zu den Begleitern von Tom Verbeek gebe. Sein Assistent verband sich mit dem Zentralrechner und hatte erstaunlich schnell eine Antwort parat: »Sie sind Staatsfeinde.«

Loofs klappte der Unterkiefer auf. Gleichzeitig bildete sich ein Knoten in der Magengegend, der sich wie ein Aufzug durch seinen Brustkorb zum Kopf vorarbeitete. »Ihr Puls ist deutlich zu hoch«, informierte der Persönliche Assistent Loofs Trowinsky.

»Halt die Schnauze«, blaffte er zurück.

Während die Secs, die Loofs unterstanden, schlagartig ihr Gespräch beendeten und hundert Augenpaare sich auf den Chef richteten, ließ sich der Computer in keinster Weise beirren. In die Stille hinein sagte er: »Legen Sie sich drei Minuten auf den Rücken, ziehen Sie die Beine an den Körper und atmen Sie tief ein und aus.«

Loofs schnaubte. Er fuhr sich mit dem Zeigefinger über den Nasenrücken. Dann straffte er sich. Zunächst, das schoss ihm aus unzähligen Übungsstunden in den Kopf, musste er seine Männer in Bewegung setzen. »Verteilt euch in der Halle und sucht nach den beiden, die mit Tom Verbeek hier angekommen sind. Festsetzen und bei mir melden.« Während die Secs loswuselten, spürte Loofs eine Entspannung in der Brust. Er hatte sich erstmal etwas Zeit zum Nachdenken verschafft.

In der Halle standen sechsundzwanzig Gleiter, größtenteils von derselben Bauart. Die Oberseiten der Flügel waren mit hochwirksamen Solarzellen versehen, insgesamt gab es drei verschiedene Antriebsarten: Die kleinen Propeller ließen sich mit Strom oder einem Methan-Gemisch betreiben, das in den Flügeln untergebracht war. Weiter gab es Antriebsdüsen, die ihren Schub aus Kernfusion auf Heliumbasis bezogen. Da die Motoren auf lange Strecken heißliefen, mussten sie regelmäßig abgeschaltet werden.

Die Besitzer pflegten ihre Maschinen nur noch unregelmäßig. Nachdem einige nicht mehr zurückgekehrt waren, hatten die meisten das Interesse verloren.

Loofs Stoßgebete wurden erhört. Während seine Leute noch durch die Halle schlenderten oder das Gelände außerhalb des Gebäudes absuchten, tauchten Tom und George vor dem Kommando-Leiter auf. Loofs wischte sich den Schweiß von der Stirn. George reckte das Kinn vor, ließ den Blick durch die Halle schweifen und machte eine umfassende Geste. »Alles im Griff?«

Loofs wusste nicht so recht, was er sagen sollte.

George half ihm aus der Verlegenheit. »Wir haben alles geklärt. Die Leute können zusammenpacken.«

Loofs Trowinsky dankte allen Göttern, die er kannte, setzte ein undurchsichtiges Gesicht auf und nickte kurz. Er gab über die Schaltfläche in seiner rechten Hand einen kurzen Befehl, auf den sich überall in der Halle die Köpfe nach ihm reckten.

»Feierabend, Männer«, rief er mit erstarkter sonorer Stimme. Er begriff zwar überhaupt nicht, was sich hier abspielte, aber das sollte ihm egal sein. Feierabend, jeder ging seiner Wege. Wahrscheinlich hatte der Erste Beauftragte der Stadt irgendeinen Unfug veranstaltet. Loofs konnte ihn sowieso nicht leiden.

Tom schenkte den Männern sein schönstes Lächeln. Er machte zugleich einen etwas verwirrten Eindruck. Sein linkes Auge tränte. Es war gerötet, als habe ihm Fat George einen Finger hineingebohrt während ihres Gesprächs.

»Gut, George. Wir sind uns einig.«

Tom nickte bekräftigend. Dann ging er etwas steif und ohne ein weiteres Wort an den Secs vorbei, die von allen Seiten zu ihrem Anführer zurückströmten, in die Mitte der Halle.

»Sinn«, rief Tom mit belegter Stimme, »wo bist du?«

Die Tür eines feuerroten Flugzeugs schwang auf. Euryn sah zu ihm hinaus. »Alles in Ordnung?«

»Natürlich. Wir haben uns unter Männern unterhalten und die Sache geklärt. Alles ist jetzt gesagt.«

Er sah sich noch einmal um. Auf einer Empore stand Trinit, die ihm nachgeschaut hatte. Tom Verbeek winkte ihr ungelenk zu. Die Frau drehte sich mit dem Anflug eines Lächelns um und ging durch eine Tür, die hinter ihr schwer ins Schloss fiel.

Tom kletterte die wenigen Stufen zu Euryn hinauf. »Was ist mit deinem Auge?«, fragte sie ihn.

»Ach, nicht der Rede wert. Eine Reizung, sonst nichts.«

»Und sie lassen uns tatsächlich gehen?« Sie sah ihn aufmerksam an. »Wir können nach Hause?«

»Ja, ich fliege mit in eure Heimat und wir sehen uns die ganze Sache an. Die Nordländer sind bei uns nicht besonders beliebt, wie du weißt. Und wir werden nicht zulassen, dass sie euer Volk vernichten, um aus den Resten alter Energieträger Waffen zu bauen.«

Euryn erwiderte nichts. Toms Worten fehlte der Glanz, die Überzeugungskraft. Seine Stimme klang zögerlich, auf der Suche nach sich selbst. Er sah müde aus, fand Euryn. Vielleicht aber auch traurig, seine Heimat zu verlassen. Sie hätte zu gerne gewusst, was für eine Übereinkunft das Gespräch zwischen Tom und diesem ungeheuer dicken

Mann gebracht hatte. Sie erinnerte sich wieder an das Traumbild, das sie in ihrer Höhle gesehen hatte. Der Mensch, der ihr erschienen war, hatte etwas Rätselhaftes gehabt.

Tom Verbeek blieb trotz vieler freundlicher Worte undurchsichtig. Was hatte er mit seinen Leuten besprochen? Wie sollte deren Hilfe aussehen? Und warum war er jetzt so merkwürdig? Sie versuchte, seine Gedanken zu ergründen, aber die waren verborgen, so als stünde Tom in einem anderen Teil der Halle.

Das Innere des Flugzeuges war luxuriös. Zu Euryns Freude waren die gepolsterten Sitze permanent sichtbar. Neben den sechs Sitzplätzen im Bauch der Maschine gab es zwei im Cockpit. Belas hatte schon dort vorne Platz genommen. Nachdem Sinn die Homiden um die Halle und zielsicher zu dem offenstehenden Gleiter gelenkt hatte, hatte er beim Betreten der Maschine jede Angst verloren.

Tom kletterte zu ihm ins Cockpit. Belas sah ihn aufgeregt an. »Jetzt geht's los?«

Tom nickte ihm zu. »Genau, mein Freund. Jetzt geht es los. Sinn? Hast du alle Systeme gecheckt? Ist der Vogel startklar?«

Sinn bejahte und spulte eine große Zahl technischer Daten herunter.

»Euryn«, rief Tom nach hinten, »schau auf das Display vor dir. Es zeigt alles, was um dich herum geschieht und was eventuell zu tun ist.«

Der Boden unter ihrem Flugzeug senkte sich ab. Belas entfuhr ein undefinierbarer Laut, er krallte sich an der Konsole vor seinem Sitz fest. »Wir werden nun in einen Tunnel geleitet, durch den wir die Stadtgrenze verlassen. Dahinter geht es wieder an die Oberfläche und dann heben wir ab. Sei so gut, Belas, und berühre die Schaltflächen nicht. Überlass das Fliegen ruhig mir.«

Belas sah Tom verstohlen von der Seite an. Der Mensch war wohl genauso aufgeregt wie er selbst.

Es vergingen nur wenige Minuten, und der Homide sah wieder das Tageslicht. Allerdings war es außerhalb der Stadthülle längst nicht so sonnig. Am Himmel zogen träge dicke Wolken entlang. Zwischen ihnen sah er blauen Himmel. Der Bordcomputer begrüßte seine Passagiere, versprach einen ruhigen Flug. Eine Sekunde später presste die Beschleunigung die Reisenden in ihre Sitze. Euryn schloss die Augen, Belas riss sie weit auf und schrie seine Überraschung hinaus.

Der Transit war ein wahnsinnig schnelles Fortbewegungsmittel gewesen. Dieses hier stand ihm sicher nicht nach. Ihm verschwamm alles vor Augen, aber diese Empfindung wurde gleich wieder abgelöst von einem fremden Gefühl ... Sie hatten keinen Boden mehr unter den Füßen! Für einen Moment glaubte Belas, er habe die vergangenen Monate nur geträumt und werde gleich in der Grotte der Nooren wach. Er fühlte sich leicht – und im Magen flau.

»Na, wie ist das?«, raunte Tom.

»Unglaublich«, stammelte Belas. Er sah aus dem Seitenfenster. Die Landschaft unter ihm schrumpfte. »Das ist nicht zu glauben.«

»Gleich stoßen wir durch die Wolken. Du wirst staunen, wenn du über ihnen bist. Es ist wie ein Watteteppich zu deinen Füßen.«

Nachdem sie ihre Flughöhe erreicht hatten, wurde die Maschine spürbar langsamer. Das System stellte auf die Propeller um. Wenn sie mit genügend Aufwinden fliegen könnten, meinte Tom, kämen sie mit minimalem Energieverbrauch über den Ozean hinüber. Er schnallte sich ab und schloss die Augen.

*

Stundenlang flogen sie über Wälder, Seen und Flüsse. Belas starrte auf die Miniaturlandschaften unter sich. Euryn mochte seine Begeisterung nicht teilen. Auch Tom war ungewöhnlich schweigsam, wenngleich er ab und zu digitale Karten auf dem Display zwischen den zwei Pilotenplätzen aufrief und Belas erläuterte, wo sie sich befanden.

Um möglichst wenig Energie zu verbrauchen und ihre Solarspeicher immer wieder aufzufüllen, mussten sie phasenweise wie ein Segelflugzeug über die Landschaft gleiten. Der Bordcomputer glich ständig Windströmungen, Aufwinde und ihre regenerativen Antriebsmöglichkeiten miteinander ab, um eine optimale Route zu finden. »Wir werden wohl zwei oder drei Tage brauchen«, sagte Tom fast entschuldigend.

»Wir haben viele Monde gebraucht, um zu dir zu kommen«, gab Belas zurück.

Tom Verbeek mied zunächst Euryns Gesellschaft, setzte sich aber am Nachmittag zu ihr. Sie sah ihn aufmerksam an. Der Mensch kramte in einem Stauraum und holte eine dicke Mappe hervor. Sie war voll mit Karten, auf Papier gedruckt. Sie holten auch Belas Karte aus dem Noorenberg hervor, die er wie einen Schatz hütete. Allerdings zeigte sie nicht seine Heimat, sondern nur die östlichen Länder.

Mit den Aufnahmen der First-Unit-Drohnen waren sie in der Stadt nicht in der Lage gewesen, die Schieferberge zu finden. Tom ging davon aus, dass Strahlung am Boden die sensiblen Geräte irritierte. »Wenn wir über den Atlantik geflogen sind, werden wir uns anhand der großen Flüsse orientieren. Ich habe hier Landvermessungen aus verschiedenen Jahrhunderten. Schaut euch die mal an. Irgendwo auf ihnen versteckt sich eure Heimat.«

Die Homiden staunten nicht schlecht, wie weit sich das Land auf ihrem Kontinent in Richtung Westen erstreckte. Sie wussten, dass die Nordländer über große Flüsse zu ihnen gelangten. Aber sie hatten sich nie über die Entfernungen Gedanken gemacht. Karten aus der jüngeren Vergangenheit zeigten, wo genau die Nordländer lebten.

Mehrere Städte waren dort verzeichnet. Das Land hatte einst den Namen *Norge* getragen, wie auf historischen Papierbögen, in Kunststoff eingeschweißt, zu lesen stand. Damals gab es fast durchgängige Landverbindungen vom hohen Norden ins zentrale Europa. Doch der Meeresspiegel war gestiegen und hatte viel Land geraubt. Zwischen Zentraleuropa und den nördlichen Ländern des Kontinents – die selbst von Wasser durchfurcht waren – lag wieder ein Meer mit kleinen Inseln darin.

Belas schüttelte den Kopf. »Wir sind auf einem ganz anderen Weg zu dir gekommen. Warum fliegen wir nicht auf diesem Weg zurück? Wir würden über Land fliegen anstatt über Meer, das wäre doch sicherer, oder?«

Tom schüttelte den Kopf.

»No, boy – keine gute Idee. Es gibt viele gute Gründe dagegen, auch wenn die Entfernung, die wir zurücklegen müssen, in beide Richtungen ähnlich ist. Erinnere dich an die Brände, von denen du erzählt hast. Das sind sehr unsichere Lande. Teilweise haben die Nordländer Gebiete unter Kontrolle. Da will ich nicht vorbei. Aber es gibt noch einen viel wichtigeren Grund.«

Ein Belas nur zu bekanntes Grinsen breitete sich auf Toms Gesicht aus. »Schauen wir doch mal, wie gut das Wissen unseres Co-Piloten schon ist! Du hast gelernt, dass sich die Erde dreht, richtig?«

Belas brummte zustimmend.

»Und sie dreht sich Richtung Osten?«

Auch da konnte er folgen.

»Wenn wir nun in die Luft aufsteigen und auf unserer Position verweilen, müsste sich dann nicht die Erde unter uns wegdrehen? Dann kämen wir doch quasi von selbst zu euch rüber auf der von dir bevorzugten Route, blieben wir nur lange genug in der Luft. Und wir wären auf jeden Fall schneller, wenn wir gegen die Erddrehung fliegen würden in westliche Richtung. Ist das so, Belas?«

Der junge Homide wusste nichts zu antworten und zuckte die Schultern.

»Nein, es ist nicht so«, kam es von hinten gelangweilt. »Wir müssten schon höher aufsteigen, als die Erdatmosphäre reicht, damit sich der Planet unter uns wegdreht. Außerdem nutzen wir auf unserer Route die Westwinde. Das macht uns schneller.«

»Spielverderberin«, maulte Tom, »Belas sollte sich darüber Gedanken machen.«

Er zwinkerte dem Jungen zu. »Aber sie ist schon verdammt klug, deine Schwester.«

Belas schaute aus dem Seitenfenster. Er wollte es nicht mehr hören.

Tom sprach von einem Zwischenstopp im Süden Grünlands, einst eine riesige eisbedeckte Insel, heute eine Steppenlandschaft. Dort gab es eine vollautomatisierte Station für Flugverkehr, die immer noch funktionstüchtig sein sollte, auch wenn niemand mehr dort landete.

Während Euryn Kartenmaterial des Alten Europas studierte, zog es Belas immer wieder ins Cockpit der Maschine. Nach den ersten Stunden über Land überflogen sie Meeres- und Landpassagen in stetem Wechsel. Tom zeigte Belas die Victoria-Insel und Penny Highland.

»Hier gibt es noch fischreiche Gründe«, erklärte Tom, »die Verschmutzung der Meere hat es nicht so ganz bis in diese Gewässer geschafft, weil die Menschen im vierundzwanzigsten Jahrhundert große Sperren errichteten, um wenigstens die Kunststoff-Felder fernzuhalten, die auf den offenen Ozeanen trieben.«

Als die Nacht hereinbrach, schalteten sich die Düsen wieder ein und brachten das Flugzeug in schwindelerregende Höhen. Tom kontrollierte die Bordgeräte und unterhielt sich mit Sinn. »Wir werden Grünland im Morgengrauen erreichen. Macht ein paar Stunden die Augen zu.«

Tom riss Euryn aus heftigen Träumen. Sie war schweißgebadet. Er sah sie bekümmert an.

»Ist alles in Ordnung mit dir?«

Sie zog tief Luft ein und die Nasenflügel ihrer fein geschwungenen Nase bebten. Ihr Blick fixierte den Menschen.

Tom sah zur Seite. »Ich wollte euch den Anflug aufs Land nicht vorenthalten«, sagte er entschuldigend.

Sie nickte und richtete sich schwerfällig auf. Belas war hingegen sofort auf den Beinen und im vorderen Teil des Flugzeugs.

»Euryn, sieh dir das an«, rief er begeistert.

Am Horizont erhoben sich hohe Gebirge, unter ihnen wogte die See auf und ab. Sie befanden sich in langsamem Gleitflug. Manchmal schüttelten Böen ihre Maschine. Dann hielt Belas die Luft an. Tom dozierte hingegen einmal mehr über die Ära der menschlichen Flugtechnik, sprach von kleinen, windigen Konstruktionen, mit denen sich Menschen einst vom Boden erhoben und setzte dies in Zusammenhang mit dem aufrechten Gang der frühen Primaten vor Millionen Jahren und dem Spracherwerb der ersten menschenähnlichen Wesen, was nach seiner Einschätzung ebenfalls gut fünfhunderttausend Jahre zurückliegen musste.

Euryn langweilten die weitschweifigen Ausführungen Toms mittlerweile. Die Zusammenhänge der Evolution hatte sie bereits nach einigen Wochen in First Unit auswendig gekannt. Belas dagegen sah ihn immer wieder wie ein staunendes Kind an und fragte oft dazwischen. Woher wollte Verbeek das alles wissen? Eine halbe Million Jahre war für Belas eine Zeitspanne, die seine Vorstellungskraft bei weitem überstieg. Seine Überlegungen gipfelten in der Frage: »Und wie haben unsere ersten Vorfahren, die doch kaum auf zwei Beinen stehen konnten, ihr Leben für die nach ihnen aufgezeichnet?«

Tom sah hinter seinen Kontrollflächen auf und mit hochgezogenen Augenbrauen auf Belas herab. Er erklärte gerne die Welt, aber er hasste Fragen, die sich seiner Meinung nach nicht stellten. Immerhin, er war wieder ganz der alte, wenn er so dozierte.

Schließlich kontrollierte Tom die Energiereserven und warf die Propeller an. »Wunderbar, diese alte Technik. Sie hat einen ganz besonderen Charme.« Er sah zufrieden auf das Festland, während die Maschine wieder etwas an Höhe gewann.

»Oh, was ist das?«, rief er plötzlich aus, den Kopf nach links gedreht. Belas musste aufstehen, um über den Schädel aus dem Seitenfenster des Flugzeugs zu sehen. Zunächst fiel ihm nichts weiter auf. Wellen wogten auf und ab, an der Küste brachen sie in weißschäumender Linie. Ein paar kleine Punkte trieben auf der Wasseroberfläche. Es war nicht auszumachen, ob Müll oder Lebewesen. Doch dann sah er, was Toms Neugierde geweckt hatte. Es sah aus, als treibe ein grauer Würfel auf der See. Er war gut zu sehen und musste mithin sehr groß sein. Eines der alten Schiffe? Nein, Belas hatte in Toms Flat viele Formen und Varianten gesehen. Sie sahen anders aus.

»Wir müssen einen kleinen Abstecher machen«, rief Tom entzückt und beschrieb mit dem Flugzeug eine weite Kurve. Belas ließ sich erschrocken in seinen Sessel fallen. Sie standen schräg in der Luft – das war dann doch trotz aller Flugbegeisterung etwas viel für ihn.

»Was ist das?«, fragte Euryn.

»Ein Seacleaner, ein Aufräumer sozusagen, und ein richtig großer noch dazu. Phantastisch, ich habe schon ewig nicht mehr so ein Ding gesehen. Er scheint sogar zu funktionieren.«

Tom hielt auf das schwimmende Objekt zu. Der Quader trieb nahe der Küste, eine riesige Plattform, auf der sich quadratische bunte Würfel stapelten, allesamt wahrscheinlich breiter und höher als drei Homiden übereinander. Tom umflog das Schiff, das sachte von den Wellen geschaukelt wurde, in mehreren Runden. Sie beobachteten, wie ein Teppich von zähen Kunststoffen auf der westlichen Seite nach und nach angesaugt wurde und in einer breiten Luke verschwand.

»Unglaublich, oder?« Tom schüttelte den Kopf. »Wenn ich mich recht entsinne, hatten sie zehn von ihnen aufs Wasser gesetzt, Mitte des sechsundzwanzigsten Jahrhunderts der alten Zeit. Oder war es später? Egal, jedenfalls war es Zeit geworden. Alles, was sich mit einer Schiffsschraube über das Meer bewegen wollte, kam kaum noch voran. Der Antrieb blockierte in den Plastik-Teppichen, die an der Wasseroberfläche trieben. Einige Länder haben es uns seinerzeit gleich getan. Andere haben immer weiter die Meere vermüllt. Vielleicht machen sie das auf der südlichen Halbkugel heute noch. Ich weiß es nicht. Aber das ist alles lange her. Die Wartung der Seacleaner wurde bestimmt vor dreihundert Jahren eingestellt, was, Sinn?«

Die unbeteiligte Stimme des elektronischen Helfers präzisierte, es seien genau »297 Jahre, 25 Tage, 33 Minuten« gewesen.

»Schon gut, genauer brauchen wir es nicht«, unterbrach Tom.

Die Seacleaner arbeiteten vollautomatisch. Toms Verwunderung resultierte aus der Frage, woher sie die Energie nahmen, noch immer Kunststoff-Müll aus dem Meer zu fischen und in ihrem Rumpf zu Quadern zu formen. »Was geschieht mit den Würfeln?«, fragte Euryn.

»Früher wurden sie in Häfen an Land genommen und dann entweder in speziellen Anlagen verbrannt oder wiederverwertet. Aber es gibt rund um den Erdball keine Häfen mehr, die sich einer solchen Aufgabe widmen würden.«

»Und was macht das Schiff, wenn auf Deck kein Platz mehr ist für weitere Quader?«

»Ich nehme an, sie fallen ins Wasser, wenn es keinen Platz mehr gibt.«

Euryn schnaufte. »Das ergibt doch keinen Sinn.« Toms Maschine fühlte sich angesprochen und antwortete für ihn: »Die Schiffe arbeiten vollautomatisch. Das heißt, sie sind programmiert, die über einen langsamen Erhitzungsprozess in ihrem Inneren geformten Quader auf das Deck zu transportieren. Das tun sie, so lange genügend Strom durch ihre Systeme läuft.«

»Moment«, rief Belas. »Da bewegt sich was. Da ist jemand zwischen den Würfeln.«

Tom flog eine weitere Runde. Als sie nahe genug heran waren, winkte eine Gestalt an der Reling des Schiffes.

Belas war aufgeregt. »Siehst du. Der sieht aus wie einer von euch.«

Tom verharrte einen Moment völlig reglos, als sei er mit offenen Augen eingeschlafen. Dann atmete er tief ein.

»Nein, das ist kein Mensch. Es ist eine Maschine, die wie ein Mensch aussieht.«

»Der ist nicht echt?« Belas klang enttäuscht.

»Echt, unecht – was sind das für überholte Kategorien, in denen du denkst.« Der alte Mann klang verärgert. Er zog das Flugzeug nach oben und drehte von der schwimmenden Plattform ab. Euryn zog sich in den hinteren Teil des Flugzeugs zurück.

*

Der Militärflughafen der Vereinigten Nordamerikanischen Staaten war eine Ruine, aber zwischen grasüberwucherten, kaum noch kenntlichen Landebahnen lag ein breiter glatter Streifen, der matt in der kühlen Morgensonne schimmerte. Der Bordcomputer des Fluggeräts nahm Kontakt auf mit der Basis und tatsächlich leuchteten kleine Lichter vor ihnen am Boden auf. Tom klatschte in die Hände. »Hier könnte noch einer landen, selbst wenn wir alle schon im Holographen verschwunden sind. Ist das nicht klasse, Sinn?«, rief Tom begeistert aus. Sein elektronischer Helfer schwieg, während der Fluggleiter und die Landebahn ihre Daten koordinierten.

»Musst du nicht dafür sorgen, dass wir zu Boden kommen?«, fragte Belas mit einem besorgten Seitenblick auf Toms Hände, die in seinem Schoß ruhten. »Könnte ich, mein Guter, könnte ich. Aber wir wollen doch sicher landen, oder?«

Wenige Minuten später setzten sie weich auf.

Während der Transit die Homiden beim Starten und Bremsen hart in die Haltegurte gepresst hatte, war die Landung mit dem Flugzeug wie das Ende eines Spazierganges. Dennoch sagte Euryn mit verkniffenem Gesicht: »Ich bin froh, wieder das Gefühl von Boden unter meinen Füßen zu haben.«

Von der großen Anlage war nicht mehr viel übrig. Tom hatte gehofft, Speicherzellen vorzufinden. Damit wäre das Überqueren des

Ozeans in wenigen Stunden möglich gewesen. Aber die meisten Hallen waren zerstört, alles Brauchbare offensichtlich gestohlen. In den kargen kalten Hallen lag zersplittertes Glas in kleinen Haufen auf dem makellos glatten Boden, bunte Kabelstränge hingen hie und da aus den Wänden.

Ein eisiger Wind blies durch das Gebäude. Die Nordländer seien auf der Basis gewesen, vermutete Tom. Er verzog das Gesicht. Immerhin war die Technik für die verbliebene Landebahn so massiv gesichert, dass den Eindringlingen eine Zerstörung wohl zu aufwendig war.

Das Land um die Station war öde, die Vegetation niedrig. Belas streifte eine Weile umher, gefolgt von Sinn, der keine hundertprozentige Sicherheit errechnet hatte und nervös Sicherheitsratschläge gab. Tom und Euryn sahen sich währenddessen die übrigen Hallen des Flugplatzes an. Sie blieben nicht lange. Als die Sonne hinter feinen Wolkenschleiern hoch am Himmel stand, drängte Tom zum Aufbruch.

»Bringen wir es hinter uns«, meinte er mit einem spärlichen Grinsen.

Tom lief vor den beiden Homiden her. Die Sonne brach sich mehr und mehr einen Weg durch den Dunst. Ein frischer Wind bauschte die weiten Hosen und das Hemd auf. Abrupt blieb er stehen. Im gleichen Moment drang aus Sinns Innerem ein Warnlaut. Auf der Landebahn zwischen ihnen und dem Flugzeug lag ein Gegenstand. Er war flach und so groß wie eine offene Hand. Das Teil begann zu kreiseln und sich vom Boden zu erheben. Belas und Euryn hatten das Gefühl, ein eisiger Wind fahre ihnen durch die Glieder. Tom drehte sich zu ihnen um, eine Hand abwehrend vor dem Gesicht. Er machte den Mund auf und begann zu reden. Doch sie verstanden seine Worte nicht.

Ein hoher Ton, ein Kreischen in ihren Ohren. Das rotierende Etwas flog über sie. Aus kleinen Öffnungen an seinen Seiten drang Rauch. Trotz des beständigen Luftzugs löste er heftigen Husten aus.

Euryn griff nach Belas Hand. Sie hatte das Gefühl, den Boden unter den Füßen zu verlieren. Das hier war mindestens so schlimm wie die Feuersbrunst am östlichen Ende der Welt. Sie sah den Menschen vor sich nur undeutlich. Tom nestelte an seiner Kleidung und wollte sich anscheinend irgendwie schützen. Aber er klappte in sich zusammen. Dann spürte sie, wie Belas gegen sie sank. Sie konnte gerade noch verhindern, dass er hilflos mit dem Kopf nach vorne zu Boden ging. Während sie ihn sanft auf dem Rollfeld niederlegte, wurde es schwarz um sie.

*

»Das ist er? Bist du sicher, Anturin?«

Ein Mann mit fahler Haut und tiefliegenden Augen sah auf Tom herab. Er presste die Lippen aufeinander.

»Sieh mal, die Dickhäuter werden schon wach.«

»Die haben wohl nicht nur harte Haut, sondern auch 'ne Lunge aus Beton.« Die Männer gluckster und schauten interessiert nach Euryn, die die Augen aufschlug.

»Damit du es gleich weißt«, fuhr Anturin die Homidin unfreundlich an, »solltest du versuchen, mir mit deinen Gedanken Schmerzen zuzufügen, dann brate ich dir und deinem Kumpel hiermit die Haut.« Er hielt ihr einen Schocker entgegen, wie ihn Belas seit seinem Zusammentreffen mit Perkil besaß. Euryn hatte nicht das Gefühl, zu irgendetwas fähig zu sein. Sie fühlte sich elend und verloren. Ein dumpfes Dröhnen und Vibrieren quälte ihren Geist. Offensichtlich waren sie wieder in der Luft, aber in einem weniger komfortablen Fluggerät. Sie richtete sich ein Stück weit auf. Auf harten Holzbänken im Bauch dieses zitternden, brummenden und summenden Gefährts lagen Belas und Tom. Während der Mensch tief und fest schlief, bewegte sich ihr Bruder.

Die Männer um sie waren Nordländer. Insgesamt fünf bewachten die drei Gefangenen. Sie trugen alle schwere Jacken und Hosen mit allerlei Taschen, aus denen verschiedene Geräte herausschauten. So sahen wohl die Krieger des Nordlandes aus, dachte Euryn. Die Kerle waren grob, ihre Blicke dumpf. Die Händler dieses Volkes hatte sie früher schon nicht gemocht und so gut es ging gemieden. Diese Variante hier war schlimmer.

»Verstehst du unsere Sprache oder muss ich euren Kauderwelsch in den Mund nehmen?«, fragte Anturin barsch.

Euryns Augen verengten sich.

»Ich verstehe euren Kauderwelsch«, gab sie zurück.

Die Nordländer lachten. Anturin erklärte ihr ohne Umschweife, man habe die drei nach ihrem Abflug in Nordamerika ausfindig und dingfest gemacht, um die Nooren in ihrer Heimat zum Einlenken zu zwingen. Denn nachdem es nach der Ankunft der Nordländer unter den Dickhäutern zunächst einige Tote gegeben hatte und der Rest in die Wälder geflohen war, hätten die Priesterinnen mit ihren Fähigkeiten verhindert, dass seine Leute in die Stollen eindringen konnten. Mit einer Geisel sollte das anders aussehen.

»Der Typ da«, er nickte mit einer knappen Kopfbewegung in Richtung Tom, »ist das ein hohes Tier aus der Stadt?«

Euryn sah ihn nur an. Sie sagte nichts.

»Ist ja auch egal. Das finden wir schon raus, verlass dich drauf. Am besten schläfst du noch ein paar Stunden, dann bist du wieder daheim in der Ödnis deines Volkes. Du verhilfst uns in die Stollen, damit wir mal einen Blick auf alles werfen, und dann sind wir auch wieder weg.«

Ein schiefes Grinsen erhob sich träge über einem massigen Kinn. Der Nordländer erhob sich schwerfällig und wies seine Männer an, die Homiden nicht aus den Augen zu lassen.

Belas sah sich um. »Wo sind wir?«

»Nicht vor unserer Höhle jedenfalls. Auf ein gutes Laafs musst du verzichten.« Belas kratzte sich am Kopf und drehte sich keuchend auf die Seite. »Was ist hier los? Sind wir in deren Gewalt?«

Sie nickte. »Immerhin brauchen wir uns keine Gedanken zu machen, wie wir die Schieferberge finden. Die Nordländer bringen uns ohne Umwege nach Hause.«

»Hervorragend«, stöhnte Belas. Er rieb sich die Stirn. »Genau so habe ich mir das vorgestellt.«

Sie befanden sich im Inneren eines Großraumhelikopters. Der Flug war unbequem. Nur ab und an gab es einen Schluck Wasser für die Gefangenen. Tom brauchte lange, bis er zu sich kam. Anturin grinste breit, als er überzeugt war, Tom Verbeek leibhaftig vor sich zu haben. Er tippte den Menschen an, als könne der sich vor ihm in Luft auflösen. Euryn verstand nicht, was die Nordländer so argwöhnisch machte an Tom. Aber sie musste wieder an ihre eigenen Vorbehalte denken. Tom Verbeek hatte ihr Vertrauen nie in dem Maße gewonnen, wie er das bei Belas geschafft hatte. Nun gut, Belas hatte er auch unzweifelhaft das Leben gerettet. Jetzt war er mit ihnen aufgebrochen. Gab es einen Grund, an ihm zu zweifeln?

Die Nordländer taten es jedenfalls auch.

»Wir erreichen das Festland«, rief der vierschrötige Chef der Nordländer, der nach vorne ins Cockpit verschwunden war. »In ein paar Stunden sind wir da.«

Tom, noch immer ganz benommen, lächelte etwas unbeholfen in Euryns Richtung. Sie sah ihm nur unverwandt ins Gesicht.

*

Der Helikopter landete auf dem Langen Berg. Die Sonne schien, der Schiefer roch nach Frühling. Ein paar Singvögel flogen zwischen den Bäumen hin und her. Belas hatte Tränen in den Augen, seine Lippen bebten, als er auf wackeligen Knien aus dem Metallgehäuse stieg.

Wie lange waren sie weg gewesen? Er wusste es nicht, aber es schien ihm eine kleine Ewigkeit. Sie mussten den ganzen Winter in First Fine Unit verbracht haben.

Euryn stand kerzengerade und aufmerksam neben ihm, das Gesicht fahl, ohne erkennbare Gefühlsregung. Die Nordländer um sie hatten Schusswaffen im Anschlag, als sie ins Freie traten. Wovor sie sich fürchteten, blieb ihr Geheimnis. Die Schieferberge schienen bis auf das Vogelgezwitscher völlig verlassen. An den kleinen Birken im Berg hingen junge, zartgrüne Blätter.

Die Türen und Fenster der Behausungen standen offen. Vereinzelt lagen Tische und Stühle, Felle und zerbrochenes Geschirr im Freien. Die Homiden waren geflohen. Ihre Höhlen verwüstet.

Tom, Belas und Euryn wurden von ihren Wärtern umringt und den Berg hinab geführt. Die Nordländer hatten es vorgezogen, ihr Quartier auf dem Wasser aufzuschlagen. Mehrere miteinander vertäute Floße trieben auf den Wellen. Auf ihnen waren Zelte errichtet. Nach einer großen Invasion sah das nicht aus, aber die hochgewachsenen Männer aus dem Norden wussten um ihre körperliche und technische Überlegenheit. Nur mit den Nooren hatten sie nicht gerechnet.

Anturin übergab die Gefangenen an einen Mann mit auffallend feinen Gesichtszügen. Der Nordländer mit den hohen Wangenknochen und der langen, geraden Nase hieß Thorsa und trug im Gegensatz zu seinen Männern keine Militärkleidung, auch keine sichtbare Waffe. Er war in einen festen, dunklen Stoff gehüllt. Er musterte die drei aufmerksam, dann lud er sie mit einer Handbewegung in das Zelt hinter sich. Die Wachen blieben vor dem Eingang.

Die Ausstattung war karg. Ein paar Stühle und ein Lager für die Nacht. Daneben ein technisches Gerät, von dem Belas und Euryn nach ihrer Zeit in First Unit annahmen, es handele sich um einen Bildschirm, mit dem man über weite Strecken kommunizieren konnte.

Der Nordländer schob die Stühle zu einem Kreis zusammen und bot den Gefangenen förmlich Platz an.

»Hier sind wir also«, sagte er in der Sprache First Units. »Eine ungewöhnliche Zusammenkunft, möchte man meinen. Besonders, da ich ganz offenbar eine hochrangige Persönlichkeit des anderen Kontinents zu meinen Gästen zählen darf.«

Thorsa lächelte dünn. Die schlechten Zähne in seinem Mund passten dabei gar nicht zu dem gepflegten Äußeren und Auftreten. Er lehnte sich zurück. »Wir wissen alle, worum es geht, lange Vorreden brauchen wir also nicht zu führen.«

»Ihr beiden«, er wandte sich an die Homiden, »könnt eurer Wege gehen, sobald die Hexen die Lagerstätte geräumt haben. Wir wollen nichts weiter von euch als freien Zutritt.«

»Bei diesem guten Mann sieht das natürlich etwas anders aus«, sagte er zu Tom Verbeek gewandt. »Sofern es sich wirklich um ein ehemaliges Staatsoberhaupt handeln sollte, wollen wir erst mal sehen, ob ihm in Norlanda der Prozess gemacht werden muss.«

»Oder ob ihr mich gleich hier abschlachtet«, warf Tom ein.

Der Nordländer hob eine Augenbraue. Seine braunen Augen fixierten sein Gegenüber. »Die üblichen großspurigen Worte. Aber du solltest wissen: Wir sind nicht wie ihr.«

Tom öffnete den Mund, aber der Nordländer schnitt ihm mit ausgestreckter Hand das Wort ab.

»Natürlich, ich weiß. Ihr guten Menschen von drüben bringt niemanden um. Das machen eure Drohnen und eure Schlachter, oder Bionics, wie ihr sie wohlwollend nennt, für euch.«

»Wir könnten euch hier binnen weniger Stunden rausschmeißen«, fiel ihm Tom ins Wort.

»Immer diese amerikanische Überheblichkeit«, entgegnete Thorsa ungerührt, den sehnigen Körper kerzengerade aufgerichtet, »davon könnt ihr einfach nicht lassen.« Es sei ihm nicht daran gelegen, lange diplomatische Scharmützel zu führen, dazu fehle ihnen auch bedauerlicherweise schlicht die Zeit. »Wie deine Anwesenheit vermuten lässt, müssen wir mit eurer Kriegsmaschinerie rechnen, also heißt es hier besser schnell wieder wegkommen.«

»Kriegsmaschinerie ...« Tom richtete sich seinerseits in seinem Stuhl auf und zwirbelte an seinem Bart. Er kam langsam wieder in Schwung. Seine Augen blitzten angriffslustig. »Wir führen seit Ewigkeiten keine Kriege mehr. Wir achten nur darauf, dass unsere Grenzen sicher sind.«

Sein Gegenüber schnaubte. »Ob mit oder ohne Krieg. Ihr habt euch immer genommen, was ihr haben wolltet. Und ihr werdet es auch heute wieder tun, wenn ihr die Gelegenheit dazu habt.«

»Wir wollen uns hier gar nichts holen. Nur verhindern, dass ihr den Tod aus der Tiefe ausgrabt.«

»Wie poetisch.«

Der Nordländer lehnte sich vor. Ein hübscher Mann, dachte Euryn, gar nicht zu vergleichen mit den Händlern, die sie kennengelernt hatte. Thorsa faltete die Hände vor dem Gesicht und legte das Kinn auf die Daumen. Er sah Tom Verbeek abschätzend an.

Tom war offensichtlich herausgefordert.

»Hältst du mir jetzt die Taten meiner Urgroßväter vor, die schon ein halbes Jahrtausend friedlich unter der Erde ruhen? Nordamerika hat das Alte Europa über gut Dreihundert Jahre gänzlich in Ruhe gelassen – solange es sich nicht gegen Angriffe wehren musste.«

Thorsa schüttelte energisch den Kopf.

»Ihr habt vor Urzeiten den afrikanischen Kontinent geplündert und später Europa ausgequetscht wie eine Zitrone. Gut, nicht nur ihr. Es gab Zeiten, da waren wir Verbündete, weißt du das? Du weißt es sicher. Aber die Verbindung hielt nur so lange, wie sie euch vorteilhaft erschien.«

»Welche Ignoranz!« Tom legte all sein Pathos in die Stimme und klang jetzt tatsächlich wieder so wie der Tom in seinem Flat.

Belas fragte sich, ob Tom das Ganze für eine Holographen-Vorstellung hielt.

»Als ob Europa nicht genauso auf dem schwarzen Kontinent gewütet hätte. Nein, mein Herr. Die Wirklichkeit ist viel bedauerlicher, als wir uns gegenseitig eingestehen wollen. Weder ihr noch wir sind die Guten oder im Umkehrschluss die Bösen, wenn wir auf Zwei- oder auch Dreitausend Jahre zurückschauen. Das Böse steckt im Menschen. Es ist nur die Frage, ob er es zähmen kann und will.«

»Und ihr wollt das bestimmt nicht«, fuhr ihn der Nordländer an.

*

Die Sonne verschwand rasch hinter den Schieferbergen und warf lange, dunkle Schatten auf den Fluss. Euryn fühlte sich schlecht. Sie konnte die Angst der Nooren spüren, aber da war auch noch etwas anderes. Belas saß stumm in einer Ecke des Zeltes. Tom hatte die Augen geschlossen. Die Nordländer hatten sich mit Einbruch der Dunkelheit auf die Flöße zurückgezogen. Die fremden Wälder schienen ihnen nicht geheuer.

Thorsa streckte den Kopf in das Zelt. »Morgen früh brechen wir zu der Lagerstelle auf«, sagte er zu Euryn gewandt. »Perkele hat euren Priesterinnen heute übermittelt, dass ihr da seid. Sie haben also Zeit, über die Sache nachzudenken. Ich hoffe für euch, dass sie die richtige Entscheidung treffen.« Er sah zu Belas hinüber. Das Licht der Kerzen im Zelt flackerte und warf Schatten auf dessen Gesicht. »Du hast mit Perkil ja schon Bekanntschaft geschlossen, aber ich garantiere für deine Sicherheit. Ich muss es wohl nicht extra erwähnen: Versucht nicht, heute Nacht von hier wegzukommen.«

Sechs große Floße waren am Flussufer miteinander vertäut. Sie bildeten eine Fläche, auf der gut hundert Nordländer Platz fanden. Unter dem Befehl von Thorsa standen aber nur siebzig Männer. Sie saßen in Gruppen zusammen, Laternen zwischen sich. Nur eine Handvoll Männer saß mit dem Gesicht zum Ufer gewandt. Thorsa erwartete keine Angriffe vom Land.

Euryn spürte im Zelt die Unruhe in sich wachsen. Auf ihrer Stirn stand Schweiß. Sie kroch über die Planken zu ihrem Bruder.

»Belas«, flüsterte sie, »wir müssen hier weg.«

»Bist du verrückt!«, zischte er, »die ersäufen uns, sobald wir die Nase vor den Eingang strecken.«

»Du verstehst nicht.«

Euryn fuhr sich mit der Hand über die feuchte Stirn, ihre Augen waren unruhig. Belas betrachtete sie aufmerksam.

»Was ist los?«

»Ich weiß es nicht. Wir sind hier nicht sicher. Daran können auch die Nordländer nichts ändern.«

Euryn tastete den Rand der Zeltplane ab. Das schwere Tuch war mit Seilen am Boden befestigt. Wenige Handbreit vor ihr war ein Knoten. »Wir müssen das hier öffnen«, raunte sie.

»Aber das ist die Wasserseite!«

»Die Gefahr kommt vom Land. Wenn wir fliehen können, dann nur übers Wasser.«

»Du meinst, die Nordländer werden angegriffen?«

Euryns Lippen bebten. »Ich weiß nicht. Wir haben keine Zeit.«

Belas drückte seine Schwester fest an sich.

»Wir schaffen das.«

Seine kräftigen Finger griffen nach dem Tau. Da es sich nur wenig bewegte, nahm er die Zähne zu Hilfe. Es dauerte etwas, aber schließlich löste sich der Knoten. Plötzlich sprachen zwei Nordländer nahe des Eingangs. Belas und Euryn fuhren zusammen und setzten sich aufrecht hin. Tom öffnete die Augen. Er schien von weit her zu kommen.

»Was macht ihr für ertappte Gesichter?«, fragte er schlaftrunken.

»Sei still!«, fuhr Euryn ihn an, und starrte mit aufgerissenen Augen auf den Eingang.

Die Männer draußen lachten. Euryn aber hörte etwas anderes. Vorsichtig kroch sie zu der Zeltseite, die dem Ufer zugewandt war. Belas und Tom beobachteten sie aufmerksam. Einige Augenblicke verharrte sie reglos, während draußen wieder Gelächter zu hören war. Da war es wieder. Ein leises Fiepen am Ufer. Oft war Euryn früher ängstlich wach geworden, obwohl es dann doch nur eine Maus gewesen war, die sie aus dem Schlaf geschreckt hatte. Aber diesmal war sie sicher.

»Raschoar!«

Euryn drehte sich zu den beiden um. Tom sah sie fragend an. »Sie fressen alles, was nicht schnell genug weg ist«, sagte Belas hastig und nestelte an dem dicken Seil, um eine größere Öffnung am Zeltboden zu schaffen. Jetzt hatte auch er Schweißtropfen auf der Stirn.

*

Die Nordländer waren guter Laune. Thorsa stand entspannt neben einem Fass und dachte an zu Hause. Er war guter Dinge, mit den Homiden als Faustpfand endlich in die Lagerstätte vorzudringen.

Sie hatten dieses Völkchen gründlich unterschätzt. Zwar waren die Dickhäuter, kaum waren ein paar von ihnen gestorben, panisch in die Wälder geflüchtet, aber was ihm in seiner Heimat niemand erzählt hatte, war die Existenz jener vermummten Weiber, die erstaunliche Fähigkeiten besaßen.

Einige seiner Männer waren zusammengebrochen, als sie sich unbedacht und lachend den alten Hexen am Eingang der Deponie genähert hatten. Die Nordländer hatten feststellen müssen, dass diese Frauen den Zugang zum unterirdischen Lager zu einer Festung umgebaut hatten. Und sie brauchten keine Waffen, um ihn zu verteidigen! Seine Leute waren mehrmals kläglich gescheitert bei dem Versuch, den Zugang zu stürmen. Sie brachen unter Schmerzen zusammen. Mehrere Wochen belagerten sie nun schon den Zugang. Doch damit war jetzt Schluss. Entweder, die Weiber gaben auf, weil sie eine der Ihren mit den Füßen nach unten an einen Baum hängten und mit den Schockern zappeln ließen, oder aber sie verschafften sich mit Schutzhelmen, die aus ihrer Heimat eingetroffen waren, Zugang. Thorsa wollte kein Gemetzel, aber wenn es nicht anders ging, dann eben so. Den Sommer wollte er jedenfalls nicht in dieser Ödnis verbringen. Die Helme waren bereits unterwegs zu Perkil, der die Männer an dem Stollenzugang befehligte.

Thorsa hob den Becher an die Lippen, als er aus dem Augenwinkel heraus eine Bewegung am Ufer wahrnahm. Er stutzte, setzte das schmale Gefäß ab und sah nach seinen Wachen. Wie aus weiter Ferne hörte er seinen Metallbecher auf dem Holzboden aufschlagen. Seine rechte Hand griff automatisch nach dem Schocker an seinem Gürtel. Er schrie seine Leute an, doch einige hörten ihn schon nicht mehr.

Die Wachen lagen in sich zusammengesackt im eigenen Blut. Dunkle Schatten huschten über das Floß. Vom Ufer sprangen weitere Wesen mit großen Sätzen heran. Die meisten von Thorsas Männern kamen nicht schnell genug auf die Beine. Und sie waren zu schockiert über den Anblick. Ratten, groß wie Hunde, schlugen ihre scharfen Fangzähne in die Kehlen der überraschten Kämpfer.

Thorsa wirbelte herum, während er auf den Knopf seines Schockers drückte. Die bläuliche Flamme schoss aus dem Knauf hervor und drang in das Fell eines Raschoar, der im Sprung fiepte. Thorsa überfiel einen Moment lang Übelkeit. Der Geruch nach versengtem Fell und Fleisch war widerwärtig. Aber seine militärische Ausbildung brachte ihn sofort wieder zurück. Auf dem Floß wimmelte es von Tieren, und schon nach wenigen Minuten war die Hälfte seiner Männer tot. Thorsa zog sich mit einer Handvoll Nordländer auf die Wasserseite zurück. So hatten sie wenigstens den Rücken frei.

*

Belas wich beim ersten Aufschrei alle Farbe aus dem Gesicht. Tom sprang auf, starrte auf den Zelteingang. »Schnell!«, schrie Euryn und stürzte zur Plane. Sie stand nur einen Spalt offen. Belas riss mit zitternden Händen an dem Seil und zog es durch einige Ösen, Tom half ihm, aber das grobe Seil blieb immer wieder hängen. Von draußen drang das ekelhafte Quieken der Raschoar herein, durchmischt mit Schreien der Nordländer. Fieberhaft riss Belas an dem Stoff der Zeltplane.

»Tom!« Belas wies mit einer Kopfbewegung auf den Durchlass, gerade breit genug, einen Körper hindurch zu lassen.

»Ich kann nicht schwimmen«, keuchte der Mensch.

»Du hast keine Wahl.«

Belas zog ihn an der Schulter und schrie ihm über das wilde Getöse hinweg ins Ohr. »Lass dich ins Wasser gleiten, und halt dich so lange am Holz fest, bis ich komme. Ich kann nämlich schwimmen!«

Tom nickte, die Lippen aufeinandergepresst, schob sich, die Füße voraus, unter der Plane durch und glitt mit weit aufgerissenen Augen in das kalte Wasser.

»Euryn.« Belas winkte seine Schwester heran. Doch die schüttelte stumm den Kopf.

»Du zuerst«, zischte sie. Kaum hatte sie das gesagt, brachen zwei scharfe Schneidezähne durch die Plane. Mehrere Raschoar zerfetzten den Zugang in Windeseile. Sie sahen schon das graue borstige Fell.

Belas, die Füße bereits im Wasser, wollte zurück zu Euryn. Die Angst in ihren Augen war nicht zu übersehen. Aber sie stemmte sich gegen seine Schultern.

»Sieh zu, dass du hier rauskommst, Sohn eines Digdo!«

Drei Raschoar kauerten angriffslustig in der Mitte des Zeltes. Ihre dunklen Augen huschten hin und her. Euryn war auf ihren Sprung gefasst. Sie schloss einen Moment die Augen, ihre Nasenflügel bebten. Sie konnte sich auf nichts konzentrieren. Ihr war, als säße sie wieder auf der Brücke. Aber alleine. Ohne Belas. Ohne Naasch und Tschusch. Sie war auf ihren Tod gefasst. Die Raschoar fixierten die Homidin, abschätzend, kalt. Dann drehten sie sich weg und waren ohne ein weiteres Geräusch verschwunden.

*

Thorsa sah die Kampfkraft seiner Männer schwinden. Er selbst fühlte Panik in sich aufsteigen. Die Raschoar hatten sich in breiter Linie und mehreren Reihen hintereinander vor ihnen in Stellung gebracht. Sie quiekten. Es klang auf verstörende Weise hämisch. Thorsas Blick streifte die Augen einer der Bestien. Das war kein Tier, das da vier Armlängen entfernt vor ihm auf dem Boden kauerte. Es schien ihn fast anzugrinsen. Noch während er sich über das Wesen dieser Kreaturen Gedanken machte, schnellten auf einen schrillen Ton hin mehrere Raschoar aus der zweiten Reihe hoch. Die Klingen der Nordländer zuckten durch die Luft, doch während zwei Ratten mit einem grauenvollen Geräusch zu Boden stürzten, griff die erste Reihe der Tiere die Männer auf Beinhöhe an. Sie kämpfen mit klarer Taktik. Thorsa spürte das Herz im Hals schlagen. So etwas hatte er noch nicht erlebt. Auf diesem engen Raum hatten sie keine Chance. Er sah sich um. Niemand stand mehr, ein schreckliches Bild bot sich ihm. Er schlug Kliskor, der neben ihm war, vor die Brust und riss ihn mit sich ins Wasser. Auf dem Floß knieten jetzt nur noch zwei Nordländer, Rücken an Rücken. Ihre Hosen waren zerfetzt, an Armen und Oberschenkeln lief Blut aus vielen Wunden. Die Raschoar hatten einen Kreis um sie geschlossen und wichen geschickt den bläulichen Flammen aus.

Dann ging es ganz schnell. Einige Raschoar näherten sich von vorne und täuschten einen Angriff vor. Zugleich schnellten vier mit einem enormen Sprung von den Seiten auf die Nordländer. Sie schlugen ihre scharfen Vorderzähne in die Hälse der Männer. Sie brachen lautlos zusammen. Die Flöße der Nordländer waren an diesem Abend eine reich gedeckte Tafel.

*

Ein Stück flussabwärts zog Belas Tom ans schlammige Ufer. Euryn war knapp hinter ihnen. »Wie hast du das geschafft?«, flüsterte Belas.

»Ich habe gar nichts geschafft. Sie haben sich von mir abgewandt, als sie sahen, dass keiner der Männer im Zelt war. Sie hatten keinen Hunger auf uns. Sie hatten andere Ziele.«

»So was nenne ich einen Kulturschock.« Tom richtete sich neben ihnen auf.

»Sinn, hast du davon Aufnahmen gemacht? Mein Gott – kann ich das zuhause überhaupt zeigen?«

Er zitterte am ganzen Körper. Die schmalen Lippen waren blau.

»Sinn, gib uns doch bitte unsere Koordinaten durch.«

Belas und Euryn starrten ihn an.

»Tom«, sagte Belas. »Sinn habe ich seit Grünland nicht mehr gesehen. Ich glaube nicht, dass er in unserer Nähe ist.«

»Das habe ich ganz vergessen.« Tom wirkte resigniert. »Aber er kann nicht weit sein. Schauen wir mal, ob wenigstens meine Hand noch funktioniert.«

Er betastete die Innenseite seiner linken Hand. Ein Lichtschimmer erhellte sein Gesicht.

»Sieh einer an, geht noch! Unsere Technik ist nicht die Schlechteste.«

»Alles gut und schön«, Belas rappelte sich auf, »aber ich brauche jetzt was Trockenes zum Anziehen.«

»Lass uns nach Hause gehen. Oder besser gesagt, dorthin, wo das mal war«, sagte Euryn. »Vielleicht finden wir dort noch etwas.«

Das schwimmende Lager war ihren Blicken entzogen, aber in der Stille der Nacht hörten sie das Triumphgeheul der Raschoar.

*

In den Schieferbergen herrschte gespenstige Stille. Der Vollmond am Himmel tauchte die Welt in ein fahles Licht. Die Birken standen wie kleine Fackeln vereinzelt in den Flanken der Berge.

Während Toms Kleidung längst wieder getrocknet war, froren Belas und Euryn am ganzen Körper. Möglichst geräuschlos nahmen sie den steilen Weg hinauf zu ihrer alten Behausung.

Fluss und Flöße waren weit hinter ihnen, aber alleine die Vorstellung, wie sich die Raschoar über die Leichen hermachten, ließ Übelkeit in ihnen aufsteigen. Euryn konnte es kaum begreifen, aber die grausamen Tiere schienen nicht nur der fetten Beute wegen über die Nordländer hergefallen zu sein.

Ihre Höhle war leer. Tom spendete mit seiner Linken ein fahles Licht, als sie sich in den Wohnraum hineinwagten.

Belas kletterte hinab zu dem Ort, an dem die Familie von Rasinus gelebt hatte. Er hatte unterwegs ein langes Messer gefunden. Er hielt es fest in der Hand. Wenig später war er zurück, in den Händen Decken und trockene Wäsche. Er verließ die Höhle noch mehrere Male, dann hatten sie genug beisammen für die Nacht.

»Kannst du schlafen?«, fragte Euryn Belas. »Ich glaube, ich bekomme kein Auge zu.«

»Die Raschoar sind satt. Die schaffen mit ihren fetten Bäuchen heute Nacht gar nicht mehr den Weg hier hinauf.«

Tom, der die ganze Zeit fluchend versuchte, das von ihm selten benutzte Computer-Element in seiner Handfläche zu programmieren, räusperte sich.

»Eure Heimat wäre einer wissenschaftlichen Erforschung wert. Das waren doch nicht nur fette Ratten, die Hunger hatten. Ratten waren zwar schon immer intelligent – wobei ich sie nicht mal ein Viertel so groß in Erinnerung habe – viel intelligenter auch, als viele Menschen dachten, aber was ich vom Wasser aus beobachtet habe, schien mir monströs ungewöhnlich.«

Tom Verbeeks Stimme war zwar noch immer matt und belegt, aber seine Lust am Unterrichten und Belehren brach wieder hervor. Er berichtete von den großen Zeiten der Pest, was mehr als eineinhalb Jahrtausende zurücklag, und der Angst, die Menschen in späteren Jahrhunderten empfanden, wenn ihnen eine Ratte über den Weg lief.

Er bemühte sich, mit Hilfe seines elektronischen Helfers ein holographisches Bild in den Raum zu werfen, aber es gelang nur unvollständig, und Tom brach den Versuch mit einem mürrischen »blödes Ding« ab. Belas war unter seinen Ausführungen eingeschlafen. Euryn hörte ihm nicht mehr zu. Sie saß aufrecht und behielt den Eingang im Auge.

Es fühlte sich fremd und merkwürdig an, nach langer Zeit wieder an diesem Ort zu sein. Ihr stürmten Bilder durch den Kopf, aus den Tiefen der Erinnerung hervorgezogen. Sie konnte die Stimmen von Belas Eltern hören, wie sie freundlich, aber bestimmt die zankenden Kinder voneinander trennten. Genauso waren es die letzten Tage in ihrer Höhle und die vielen widersprüchlichen Gefühle, die sie mit einem Mal aufwühlten, als sei das alles gestern gewesen.

Irgendwann sackte sie zur Seite und verfiel in hektische Träume. Sie sah die Augen der Raschoar dicht vor sich. Sie sah Tom, dann Thorsa, den Anführer der Nordländer. Die Gesichter überlappten sich, und sie wusste nicht mehr, wer von beiden Freund und wer Feind war. Dann wurde es stiller in ihr. Sie rief nach den Nooren. Aber es gab keinen Kontakt. Euryn war voller Sorge. Sie mussten so schnell wie möglich zu der Lagerstätte.

Am nächsten Morgen wagten sich die drei wieder hinunter zum Fluss. Zuvor hatten sie den Helikopter auf dem Langen Berg durchsucht, aber nichts gefunden, was ihnen gehörte. Immerhin stießen sie auf ein paar Handwaffen. Tom hatte zudem einige Päckchen an sich genommen, die ihm ein vages Lächeln auf die Lippen gezaubert hatten. Was es war und wozu er es brauchte, sagte er nicht.

Die Sonne stieg rasch am wolkenlosen Himmel, als sie zur Sarou aufbrachen. »Schau, wie schön es hier ist«, rief Belas Tom zu.

Er atmete die klare Morgenluft tief ein. An den jungen Blättern der Birken hingen Tautropfen, die das Licht brachen. Tom sah kurz von seiner Handfläche auf und murmelte etwas. Er versuchte noch immer verzweifelt, den technischen Helfer zu aktivieren, der nur im Basisprogramm lief und ständig Wetterprognosen und Filmvorschläge präsentierte. Immerhin, er versprach sonnenreiche Frühlingstage.

Sie erreichten rasch die Floße, die sich auf den Wellen leicht hoben und senkten. Euryn versuchte nicht auf die Überreste der Nordländer zu schauen, dennoch musste sie sich am Rand des Wassers übergeben. Auch der zuvor noch beredsame Tom sagte kein einziges Wort. Bis sie in einem der Zelte auf Rucksäcke stießen, in denen die Nordländer ihr Hab und Gut verstaut hatten.

»Sinn«, rief Tom entzückt aus, als habe er einen alten Freund entdeckt. Er griff die flache Konsole, nachdem er sie aus einem Metallkäfig befreit hatte, und gab ihr einen Kuss auf die Schaltfläche. Das ovale Etwas summte. »Sinn, mein Guter. Jetzt fühle ich mich wieder vollständig und mit der Welt im Reinen.«

Tom, Belas und Euryn befüllten sich Rucksäcke mit Lebensmitteln und verließen das schwankende Holz. Sinn hatte einen toten Raschoar gescannt. Die neuen Informationen wendete er sofort auf die Umgebung an und meldete Tom: »Im Umkreis von einer halben Meile finde ich keines der Nagetiere.«

Selbst Euryn, die sonst nicht viel auf die Auskünfte der Maschine gab, fühlte sich besser. Schweigend machten sie sich auf den Weg zur Lagerstätte.

Sie kamen deutlich schneller voran, als Belas und die anderen seinerzeit gebraucht hatten. Die Nordländer hatten eine breite Schneise in den Wald geschlagen zu dem Zugang. Es war alles vorbereitet für einen Abtransport auf dem Wasserweg. Tom vermutete, sie wollten ihre Helikopter dafür nicht nutzen, weil das die Beobachtungsdrohnen seines Volkes aufmerksam gemacht hätte. Während Euryn und Belas still blieben, hatten Tom und Sinn begonnen, alle möglichen Informationen über ihre Umgebung zu sammeln und auszutauschen. Sie verglichen die Blattstruktur amerikanischer Laubbäume mit denen des alten Kontinents. Tom reagierte entzückt, als er einen stattlichen Vogel sah, der sich aus einer Baumkrone löste.

»Was ist das?«, rief er. Sinn begann eine schier endlos lange Liste von Greifvogelarten herunterzuleiern, Belas aber genügte ein Blick nach oben.

»Siehst du die weißen Flecken an den Flügelspitzen?«

Tom nickte.

»Und er hat einen stark gegabelten Schwanz. Wir nennen ihn Weißspitz. Er kommt hier sehr häufig vor.«

Sinn gab sich nicht so schnell geschlagen. »Marlan, Marlin, Milan«, plapperte er vor sich hin. »Es müsste sich um eine Milanart handeln.«

Tom schaute gebannt hinauf. »Wie auch immer, er hat ein prächtiges Gefieder und eine beachtliche Spannweite.«

Ob Moose, Farne, Eichhörnchen oder Schnecken – der ehemalige Erste Bürger der Millionenstadt First Fine Unit erging sich entzückt in der Betrachtung der Fauna und Flora der Homidenwelt. Mehrere Stunden ging das so. Die Sonne zog an einem strahlend blauen Himmel entlang. Sie kamen an dem See vorbei, an dem Belas viele Monde zuvor mit Siras Gemeinheit gehadert hatte. Belas erkannte auch die Stelle wieder, an der Siras kleiner Bruder ihm unfreiwillig das Leben gerettet hatte. Sie machten eine längere Pause, aßen von dem harten Brot der Leute aus dem Norden. Sinn schlüsselte die Inhaltsstoffe auf, Tom rümpfte die Nase. Er aß es dennoch.

»Wenn mich einer hier sehen könnte, er würde es nicht glauben.« Tom sah zufrieden um sich. »Die reine Wildnis – und ich mittendrin.«

Seine blauen Augen blitzten, die schmalen Finger zwirbelten den feinen Bart. »Wenn ich mich jetzt noch entsprechend des Anlasses kleiden könnte.« Sinn machte von allem Filmaufnahmen.

»Der Spaß hat gleich ein Ende«, brummte Belas. »Wir brauchen nicht mehr lange. Ich hoffe, du hast dann alles so gerichtet, wie es sein soll.«

Tom verzog das Gesicht.

»Belas, mein Lieber, du solltest nicht so mürrisch sein. Immerhin habe ich euch beiden doch rasch dorthin gebracht, wo ihr hin wolltet.«

»So kann man es auch sehen.« Euryn fuhr sich mit den Händen durchs Gesicht. »Wir sind hier. Aber weder haben wir einen Metallvogel, der diese Glaskugeln ins Nirgendwo schießen könnte, noch sind wir die Nordländer los. Die Raschoar scheinen ein besserer Helfer als du.« Sie sah Tom direkt in die Augen. »Der Nordländer meinte, ihr seid nicht besser als seine Leute. Ich denke, er hatte Recht. Oder willst du da widersprechen?«

Tom richtete sich auf, aber die Hominidin schnitt ihm das Wort ab. »Sag erst gar nichts. Ich für meinen Teil bin mir sicher.«

Um dem Gespräch eine andere Richtung zu geben, sprach Belas Tom auf seinen weiteren Plan an. Doch der räusperte sich gekränkt.

»Wenn deine Freundin uns mit denen in einen Topf wirft, sollte ich vielleicht besser wieder in meine Heimat zurückkehren. Ihr habt ja keine Vorstellung, was ich alles ...« Er verstummte.

Euryn sah ihn fragend an. Er wich ihrem Blick aus.

Belas stand auf. »Wir sind bald dort. Kann Sinn uns sagen, wo die Nordländer genau sind?«

»Natürlich«, entgegnete Tom. Er schickte seinen Helfer in westliche Richtung. Aus seinem Rucksack stopfte er sich einige kleine Gerätschaften in die Taschen seines Anzugs. »Auch wenn euer Vertrauen in mich offenbar sehr begrenzt ist – wir werden jetzt da raus gehen und diese Banditen in die Flucht schlagen. Ich würde gerne Bekanntschaft machen mit den Damen, die deine Fähigkeiten haben, Euryn.«

Er verharrte kurz. »Wie wohl ich auf etwas mehr Respekt hoffen würde.«

13. Tief unten

Sinn blieb lange fort, Tom wurde ungeduldig. Aber dann bekam er eine Nachricht von seinem elektronischen Gefährten auf die Bildfläche in seiner Hand. »Sie haben ihr Lager in Sichtweite des Eingangs errichtet. Aber es ist niemand draußen.« Tom runzelte die Stirn.

Euryn sah ihn entsetzt an. »Dann sind sie drinnen.«

»Möglich. Sie werden wohl kaum das Weite gesucht haben. Diese pelzigen Monster können nichts damit zu tun haben, oder?«

»Keine Ahnung. Aber mein Gefühl sagt mir, sie sind drinnen. Ich habe keinerlei Kontakt zu den Nooren. Ich müsste ihre Anwesenheit eigentlich spüren. Aber sie sind wie vom Erdboden verschluckt.«

»Im wahrsten Sinne des Wortes! Ihr wart beide nie in dem atomaren Endlager, richtig? Falls es – wie die Nordländer hoffen – ein großes ist, das ihnen brauchbares Material bietet, dann wird die Anlage weitverzweigt und auch sehr tief sein.«

»Dazu habe ich einige interessante Details«, schaltete sich Sinn in das Gespräch ein – auf einmal war die ovale Scheibe wieder über ihnen in der Luft. Tom, den Blick in den Baumwipfeln, die rechte Hand am Kinn, nickte dem schwebenden Begleiter aufmunternd zu, als sei es ein Mensch, den er zum Weitersprechen bewegen wollte.

»Leider habe ich keine Verbindung mehr zu den Archiven in First Unit. Aber die bescheidenen Terra-Bytes, die ich aus meinem eigenen Tiefenspeicher abrufen kann, bieten interessante historische Fakten.«

»Nicht so gestelzt, mein Guter. Sag uns, was du herausgefunden hast. Wir müssen alle Fakten kennen.« Tom war stehengeblieben, den Kopf im Nacken.

Sinn machte eine kurze Pause. Belas sah zu der schwebenden Konsole auf. Er hatte es immer noch nicht verstanden. Sinn war eine Maschine, programmiert von Menschen. Sie hatten keine Gefühle, keine Wahrnehmung ihrer selbst, hatte Tom ihnen erklärt. Man gab ihnen einen Befehl, sie führten ihn aus. Und dennoch schien es Belas, als sei diese Maschine mindestens genauso eitel wie ihr Besitzer.

Tom rollte mit den Augen. Da sprach Sinn weiter.

»Geographisch sind wir hier ganz in der Nähe des ersten zentralen europäischen Endlagers für atomaren Müll. Es wurde um das einundzwanzigste Jahrhundert der alten Zeit als Forschungsstollen angelegt. Damals gab es zwar schon tausende Tonnen strahlungsintensiven Abfall, aber noch keinen geeigneten Ort, an dem ihn die Menschen ohne Gefahren für sich und die Umwelt zu lagern verstanden hätten.«

Tom spitzte die Lippen.

»Ah, ich weiß schon, worauf du hinaus willst. Bis ins dreiundzwanzigste Jahrhundert wurden in der Umgebung weitere Anlagen geschaffen. Aber unsere Unterlagen sind an dieser Stelle nicht ausreichend belegt, mein lieber Sinn. Bedenke, wie viel geschrieben steht und wie wenig manchmal davon wahr ist – bedauerlicherweise. Es scheint mir eher wie eine Legende, dass es damals so etwas wie ein Zentrallager im Herzen Europas gegeben haben sollte. Das wollte jeder finden, nachdem sich die Blicke wieder auf das Alte Europa gerichtet hatten nach dessen Verfall. Und keiner hat es je gefunden.«

»Ich beziehe mich auf die Daten, die mir zur Verfügung stehen«, beharrte Sinn. »Unser aktueller Standort dürfte nicht weit entfernt sein von der ersten großen Anlage, die damals im Grenzgebiet zweier Nationalstaaten gebaut wurde.«

Tom mochte seinem elektronischen Helfer das Feld des Wissens nicht alleine überlassen. »Ja, Bure oder Burre hieß der Ort wohl, von dem du sprichst. Das lag auf der Grenze zwischen dem Reich der Franzosen und der Germanen. Wechselhafte Zeiten, damals, ich habe mir die historischen Kompendien schon viele Male angesehen, aber leider nicht alles präsent. Bure, ja, so hieß die erste europäische Anlage, die tatsächlich in Betrieb ging für Einlagerungen im großen Stile.«

Tom hatte die Arme hinter dem Rücken verschränkt und wippte leicht im Gehen. Er geriet mit Sinn in Streit über die Frage, ob sie tatsächlich zumindest in der näheren Umgebung von Bure sein könnten. Bure, musste Sinn nach einigem Hin und Her einräumen, konnte nicht unter ihren Füßen liegen. Denn dort gab es dicke Tonschichten im Boden, die für ein solches Lager sehr gut geeignet waren. Unter den Schieferbergen dagegen war viel Buntsandstein. Sollte hier atomarer Müll lagern? Tom wollte dies nicht ausschließen. »Die Menschen waren zu keiner Zeit rational, mein Guter. Das ist dir fremd, ich weiß. Wenn die Gegend hier verwaist war, dann haben sie alte Bergwerksstollen für ihren Müll benutzt, ob das nun geologisch sinnvoll war oder nicht. Aus den Augen, aus dem Sinn, hätte man gesagt – und damit nicht dich gemeint.«

Nur eine kurz schwieg Sinn, dann debattierte er mit Tom über einige wichtige Jahreszahlen des Atomzeitalters. Er konnte genauso schlecht verlieren wie sein Besitzer. Wie so oft begannen beide, verschiedene Quellen für ihre Positionen ins Feld zu führen. Die letzten Bewohner Nordamerikas hatten nach dem Start der Optimum die Uhren auf Null gestellt. Und das war nicht der einzige Neustart der Zeitrechnung gewesen. So war es nicht einfach, die Vergangenheit exakt zu überblicken.

Belas hörte den Streithähnen nicht mehr zu. Endlager für giftigen Müll: Langsam verstand er den tieferen Sinn der Regeln des Allbios besser. Er erinnerte sich an die Erzählung Genars, wie Siras und seine beiden Helfer Zugang gefunden hatten. Genar hatte nur von einer großen Halle gesprochen, aber die war schon tief unter der Erde gelegen. Ihm schauderte bei dem Gedanken, dort hinabsteigen zu müssen. Die Gesetze des Ritus schienen ihm früher immer überholt und langweilig. Formelhafte Wendungen, die die Alten vor sich hersprachen, um sich die Zeit zu vertreiben. Jetzt sah er sie in anderem Licht. Es hatte einen Sinn, die Dinge unter der Erde ruhen zu lassen. Siras, Halou, Genar – sie waren in die Stollen eingestiegen. Hatten gegen das Gesetz verstoßen. Er war nicht mit ihnen an dem verbotenen Ort gewesen, aber er hatte mit nach ihm gesucht mit der gleichen Begeisterung wie seine Kumpane. Und hätte Siras ihn nicht ausgeschlossen aus dem Kreis, er wäre mitgegangen, um die Schätze zu bergen, die im Bauch der Erde ruhten.

Es brauchte einen Moment, bis er Euryns Hand auf seiner Schulter spürte. Ihre blauen Augen fingen seinen Blick ein. Einmal mehr hatte er den Eindruck, sie könne in seinen Kopf schauen. »Ich habe gegen den Allbios verstoßen«, sagte er mit brüchiger Stimme.

»Ich weiß. Digdo wird dich dafür durch alle Höllen jagen.«

Ein ungewohnt mildes Lächeln lag auf ihren Lippen. Sie streichelte ihm behutsam über die Schulter.

»Belas. Du trägst nicht die Schuld für all das hier. Wenn nicht ihr vier losgezogen wärt, hätten es andere junge Homiden getan. Wenn nicht jetzt, dann später. Erinnere dich an den Streit im Noorenberg. Alle wussten, dass es früher oder später so kommen würde. Und auch die Nooren tragen Schuld. Sie haben euch laufen lassen.«

Belas rang nach Atem. Sein kräftiger Brustkorb hob und senkte sich. Die Sonne stand jetzt hoch am Himmel und wärmte sie. Er reckte sich und sah in die Baumwipfel. »Vielleicht können wir ja noch etwas retten.«

»Vielleicht muss gar nichts gerettet werden. Vielleicht sollte es einfach genau so sein, wie es gekommen ist«, entgegnete Euryn.

Tom, einen Farn in der Hand hin und her wendend, klatschte in die Hände. Er strahlte übers ganze Gesicht. »Ah, wenn ich diesen kleinen Dialog für einen Film verwenden dürfte, wäre ich euch sehr verbunden. Warum um alles in der Welt – nichts gegen deine Fähigkeiten, Sinn – warum haben wir nicht eine ordentliche Kamera mit? Stellt euch nur vor, sie würde jetzt diese wunderbaren Szenen in alle Flats von First Unit übertragen. Niemand würde ein anderes Programm initiieren, ganz gewiss nicht. Ich glaube, sogar Fat George hätte unter seiner schwarzen Seele ein bisschen Platz für etwas Gefallen an unserem Weg und unseren Erörterungen.« Er warf sich mit einem überlegenen Lächeln in die Brust. Tom Verbeek, der gefeierte Hauptdarsteller. Nur – die Schlacht hatte noch nicht begonnen.

*

Vor dem Eingang zur Lagerstätte war niemand zu sehen. Wo früher Bäume dicht an dicht gestanden hatten, war jetzt ein freier Platz. Ein paar Zelte standen am Waldrand. Einer großen Feuerstelle entstieg ein beißender Geruch. Sinn schwebte über dem Lager und kontrollierte den angrenzenden Wald. Tom sah seine Begleiter eindringlich an. »Ok, Freunde, jetzt wird es ernst. Ich denke, wir müssen da rein. Sinn kann nicht ausloten, was hinter den Betonmauern auf uns wartet. Belas, du hast deinen Schocker?« Belas nickte.

Tom sah kurz zu Euryn. »Du wirst von Sinn beschützt und wirst uns mit deiner Intelligenz sicher von Nutzen sein. Deine Nooren da unten« – er suchte nach etwas Aufmunterndem. Aber was konnte das sein, wenn sich die Nordländer gegen mentale Angriffe schützen konnten? »Na, das sind doch lebenskluge Frauen. Die werden sich was einfallen lassen.« Tom zwirbelte den Kinnbart und schlug ihr freundschaftlich auf die Schulter. Seine blauen Augen strahlten. Der gedrungene Körper schien voller Energie.

»Ach – noch was muss ich sagen. Euryn, sollte mir etwas geschehen – du weißt schon, man hat nicht immer einen guten Tag ... Also, sollte mich das Zeitliche segnen, dann nimm dir das hier.« Der Amerikaner zeigte auf sein rechtes Auge und verdrehte die Pupille nach oben. Euryn sah ein kleines, silbern glänzendes Plättchen.

»Was ist das?« Belas beugte sich vor, um auch einen Blick auf den Augapfel zu erhaschen.

»Das, meine Lieben, ist etwas, das mir Fat George nicht gerade zu meiner Freude mitgegeben hat, man könnte auch sagen – aufs Auge gedrückt hat – als wir aufgebrochen sind. Am liebsten hätte er euch ja aufschneiden und untersuchen lassen. Ich konnte ihn auf dem Flughafen nur davon abhalten, indem ich das hier akzeptiert habe. Er hat darüber einen direkten Draht zu uns und kann mich jederzeit orten, wenn Sinn das Notsignal gibt. Und das wird er, wenn die Gefahr besteht, die Nordländer könnten hier was aus der Erde rausholen. So ganz uninteressiert ist George nicht an unserer Mission.«

»Du willst niemanden hier retten, hab ich recht? Ihr wollt das Zeug genauso wie eure Feinde.«

Euryn baute sich vor Tom auf, die zierlichen Arme in die Hüften gestemmt. »Ich habe immer gewusst, dass wir dir nicht trauen können.«

Belas sah sie verblüfft an.

Tom hob abwehrend die Hände. »Jetzt schlag mich nicht gleich um. Das ist der falsche Moment, und es ist auch nicht richtig.«

Sie sah ihn kühl an.

»Ich hätte schon früher darüber reden sollen, aber es war etwas turbulent die vergangenen Tage. Also damit das klar ist: Ich habe euch beiden schon einmal den Hintern gerettet. Ihr wärt nicht mehr am Leben, wenn ich nicht meine schützende Hand über euch gehalten hätte. Das andere ist: Ich musste mit George einen Deal machen, um euch und mich aus First Unit rauszuholen. Aber genau das ist der Grund, warum du dieses Ding an dich nehmen sollst, Euryn. Der Chip in meinem Auge speichert jede Menge Daten. Fat George kann mich orten und seine Drohnen schicken, wenn er sich tatsächlich zu einer solchen Aktion aufrappeln wollte. Ihr müsst bedenken: Mit dem Zeug, das vielleicht in diesen Stollen lagert, lässt sich nicht nur Energie erzeugen, es lassen sich auch Waffen bauen. Und solche Möglichkeiten möchte George nicht gerne in den Händen der Nordländer sehen. Dass er selbst Bomben bauen wollte im Umkehrschluss, halte ich gelinde gesagt für absolut unsinnig. Letztlich würde das alles doch nur vom gewohnten Tagesrhythmus abhalten. Und das ist etwas, was der gute George ganz gewiss nicht will. Aber er soll auch nicht auf falsche Gedanken kommen. Deshalb nimmst du den Chip am besten an dich, Euryn, sollten die Dinge hier eine schlechte Wendung nehmen.«

Euryns Nasenflügel bebten. Ihre Augen fixierten Tom Verbeek. »Warum soll ich dir das alles glauben?«

Tom hob die Augenbrauen. »Du hast keine andere Chance. Und schau dir deinen Bruder an. Er lebt. Ohne meine Hilfe wäre er Fischfutter.«

»Fischfutter?« Belas machte ein angewidertes Gesicht. Dann fasste er seine Schwester behutsam an der Schulter. »Er hat recht, Euryn. Vertraue ihm. Er ist nicht unser Feind.«

»Aber ist er unser Freund? Oder sind wir womöglich nur ein Spielball zwischen zwei Fronten?«

»Wir müssen da rein und die Nordländer stoppen. Das zählt jetzt.« Belas nickte Tom zu. »Ich vertraue dir. Du bist ein bisschen verrückt, aber kein schlechter Kerl.«

»So?« Tom sah ihn mit gespielter Empörung an. »Ihr seid genauso eigensinnig, wie es eure Vorfahren gewesen waren. Die haben sich auch immer für was Besseres gehalten. Aber ich bin froh, dass du den Ernst der Lage erfasst hast, Belas. Können wir nun?«

»Dann mal los, Sohn eines Digdo«, sagte Euryn mürrisch zu Tom.

»Sohn eines was?«

Belas winkte ab. »Vergiss es, das sind unter den alten Göttern die Dümmsten.«

»Fein, dann vergesse ich es.«

Tom ließ Sinn den Tor-Code dechiffrieren. Einen Augenblick später sprang die Tür auf. Kühle Luft drang nach draußen. Tom horchte kurz und schob sich ins Innere. Die beiden Homiden folgten. Ihre Augen gewöhnten sich schneller an die Dunkelheit als die des Menschen. Toms Handfläche schimmerte schwach, so wie die Augen von Belas und Euryn. Sie machten einige Schritte ins Dunkel. Mit einem satten Geräusch flutete Licht auf. Sie standen in einem kleinen Raum, der in einen Tunnel führte. Es war niemand zu sehen noch zu hören.

»Sie haben die Beleuchtung wieder in Gang gebracht.« Tom nickte anerkennend. »Wahrscheinlich funktionieren die Aufzüge auch, von denen du geredet hast, Belas. Aber wir sollten sie nicht benutzen. Wir wollen ihnen ja nicht direkt in die Arme laufen.«

Die drei folgten dem Tunnel, dessen Deckenleuchten Inseln von Licht und Dunkelheit zauberten. Wenig später erreichten sie einen großen Raum. Die massiven Eisentore waren aufgeschnitten und weggebogen. Toms Blick ging zur Decke.

»Das sieht noch schlimmer aus, als ich vermutet hatte.« Verbogene Stahlträger zogen sich über ihren Köpfen hinweg. Sie waren an mehreren Stellen aus den Verankerungen gerissen. Gestein und Erdreich an feinen Wurzeln hingen von der Decke herab.

»Genau so habe ich mir das immer in der Geschichte von Lisis vorgestellt«, raunte Belas Euryn zu. Doch die dachte an anderes. Sie suchte nach Anzeichen von den Nooren. Offenbar hatten sie sich in die Stollen zurückgezogen, um die Nordländer fernzuhalten. Doch wo waren sie jetzt? Kämpften sie im Bauch der Erde mit den Eindringlingen? Euryn konnte nichts davon spüren. Im Reich der Felsen schien keine Verbindung möglich.

Tom hatte Sinn unter den Arm geklemmt. Er unterhielt sich jetzt wieder mit ihm und gab der Maschine verschiedene Arbeitsaufträge. »So ganz betriebssicher ist diese Anlage gewiss nicht mehr. Sollte die Erdkruste auf eurer Scholle einen kleinen Schnupfen bekommen und mal kräftig niesen, dann könnte uns die Decke auf den Kopf fallen.«

Er sah belustigt zu seinen Begleitern. »Ein bisschen Spannung muss doch auch sein, wenn man sich schon fast auf die andere Seite der Erdkugel begibt, um etwas zu erleben, oder?«

Belas nickte stumm, Euryn war schon ein Stück voraus und betrachtete missmutig die Schriftzeichen auf den Doppelflügeln der Aufzugtüren. Vier Türöffnungen nahe beieinander gab es, die zu Schachteingängen führten. Die beiden äußeren hatten große eiserne Tore, jeweils doppelt so groß wie die mittleren Eingänge. Die äußeren Schächte waren wohl dazu bestimmt gewesen, große Lasten in die Tiefe zu befördern.

»Wenn sich unter uns nichts verschoben hat in den vergangenen Jahrhunderten, dann brauchen die Nordländer nur diese Frachtkörbe zu reaktivieren und können in wenigen Tagen alles heben, was sie dort unten finden.« Tom presste die Lippen zusammen. »Aber wir wissen noch nicht, ob sich der Einsatz wirklich lohnt.«

»Was heißt das?«, fragte Belas, der dicht hinter ihm stand.

»Es gibt viele solcher Lagerstätten, doch es ist nicht überall hochenergetischer Atommüll gelagert. Wir müssen schon näher ran, um das herauszufinden.«

Euryn strich mit den Händen über die verwitterten Symbole und Buchstabenreihen. »Das Dreieck hier ...«

»... steht für atomares Material. Und daneben der Totenschädel, seht ihr«, er fuhr die nur schwer kenntlichen Linien nach, »das kann sich wohl jeder denken, wofür das Symbol steht.«

Euryn warf einen Blick zu Belas hinüber. Dann sagte sie ungeduldig: »Wie kommen wir jetzt nach unten?«

Tom zwirbelte seinen Kinnbart. »Wie war das noch gleich, Belas? Wie sind deine Freunde da runter? Nicht mit den Aufzügen, oder?«

Belas sah sich in dem modrigen Gewölbe unschlüssig um. Ihm war gar nicht wohl bei dem Gedanken, auf welche Weise auch immer in die Tiefen dieses Tunnelsystems hinabzusteigen. Das Symbol des Totenschädels beeindruckte ihn sehr. Er gab noch einmal Genars Worte wider: Wie die jungen Homiden die Schächte untersucht und schließlich herausgefunden hatten, dass sie durch eine Öffnung oberhalb der beiden Personenkabinen auf deren Dach – diese Kabinen und Förderkörbe waren damals allesamt oben gewesen – zur Rückseite des Schachtes klettern konnten. Dort führten Halterungen aus Eisen in die Tiefe.

Tom nickte. Er wollte lieber durch eine der Luken in die Öffnung hinter den Aufzügen einsteigen, so wie es die Homiden getan hatten.

Das schien ihm wesentlich sicherer, als einen der Aufzüge zu nutzen und dem Feind womöglich in die Arme zu laufen. Belas ging vor der glatten Aufzugstür in die Hocke. Tom kletterte über ihn in die Höhe und zog sich schnaufend in die linke der beiden Luken hinein. Die rechte Kabine war in der Tiefe.

»Ich bin doch ein etwas kleiner und kräftiger Mann«, stöhnte er, Sinns unzählige Gefahrenhinweise ignorierend. Allerdings bewegte er sich für einen alten Mann ungeheuer elegant, dachte Euryn. Noch während er sich in den Spalt quälte, begann der Personenaufzug zu ihrer Rechten zu summen. Belas und Euryn starrten auf einen Bildschirm, der auf der Tür aufleuchtete.

»Was ist das?«, fragte Belas.

»Zahlen.« Euryn las vor: »Fünfzehn, vierzehn, dreizehn.«

»Verflucht. Sie kommen hoch. Ihr müsst hier rein, rasch«, keuchte Tom und zog sich weiter zur Rückseite des Kabinendachs. Belas stieß Euryn in die Seite. »Nun mach schon. An mir hoch. Beeil dich.«

Euryn setzte einen Fuß auf sein angewinkeltes Bein, dann den anderen auf Belas Schulter. Sie drückte sich ab und zog sich behänd in die Öffnung. Die Anzeigetafel zeigte inzwischen kleinere Zahlen. Neun, acht, sieben, sechs ... Die Homiden brauchte einen Moment, um sich auf der Fläche über dem Aufzug zu drehen. Und dann sah sie, dass Belas ein Problem hatte: Die Wand vor ihm war glatt und für einen Homiden sehr hoch. Er durfte keine Zeit verlieren. Sie streckte ihm einen Arm entgegen. Er sprang hoch, griff nach ihrer Hand, rutschte aber ab. Euryn stand die Angst ins Gesicht geschrieben. »Mach schon, sie sind jeden Moment da.«

Belas versuchte ein weiteres Mal, ihre Hand zu packen. Er rutschte erneut ab. Ein Summen – der Aufzug war oben.

»Belas!« Euryn wollte sich weiter hinauslehnen.

Er trat zwei, drei Schritt zurück und legte die Hand auf die Lippen. Seine Haut war aschfahl. Er musste an seine Begegnung mit Perkil denken. Was, wenn ausgerechnet der Händler aus dem Aufzug stieg? Belas nestelte den Schocker aus der Jackentasche und nahm die Hand hinter den Rücken. Tom zog Euryn ins Dunkel über dem Aufzug zurück. Die beiden Türflügel wichen quietschend auseinander. Drei große Gestalten in enger Kleidung standen in der Kammer. Belas wich langsam zurück. Die Männer sahen ihn kurz verdutzt an, dann grinsten sie breit.

»Na, Grauschädel? Was hat dich denn hierher verschlagen?«

Den Raum ausspähend, bildeten sie einen Halbkreis um Belas, der stumm blieb.

»Dem hat es die Sprache verschlagen, glaub ich«, sagte ein hochaufgeschossener Nordländer.

»Das lässt sich ändern«, erwiderte sein Nebenmann. Noch während der Große ihn zu mehr Vorsicht ermahnen wollte, schoss sein Arm hervor, um Belas am Hals zu packen. Doch der duckte sich weg. Der bläuliche Strahl seines Schockers fuhr dem Mann in den Unterarm und schnitt ihm die Haut auf. Der Nordländer schrie auf. Die beiden anderen griffen nach ihren Waffen. Da hörten sie hinter sich eine bebende Stimme rufen: »Das lasst ihr bleiben.«

Sie wirbelten herum und starrten verblüfft zu Euryn hinauf. Die Kämpfer trugen ihre Helme unter den Armen. Sie bereuten es sofort.

»Diese Hexen sind doch nicht alle unten«, schrie der Mann, der seinen blutenden Arm hielt, in ein Mikrofon an seiner Jacke. Dann brachen die drei, einer nach dem anderen, bewusstlos zusammen.

Tom reagierte sofort. Er rief Belas zu: »Drück auf alle Schalter – die Aufzugkörbe müssen alle hier oben sein, dann können sie keinen Nachschub von unten schicken.«

Auf sein Geheiß fesselte Belas dann die reglosen Kämpfer. Er fand Bänder und Klebestreifen in den Taschen, die auf ihre Hosen aufgenäht waren. So fesselte er sie nicht nur, sondern verschloss auch mit den breiten Klebebändern ihre Münder. Dann zog er jeweils einen Nordländer auf die Schwellen der offenen Fahrstühle. Die Türen gingen nicht mehr zu, die Körbe blieben oben. »Den vierten könntest du vielleicht aus dem Rennen nehmen, Sinn, schau doch mal kurz in seine Elektronik hinein«, keuchte Tom. »Belas, gib mir ein Mikro mit Sender.«

Sinn schleuste sich wenig später in die Kommunikation der Nordländer ein. Er brauchte nur Sekunden. »Ich habe Rückmeldung von einer Gruppe. In einer Halle in rund tausendeinhundert Fuß Tiefe. Sie haben über Hotspots in den Schächten ihre Verbindung nach oben sichergestellt. Es ist davon auszugehen, dass es keine weiteren Einheiten da unten gibt.«

»Wie viele?«, fragte Tom hastig.

»Ich habe bislang Stimmmuster von zwölf Skandinaviens ausgemacht. Drei weitere hier oben – viel mehr dürften sich nicht im Bergwerk aufhalten.«

»Prima«, der alte Mann lächelte Euryn zufrieden an, »das hört sich doch alles gar nicht schlecht an. Wir haben eine realistische Chance, zumindest diesmal dem Treiben Einhalt zu gebieten.«

Sie nickte, schien aber nicht überzeugt.

Belas brauchte mehrere Anläufe, um die Kante über dem Lastenaufzug zu erreichen, und zog sich dann schnaufend hoch. Die beiden anderen halfen ihm. Tom band Belas Sinn auf den Rücken. Dann machten sie sich auf den Weg nach unten. Tom sorgte mit seinem elektronischen Helfer in der Hand für Licht, aber auch Sinn leuchtete den Schacht mit mehreren Lichtquellen entlang seiner ovalen schmalen Seite aus.

Die in den Fels eingeschlagenen Eisen waren rostig und klamm. Belas schaute nur einmal in die Tiefe. Er sah nur feuchte Felswände und schwere Drahtseile. Das Licht verlor sich nach unten in gähnender Dunkelheit, die Seile schienen einfach immer weiter in die ewige Nacht hinein zu führen. Ihm wurde flau im Magen. Er schloss die Augen und klammerte sich fester an das kalte Metall.

Das Klettern hinab in die Tiefe war kräftezehrend. Und diese tiefe Schwärze zwischen den Lichtkegeln – Euryn ertappte sich dabei, wie ihr Verstand alle mögliche Kreaturen dort ansiedelte. Dabei war nichts außer kaltem Gestein um sie herum. Manchmal hielten sie zum Verschnaufen inne oder lauschten in die Finsternis hinein, weil dumpfe Geräusche zu ihnen vordrangen. Es war, als spräche der Berg selbst. Sprach er den Homiden die Gesetze des Allbios vor?

Sinn gab von Zeit zu Zeit Auskunft, wie tief sie unter der Erde waren. Belas wollte es gar nicht wissen. Er hatte das Gefühl, kaum atmen zu können, je tiefer sie kamen. Auch wenn ihm die Maßeinheit, mit der Sinn rechnete, nicht vertraut war, sprachen die Zahlen für sich. Er hatte in den Wochen in First Unit ein besseres mathematisches Verständnis entwickelt. Er verfluchte sein Wissen in diesem Moment aus tiefster Seele.

Zudem war die Luft feuchtwarm und schwer. Sie verursachte einen eigenartigen Geschmack auf der Zunge. Tom schnatterte eine Weile vor sich hin und unterhielt sich mit Sinn. Die Homiden schwiegen. Aber je weiter hinab sie kamen, um so mehr Kraft kostete es auch ihn, Stufe um Stufe abzusteigen, mit dem freien Fuß immer auf der Suche nach dem nächst tiefer gelegenen Halt. Auch Euryn spürte das flaue Gefühl in ihrem Magen und die Gebote des Allbios in ihrem Kopf, die gegen jede weitere Elle anschrien. Sie ignorierte all das. Ihr Geist war auf der Suche nach den Nooren, aber im Bauch der Erde fand sie keinen Zugang zu den Frauen um Ludmila.

Sinn hatte mittlerweile einen genauen Plan der Anlage erstellt, so weit er sie abtasten konnte. Genar hätte gestaunt, wenn er um die weiten Verzweigungen gewusst hätte, in denen sich die Stollen unter der Erde auf verschiedenen Ebenen ausbreiteten. Siras und seine Freunde waren damals über die erste Halle, die sie bald erreichen würden, nicht hinausgekommen. Wollte man alle Gänge ablaufen, die er bislang gefunden hatte, errechnete Sinn, wäre man viele Tage unterwegs gewesen. Mehrere Kammern, zwei davon so hoch, dass zehn Homiden übereinander nicht bis an die Decke gereicht hätten, befanden sich im Zentrum der Anlage. Insgesamt reichte das weitverzweigte Stollensystem zweitausendsechshundert Fuß in die Tiefe, wobei mindestens das untere Drittel komplett unter Wasser stand.

»Da geh ich nicht hin«, stöhnte Belas. Das sei auch vielleicht gar nicht nötig oder auch nicht ratsam, meinte Tom. Und dass sie gut daran täten, vor dem Betreten der einzelnen Bereiche herauszufinden, wie hoch die jeweilige Strahlung war. Ursprünglich, begann er seine beiden Begleiter zu belehren, hätten die Menschen den atomaren Restmüll so gut verpackt, dass fast keinerlei Strahlenbelastung rundherum feststellbar gewesen war. Aber über die Jahrhunderte sei alles brüchig geworden. Das habe Siras das Leben gekostet. Tom wollte weiter ausholen, aber Euryn fuhr ihn unwirsch an: »Sei still. Wir haben noch ein paar Spannen vor uns. Schone deinen Atem.«

Mit einem Schlag herrschte Schweigen im Schacht. Sie mussten mehrfach in kleinen Nischen, die sich im Fels zeigten, Pausen machen, weil besonders Tom die Kräfte beim Hinabsteigen schwanden. Der Weg in die Tiefe schien unendlich.

»Die Nordländer haben gut daran getan, sich zuerst um die Aufzüge zu kümmern. Wir können ja nicht ewig hier rumkraxeln«, sagte Tom, nachdem lange kein Wort gefallen war, zu seinem elektronischen Begleiter. Der antwortete mit einer neuen Tiefenangabe: »Neunhundertachzig Fuß.« Sie waren jetzt ganz nahe der Halle, in der sich der Trupp Nordländer befand.

Das letzte Stück legten die drei schweigend zurück. Immer wieder hielten sie inne, weil Geräusche in der Tiefe sie aufhorchen ließen. Schließlich warnte Sinns monotone Stimme: »In der Halle sind Nordländer, ihr könnt sie jeden Moment hören.« Belas erinnerte sich an Perkil, an dessen schmerzverzerrtes Gesicht damals im Wald, an seine Niederlage gegen zwei schmächtige Homiden. Der Nordländer würde kurzen Prozess machen, wenn er die Möglichkeit dazu bekommen sollte. Belas Hände waren zittrig. Er wollte gerade den Fuß auf die nächste Sprosse stellen, als Sinn nochmal sprach. »Hier ist jemand. Nur wenige Fuß unter euch.« Belas hielt inne und stierte erschrocken in die Dunkelheit. Zunächst sah er nichts außer weißem Licht und tiefer Schwärze. Dann löste sich von der Wand ein grauer Stoff. Ein blasses Gesicht schaute zu ihm hinauf.

»Ihr kommt tatsächlich! Ludmila hat so fest auf euch gebaut!« Rasinus Tochter Lisyra stand in einer Nische.

»Bei allen Göttern, ich habe dich nicht wahrgenommen«, flüsterte Euryn. Ihr standen Tränen in den Augen.

»Wir haben noch einen Mitstreiter?« Tom sah interessiert hinab.

»Eine Mitstreiterin. – Was viel mehr helfen wird«, entgegnete Euryn.

*

Belas genügte ein kurzer Blick. Auf der anderen Seite der Halle stand, inmitten einer Gruppe von Männern, Perkil. Sein Haar war lang und strähnig, der Schweiß stand ihm auf der Stirn. Ihre Augen fanden sich. Die Lippen des Nordländers wurden zu einem schmalen Strich. Aber viel interessanter als der Homide war für ihn der alte Mann. Perkil stieß einen grobschlächtigen Kerl neben sich an und wies mit hämischem Grinsen auf Tom.

»Schau mal. Das ist doch nicht zu fassen. Hier rennt tatsächlich ein hohes Tier der Gangsterstadt herum. Und das auch noch ganz alleine, ohne wandelnde Schlachtmaschinen.«

Perkil schrie die letzten Worte heraus und sah sich unter seinen Kumpanen um. Das narbige Gesicht wirkte noch langgezogener als früher. Die Meute johlte.

Tom richtete sich zu voller Größe auf. »Ist ja schön, wenn man bekannt ist – aber manchmal scheint es doch noch trefflicher, weniger Aufsehen zu erregen. Oder was meinst du, Belas?«

Der junge Homide stand neben dem Menschen, während sich Euryn und Lisyra im Halbdunkel neben den Aufzügen verborgen hielten. Wenigstens diesmal beruhigte seine Stimme Euryn. Sie atmete dennoch schwer und schwitzte.

Die Gedanken der Nordländer waren voller Hass. Sie trugen ihre schützenden Helme in der stickig warmen Halle nicht. Als sie zu Tom aufsah, war sie kurz irritiert. Ihr war, als habe sich sein Körper einen Moment lang ausgedehnt. Dann hatte sie das Gefühl, ihr Begleiter stehe nicht mehr vor, sondern hinter ihr. Doch ihr blieb keine Zeit, sich weiter damit zu beschäftigen. Perkil hatte seine Waffe gezogen und kam langsam zwischen den großen gelben Fässern auf sie zu.

»Passt auf. Der Alte könnte ein paar Tricks auf Lager haben«, rief er seinen Männern zu. Perkil ging langsam und zog das rechte Bein leicht nach. Eine Erinnerung an die Auseinandersetzung mit den jungen Homiden.

»Was machen wir jetzt?« Belas hielt seine Waffe fest umklammert. Seine Stimme war unsicher. Sie waren zu viert. Ihnen gegenüber ein Dutzend Nordländer, bis an die Zähne bewaffnet und zu allem bereit.

»Na wie es der da drüben so schön formuliert hat. Wir machen ein paar Tricks.«

Tom klang eher belustigt denn beängstigt. Belas schaute zu ihm auf. Er wunderte sich, woher die Stimme des Menschen kam. Es klang, als stünde er weiter weg.

»Dann lass dir nicht zu viel Zeit«, murmelte er verwirrt.

Die Halle war etwa zweihundert Spannen lang, fast ebenso breit und so hoch wie ein alter prächtiger Baum. Die Nordländer hatten sich an den Fässern auf der anderen Seite zu schaffen gemacht. Und sie hatten einen Gang, der halb verschüttet gewesen war, freigelegt. Perkils Stimme war gedämpft zu ihnen herübergedrungen. Aber jetzt waren sie fast nur noch halb so weit entfernt. Jedenfalls nahe genug für einen präzisen Schuss mit der Handfeuerwaffe.

»Lisyra, Euryn«, flüsterte Tom, »versteckt euch zwischen den Fässern und beschäftigt den Trupp mit euren erstaunlichen Fähigkeiten. Ich wähle den Weg durch die Mitte. Belas, du bleibst ein Stück weit hinter mir. Ich brauche einen freien Rücken.« Belas wollte protestieren, aber Tom ließ ihn nicht ausreden. »Vertrauen, Junge. Vertrauen. Tricks muss ich alleine machen.«

Sie gingen auseinander. Tom hob die Arme. Die Nordländer lachten. »Ist ja zum Fürchten«, rief einer, dessen Mund kaum noch Zähne hatte. Einige klopften gegen die gelben Tonnen. Der Raum war plötzlich erfüllt von dumpfem Geräusch. Tom stand reglos, schloss einen Moment die Augen und atmete tief ein. Belas war der Verzweiflung nahe. Wusste der Alte nicht, dass Perkil ihn jeden Moment mit einem Lichtschwall auseinanderreißen konnte? Dessen Männer verteilten sich jetzt zwischen den Fässern, die in Reihen mit breiten Durchgängen aufgestellt waren. Am Rand bewegten sie sich schneller als in der Mitte des Raumes. Doch während Perkil Tom fixierte und seinen Laser in Anschlag nahm, blieben die Äußersten der Kette mit einem Mal stehen.

Ein Nordländer fiel in Ohnmacht, vier andere wichen mit schmerzverzerrtem Gesicht zurück. Nooren! Ihnen war, als habe ein Feuer ihren Verstand verbrannt. Perkil nahm das nur am Rande wahr. Er sah den Präsidenten von First Unit vor sich – zumindest wusste er, dass dieser Typ die wichtigste Position in der Stadt des Feindes bereits innegehabt hatte –, und er wollte den Kopf dieses Sklavenhalters. Ein

Souvenir, fast so schön wie einige Gramm Uran, die in Norläns Metropole für Licht und Wärme sorgen konnten. Den Wilden würde er hernach in Stücke schneiden. Das hatte sich der Kleine verdient.

»Zieht eure verdammten Helme an«, schrie er, ohne den alten Mann aus den Augen zu lassen.

Dann ging alles ganz schnell. Tom ließ die Arme sinken und griff unter den Mantel. Perkil machte ein paar schnelle Schritte, so weit das sein steifes rechtes Bein zuließ. Er hob die Waffe und drückte auf den Auslöser. Ein kurzes Summen, geballtes Licht drang aus dem Gerät. Belas duckte sich. Eine Lichtkugel schoss in Toms Brust. Perkil grinste, aber Tom fiel nicht. Vielmehr schluckte sein Körper das Geschoss. Es zuckte in ihm hin und her. Eine kleine Metallkugel rollte zwischen Toms Beinen in Richtung der Angreifer. Belas sah überrascht neben sich. Denn das Ding war wie aus dem Nichts von dort gekommen. Er hörte Tom neben sich kichern, konnte ihn aber nicht sehen.

Perkil fluchte. »Ein Hologramm! Er versteckt sich. Ausschwärmen!« Doch da drangen grelle Blitze aus dem kleinen schimmernden Ball am Boden. Sie sprangen an die Decke, brachen sich dort und pfiffen in der Halle hin und her. Unter Perkils Männern brach Panik aus. Ein weiterer sank zu Boden.

»Jetzt brauchen wir das Schockgerät«, sagte Tom, der plötzlich neben Belas stand.

»Guter Trick, was?« Der Alte zwinkerte dem Homiden zu.

»Für kurze Zeit kann ich mich wie ein Televisionsbild im Raum aufbauen und selbst in den Hintergrund treten. Funktioniert eigentlich immer.« Er zog Belas auf die Beine und stürmte mit ihm vor. Aus der Handfläche ließ er grelles Licht blitzen. Er hielt es dem Nordländer entgegen, der jetzt wenige Armlängen vor ihnen stand und unsicher seine Waffe in den Raum hielt.

Dann lief Tom geduckt in Perkil herein. Der Anführer klappte wie ein Taschenmesser zusammen, die Laser-Waffe fiel zu Boden. Belas hechtete an beiden Männern vorbei, griff nach dem Gerät und richtete es auf die Kämpfer. Vier Nordländer rannten auf sie zu. Sonst sah Belas niemanden. Drei der breitschultrigen Kerle trugen jetzt Helme wie die Männer in dem Helikopter. Die Nooren konnten ihnen nichts mehr anhaben. Der Homide legte den Zeigefinger auf den Abzug und drückte ab. Er erwischte einen direkt vor der Brust. Der Mann öffnete leicht den Mund, dann fiel er. War er tot? Bei allen Göttern, Belas wollte niemanden töten.

Tom und Perkil lagen wie ein Knäuel am Boden. Tom obenauf. Er wollte sich aufrichten, aber Perkil ließ dies nicht zu. Der Nordländer krallte sich an ihm fest, wohl wissend, dass seine Männer kurz hinter ihm waren. Tom rief: »Verschwinde. Lass dich nicht fangen und frage Sinn um Rat.« Perkil hatte sich halb unter dem alten Mann herausgedreht. Er hatte mehr Kraft, der Überraschungsmoment war verpufft. Einer der Männer wollte nach Belas greifen, aber der machte sich klein und ließ sich zur Seite fallen. Er prallte gegen eines der Fässer, war aber sofort wieder auf den Beinen.

»Verdammt, die sind wie Wiesel«, schrie der Nordländer und stürzte erneut auf ihn zu. Aber da traf ihn Belas Schocker am Handgelenk und er fuhr mit einem Aufschrei zurück. Der Homide verkroch sich im Halbdunkel zwischen den Fässern. Er tastete sich in Richtung des nächsten Ganges, um Ausschau nach Euryn und Lysira zu halten. Doch schon auf halbem Weg stieß seine Hand an Stoff. Beinahe hätte er laut aufgeschrien. »Still jetzt«, raunte ihm eine Stimme – Euryn – von der Seite ins Ohr. Sie hatte ihn am Umhang gepackt. Vor ihm lag Lisyra.

»Du kannst ihr jetzt nicht helfen. Sie lebt. Wir müssen sie für den Moment hier lassen. Die Nordländer werden mit Tom den Weg durch den Stollen nehmen, wenn sie sehen, dass die Aufzüge blockiert sind.« Euryn zog Belas unsanft von Lysira weg. Und das keinen Moment zu früh. Die Nordländer liefen mit Lampen zwischen den Fässerreihen umher und näherten sich rasch. Perkil stand wieder auf den Beinen und kommandierte sie. Seine Worte hallten nach in dem großen Gewölbe. Aber die Homiden waren behände. Euryn steuerte auf das Tor zu, das die Nordländer freigelegt hatten.

Wenn Siras um die Verzweigungen dieses Systems gewusst hätte, dachte Belas. Genar hatte nichts von einem Gang berichtet, der weiterführte. Euryn zog ihren Bruder in den Stollen und duckte sich. Sie wandte sich an Toms elektronischen Helfer: »Sinn, wohin führt dieser Tunnel?«

»Es geht fast eine Meile schräg abwärts in die nächste Kammer. Von dort geht es zu einer weiteren Aufzuganlage, die sowohl tiefer nach unten führt als auch hinauf an die Oberfläche. Allerdings muss ich euch dringend ersuchen, Tom zu befreien. Er hat womöglich Rippenbrüche davongetragen und zeigt momentan eine ganze Reihe ernsthafter Stress-Symptome.«

»Wir kümmern uns um ihn, aber wir dürfen den Nordländern nicht in die Arme laufen. Die Nooren können nur da unten sein. Wir bekommen dort Hilfe. – Die Nordländer müssen doch auch hierher, oder gibt es einen anderen Ausgang?«

Sinn antwortete prompt. »Vollkommen richtig. Der Zugang, über den wir hierher gefunden haben, ist ein Nebeneingang. Alle Aufzüge sind oben, und sie werden mit ihren Verletzten nicht die Notleiter nehmen. Auch ihr Anführer ist verletzt, wie ich seinen Frequenzen entnehmen kann. Er verliert Blut.«

Sinn gab eine erschöpfend genaue Lagebeschreibung des Stollensystems und entschuldigte sich, auf die unebenen Wänden keine vernünftige graphische Darstellung projizieren zu können.

Euryn hörte ihm kaum zu. »Belas, wir müssen da runter.«

Belas blieb einen Moment stehen. Er atmete stoßweise.

»Ich weiß nicht, ob ich das kann. Wir sind schon viel zu weit über das hinausgegangen, was ein Homide tun sollte.«

Sie drehte sich zu ihm um. »Ich weiß. Aber wenn die Homiden Fehler begangen haben, können wir das nur heilen, indem wir jetzt den Weg weitergehen.«

Sie fasste ihn am Arm. »Los, Sohn eines Digdo. Du wolltest immer was erleben. Jetzt ist es so weit.«

Sinn erleuchtete den Raum vor ihnen. Die Wände waren feucht und von fleckigen Ausblühungen überzogen. Zwei Mal kamen sie an Rissen im Gestein vorbei, so breit, dass man eine Hand hineinstecken konnte. Die Luft war muffig. Sinn hatte begonnen, Radioaktivitätsmessungen durchzugeben. Während die Strahlung in der oberen Halle nach seinen Ausführungen für kurze Aufenthalte unbedenklich war, erfassten seine Sensoren jetzt vor ihnen zunehmend stärkere Strahlung.

»Ich denke, dort unten ist das, was sie suchen.«

Euryn blieb abrupt stehen, so dass Belas ihr in die Fersen lief.

»Autsch, kannst du nicht ...«

»Still. Ich fühle die Nooren, sie sind ganz nah.«

Euryn lief los. Das Gefühl ihrer Anwesenheit ließ Euryns Herz heftig schlagen. Eine kraftvolle Ausstrahlung war irgendwo vor ihr in der Tiefe des Berges. Ihre Schwestern! Ja, die Nooren waren ihre Schwestern, und sie fühlte eine ungeheure Erleichterung, sie in der Nähe zu wissen.

Die beiden liefen, so gut es ging. Im schwankenden Licht Sinns sahen sie einen Durchlass. In ihr stand eine dunkle Gestalt, in Tücher gehüllt.

Ludmila! Sie schob die Kapuze zurück, als die beiden nahe waren und streckte ihnen die offenen Arme entgegen.

*

Fast dreißig Nooren standen und saßen in Grüppchen in der unterirdischen Halle, die größer war als die weiter oben gelegene. Mehrere Arbeitsmaschinen standen hier, in das fahle Licht der bereits schwächer werdenden Beleuchtung längst vergangener Tage getaucht.

Es waren durchweg junge Nooren, die sich Ludmila angeschlossen hatten. Die Alten hatten es abgelehnt, sich in den Konflikt einzumischen. Sie vertraten die Ansicht, nachdem die jungen Homiden die Gesetze des Allbios gebrochen und einige der Glaskugeln aus dem Bauch der Erde an die Oberfläche gebracht hatten, war der Stamm dem Untergang geweiht. Sie hatten die Zugänge zum Noorenberg besser getarnt und ihre Tore verstärkt. Mehr war ihrer Einschätzung nach nicht zu tun.

Ludmila und ihre Getreuen hingegen waren auf die Bewohner der Schieferberge zugegangen, hatten sie gewarnt und so erreicht, dass wenigstens ein Teil seine wenigen Habseligkeiten zusammengerafft hatte und gen Osten verschwunden war auf den Resten der alten Straße, die auch Belas und Euryn eine Sommersonnenwende zuvor genommen hatten. Wer dagegen die eindringlichen Appelle in den Wind geschlagen hatte, wie die Sippe Rasinus', zahlte dafür mit seinem Leben.

»Ich hatte das sichere Gefühl, ihr würdet kommen«, sagte Ludmila zu Euryn und strich ihr zart mit den Fingerspitzen über die Wange. »Ich wusste nicht, ob es wirklich Hilfe geben könnte, aber ich hatte den festen Willen, eurem Mut und Einsatz eine Erwiderung zu schenken.«

Die Nooren waren dicht an Belas und Euryn herangetreten. Belas spürte Beklemmung in sich aufsteigen. Da war es wieder, dieses seltsame Gefühl, diese Frauen könnten in seinen Kopf schauen und in seinen Gedanken lesen wie in den alten Büchern der Bibliothek. Er trat unruhig von einem Fuß auf den anderen.

»Die Nordländer sind hinter uns«, erklärte Euryn hastig, »es sind nicht viele, aber sie sind wütend und zu allem entschlossen.«

»Sie haben den Gang betreten. – Erwartete Ankunft in vier Minuten und zweiundfünfzig Sekunden«, säuselte Sinn. Er warnte erneut vor erhöhter Radioaktivität, die schon nach einigen Stunden Aufenthalt zu ernsthaften gesundheitlichen Schäden führen könne.

Ludmila schaute neugierig auf das flache ovale Kunststoffbrett, das an Belas Schulter hing.

»Ist es das, was von den Menschen übriggeblieben ist? Wir dachten, ihr hättet auch jemanden aus Fleisch und Blut dabei.«

»Das ist sozusagen die bessere Hälfte«, meinte Euryn.

Sie strahlte Ludmila an. »Ich freue mich, dich wiederzusehen. Ich hätte dir so viel zu erzählen, aber nicht jetzt.«

Ludmila nickte. »Wir wissen, dass sie sich jetzt vor unseren Gedanken schützen können. Aber wir haben hier schon einige Vorkehrungen getroffen. Eine kleine Schar haben wir in die Irre geführt und weiter unten eingesperrt. Sie sind brutal, diese Männer, aber nicht besonders aufmerksam. Wie viele haben wir jetzt noch zu erwarten?«

»Es waren zwölf, aber einige sind verletzt oder tot. Sie haben eine eurer Frauen dabei und Tom Verbeek. Sie sind langsamer geworden, müssten aber in zwei Minuten und fünfundzwanzig Sekunden hier sein.« Ludmila lachte. Sie sah belustigt auf das Gerät. »Es scheint ja sehr nützlich, dieses Ding. Tom Verbeek, ist das der Mensch, der mit euch gekommen ist?«

Belas bejahte und schaute sich unruhig um. Die Vorstellung, gleich Perkil gegenüberzustehen, machte ihn nervös. Die Felswände der Halle waren von kleinen Kammern durchzogen, in denen metallene Hülsen steckten. Belas Blick blieb einen kurzen Moment an ihnen hängen. Als könnte Sinn jetzt auch schon Gedanken lesen, begann er den Homiden über den Inhalt der Gefäße zu unterrichten. Auch in ihnen schlummerte atomarer Abfall, aber der war deutlich älter als der Atommüll weiter oben. Doch gerade deswegen schätzte Sinn ihn als weiter ausbeutbar ein. Es sei dringend geboten, die Nordländer daran zu hindern, das Material in ihren Besitz zu bringen. Er warnte zudem erneut, länger als eine Stunde an dem Ort zu verweilen, da sonst gesundheitliche Schäden drohten.

Belas erinnerte sich an Siras ausgemergeltes Gesicht, nachdem er die ersten Glaskugeln in die Schieferberge gebracht hatte.

Sinn zufolge war ihre Strahlung wesentlich geringer als die der Metallhülsen hier unten. Warum hatten die Menschen mit diesem gefährlichen Zeug hantiert, fragte sich Belas. Warum wollten es ihre Nachfahren noch jetzt in ihren Besitz bringen?

Euryn zog ihn weg. »Wir müssen aus der Schusslinie.«

Ihr Gesicht war blass, ihre Augen schimmerten aber angriffslustig in dem schummrigen Licht der Halle.

Ludmila klatschte in die Hände. Die Nooren verschwanden in den dunklen Ecken der Halle. Euryn und Belas wussten nicht, was das zu bedeuten hatte, aber Ludmila lächelte ihnen aufmunternd zu. Die drei zogen sich hinter ein monströses Gefährt zurück. Es hatte Räder, größer als sie selbst, einen niedrigen Aufbau aus Metall und eine Schaufel an der Vorderseite, in die Perkils Männer allesamt hineingepasst hätten. Belas hatte solche Maschinen das erste Mal auf Abbildungen in der Nooren-Bibliothek gesehen und später in dreidimensionaler Darstellung bei Tom, als der ihnen von den alten Zeiten des Bergbaus erzählte. Hinter den Rädern dieses Maschinen-Ungetüms waren die Homiden nicht mehr zu sehen.

Die Tür schwang auf und zwei Nordländer stürmten in den diffus beleuchteten Raum. Die anderen aus ihrer Gruppe blieben zunächst im Stollen. Alle trugen Helme. Die Vorhut stellte sich breitbeinig auf. Euryns Nasenflügel bebten. Belas spürte ihren warmen Atem und ihre Aufregung. Sie mussten diesen Kerlen die Stirn bieten. Ein paar Nooren und ein junger Homide.

Ein Lächeln huschte über Euryns Lippen. Belas fühlte sich ertappt. Nun ja, es waren viel mehr Nooren im Raum als Nordländer. Aber was konnten die Frauen gegen die Kämpfer ausrichten? Was konnte *er* gegen sie ausrichten? Seine Hand zitterte, als er nach Euryns Wange griff und sie zart berührte. Seine Schwester. Sie gab ihm einen Kuss auf die Stirn.

Drei, vier, fünf Nordländer betraten nun die unterirdische Kammer. Sie waren vorsichtig. Zwei postierten sich neben dem Zugang zum Stollen. Die andern gingen ein paar Schritt seitlich. Sie bildeten ein Dreieck. In der Tür erschien Perkil und blieb stehen. Neben ihm Tom, gestützt von einem etwas schmächtigeren Nordmann. Tom hatte eine Platzwunde am Kopf, er schien benommen. Perkil grinste schief und stieß seinem Gefangenen derb in die Rippen.

»Na, Amerikano. Hier sind wir doch richtig, oder? Hier lagern alte Brennstäbe, mit denen man bestimmt noch was anfangen kann. Ihr würdet eure Killermaschinen mit schmutziger Munition bewaffnen, nehme ich an.« Tom versuchte sich aufzurichten, aber es gelang ihm nicht. Er nuschelte etwas, aber es war nicht zu verstehen.

»Wo sind deine Freunde, alter Mann? Haben sie einen Luftschacht entdeckt und stehlen sich jetzt davon?«

Perkil trat vorsichtig aus dem Stahlrahmen der Tür hervor, seinen Adjutanten und Tom im Schlepptau. Einer der beiden vorderen Nordländer hob den Arm. »Sie sind hier«, rief er, die Augen auf ein elektronisches Gerät geheftet. »Es sind viele.«

Perkil hob den Kopf. »Na und. Dann sollen sie aus ihren Löchern kriechen. Vielleicht könnten sie ja auch begreifen, dass nicht wir ihre Feinde sind. Wenn die Amerikaner mit ihren Drohnen und Kampfmaschinen kommen, steht hier kein Stein mehr auf dem anderen. Na, was meint ihr?«

Er sah sich herausfordernd um. Aber niemand antwortete.

Jedenfalls kein Homide. Doch der große Radlader inmitten der Halle gab ein trockenes Geräusch von sich. Scheinwerfer sprangen an, und mit einem dunklen Brummen meldete sich der Motor betriebsbereit. Im Führerhaus saß Ludmila. Das Ungetüm aus Stahl und Kunststoff ruckelte vorwärts.

Die Nordländer hoben die Hände gegen das Licht. Wie eine Horde Raschoar wuselten die Nooren heran. Aber sie waren nicht nahe genug, um die Männer aus dem Norden gänzlich zu überraschen. Die Kämpfer um Perkil rissen ihre Waffen hoch und schossen direkt. Grelle Lichtblitze zuckten durch das diffuse Licht der steinernen Kammer. Von einer Salve getroffen brachen die ersten Frauen zusammen.

Euryn schrie entsetzt auf. Belas wollte sie halten, doch sie rannte auf die Frauen am Boden zu. Die anderen Gefährtinnen Ludmilas hatten die Nordländer nun erreicht. Und sie zeigten, dass sie auch jenseits ihrer geistigen Kraft zu kämpfen verstanden. Sie hatten kurze, schwere Stöcke in den Händen. Zwei weitere Nooren stürzten, aber dann hatte jeder Mann gleich mehrere Frauen vor sich, die gezielt auf die Arme ihrer Feinde schlugen. Mehrere Waffen fielen zu Boden.

Im Getümmel schlichen drei Nooren an der Wand entlang in den Rücken Perkils. Als er sah, wie seine Leute fielen, wollte er sich in den Stollen zurückziehen. Doch die Nooren schlugen die Tür zu vor den verdutzten Männern, die noch im Zugang standen und nicht wussten, wo sie ihre Waffen hinrichten sollten, ohne die eigenen Leute zu treffen.

Die Frauen stürzten sich auf Perkil, die Stöcke über den Köpfen erhoben.

»Ihr dummen Weiber«, raunte der Nordländer mit einem Grinsen auf den Lippen. Er zog seinen Schocker. Die Hüterinnen des Allbios erwiesen sich jedoch als gute Kämpferinnen. Hatte Perkil erwartet, sie würden blindlings auf ihn einschlagen, sah er sich getäuscht. Es war eine anmutige Figur, mit der sie gegen ihn vorgingen. Plötzlich stand nur noch eine vor ihm, deren Bewegung nur eine Ablenkung war. Die beiden anderen hatten sich um die eigene Achse gedreht und standen jetzt seitlich. Einem Knüppel zu seiner Rechten wich Perkil noch rechtzeitig aus. Doch während seine Hand mit der kurzen bläulichen Flamme das Gewand der Angreiferin versengte, sauste von der anderen Seite das Holz mit voller Wucht auf seinen Schädel. Der Kunststoffhelm barst. Und schon fand ihn horizontal ein Schlag der Noore, die ihn abgelenkt hatte.

Das Holz traf ihn auf der Bauchdecke. So gut die Kämpfer des Nordens auch ausgebildet waren, die straffe Muskulatur widerstand der Wucht nicht. Er ging in die Knie, mit einem seufzenden Laut wich die Luft aus seinen Lungenflügeln.

Als Perkil wieder klar denken konnte, war der Kampflärm verstummt. Er hob den Blick und sah auf die Säume langer wallender Gewänder. Der Nordländer war verblüfft. Er wusste durch das erste Aufeinandertreffen, dass diese Grauhäuter geistige Fähigkeiten hatten, die über das Normalmaß hinausgingen. Dass sie aber auch Kampfkunst beherrschten, hätte er sich nicht träumen lassen. Auf der Militär-Akademie hatten die Ausbilder ihnen eingebläut, keinen Gegner zu unterschätzen. Doch seine Leute wie auch er hatten das im Angesicht der schmächtigen Grauhäuter ausgeblendet.

Jetzt lag er vor ihren Füßen. Seine Handfeuerwaffe war weg, und ihm war sonnenklar, wie schmerzhaft es werden würde, nach dem Messer an seinem Gürtel zu greifen. Er atmete stoßweise und hob vorsichtig beide Arme über den Kopf, während er aufsah. Jedes Einatmen zog einen Stich im Brustkorb nach sich. Das fühlte sich nicht gut an.

Im gleißenden Licht des Jahrhunderte alten Radladers bot sich ihm ein schrecklicher Anblick. Bis auf Jagis, einer seiner besten Männer, rührte sich kein Nordländer mehr. Um jeden herum lagen zwei oder drei Frauen, verhüllt von ihren Umhängen. Er bezweifelte, dass auch nur eine von ihnen noch am Leben war, nachdem sie mit den Waffen seiner Leute Bekanntschaft gemacht hatten. Wie viele seiner Männer waren noch übrig? Eine Handvoll? Oder weniger?

Die Botschaft Thorsas vom Massaker auf der Basis hatte ihn rasend gemacht. Gegen den Willen des Kommandanten war er mit seinem Trupp in die Lagerstätte eingedrungen. Was sollten diese Weiber schon ausrichten, nachdem sie sich mit Helmen gegen deren Gedanken schützen konnten? Auf jeden Fall wollte Perkil verhindern, dass ein Amerikaner mit den Homiden gemeinsame Sache machen würde. Nein, er kannte die Geschichte zu gut. Die Nordländer, die letzten Menschen fast des ganzen Kontinents, hatten über lange Zeiten hinweg unter der Vormacht jener fettleibigen Großmäuler und danach unter der wirtschaftlichen Erpressung aus dem fernen Osten gelitten. Das ging so weit, dass Zentraleuropa im Chaos versunken war und sich irgendwann selbst vergessen hatte. Das war alles lange her. Aber der Hass der wenigen, die es in die Städte hoch oben geschafft hatten, war nicht vergangen. Was in der südlichen Hemisphäre und auf dem amerikanischen Kontinent heute tatsächlich geschah, wusste Perkil nicht. Aber auf der Suche nach Plutonium hatten die Amerikaner immer wieder ihre Finger im Spiel.

Der Nordländer sah die Stahlzylinder in den Felswänden. Das Zeug war zum Greifen nah, und jetzt konnte er vor Schmerzen kaum atmen. Was für ein Jammer. Immerhin hatten die Nordländer alle hochdosiertes Jod zu sich genommen, um die Strahlenbelastung hier unten auszuhalten. Die Grauhäuter würden mit ihrem Leben zahlen, wenn sie noch lange in der Nähe des radioaktiven Materials blieben. Beide Hände über der linken Seite richtete er sich langsam auf. Das zerfurchte Gesicht schmerzverzerrt. Neben dem Hexenweib über ihm stand das kleine Aas, das bekümmert auf ihn herabschaute.

»Was glotzt du so, Grauschädel? Der Tag wird kommen, an dem du vor mir kniest und gegen Schmerzen ankämpfst, verlass dich drauf.« Er wurde immer lauter und seine Stimme hallte von den feuchten Wänden der Höhle wider. Belas sah ihn stumm an.

Ludmila gab den übriggebliebenen Nooren mit matter Stimme Anweisungen. Ihr Gesicht war unter der weiten Kapuze des Gewandes nicht zu sehen.

»Bindet ihm und dem anderen die Arme. Reina, Nysira – ich weiß, dies ist die schlimmste Aufgabe, aber bitte bringt unsere toten Schwestern hier raus.«

Die Frauen hatten Tränen in den Augen. Sie sprachen kein einziges Wort.

Perkil zuckte plötzlich hoch. Zwei schwere Prügel zielten sofort auf seine Brust. Aber das interessierte ihn nicht. »Wo ist der Amerikaner?«, schrie er.

Sein Kopf flog herum. Euryn, die zwischen den Frauen am Boden kniete und nach Lebenszeichen suchte, schaute irritiert auf. Den alten Mann hatte sie im Kampf einen Augenblick lang völlig vergessen. Wo war Tom? Er hatte etwas hinter Perkil gestanden und sich dabei, offenbar noch immer benommen, an den anderen Nordländer gelehnt. Doch dann hatte sie ihn aus den Augen verloren, als Lichtblitze durch den hohen Saal geschossen und die ersten Nooren zusammengebrochen waren.

Tom war verschwunden. Ludmila sah verwundert zuerst zu Belas, dann zu Euryn. Perkil entging ihr fragender Blick nicht. Er fluchte. »Ihr habt ja keine Ahnung, was in der Welt geschieht. Ihr denkt, wir wollten euch berauben und diese Monster würden euch helfen. Wie dumm ihr seid. Er wird seine Leute rufen, und es wird schlimmer werden, als es schon ist. Und das nicht nur für euch, sondern auch für uns. Ihr dummen Grauhäuter.«

Ludmila richtete sich auf, die Kapuze rutschte ihr vom Kopf. Ihr Blick richtete sich starr auf den Nordländer und er ging wimmernd in die Knie.

»Halt den Mund, Mann. Wie ihr mit uns und unseresgleichen umgeht, habt ihr gezeigt. Ihr seid Barbaren. Jene Menschen von dem anderen Kontinent können nicht grausamer sein.«

*

Die Nooren zogen ihre toten Schwestern auf Metallwägen aus der Halle. Sie brachten sie durch einen flachen Stollen, in dem sie kaum aufrecht stehen konnten. Alle hundert Schritte war ein kleines Licht installiert, das ansprang, wenn man sich ihm näherte. Sie waren viele hundert Jahre alt, aber sie funktionierten noch. Der Tunnel führte schräg bergan in eine kleine Kammer. Von dort war es nicht weit zu den anderen Aufzugkörben.

Belas und Euryn wollten wieder zurück in die höher gelegene Kammer. Lisyra war noch immer dort. Und auch Tom musste wohl oder übel in diese Richtung verschwunden sein.

Ludmila war zunächst skeptisch. Sie waren nicht mehr viele. Die letzten Nordländer würden auf alles schießen, was den Kopf in die Lagerstätte hielt. Sie wollte Belas und Euryn aber nicht ohne Unterstützung gehen lassen.

»Ich komme mit euch«, sagte sie, eine dunkle Silhouette vor den grellen Scheinwerfern der Menschen-Maschine. Sie sah sich noch einmal um. In der Halle standen neben dem Radlader vereinzelte Metallkörbe mit Gerätschaften darin. Entlang der Wände sah sie in langer Reihe die Einbuchtungen mit ihrer alten Fracht. Auf dem Boden tote Körper.

»Das alles wegen einer Müllhalde jener, die vor uns hier lebten? Wie dumm das ist.«

Ludmila seufzte, raffte ihr Gewand und ging auf die Tür zum Stollen zu. Die alten Schriftzeichen auf der vom Rost zerfressenen Eisenfläche waren kaum zu erkennen. Hinter der Tür würden die Lichter flackern, dachte Euryn. Die Erinnerung an einen Traum, an eine Vision, die lange zurücklag, kehrte mit Wucht in ihr Bewusstsein zurück. Sie würde Tom irgendwo hinter dieser Tür sehen. Den Mann mit dem undurchsichtigen Lächeln.

»Alles in Ordnung?« Belas fasste sie am Ellbogen.

Euryn fuhr sich mit der Hand über die Augen. Die Luft war feucht und modrig, aber sie sog sie tief ein.

»Ich denke, wir werden Tom wiedersehen. Aber ich bin mir nicht sicher, ob es ein freudiges Wiedersehen sein wird.«

Belas presste die Lippen aufeinander. Er zog Euryn mit sich und sagte: »Ich vertraue ihm.«

Vorsichtig öffneten sie die Tür zum Tunnel. Dahinter war es dunkel und still. Nur in der Ferne hörten sie ein Rumoren. Sie drückten die schwere Stahlpforte ganz auf.

Ludmila ging voran, den Stock zum Stoß bereit. Der Gang verlor sich vor ihnen im Dunkel. Die Lichter an der Decke pulsierten mit schwachem Schein. Sinn teilte mit, dass sie keinen feindlichen Kontakt zu fürchten hatten auf dieser Strecke. Sie beschleunigten ihre Schritte.

Noch bevor sie die obere Halle erreichten, drang Gebrüll an ihre Ohren. Sie hörten Thorsas Stimme. Er schrie voller Wut.

»Wann kommen eure Bluthunde? Sag es, alter Mann, oder ich breche dir jede einzelne Rippe, die in deinem gottverdammten Körper noch heil ist.«

Tom stöhnte auf.

»Gut, du willst noch ein bisschen leiden. Wir gehen jetzt raus. Und sollten da schon die ersten Drohnen kreisen, wirst du unser Schutzschild sein. Werden ja sehen, ob unsere Hubschrauber nicht schneller sind. Wenigstens haben wir den kürzeren Weg.«

Belas drängte an Ludmila vorbei.

»Wir müssen ihm helfen.«

Der Homide stürmte in die Halle mit den zahllosen Reihen gelber Fässer hinein. Ludmila und Euryn waren ihm dicht auf den Fersen. Ludmila gab ein kurzes Zeichen, aber Euryn hatte ihre Gedanken schon verstanden. Die beiden Frauen duckten sich und eilten im Schatten der Fässer am Rand des Raumes entlang auf die andere Seite zu den Aufzügen.

Thorsa stand mit den drei Nordländern, die Belas oben an den Aufzügen geknebelt hatte, einem von Perkils Leuten und Kliskor, seinem letzten noch lebenden Gefolgsmann nach dem Angriff der Raschoar, vor den Aufgängen. Tom kauerte am Boden, er rang nach Luft. Lisyra, gleich neben ihm, hatte die Hände auf dem Rücken gefesselt. Als der junge Homide, mit Sinn am Haltegurt, in die Höhle rannte, leuchtete die Schaltfläche in Toms Hand auf. Ein schwaches Lächeln huschte über sein Gesicht.

»Sinn«, hauchte er mehr, als dass er sprach, »wir brauchen ein bisschen Feuerwerk und Ablenkung. Das wird ein großer Spaß.«

Thorsa sah auf die zusammengesunkene Gestalt hinunter, dann zum anderen Ende der Halle. Von dort stürmte Belas auf ihn zu. Der Anführer breitete die Arme aus.

»Hervorragend. Da kommt ja noch einer unserer Gäste. Beeil dich, wenn du diesem Moloch entfliehen willst, Junge.« Seine Begleiter zückten die Waffen.

Sinn löste sich aus der Halterung und schwebte zur Gewölbedecke. »Schießt das Ding ab«, wies Thorsa seine Männer an, den Zeigefinger nach der kleinen Maschine ausgestreckt, »das ist gefährlicher als der Junge.«

Seine Männer zielten, aber noch ehe sie das im trüben Licht nur schwer zu erfassende Gerät geortet hatten, stoben Rauchschwaden aus Sinns Unterseite, in denen er verschwand. Einige grell aufblitzende Salven lösten sich aus ihren Waffen. Von der Decke brach Gestein und schlug auf die Fässer. Kleinere Steine ließen die Deckel singen wie ein prasselndes Lagerfeuer. Doch dann gingen mit einem Schlag größere Brocken zu Boden und zerbrachen gleich mehrere Fässer. Irgendwo in der alten Technik wurde durch die Erschütterungen ein Alarm ausgelöst. Rote Lichter an den Wänden flammten auf und pulsierten.

Euryn schockierte die Szene. So hatte sie es in ihren nächtlichen Bildern gesehen. Der Tod war vor ihnen, hinter ihnen und um sie herum.

Tom hatte sich mühsam aufgerichtet und stand in diesem Augenblick mit dem Rücken zum Raum. Gleich würde er sich umdrehen und sie ansehen. Sie wusste es. Aber noch immer fragte sie sich, ob der Mensch vom anderen Kontinent ihren Untergang besiegelte oder tatsächlich, so wie Belas hoffte, ein Retter war. Auch wenn er nicht so aussah, als ob er dazu noch in der Lage sein würde.

Belas legte die Distanz zu den Aufzügen – immerhin weiter, als ein Stein aus geübter Hand flog – erstaunlich schnell zurück. Thorsa, hochgewachsen und gewiss nicht leicht zu erschüttern, hatte in den vergangenen Stunden böse Niederlagen einstecken müssen. Dieser Ort war für einen Nordländer nicht gut, das stand fest. Die weit verzweigte unterirdische Deponie hätte seinem Volk sicher eine schöne Menge Kernbrennstoff geliefert, aber in diesem verödeten Teil des einstigen Europas schien wirklich das Unglück zu hausen.

Er war trotz allem in das alte Bergwerk gekommen. Doch um ihn war nur Chaos. Jetzt wollte er nur noch weg – falls sie rechtzeitig zu ihrem Helikopter kämen. Die Amerikaner hatten gewiss nicht nur den alten Mann in Marsch gesetzt. Ihre Bluthunde konnten nicht weit sein. Er packte Tom mit festem Griff.

»Wir müssen hier raus, alter Mann, hier gibt es nichts mehr zu gewinnen. Das hier ist ein Grab, keine Rohstoffquelle.«

Tom sah sich kurz um. Belas war da. Und auch am Rand der Halle, wo Rauch und Staub nicht so dicht standen, sah Tom eine Bewegung. Auch Euryn war gekommen, ihn zu retten. Dies war wahrlich Stoff für eine abendfüllende Darbietung in allen Flats First Units. Er selbst hätte dazu eine Musik komponiert, und wochenlang wären Dankesbekundungen über seine Displays eingegangen. Der ehemalige Bevollmächtigte war eben doch der Beste. Er lächelte.

Tom verlor das Gleichgewicht, als der Nordländer ihn nach vorne riss. Lisyra ging freiwillig in den Aufzug. Sinn tauchte vor den Kämpfern auf, die wieder in einer Dreiecks-Formation um ihren Anführer standen. Ihre Blicke gingen nach oben, während Belas die letzten Schritte zu ihnen zurücklegte und wie ein Gespenst aus Nebel und Rauch auftauchte. Der Homide rammte dem Vordersten die Schulter in die Seite. Dabei schien sein Schultergelenk in Feuer aufzugehen. Die Männer trugen verstärkte Anzüge. Dennoch verlor der Nordländer das Gleichgewicht und stürzte.

Belas taumelte mit schmerzverzerrtem Gesicht auf den nächsten zu und ließ die Handwaffe mit ihrer bläulichen Flamme kreisen. Er erwischte mehr zufällig ein Bein knapp über der Kniescheibe. Der Kerl schrie auf. Blut färbte seine Hosen. Wieder lösten sich Schüsse aus seiner Waffe und knallten in das Gestein über ihren Köpfen.

Ein dumpfes Grollen ging durch den Berg, als habe er das Getümmel in seinen Eingeweiden satt. Sinn drehte in der Luft auf einen der Kämpfer zu und blendete ihn mit seinen hellen Strahlern. Der Nordländer schlug mit seiner Waffe um sich. Thorsa schleifte unterdes den in sich zusammengesunkenen Tom in den Aufzug.

»Nursi«, schrie er dem ihm am nächsten stehenden Mann seiner Truppe über den Lärm hinweg zu, »ich schicke dir einen anderen Aufzug runter. Rette, wen du zu retten vermagst.«

Mit der freien Hand schlug Thorsa auf die Bedienfläche in Brusthöhe. Die Tür des Aufzugs schob sich langsam zu. Der Kommandant hatte seine militärische Disziplin verloren. Belas wollte ihm nach, aber der verletzte Nordländer warf sich auf ihn. Beide gingen zu Boden. Nursi schoss wieder unkontrolliert in die Luft. Er wollte diese verdammte Maschine über seinem Kopf zerspringen sehen.

Belas drehte sich unter seinem Widersacher und sah Thorsa mit Tom in der Kabine verschwinden. Wie in Zeitlupe schob sich die Tür zu. Er schrie auf, aber das war kaum zu hören, da weiterer loser Fels auf die gelben Fässer und die Männer krachte.

Bis auf Faustbreite hatte sich die Metalltür geschlossen, als Nursi klar wurde, dass kein anderer Korb unten war. Der Befehlshaber machte sich aus dem Staub!

Er schnellte zurück und schob den Lauf der Waffe in den Schlitz. Die Tür verharrte einen Moment und ging dann langsam wieder auf. Thorsas dunkle Augen funkelten böse. Dies war ein Albtraum. Das Gefühl wurde noch verstärkt, als sein eigener Mann unvermittelt vor ihm zusammensackte. Euryns Schlag mit dem Kolben einer der schweren Feuerwaffen hatte ihn zwischen Helm und Schulterblatt im Nacken getroffen. Sie drehte das unhandliche Ding um. Der Lauf zielte jetzt auf Thorsas Brust. Er hob resigniert die Hände.

Ludmila eilte Belas zur Hilfe. Der grobschlächtige Kerl saß auf dem Jungen und würgte ihn. Die Noore stieg dem Mann aus dem Norden auf das blutende Bein. Er jaulte auf und warf sich auf die Seite. Die Noore zog Belas näher zum Aufzug. Keinen Augenblick zu früh. Dort, wo der Nordländer gerade mit ihm gekämpft hatte, regnete es Gestein. Doch der Mann war aus hartem Holz. Aus einer Wand aus Staub kroch er hervor und bettelte darum, ihn nicht zurückzulassen. Von den anderen war nichts mehr zu sehen.

Belas rang nach Luft. Davon gab es nicht mehr viel. Die rötlichen Blinklichter drangen nur verschwommen durch die dichten Schwaden. Der Homide rappelte sich auf. Ludmila riss dem Verwundeten den Helm vom Kopf. Mit einer Handbewegung forderte sie ihn auf, sich zum Aufzug zu schaffen. Er robbte schwerfällig und hustend dorthin. Auch Sinn schwebte in den Korb. Die Frauen zogen Nursi ebenfalls hinein. Dann schloss sich die Tür tatsächlich.

Mit einem leisen Summen zog die Mechanik an. Nur Thorsa, Euryn und Ludmila standen. Der verwundete Nordländer hielt sich, gegen die Wand gekauert, das stark blutende Bein. Nursi war in sich zusammengesunken. Belas kniete neben Tom. Lisyra starrte gegen die Metalltür. Ludmila nahm ihr die Fesseln ab.

»Geht es dir gut?«

Das Mädchen sagte nichts. Die Noore legte ihr die Hand auf die blutende Schulter.

Tom grinste Belas schwach an. »Schön, dich wiederzusehen, mein Junge. Damit hatte ich schon fast nicht mehr gerechnet.«

Belas nickte nur. Seine Lungenflügel brannten von dem Staub, den er aufgesogen hatte. Sein Kehlkopf fühlte sich nach dem Würgegriff, als sei er nach innen gedrückt. Er hatte das Gefühl, er müsse einen Fremdkörper aus dem Hals würgen.

Der Weg nach oben schien endlos. Euryn ließ den Anführer der Nordländer nicht aus den Augen. Thorsa stand reglos an der Wand, die Augen geschlossen, und lauschte den Geräuschen des Berges. Der schien zum Leben erwacht, stöhnte und ächzte vernehmlich. Dumpfes Gepolter in der Tiefe deutete daraufhin, dass immer noch Teile des Gewölbes in den Saal unter ihnen schmetterte.

»Nach Sinns Berechnungen haben mehrere Beben in den vergangenen dreihundert Jahren die Tektonik des Berges verändert. Er weist Instabilitäten auf.«

Tom standen Schweißperlen auf der Stirn. Er sah schlecht aus, machte aber ein wichtiges Gesicht und überprüfte Daten in seiner Handfläche.

»Wenn uns der Berg unter den Füßen wegbricht, kommt ihr auch nicht mehr an das Zeug da unten dran«, sagte Thorsa mit düsterer Stimme.

Tom richtete sich auf, eine Hand gegen die schmerzenden Rippen gepresst. »Wer sagt dir, dass wir das wollen?«

»Die Erfahrung. Ihr habt über Jahrhunderte hinweg alles getan, um uns zu zerstören.«

»Wir haben lediglich verhindert, dass ihr uns zerstört. Das ist alles.«

Euryns Nasenflügel bebten. »Bei allen Göttern, Digdo möge euch verschlingen. Wenn ihr nicht sofort beide den Mund haltet, schicke ich euch mit diesem Ding gleich wieder nach unten, sobald wir ausgestiegen sind. Ich habe euer Raschoar-Geschwätz satt.«

14. Toms Auftritt

Als sie den Aufzug verließen, rieselte Erde von der Decke. Thorsa stützte seinen blutenden Mann, Nursi schlurfte hinterher. Euryn und Belas hatten Tom in ihre Mitte genommen. Der Amerikaner unterhielt sich wieder mit Sinn, auch wenn er viele Pausen zwischen den Sätzen machen musste. Kurz vor dem Ausgang blieb er stehen.

»Ich weiß, dass wir hier raus müssen, aber wir könnten zuvor von dieser Seite den Deckel draufmachen, wenn ihr versteht, was ich meine. Sinn, wie viel Fuß haben wir von den Aufzügen bis zum Ausgang? Kannst du Sprengkapseln zünden, wenn wir draußen sind und selbst noch unbeschadet hinausfinden?«

Sein ständiger Begleiter musste nicht lange rechnen.

»Ohne Probleme. Die Decke über unseren Köpfen dürfte auch nicht komplett einstürzen.«

»Du bist und bleibst ein Optimist, mein Lieber. Auch wenn deine Berechnungen das sagen, wärest du immer gut beraten, ein wenig mehr Restrisiko einzukalkulieren.«

»Das tue ich natürlich«, antwortete die Maschine, »ich habe zweihundertzweiunddreißig Varianten geprüft.«

Tom kniff ein Auge zusammen.

»Das sollte genügen.«

Thorsa sah zu dem alten Mann hinüber.

Die ungleiche Gruppe erreichte den Ausgang. Sinn legte sich in der Luft quer, an seiner Unterseite öffneten sich winzige Luken, in die Tom vier fingerdicke Kapseln schob.

»Haben eine durchschlagende Wirkung, die Teilchen hier«, sagte er zu Belas gewandt. »Da sind die Nordländer gut drin. Allerdings musst du sie mechanisch zünden – irre alte Technik.«

Sinn schwebte zurück. Draußen war tiefe Nacht. Es war still und kühl im Freien. Die Überlebenden sogen die frische Luft tief in ihre Lungen. Thorsa sah sich ungläubig um.

»Es kommt niemand von euch?«

»Nein, niemand.« Tom keuchte, er hatte große Schmerzen. Der Nordländer schüttelte verständnislos den Kopf.

Mit einem Pfiff schoss Sinn ins Freie und rief: »Schließt das Tor und tretet zurück!«

Jeder der Aufzüge war mit einer Patrone unterwegs nach unten. Die Zünder mussten jeden Moment losgehen.

»Na dann hoffen wir mal, dass das keine Blindgänger sind«, sagte Thorsa zu Tom. Er hatte den Satz kaum beendet, als ein dunkles Grollen hinter dem Metalltor zu hören war. Mit leichter Verzögerung explodierten alle Sprengsätze. Die Erde unter ihren Füßen bebte einen Augenblick, dann war es wieder still. Sehr still. Der Amerikaner schien es ernst zu meinen. Thorsa hatte mit einem Kommando aus First Unit gerechnet. Er erwartete seinen sicheren Tod auf diesem gottverlassenen Stück Erde. Doch nichts geschah. Was war los mit diesen Menschen? Überließen sie einen der ihren einfach seinem Schicksal? Oder war mit diesem Typen doch etwas faul? Er konnte sich darauf keinen Reim machen. Auf jeden Fall hatte er sich getäuscht. Niemand war da, um sie in Empfang zu nehmen.

Sie standen auf der gerodeten Fläche vor dem südwestlichen Zugang des Endlagers, der jetzt allerdings kein Zugang mehr war. Euryn hielt noch immer die Waffe auf den Mann aus dem Norden gerichtet.

»Wie wäre es, wenn du das von meiner Brust nimmst?«

Er zog demonstrativ den Helm vom Kopf und hielt ihn ihr hin. »Ich stelle keine Gefahr mehr für euch dar.«

Euryn sah ihn abschätzig an. Sie ließ die Waffe sinken.

»Kümmere dich um deine Männer. Wir werden hier draußen die Nacht verbringen müssen.«

Der Kommandant nickte. Seine beiden Kämpfer stierten still vor sich hin. In den Zelten der Nordländer gab es auch medizinischen Vorrat. Die Wunden würden rasch versorgt sein.

*

Tom saß, gegen einen Rucksack gelehnt, in einem Zelteingang. Er rief Thorsa zu sich. »Was würdest du sagen, wenn ein sterbender Mann dich um einen Gefallen bitten würde?«

»Sauf am Nordpol ab, würde ich zu ihm sagen. Zumindest, wenn die Frage von einem theatralischen Amerikaner käme.«

»Ihr habt einen sehr eigenen Humor.«

Thorsa runzelte die Stirn. »Komm zur Sache, alter Mann.«

»Du bist der Meinung, wir wollten atomares Material gegen euch einsetzen. Dein Argwohn in Ehren, es ist nicht so. Ja, wir haben euch angegriffen nach dem Zusammenbruch des Alten Europas. Das war nicht richtig. Die Bionics haben gegen euch gekämpft. Sie haben gewütet. Aber das ist schon Generationen her.

Ich könnte dir nicht sagen, wann die letzte große Auseinandersetzung war. Und wenn du immer noch denkst, hier taucht schon bald ein Rettungscorps auf, dann muss ich dich enttäuschen. Ich habe einen Chip im Auge, mit dem sie mich jederzeit orten können. Aber das Interesse scheint nicht groß, sonst hätten sie auf Grünland reagiert.«

Thorsa sah den alten Mann durchdringend an. Das Hier und Jetzt schien ihn gar nicht zu interessieren. Schließlich sagte er: »Mein Großvater ist gefallen. So lange ist es also nicht her. Sie haben ihn zerfleischt. Ihr habt laufende Kampfmaschinen gezüchtet, denen Mord ein Bedürfnis ist. Ihr habt das getan, um euch selbst nicht die Finger schmutzig zu machen. Glaubst du, das würde man dir in unserer Heimat je verzeihen? Ihr habt euch in eure hochtechnologisierten Städte zurückgezogen und den Rest der Welt sterben lassen. Zumindest auf der nördlichen Hemisphäre. Sieh dir diese Kreaturen hier an – das sind die Nachkommen des Alten Europa. Armselig. Und die Städte und ihre Bewohner hoch oben im Norden, die sind zwar nicht so verhungert und degeneriert wie dieses Volk, aber sie haben sich fast gleichermaßen rückwärts statt vorwärts entwickelt.«

»Eure besten Leute hatten sich zu uns geflüchtet. Aber sie haben das aus freien Stücken getan, möchte ich anmerken.«

Tom atmete schwer. »Leider befinde ich mich in einer grauenvollen Verfassung. Sonst würde ich dieses Thema intensiver mit dir diskutieren. Aber was die Zeit der letzten kriegerischen Auseinandersetzungen betrifft: Ich war damals ein kleiner Junge. Und du noch nicht geboren. Du weißt genauso gut wie ich, dass das alles Geschichte ist.«

»Geschichte!« Thorsa sah ihn verächtlich an. Sein Gesicht wirkte alt. Wütend sagte er: »Eure Kampfmaschinen sind noch heute im hohen Norden unterwegs, in den Regionen, die wir nicht kontrollieren. Wer dort noch lebte, hat sich zu uns in die Städte geflüchtet. Wäre der Äquator nicht schon lange eine trennende Wüste, kämen von der anderen Seite wahrscheinlich die Völker, die sich in den tiefen Süden gerettet haben. Wir wären zermalmt worden zwischen euch Großmäulern, deren beste Tage vergangen sind, und ihnen.«

»Du sagst es. Vergangenheit. Unsere Zeit ist lange vorbei. Unsere besten Leute leben nicht mehr auf dieser Welt. Wenn auch auf anderem zivilisatorischem Niveau, so hat uns doch das gleiche Schicksal ereilt wie euch. Und was die Bionics anbelangt, sie sind nicht mehr unter unserer Kontrolle. Jedenfalls nicht mehr alle.«

»Sie töten dennoch.«

»Wenn dem so ist, tut es mir aufrichtig leid. Vielleicht lässt sich ein Weg finden, das Problem gemeinsam aus der Welt zu schaffen. Aber wenn ich auf meine Ausgangsfrage zurückkommen dürfte ...«

»Was willst du von mir?«

»Der Zugang auf dieser Seite ist verschlossen, richtig? Von da kommt so leicht niemand mehr runter.«

»Was dort lagert, interessiert niemanden.«

»Ich würde auch die anderen Zugänge sprengen.«

»Würdest du?« Thorsas braune Augen waren undurchdringlich. »Warum tust du es dann nicht?«

»Weil ich nicht mehr dazu komme.«

Der Nordländer zog eine Grimasse. »Was ist das für ein Spiel? Soll ich etwa Mitleid mit dir haben?«

»Nein, das sollst du nicht. Ist schon in Ordnung. Mein Auftrag ist fast erfüllt. Ein Zurück gibt es nicht mehr. Hier könnte ich ohnehin nicht lange überleben, auch ohne innere Verletzungen. Das weißt du genauso gut wie ich.«

»Deine Maschine kann deinen Auftrag ausführen.«

»Kann sie nicht. Ich hatte nur eine gute Hand voll dieser in der Tat sehr effektiven Sprengkapseln in deinem Helikopter gefunden. Vier davon sind für die Aufzüge draufgegangen.« Tom verzog das Gesicht und zog sich zusammen. In seinem Inneren wütete eine Hitze, die ihm Tränen in die Augen trieb.

Thorsa schien das nicht weiter zu rühren. »Wenn du noch zwei oder drei hast, dürfte das für die andere Seite genügen.«

Der Amerikaner verzog den Mund.

»Geht nicht. Die habe ich anders eingesetzt.«

»Wie?«

»Ich fände es schön, du würdest Ja zu dem Projekt sagen. Ich habe diesen Zugang gesprengt. Du sprengst mit mir gemeinsam den anderen. Beziehungsweise, du bringst mich hin und danach dich in Sicherheit. Ich schaffe das nicht alleine da unten rein. Nach den Berechnungen meines elektronischen Helfers gibt es eine Stelle in den Stollen, die das geologische Gesamtsystem stark treffen würde. Die Auswirkungen für die Umwelt blieben überschaubar. Die hochradioaktiven Zylinder mit dem Uran-Plutonium-Gemisch sollten in ihren Kammern so geschützt sein, dass sie nicht zerbersten, das Grundwasser wird nicht stärker belastet. Da ist sich Sinn sicher. Aber wir hätten die Zugänge in dieser Gegend verschlossen. Natürlich wird es andernorts weitere geben, doch das können wir nicht ändern. Wir können das zusammen machen und vermeiden, dass in deiner Heimat womöglich doch Waffen gebaut werden mit dem, was hier zu finden ist. Wäre das nicht eine verbindende Geste? Im Gegenzug könnte ich mit Hilfe

Sinns in meiner Heimat technologische Unterstützung für euch organisieren gegen die Angriffe der Bionics. Es gibt Menschen bei uns, die einer Annäherung offen gegenüberstehen, nach so langer Zeit.«

»Wofür hast du die anderen Sprengsätze benutzt?«

Tom seufzte. »Sie sind an deinem Helikopter angebracht. Wenn du zu flüchten versuchst, bist du ein Glas Wasserdampf.«

Thorsa zeigte Zähne. Ein feines Lächeln umspielte seinen Mund. »Amerikaner«, zischte er.

Er stand auf und ging in sein Zelt. Der Kommandant dachte über die Worte Toms nach. Wenn er die Scharmützel mit den Killermaschinen, die im äußersten Nordosten hausten und sich dort niedergelassen hatten, beiseite ließ, dann erinnerte er sich an keine kriegerische Auseinandersetzung mit den Amerikanern in den vergangenen hundert Jahren. Es wurde noch immer viel über sie geredet, ab und an schoss die Flugabwehr eine Drohne mit den Farben des Feindes vom Himmel. Aber ob in diesen Drohnenflügen Kriegsvorbereitungen zu sehen waren, wie die Regierung gerne behauptete, wusste er nicht. Es war tatsächlich still geworden um den anderen Kontinent. Viel gefährlicher erschienen ihm die Stämme der Antarktis, jenseits der großen Wüste. Es gab unterschiedliche Meinungen dazu, in welchem zivilisatorischen Zustand sie sich befanden und welche Pläne sie hatten.

Es war schon ungeheuerlich, welche Sprünge die Menschheit in einigen Jahrtausenden gemacht hatte. Naiv wie Kinder einst, hochtechnisiert und globalisiert danach, und heute – wo standen sie heute?

Nachdem die Amerikaner für ihren Flug in den Kosmos gemeinsam mit den Chinesen dem Planeten riesige Mengen an Rohstoffen gestohlen hatten, schienen die besten Tage hier unten lange vorbei – abgesehen von den Städten Nordamerikas und womöglich dem Leben auf der anderen Hemisphäre. Aber der Rest der Welt musste sich begnügen mit einem ausgebeuteten und verwüsteten Planeten.

Ein lauer Wind fuhr durch die Baumwipfel. Mit der Dunkelheit schien es Thorsa, als rückten die Bäume wieder näher heran. Es war wie in einem Märchen aus den Zeiten der Alten, da die Menschen wie die Tiere im Takt der Natur lebten. Damals hatten sie krause Vorstellungen von dunklen Wesen, die im Unterholz hausten. Jetzt stand er hier, gefangen von Weibern, die seine Männer Hexen genannt hatten, angegriffen von riesigen Ratten und umgeben von dunklem Wald.

Ein Wahnsinn, das alles. Und das wegen Plutonium- und Uranresten, die tatsächlich genauso gut Energie wie Massenvernichtungswaffen produzieren konnten. Er wusste nicht, was seine Regierung damit machen würde. Nun hatte ihm der Alte angetragen, er solle das Atomlager in Schutt und Asche legen. Die Welt war verrückt geworden.

Irgendwo vor ihm im Unterholz quiekte es. Thorsa erschrak. Seine Hände gingen zum Gürtel, doch da war keine Waffe. Der Nordländer rief ins Zelt hinein. Ludmila antwortete ihm gelassen. »Es sind keine Raschoar in der Nähe. Sie sind vermutlich noch satt von eurem Fleisch.«

»Das ist ja ganz hervorragend.«

Thorsa ging in sein Zelt. Die Nooren fesselten die Männer aus dem Norden.

Belas und Euryn verbrachten die Nacht bei Tom. In den Zelten der Nordländer gab es weiche Lager und Lebensmittel. Tom stöhnte auf, als sie ihn sachte auf eine Matte gleiten ließen. Er lächelte schwach, als er die besorgten Gesichter von Belas und Euryn über sich sah.

»War 'ne gute Show, was? Gütiger Gott, der Kommunikator wäre zusammengebrochen, wenn das in allen Flats First Units als Real Acting im Raum gestanden hätte, glaubt mir.«

Tom hielt sich den Brustkorb, die Lippen zusammengepresst. Dennoch strahlten seine blauen Augen.

»Ich glaube, ein bisschen was Gutes habe ich hier schon getan. Stärkt das ein wenig dein Vertrauen in mich, Euryn? Aber ich muss mich bei euch bedanken. Ihr habt mich gesucht, gefunden und mitgenommen. Das wird mir unvergesslich bleiben.«

Die Noore fühlte, wie dem Mann die Kräfte schwanden. Dennoch war sein Geist ungeheuer stark. So als habe er mit seinem nahenden Ende gar nicht viel zu tun. Toms Hände sahen ledrig aus. Sie nickte ihm aufmunternd zu. Belas wandte das Gesicht ab.

Der Alte griff nach seiner Hand. »Sieht nicht gut aus mit diesem Körper, ich weiß. Aber das ist gar nicht schlimm.«

Er grinste schelmisch. »Oh, ihr könnt Kontakt mit mir halten über Sinn. Ich habe ihm den Auftrag gegeben, fürs Erste bei euch zu bleiben und euch zu unterstützen, wo immer er das kann und so lange seine Energiespeicher halten.«

»Kontakt mit dir halten?« Euryn sah ihn ungläubig an. Tom sah zur Seite.

»Er kann ein Hologramm von mir aufbauen. Und er kennt mich ziemlich gut. Er ist sozusagen meine rationale Seite.«

»Eine Illusion von dir? Ich weiß nicht, ob ich das möchte. Der echte Tom Verbeek wäre mir lieber.«

»Wäre er das?«

Ein Hauch von Glückseligkeit zog über sein Gesicht. »Siehst du, das wollte ich gerne einmal von dir hören.«

»Mir wäre das auch lieber.«

Belas sah unverwandt durch die Zeltöffnung hinaus. Tränen standen ihm in den Augen. Tom drückte ihm fest die Hand.

Sinn war in ein hektisches Murmeln verfallen. Toms Geist werde ernsthaften Schaden nehmen, hielt er dem Verletzten vor. »Das ist nicht gut für dich. Das kann ernsthafte Folgen haben. Es ist höchste Zeit ...«

Tom schnitt der Maschine mit einem undeutlichen Laut das Wort ab. Er klammerte sich an Belas.

»Ich brauche Schmerzmittel.«

Die Nacht verlief unruhig. Irgendwann erzählte Tom den beiden Homiden im Schein einer Gaslampe, er wolle am nächsten Morgen mit dem Nordländer zu dem anderen Zugang aufbrechen. Aber seine Worte waren undeutlich und wirr. »Ihr müsst ihn dazu bringen. Sinn wird euch helfen. Bei allem. Euryn, denk an den Chip, du weißt. Wir bleiben ...« Mit einem Schlag hörte er auf zu reden. Er atmete flach.

Euryn fühlte Toms Gedanken ganz nah und schmerzhaft in ihrem eigenen Kopf. Sie zuckte zusammen unter dem enormen Ansturm von Bildern, der auf sie einprasselte. Ihr war, als würde das Denken aus dem sterbenden Körper herausgesogen. Sinn über ihr ratterte. Es war ein quälender Prozess, so als reiße Tom sich selbst aus seinem Leib. Sie spürte seine Schmerzen und stöhnte auf. Toms Brustkorb hob sich kurz. Zum letzten Mal.

Belas, Tränen im Gesicht, hielt Euryn an den Schultern. »Sein Geist, seine Gedanken«, stammelte sie. Sie hielt sich die Schläfen, »das war wie ein Donnerhall in ihm.« Sinn ratterte und piepte, als berechne er noch im Tod Daten zu Toms körperlichem Zustand. Euryn zitterte am ganzen Leib. Belas nahm sie in die Arme, legte seinen Kopf auf den ihren und wiegte sie leicht hin und her. Sein Blick streifte den Toten. Toms Körper lag lang ausgestreckt und friedlich da.

*

Die Morgendämmerung brach mit vielstimmigem Vogelgezwitscher herein und legte einen grauen Schleier über die Dinge. Euryn weckte Belas. Toms Gesicht sah wächsern aus, aber um den Mund schien ein kleines Lächeln zu spielen, so als stelle er sich vor, wie alle Holographen First Fine Units dieses Bild in seine Stadt übertrugen und die Menschen schweigend und ergriffen auf ihren ehemaligen

Bevollmächtigten schauten. Er hatte sich für die gute Sache geopfert wie ein echter Amerikaner – so würden sie denken.

Die beiden Homiden ließen sich schweigend zu beiden Seiten des Leichnams nieder. Belas versuchte, die Tränen zu unterdrücken, doch es gelang ihm nicht. Er ließ den Kopf auf die Brust sinken – und spürte Euryns feingliedrige Hand auf seinem Rücken.

Als die Sonne am Himmel stand, bauten die Homiden zwei Tragen. Eine für den toten Amerikaner, die andere für den verletzten Nordländer. Ludmila berichtete von einer weiteren toten Noore. Die Frauen, die den nordöstlichen Ausgang genommen hatten, waren von Perkil überrascht worden. Er hatte in einem unbewachten Moment ein Messer ergriffen, eine Noore niedergestochen und war dann in den Wald geflohen. »Mögen die Raschoar sich seiner annehmen«, sagte Ludmila.

Sie schafften es nicht an einem Tag bis zum Noorenberg. Nach einer kalten Nacht im Freien, in der fast niemand ein Auge schloss, trafen sie am nächsten Morgen auf einer Anhöhe auf die Nooren, die ihre Verwundeten in Sicherheit gebracht hatten. Die Gesunden waren, mit dicken Stöcken bewaffnet, sofort wieder aus dem sicheren Berg hinausgeeilt, um ihrer Anführerin entgegenzugehen und beizustehen.

In der Ferne schimmerte auf dem Langen Berg das Fluggerät in der Sonne. Sinn erläuterte Toms letzten Plan. Die Frauen sollten mit seiner Unterstützung nach weiteren Sprengkapseln suchen, um den zweiten Zugang unbenutzbar zu machen. Die Maschine schlug vor, anstelle einer Sprengung im Inneren des Berges, wie von Tom angedacht, auch an diesem Zugang die Aufzüge in die Luft zu jagen. Euryn verdrehte die Augen, als Sinn ganz im Stil seines Herrn von dessen Idee berichtete, seinen sterbenden Körper für einen sicheren Verschluss der tieferen Kammer zu opfern. Die jungen Nooren waren wenig begeistert von der Vorstellung, in den Helikopter ihrer Feinde zu klettern. Er schien ihnen ein Teil des Unheils, das über sie hereingebrochen war. Belas wollte sich für die Suche anbieten, aber Thorsa unterbrach ihn barsch: »Ihr müsst euch nicht lange mühen. Einer von euch klettert mit mir in den hinteren Teil zu den Verschlägen auf der rechten Seite. Ich lege meine Hand auf die Tastfläche, und die Türen springen auf. Dort findet ihr genug Sprengstoff, um diese ganze elende Gegend zu verwüsten.«

Der Nordländer sagte ansonsten den ganzen Tag nichts mehr. Er hob nur einmal überrascht die Augenbrauen, als er von Perkils Flucht sprechen hörte. Die Nooren hatten darauf verzichtet, den Mörder zu verfolgen. Sie wollten nicht noch mehr Blut vergießen. Perkils Gefolgsmann Jagis war zur Versorgung seiner Wunden bei den Alten im Berg. Thorsa hörte aufmerksam zu. Sein Gesicht blieb ungerührt. Zwei Nooren bewachten jede seiner Regungen. Er schien sich nicht weiter dafür zu interessieren und war versunken in seinen Gedanken.

*

Nur Ludmila, Belas, Thorsa und dessen Bewacherinnen gingen zum Langen Berg. Abgesehen vom Gezwitscher der Vögel war es gespenstig still in der Homidenkolonie.

Im Inneren des Helikopters fanden sie, wie versprochen, reichlich Sprengstoff. Sie verstauten das Material in Rucksäcken und machten sich ihrerseits zum Noorenberg auf. Ludmila wollte allen ein paar Tage Ruhe gönnen.

Ihr Blick glitt über die verwaisten Schieferberge. Seit der Allbios gebrochen und die jungen Homiden unter die Erde gegangen waren, hatte sich mehr verändert, als in einem Lebenszyklus gut war.

Die Stille der Schieferberge übertrug sich auf den Noorenberg. Die jungen Frauen um Ludmila verließen in diesen Tagen den Berg und bauten sich Nordländer-Zelte auf, hoch oben unter alten Bäumen. So waren sie nahe bei den Gemüsefeldern und Obstbäumen, die dort seit Jahrhunderten kultiviert wurden. Die Alten gaben ihnen die Schuld an all dem, was während der vergangenen Mondphasen geschehen war. Der Bruch zwischen den Jungen und den Alten war endgültig.

Sie diskutierten kontrovers über die Frage, ob sie Thorsa und seinen verbliebenen Leuten erlauben sollten, mit dem Helikopter in seine Heimat zurückzukehren. Es stellte sich bald heraus, dass die vielen Worte dazu unnötig waren.

Ludmila machte sich mit Belas und Euryn am vierten Tag erneut auf in den Wald. Den Wunsch einiger Getreuer, den Weg gemeinsam anzutreten, wies sie rigoros zurück. Dafür war sie unter ihrem wallenden Gewand bewaffnet wie ein Kämpfer aus dem Norden.

Belas hatte Sinn an seiner Seite. Bei allem Respekt vor den Fähigkeiten der Nooren war er froh um dessen technische Möglichkeiten, die ihn rechtzeitig vor Perkil oder einer anderen Gefahr warnen würden.

Sie waren erst wenige Stunden unterwegs, als Sinn sich meldete. Noch während seiner Worte hörten sie in einiger Entfernung einen lauten Knall. Wenig später stand eine dunkle Rauchwolke über den

Schieferbergen. – Perkil hatte den Weg zu dem Helikopter eingeschlagen. Seinen Chef wollte er nicht retten, sondern nur die eigene Haut. Das erwies sich als Fehler. Denn als er die Rotoren der Maschine in Bewegung setzte, zündete die Sprengvorrichtung.

Noch am gleichen Abend gab es eine weitere Explosion: Sie sprengten den zweiten bekannten Zugang zur Lagerstätte so, wie sie es geplant hatten. Spät in der Nacht – sie verbrachten die dunklen Stunden im Freien – wachten die Drei auf. Es war, als würde die Erde unter ihren Füßen aufstöhnen, sich einen Moment blähen und in sich zusammensacken. Die Erde vibrierte einen Moment. Ihre Sprengung hatte ein lokales Beben ausgelöst. Die unterirdischen Hallen brachen zusammen. Die Chance, jemals wieder an die hochenergetischen Zylinder zu gelangen, war damit gleich Null, resümierte Sinn.

Er werde die Strahlung in den Schieferbergen messen, so lange es ihm möglich sei, kündigte der elektronische Helfer zudem an. Die ohnehin erhöhte Strahlenbelastung in der Heimat der Homiden werde aber voraussichtlich nicht zunehmen. Ganz im Stile Tom Verbeeks begann er in der Dunkelheit zu dozieren: »Ihr müsst euch im Übrigen darüber nicht allzu viele Gedanken machen. Ich habe eure Körperfunktionen in den vergangenen Wochen intensiv überprüft. Ihr habt euch den negativen Umweltbedingungen so gut es geht angepasst.«

Belas fühlte sich unglaublich müde, aber Sinns Gerede ließ ihn doch aufhorchen. »Was sagst du da?«

»Das bedeutet, ihr vertragt deutlich mehr Strahlung als eure Vorfahren.«

»Warum ist Siras dann gestorben?«

»Leider kann ich dazu keine exakten Angaben machen. Ich hatte keine Gelegenheit, den Leichnam zu untersuchen. Aber ihr müsst davon ausgehen, dass es in jeder Population Exemplare gibt, die besser und weniger gut angepasst sind hinsichtlich einer bestimmten Belastung.«

»Du meinst ...«, Belas rieb sich die Augen, »... du meinst, ausgerechnet Siras, den dieser Ort magisch angezogen hatte, war so ziemlich der letzte, der dafür gemacht war, ihn zu überleben?«

»So kann man es ausdrücken, ja.«

»Also wenn ich reingegangen wäre und er draußen gewartet hätte, würde er heute noch leben?«

Euryn lag neben Belas und versuchte auf der harten Erde zu schlafen. Ihr riss der Geduldsfaden. »Ihr würdet sogar beide leben, wenn ihr gar nicht erst mit dem Unsinn angefangen hättet. Und jetzt sei still. Morgen könnt ihr beiden so lange reden, bis ihr keine Spucke mehr im Mund habt.«

Belas verstummte sofort.

Euryn drehte sich zu ihm. »Hab ich nicht so gemeint. Du hast alles versucht, das Schlimmste zu verhindern.«

»Und das ist ihm gelungen«, warf Sinn ein. »Die Nordländer sind nicht an das Material herangekommen.«

»Sinn«, schrie Euryn. »Hör auf damit. Ich kann das nicht mehr hören. Nordländer, Amerikaner ... allesamt Gauner und Halunken.«

Sinn schwieg.

*

Thorsa und seine genesenen Kämpfer schickten die Nooren wenige Tage später mit einem Floß auf der Sarou flussabwärts. Er und seinesgleichen sollten sich nie wieder in ihrer Gegend sehen lassen, gaben sie ihm mit auf den Weg. Der schweigsame Mann nickte nur kurz und befahl seinen Männern, vom Ufer abzustoßen.

Toms sterbliche Hülle bestatteten die Homiden auf dem Noorenberg. Noch ehe die Zeremonie begann, meldete sich Sinn zu Wort. Es sei ihm aufgetragen, zu diesem Anlass eine Visualisierung des alten Mannes vorzunehmen, äußerte er gestelzt. Und schon einen Augenblick später stand ein Abbild Toms zwischen den Homiden und dem ausgehobenen Grab. Der alte Mann war prachtvoll gekleidet.

Die Nooren brauchten eine Weile, sich an das Trugbild zu gewöhnen. Tom brachte mit großen Gesten zum Ausdruck, wie sehr er es bedauere, nicht persönlich mit ihnen sprechen zu können. Er entschuldigte sich auch für sein Volk, das Jahrhunderte zuvor das »Alte Europa«, wie er sich ausdrückte, fallengelassen hatte. Für alle, die es nicht wissen sollten, gab er einen kleinen geschichtlichen Abriss, beginnend beim Aufstieg der Zivilisation mit der französischen Revolution – die ja geografisch ganz in der Nähe ihrer Heimat stattgefunden habe – über die große Bedeutung der europäischen Völker im zwanzigsten und einundzwanzigsten Jahrhundert, bis hin zum allmählichen Niedergang. Er sprach von einer Vielzahl von Phänomenen, die diese dramatischen Änderungen hervorgerufen und dort, wo früher blühende Städte zu finden waren, nur Wald über zivilisatorischen Resten übriggelassen hätten.

Vor all dem habe man sich in seiner eigenen Heimat mit größtmöglicher Abschottung bewahrt – dabei aber auch die einstigen Brüder und Schwestern im Stich gelassen. Dann räusperte er sich und zwirbelte in der Pose der Verlegenheit an seinem Kinnbart. Die Nooren sahen sich verwundert an.

»Tja, da ist außerdem noch etwas, das ich loswerden muss.« Er wandte sich an Belas und Euryn.

»Ich weiß, dass besonders du, meine liebe Euryn, immer eine etwas kritische Haltung mir gegenüber eingenommen hast. Und ich muss sagen – so sehr mich das auch kränkt – ich bewundere dich für deinen scharfen Verstand und diese Fähigkeiten, die dich und manch andere Frau eures Stammes auszeichnen. Dies ist eine erstaunliche Entwicklung der Evolution.« Er sah sich mit bedeutungsschwerem Blick um.

»Nun ja, andererseits war natürlich auch klar, dass die geistigen Reserven des menschlichen Gehirns früher oder später zu so etwas führen mussten. Aber ich schweife ab. Also – warum so ein weiter Anlauf?« Er richtete sich auf und sah gewinnend aus blauen Augen auf seine Zuschauer. Euryn dämmerte etwas. Der alte Halunke hatte sie hinters Licht geführt. Auch wenn er nicht vor ihnen stand – seine Worte klangen für sie nicht nach einer lange aufgezeichneten Abschiedsrede. Selbst für den Fall, dass er kein schlechter Kerl sein sollte, er führte immer etwas im Schilde.

»Womöglich wird sich Euryn gleich wieder in ihren Vorurteilen bestätigt fühlen, aber ich schwöre, zu Unrecht. Was ich euch sagen will und muss ... – ach, jetzt muss es raus: Ich lebe noch. Es war ein geradezu perfektes Duplikat meiner selbst, das euch begleitet hat. Wobei ich über Sinn und eine ganze Reihe von Drohnen auf dem weiten Weg zwischen euch und uns ganz persönlich auf den Duplex aufgeschaltet war. Im Prinzip war ich also sehr wohl bei euch und habe auch ein hohes Risiko getragen. Das möchte ich nicht verschweigen. Die Schmerzen des Duplex waren auch meine Schmerzen. Sinn kann euch bestätigen, dass er mich gerne viel früher abgekoppelt hätte, aber ich wollte bis zum letzten Moment bei euch bleiben. Nicht mal die Nordländer haben den kleinen Unterschied zum echten Tom Verbeek bemerkt. Und glaub mir, Euryn, ich war bereit, ohne jede Einschränkung mit euch zu gehen. Nein, nein, nicht Fat George hat meine Abreise zu verhindern gewusst. Der wäre froh gewesen um ein mögliches Ableben meinerseits. Nein, es war Sleepy, der mich gehörig unter Druck gesetzt hatte. Er wollte euch verpfeifen für den Fall, dass ich FFU wirklich verließe. Ihr wärt in Scheiben geschnitten worden und der Wissenschaft zum Opfer gefallen. Das hätte euch so wenig gefallen wie mir.«

Euryns Augen waren schmal. Belas grinste.

»Nicht zu glauben«, murmelte er.

Die Nooren sahen sich verständnislos an.

»Ach ja, eines noch«, sagte Tom, »ich habe mir von Sinn kleine Datenpakete schicken lassen mit wunderschönen Aufnahmen von eurer Heimat und unserem Streifen durch selbige. Ihr habt sicher nichts dagegen, wenn ich daraus ein kleines cinematisches Spektakel mache, oder? Ich wette, die Datenleitungen werden zusammenbrechen, wenn ich die Uraufführung ankündige.«

Tom rieb sich die Hände, ganz in seinem Element. Dann hielt er sie beschwichtigend vor sich. »Es sind keine realen Kampfszene dabei, das darf ich euch versichern. So viel Pietät habe ich natürlich vor den Toten, die dieser Konflikt gefordert hat. Ich hoffe auch, das Ende mag dem Frieden dienen zwischen den Völkern.« Er lächelte zufrieden. »Welch ein Schlusswort.«

Das Holographenbild brach ab.

»Sohn eines Digdo«, sagte Euryn. Aber Belas wusste, dass dies ihre freundliche Art war, jemanden zu schelten.

15. Sternenhimmel

Der Sommer kam mit langen lauen Abenden. Die Erde roch würzig. Rund um den Noorenberg wuchsen viele Kräuter und Büsche mit ölreichem Blattwerk. Ein leichter Wind wehte, meist aus Südwest. Er versprach für einen längeren Zeitraum gutes Wetter.

Belas war oft bis zum Einbruch der Nacht damit beschäftigt, Holzbalken für sein Haus zu zimmern. Er hatte sich aus der Bibliothek unterm Berg Bücher voll altem Fachwissen besorgt und nutzte die scharfen Beile und anderes zurückgelassene Werkzeug der Nordländer, um sein Material zu bearbeiten. Was ihm fehlte, waren Glasscheiben. Aber er hoffte auf Handel mit dem Osten, um sich im kommenden Jahr ein richtiges Haus einrichten zu können, wie er dies jenseits der Turmstadt Salomosch kennengelernt hatte.

Das Fundament hatte Belas in unmittelbarer Nachbarschaft zu den Gärten der Nooren mit Steinen gelegt. Darauf baute er sein Holzhaus. Euryn war der Grundriss viel zu groß, zu angeberisch. Belas lächelte nur, wenn sie ihn darauf ansprach, und wies mit dem ausgestreckten Arm auf die Südseite des steinernen Rechtecks. »Das Beste«, sagte er dann, »ist sowieso vor der Tür.«

Er wollte eine Terrasse bauen, den ganzen Tag von der Sonne beschienen. Von dort oben sah man die Schieferberge und östlich von ihnen ließ sich – je nachdem, wie viel Laub die Bäume trugen – ein Blick auf die Sarou erhaschen. Manchmal ärgerte er seine Schwester noch mehr und machte sich laut Gedanken darüber, ob vielleicht eine junge Noore bei ihm, dem Herrn des Berges sozusagen, einziehen würde. Da könnten viele kleine Nooren-Homiden umherwuseln. »Und dann ist das Haus womöglich nicht einmal groß genug. Kann gut sein, dass ich dann irgendwo noch eine Ecke anbauen muss.«

Euryn zog dann eine Augenbraue hoch und kräuselte die Lippen. Sie sagte aber nichts. Ihr war der besonders freundliche Ton Lysiras, sobald Belas in ihre Nähe kam, nicht verborgen geblieben.

Sie selbst wohnte mit Ludmila in den Zelten, die von den wenigen noch lebenden jungen Nooren auf der anderen Seite der Gärten errichtet worden waren. Ob sie im Winter wieder in den Berg zurückgehen würden, war noch nicht entschieden. Aber sie wollten auf keinen Fall zurück zu den Alten, die sich während der Auseinandersetzung mit den Nordländern tief im Berg verschanzt hatten. Ludmila wollte ein neues Leben beginnen, nachdem es keine Homiden-Siedlung in den Schieferbergen mehr gab. Ihre Priesterinnen-Aufgabe, über die sich die Nooren Jahrhunderte lang definiert hatten, war dahin. Mit großem Interesse und voller Staunen hörten die Frauen Euryns Geschichten aus dem Osten und von den merkwürdigen Wesen auf dem anderen Kontinent, deren Kinder diese Welt verlassen hatten und in die Finsternis der Nacht gegangen waren.

*

Eines Abends rannte Belas aufgeregt durch die Gemüsegärten auf die Zelte zu.

»Euryn«, schrie er, »Euryn.«

Ludmila saß im Freien, mit dem Flechten eines Korbes beschäftigt. »Belas, alles in Ordnung mit dir? Willst du uns zum Abendmahl in dein Haus ohne Fenster und Dach einladen?«

»Da musst du dich gedulden ... – Ich habe eine Gruppe vermummter Gestalten zwischen den Schieferbergen entdeckt! Unsere Freunde aus Salomosch. Sie suchen uns.« Belas Augen leuchteten in der einbrechenden Dämmerung. Hinter Ludmila schoss Euryns kahler Kopf aus dem Zelt hervor. Sie warf sich einen Umhang über.

»Es ist warm, du brauchst dich nicht einpacken wie für einen Winterspaziergang.«

Euryn hörte gar nicht hin.

»Wo sind sie? Wo hast du sie gesehen?«

Belas grinste breit. »Wusst' ich doch, dass dich das interessiert.« Er nahm seine Schwester an der Hand. Gemeinsam liefen sie den alten Pfad hinab ins Tal. Der Weg war nicht eben kurz und Euryn fürchtete schon, sie könnten die Tschirnaa verpassen. Aber sie fühlte plötzlich Ludmilas Gedanken in sich. Die Priesterin entzündete mit ihren Getreuen aus Gartenabfällen ein Reisigfeuer auf dem Berg. Das würde in den tiefergelegenen Schieferbergen nicht unbemerkt bleiben.

Belas rann der Schweiß in Strömen über das Gesicht, als er die Tschirniden endlich erreichte. Es wurde schon dämmrig, aber er erkannte sofort die Gestalt, die sich von den anderen löste und mit großen Schritten auf ihn zukam. Ein raues Lachen kam unter der Kapuze hervor – viel dunkler, als er es in Erinnerung hatte.

»Graukopf, wie lange haben wir nicht gesehen uns?«

Naasch breitete die Arme aus und Belas sah im Futter des Mantels einige Metallscheiben blitzen. Der Homide gluckste und japste und rief dem Tschirniden zu: »Narbengesicht und elender Scheibenwerfer, deine Stimme klingt anders und doch vertraut.«

Sie prallten aufeinander und klopften sich auf die Schultern, a wollten sie jeden Knochen im Brustkorb des anderen zerbrechen.

»Wo ist deine Schwester?« Naasch hatte trotz der langen Zeit ohne Übung wenig Mühe, die Sprache der Homiden ordentlich zu sprechen. Belas hörte die Besorgnis in der Stimme des Freundes.

»Keine Sorge, du wirst sie jeden Moment sehen. Ihre Gedanken sind zwar immer noch schneller als meine, aber ihre Beine sind deutlich langsamer.«

»Ein Raschoar hätte mich verspeisen könnnen, Sohn eines Digdo, und du wärst einfach weitergehastet.« Euryns Atem flog und die Nasenflügel bebten, als sie näherkam. Naasch drückte Belas Schultern und schob ihn sanft beiseite. Er schien noch etwas größer geworden und wesentlich breiter.

Euryn lächelte. Sie trat etwas zaghaft auf den Tschirnaa zu. Dann reichte sie ihm die Hand. Naasch lachte auf, ergriff sie und zog die Noore an sich. Seine Begleiter johlten, sodass Euryns empörter Ruf in dem Lärm unterging.

Es war nur ein Dutzend Männer, das mit Naasch und dessen Vater zur Sarou aufgebrochen war. Das Schicksal der Homiden war ihnen bekannt. Denn einige wenige aus den Schieferbergen hatte es nach Salomosch verschlagen. Doch viele hatten sich in den Wäldern verirrt. Ob sie lebten oder tot waren, wusste keiner.

Auf der Spitze des Noorenberges gab es in dieser Nacht ein Festessen. Und es war ein denkwürdiger Abend. Nie zuvor hatten Nooren mit den Leuten aus dem Osten zusammengesessen. Zunächst taten sich die Frauen schwer, mit den Fremden zu reden. Sie waren nur die Gesellschaft ihresgleichen gewohnt. Aber nach und nach wurde der Austausch in der ungleichen Gruppe fröhlicher. Der Schnaps, den die Tschirniden stets mit sich führten, trug das seine dazu bei.

Tschusch besah sich mit einer Fackel in der Hand den Rohbau von Belas Haus. Er wollte ein paar Tage bleiben und helfen, ein Dachgebälk auf die Wände zu setzen. Die Tschirniden richteten sich denn auch für die Nacht in Belas künftigem Haus ein. Auf dem steinernen Untergrund lagen bereits dicke Holzdielen, der Boden war eben und warm.

»Das Dach kann ich mir denken dazu«, sagte Naasch, »muss ja nicht regnen heute Nacht.«

Später, am Feuer, berichtete er über Misnigliou, nachdem Belas und Euryn den Transit bestiegen hatten: »Diese Kerle packten mich und die Kleine aus Stadt wie geschossen Wild. Das war nicht spaßig.

Aber wir waren erst paar Meter von Bahnhof entfernt, als sich das Blatt legt auf andere Seite. Mein Vater hat gute Beziehungen in die Stadt, müsst ihr wissen, das hat uns das Leben gerettet. Es waren fünf, sechs Nordaa, die uns schleiften mit sich. Aber schon in erste Nebenstraße standen sie unerwartet vor einer Mauer von Hafenarbeiter. Große stattliche Kerle – wenn ihr wisst, was Naasch meint. Die ließen sie einfach nicht weiter. Also wollten Nördliche umdrehen. Aber was sahen sie da? Hinter ihnen nochmal so viele Männer, mit sehr entschlossenem Gesichtsausdruck. War völlig klar, konnten sie mit ihren Waffen viele Männer töten, aber es hätten immer noch Dutzende gestanden und sie in der Luft zerrissen. Und in diesem Augenblick tritt Regierungsmann in bunten Kleidern auf Balkon im ersten Stock von prächtigem Haus. Der sagt ganz freundlich: *Ihr Herren aus der Fremde, ihr wollt Straße passieren? Was haltet ihr davon, diese beiden zu mir hochzuschicken.* Meinte Mädchen und mich. *Kaum sind sie bei mir*, sagte er weiter, *ihr werdet sehen, alles wird schon sein gut*. War vollkommen entspannt, dieser Mann. Ich sage euch, Typen haben dumm geglotzt. Dann haben sie uns laufen lassen. Es gab Gasse die Straße runter, und die sind ganz unauffällig über die schönen Mosaike gehuscht und weg waren sie.«

Die Tschirnaa murmelten beifällig und zeigten ihre schlechten Zähne. Der Zusammenhalt in den östlichen Städten funktionierte.

Belas und Euryn erzählten von ihrer Rückkehr in die Schieferberge. Über die Stadt auf dem anderen Kontinent verloren sie nur wenige Worte. Es wäre fürs erste wohl zu viel gewesen für ihre Gäste. Naasch schüttelte mehrfach den Kopf und sah betrübt in die Gesichter der Frauen, die so viel ertragen hatten.

»Sie sind tapfer, diese Frauen«, murmelte er Belas zu. »Nicht überall hätten sie es mit Nördlichen aufgenommen, das kann ich dir sagen.«

Belas nickte und sah sich um. Er saß hier mit den Tschirniden und einer kleinen Gruppe Nooren – und war derzeit der einzige männliche Homide in der Gegend. Er hoffte, dass Genar oder einige andere vertraute Gesichter früher oder später wieder auftauchen würden. Aber so sicher war er da nicht.

Über dem Noorenberg leuchteten in der rabenschwarzen Nacht die Sterne. Belas sah immer mal wieder zu ihnen hinauf. Naasch, der eine seiner Metallscheiben durch die Finger gleiten ließ, folgte seinem Blick. Er stieß den Homiden in die Seite. »He, Grauhäuter, was siehst du da, was ich nicht sehe?«

Belas kratzte sich am Kopf. Auch Euryn schaute zu ihm hinüb Sie lächelte.

»Ich schaue nur nach oben«, sagte Belas ausweichend.

Die Kaderr zwischen Naaschs Fingern flog in die Luft und landete Sekunden später wieder am gleichen Platz. Die scharfen Flächen der Waffe blitzten im Schein des Feuers.

»Du schaust nicht nur einfach so nach oben. So einfältig ist nicht einmal ein Homide. Du denkst was. Kann ich dir ansehen.«

Belas streckte sich.

»Das kannst du? Dann bewirb dich um einen Platz bei den Nooren. Nun gut, du willst wissen, was ich denke? Ich habe mich gefragt, ob die da oben irgendwann wiederkommen. Und wie sie dann wohl aussehen. Merkwürdiger wahrscheinlich noch als ein Tschirnide.«

Naasch sah ihn verständnislos an. »Ob sie wiederkommen? Wovon redest du? Wer soll von da oben wiederkommen? Gibt mein Vater mehr Schnaps dir als mir?«

Er sah hoch in die Finsternis, die von vielen kleinen leuchtenden Punkten durchsetzt war.

Belas legte dem Freund die Hand aufs Knie.

»Weißt du, Naasch, es gibt Dinge, von denen du keine Ahnung hast. Aber tröste dich. Ich musste auch vieles lernen. Und ich weiß, dass ich fast nichts weiß.«

»Das macht mich hoffen.« Naasch schaute mit zusammengekniffenen Augen in die Sterne, machte einen Schmollmund und leerte sein Glas.

Am Feuer hatte ein Tschirnaa eine Batu gestimmt und sang mit kehliger Stimme Lieder zu dem dreisaitigen Instrument. Männer und Frauen um das Feuer wurden still.

Belas musste plötzlich an Finsal denken, den alten Fischer. Er würde ihn gerne wiedersehen, dachte er. Was würde er mit ihm reden? Über das Wesen der Delphine vielleicht. Oder über die andere Welt? Über die Menschen, die dem Planeten den Rücken gekehrt hatten und irgendwo in den Tiefen des Weltalls unterwegs waren? Bestimmt nicht. Finsal hätte es genauso wenig verstanden wie Naasch.

Und dann trat Tom Verbeek unvermittelt in seine Gedanken. Der ehemalige Erste Mann der großen, aber auch schlafenden, in sich versunkenen Stadt First Fine Unit. Die Leute dort hatten alles, was auch immer sie haben wollten. Aber dieses Alles war zugleich auch irgendwie Nichts. Wie viel mehr hatten sie an diesem Abend auf dem Noorenberg – Homiden und Tschirnaa an einem wärmenden Feuer in der am Abend noch kühlen Frühsommerluft. Sie hatten zu essen, zu trinken und eine freundliche Gesellschaft. Natürlich, vor den Raschoar mussten sie sich in Acht nehmen. Aber Belas war sich sicher, sie würden an diesem Abend unbehelligt bleiben. Die Raschoar wussten, mit wem sie sich anlegen konnten.

»Wie sieht aus, kommst du mit mir?«, fragte Naasch Euryn unvermittelt.

Sie sah ihn erstaunt an. »Was meinst du?«

»Ob du mitkommst, ich frage.«

»Nach Salomosch? Als wievielte Frau in deinen Räumen?«

Tschusch lachte von der anderen Seite des Feuers laut auf. »Hast dir eingebrockt was, Naasch. Ich mag dieses Mädchen. Aber deine Mutter sagen würde: Lass Finger von Ausländer. Sie bringen immer einen eigenen Kopf und schrecklich fremde Sitten mit.«

Naasch nickte. Der Schein des Feuers spielte auf seiner grobporigen Haut. Seine Augen wurden schmal. »Bislang wärst du die erste. Und du könntest die einzige bleiben, Dschemtschusch.«

Dschemtschusch, die Perle – sie hatte dieses Wort lange nicht mehr gehört. Die Nooren kicherten, seine Begleiter sahen Naasch verdutzt an. Euryn wiegte leicht hin und her. Kühle Luft kam vom Wasser her über die Schieferberge und spielte mit den Flammen.

»Denk dran, sie kann deine Gedanken lesen«, raunte Belas seinem Freund zu.

»Um so besser«, antwortete der Tschirnide, »dann weiß sie, wie ernst ich meine.«

Das Feuer prasselte, rundum war es still.

»Ich werde darüber nachdenken«, sagte Euryn. Sie schaute zu Belas hinüber, ein mulmiges Gefühl im Magen.

Doch ihr Bruder lächelte. Der Schein des Feuers spielte auf seinem Gesicht. Das erste Mal in all den Jahren hatte sie den Eindruck, nicht zu wissen, was er in diesem Augenblick dachte.

ENDE

Der Autor

Michael Beer, Jahrgang 1965, ist in Nürnberg geboren und im Saarland aufgewachsen. Nach dem Germanistik-Studium und einigen Jahren in der Erwachsenenbildung ging er in den Journalismus. Er arbeitet heute als Zeitungsredakteur und lebt in der kleinen saarländischen Gemeinde Schiffweiler.

Autor während der Recherche an der Sarou

Foto & Karte: Anselm Beer

Zwar hat er noch keine derart abenteuerliche Reise wie Euryn und Belas überstehen müssen, aber er erkundet gerne auf Langlauf-Skiern eingeschneite Landschaften. – Das macht den Kopf frei, um sich Fantasy-Romane auszudenken.

Mit »Belas & Euryn« hat Michael Beer seinen ersten Roman vorgelegt, Roman Nr. 2 ist in Arbeit.

Impressum

Belas & Euryn – Die Warnung des Allbios
Autor: Michael Beer
(auch als E-Book erhältlich)

www.armbrustverlag.de
Druck: Norderstedt
Cover/Covergestaltung: Peter Petto
Fotos:
- Autorenfoto: Anselm Beer
- Zeichnung Karte „Das Land an der Sarou": Anselm Beer
- Original-Illustration Armbrust (im Logo):
  Mikhail Avdeev (Bildagentur 123RF)
Satz: Armbrustverlag
Schrift: Times New Roman (Kapitelüberschriften: Bandicoot)

Bibliografische Informationen der Deutschen Nationalbibliothek: Die Deutsche Nationalbibliothek verzeichnet diese Publikation in der Deutschen Nationalbibliografie, detaillierte bibliografische Daten sind im Internet über http//:dnb.dnb.de abrufbar.

ISBN: 978-3-946966-21-0

Weitere Romane aus dem Armbrustverlag finden Sie unter

www.armbrustverlag.de

Armbrust
Verlag